Jeanette Choisi (Hrsg.)

Griechenland

Ein politisches Reisebuch

VSA-Verlag, Hamburg 1988

Fotos:
Helga Bertram: S. 8, 17, 48, 74, 75, 80, 164, 165, 181, 194, 225, 230, 254, 275
Jeanette Choisi: S. 10, 14, 43, 46, 81, 97, 189, 247, 248, 249, 252, 258, 260, 264, 266
Inge Eigendorf: S. 27, 53, 169, 276, 278, 290, 291
Maggi Hüttenberger: S. 77, 193, 198, 199, 200, 202, 204, 206, 220, 222, 250, 279
Sabine Igersky/Norbert Schmacke: S. 19, 22, 35, 51, 64, 174, 176, 231, 240, 251, 255, 280, 283, 292, 293, 294
Willy Klawe: S. 56, 172, 183, 235, 236, 237, 238, 239, 270, 271, 272, 276, 281
Andrea Plemper: S. 233

Bitte Gesamtverzeichnis anfordern

Satz: satz + repro kollektiv GmbH, Hamburg
Druck und Buchbindearbeiten: Plambeck & Co, Neuss
ISBN 3-87975-444-6

Brigitte Dudek, geb. 1949, Psychologiestudium in Berlin, arbeitet als Verlagsmitarbeiterin in Hamburg.

Annita Kalpaka, geb. 1955 in Athen, hat bis 1973 in Griechenland gelebt. Sie wohnt seitdem in der Bundesrepublik und hat in Hamburg Volkswirtschaft studiert. Gegenwärtig arbeitet sie im WIR — Internationales Zentrum in Hamburg mit dem Schwerpunkt antirassistische Bildungsarbeit mit Deutschen.

Myrto Lydia Rieger, geb. 1965, studiert in Hamburg Philosophie, Geschichte und Germanistik. Ihre Mutter ist Griechin.

Das Umschlagfoto stammt von *Fritz Dressler*, Worpswede.

Jeanette Choisi (Hrsg.)
Griechenland

Inhalt

Reisetips:

Vorwort

Das in vielen Reiseführern vermittelte Bild von Griechenland entspricht nur zu einem geringen Teil der Wirklichkeit. Der ausführlichen Beschreibung der antiken Stätten als »Wiege der abendländischen Kultur« wird zumeist mehr Gewicht beigemessen als der Darstellung des heutigen Griechenlands. Wie die Griechen und Griechinnen leben, arbeiten, wie ihre Sorgen und Nöte aussehen, welche Sitten und Gebräuche sie pflegen und welche politischen, ökonomischen und sozialen Entwicklungen Griechenland in den letzten Jahrhunderten — und in jüngster Zeit — bestimmten, das wissen nur die wenigsten Urlauber.

Die Griechin Annita Kalpaka und die Germanida (Deutsche) Brigitte Dudek haben sich deshalb 1981 zusammengetan, um diese Situation zu verändern und die Charakteristika des Landes — die schönen wie die unangenehmen — zu verdeutlichen. Seit 1981 hat sich in Griechenland vieles verändert, nicht zuletzt durch die politische »Wende«, die Regierungsübernahme durch die Panhellenische Sozialistische Bewegung, PASOK, und die Umwälzung traditioneller Lebensverhältnisse, was einen neuen Geschichtsabschnitt in Griechenland eingeleitet hat. Deshalb war es notwendig, dieses Buch zu überarbeiten. Vieles wurde von mir ergänzt, verändert oder neu hinzugefügt, vieles aber auch in seiner Erstfassung übernommen. Wir alle sind der Meinung, daß man zu Land und Leuten nur dann einen Zugang bekommt, wenn man weiß, wie die Griechen und Griechinnen leben, arbeiten, worüber sie lachen, weinen, welchen Repressionen sie in der kurzen Geschichte des griechischen Staates ausgesetzt waren und welchen Widerstand sie leisteten. Wir haben versucht, ein anderes Reisebuch zu schreiben, das dem wirklichen Griechenland gerechter wird; ein Reisebuch, das mit vielen herkömmlichen Griechenlandbildern aufräumt und Informationen liefert, um Griechen und Griechinnen von heute besser kennenzulernen.

Februar 1988
Jeanette Choisi

Ein griechisches Sommermärchen?

Erster Akt: Das »Urlaubsidyll«

Der betagte Passagierdampfer, Marke Vorkriegsmodell, sieht nicht gerade vertrauenerweckend aus. Das Meer ist jedoch (zum Glück) ruhig, und das Schiff tuckert gemächlich seinem Ziel entgegen. Es ist Vor-Saison und dementsprechend sind nur wenige Touristen, meist mit Rucksack, an Bord. Inmitten der malerischen Insellandschaft verschwendet wohl keiner einen Gedanken an die (Un-)Sicherheit des betagten Schiffes, und wer weiß schon, daß es jährlich zahlreiche Unglücke gibt, weil die griechischen Inseldampfer veraltet sind und oft überbeladen werden.

Das Meer wechselt seine Farbe von Stunde zu Stunde; mal leuchtet es in tiefdunklem Samtblau, mal ist es von durchsichtigem Hellgrün. Die Sonne brennt heiß, und am griechischen Juni-Himmel ist kein Wölkchen zu entdekken. Die bläßlichen Gesichter, Arme und Beine der Touristen haben während der sechsstündigen Fahrt eine bedenklich rosarote Färbung angenommen. Die Griechen sitzen natürlich im Schatten und beäugen die Sonnenanbeter mit teils mitleidigen, teils verständnislosen Blicken. Na ja, schließlich ist man an die Eigenheiten der Ausländer schon gewöhnt, denn jährlich überfluten im Juli und August endlose Touristenströme die griechischen Inseln.

Während auf dem Sonnendeck noch gerätselt wird, »where is the cheapest place to sleep«, raffen die Inselbewohner ihre vom Einkauf in Athen prall gefüllten Kisten, Kasten, Körbe und Taschen bereits eilig zusammen und drängeln zum Ausgang. Es wird geschubst und gestoßen, jeder will möglichst vor dem anderen aussteigen und die Rucksack-beschwerten Touristen stehen mit etwas hilflosen Gesichtern dazwischen und im Wege. Das Schiff nähert sich der Hafeneinfahrt von A..., einem sogenannten Geheimtip, der von Griechenlandkennern nur unter der Hand weitergegeben bzw. geflüstert wird. Geheimtip, daß heißt so viel wie einsame Strände, billige Übernachtungsmöglichkeiten, Ruhe vor ebenfalls griechenlandbegeisterten Landsleuten und natürlich die vielgerühmte Gastfreundschaft der vom Tourismus (noch) unberührten Einheimischen, also: griechische Urlaubsindividualität nach Maß.

Äußerlich jedenfalls scheint A... das zu halten, was es versprechen soll. Malerische Fischerboote vor einem malerischen Hafenstädtchen. An einem Hang kleben dicht gedrängt kleine, weißgekalkte Häuser mit blauen Fensterläden. Die Terrassen sind mit üppigen Bougainvillie-Büschen bewachsen. Direkt am Hafen gibt es Tavernen, Cafés und Restaurants. Autos sind auf der

Insel kaum zu finden, da es nur wenige Straßen gibt. Die Insel macht einen eher verschlafenen Eindruck. Die rund 1.000 Einwohner leben größtenteils in der Hafenstadt. Ansonsten gibt es nur noch vier oder fünf kleinere Ansiedlungen. Keine Tafeln mit »Rent rooms«, niemand, der uns mit »we have here the best place« begrüßt. Im Kafenion erfahren wir, daß es einige Kilometer ausserhalb einen Campingplatz gibt, aber keine Möglichkeit mehr besteht, dorthin zu kommen. Nach einigem Hin und Her steht, oh Wunder, der Campingplatzbesitzer auf einmal vor uns. Er will uns in einer halben Stunde mitnehmen. Daraus werden zwei Stunden, und es ist uns ein Rätsel, wo wir auf dem vollbeladenen grauen Jeep, ein »koloniales Überbleibsel der Briten«, Platz finden sollen. Eingekeilt zwischen Kartoffelsäcken und Weinkisten rattern wir also zum Zeltplatz, tatsächlich jedoch nur um die nächste Straßenecke in eine Ouzeria. Dort steigen wir aus. Im Laufe des Abends füllt sich unser Tisch mit den restlichen Campingplatz-Touristen, einigen Griechen und mit unzähligen Mezes, die mit mindestens genausovielen Gläsern Ouzo heruntergespült werden. Mezes, das sind kleine, pikante Vorspeisen wie Muscheln in Soße, saures Algengemüse, Sardinen, Fischsalat, Krebse, Käse, Tomaten u.a., alles selbstgemacht und inseltypisch, versteht sich. Mit dem Ouzo-Konsum steigt die Stimmung. Der Zeltplatzbesitzer ist reich, lokaler Parteivorsitzender der konservativen Nea Dimokratia und wohlangesehen. Dies zeigt er auch und lädt uns alle ein. Tja, die griechische Gastfreundschaft ... Spät in der Nacht brechen wir nun doch noch in Richtung Zeltplatz auf. In halsbrecherischem Tempo gehts über eine halsbrecherische Straße, nein, vielmehr eine Geröllpiste. Dimitri ist ein ganzer Mann, wie sein Fahrstil beweist. Aber wir kommen lebend an und schlagen beim Schein der Taschenlampe unser Zelt unter einem Olivenbaum auf.

Am nächsten Morgen werden unsere vom Großstadtanblick geschädigten Augen größer. Eine kleine Bucht mit bunten Fischerbooten, drei Tavernen und blauem Meer liegt in strahlendem Sonnenschein vor uns. Alles, inklusive des kleinen Lebensmittelladens, gehört einer Familie, dessen Oberhaupt der uns schon bekannte Dimitri ist. Wir werden als neue Gäste und alte Zechkumpane herzlich begrüßt, mit neugierigen Fragen überhäuft und natürlich wieder zum Ouzo eingeladen. Das Meer ist glasklar, der Strand leer, und nach einem zweiten Abend mit bouzouki-Musik beschließen wir, längere Zeit hierzubleiben, um uns ungetrübten Urlaubswonnen hinzugeben, nicht ganz ...

Vier Wochen später

Zweiter Akt: Der Alltag

Mit zunehmender Hitze steigt auch die Touristenzahl und ebenso die Preise in dem kleinen Kolonialwarenladen, wo es mittlerweile nahezu dreimal so teuer ist wie in einem Athener Supermarkt. Ende Juli ist die Insel ganz und gar nicht mehr verschlafen, sondern von Besucherscharen übervölkert. Die Hauptstadt beherbergt zweimal so viel Touristen wie Einwohner und auch unsere idyllische Bucht verkraftet den Menschenansturm kaum. Auf dem Zeltplatz ist kein freies Fleckchen mehr zu finden. Die zwei noch funktionierenden Duschen sind verstopft und schmutzig, in den Toiletten sieht es nicht viel anders aus. Zimmer, auch die allereinfachsten, sind nur noch auf dem »Schwarzmarkt« zu horrenden Preisen zu ergattern. Jeder Grieche, der Zimmer an Touristen vermieten will, muß diese bei der staatlichen Tourismusorganisation anmelden. Diese ermittelt die Kategorie (mit oder ohne Bad, Toilette etc.) und schreibt die entsprechenden, vom Staat festgesetzten Preise vor. In jedem Zimmer muß ein solcher Preiskatalog aushängen. Um Steuern zu sparen und mehr zu verdienen, vermieten viele Inselbewohner einen Teil ihrer Zimmer schwarz, also ohne Anmeldung unter der Hand. Aufgrund der Bettenknappheit in der Hochsaison ein lohnendes Geschäft.

Auch die Infrastruktur der Insel ist völlig überlastet. Das Wasser wird knapp, im Juli und August gibt es oft tagelang kein Wasser. Die Müllabfuhr schafft es nicht mehr, die Abfallberge zu beseitigen. Neben unserer »Stammtaverne« stapeln sich die schwarzen Müllsäcke. Bei der Hitze fängt der Abfall sofort an, unerträglich zu stinken. Katzen und Hunde stöbern darin herum und eine klebrig-braune Brühe rinnt langsam ins Hafenbecken. Vor drei Wochen war das Wasser dort noch glasklar und man konnte direkt von der Hafenmauer aus ins Meer springen. Jetzt schwimmen dort Plastikbecher, Tü-

Für die einen ein malerischer Anblick, für die anderen ein Stück Alltag

ten, Melonenschalen, und auf der Wasseroberfläche hat sich eine ölige Haut gebildet, verursacht durch die Schiffsmotoren. Auch am Strand sieht es nicht viel anders aus: Plastikflaschen, Coladosen und leere Zigarettenschachteln sind die traurigen Überbleibsel eines Badetages.

Daneben gibt es auch Probleme mit der Lebensmittelversorgung. Frisches Obst und Gemüse wird größtenteils zweimal wöchentlich vom Festland auf die Insel gebracht. In der Hochsaison reichen die Mengen nicht aus, die Preise steigen und das spüren natürlich in erster Linie die Einheimischen.

Mittlerweile ist deren Freundlichkeit Ausländern gegenüber längst verschwunden; stellenweise macht sich eine gewisse Fremdenfeindlichkeit breit. Der Fischer Nikos erzählt uns, daß sich bereits die halbe Insel im Besitz von Deutschen, Engländern, Franzosen oder reichen Athenern befindet. Sie haben ihre Villen an den schönsten Plätzen der Insel errichtet, ganze Strände und Wälder gekauft. Viele der malerischsten Buchten sind Privatbesitz, der nicht betreten werden darf. Die Fischer können ihre Boote dort nicht mehr anlegen. Aus finanzieller Not heraus haben vor Jahren viele Bauern weite Teile ihres Grundbesitzes billig verkauft, vielmehr zu Spottpreisen verschleudert. Die ungewohnte Lebensweise der Fremden, wie z.B. das Nacktbaden, und die permanente Konfrontation mit Luxus und Reichtum erbittert viele Inselbewohner, die oft das ganze Jahr von den Erträgen aus dem zweimonatigen Tourismusgeschäft oder nur vom Fischfang leben müssen. Dementsprechend wird der Kampf ums Geschäft immer härter, aus dem die Einheimischen außerdem noch von Athener Geschäftsleuten verdrängt werden. Diese betreiben nur in den Sommermonaten den Andenkenladen, die Disco oder den Motorradverleih und verbringen den Winter in Athen oder im Ausland.

In unserer kleinen »Stammtaverne« arbeiten die Frauen der Familie von früh morgens bis spät in die Nacht hinein. Da ist z.B. Maria. Um sechs Uhr in der Frühe beginnt sie ihren Tag mit Aufräumen, Saubermachen und Geschirrspülen. Dann bedient sie die ersten Gäste, macht ihnen Frühstück. Anschließend geht sie zum Einkaufen und bereitet das Mittagessen vor, schält Unmengen von Kartoffeln, schneidet Berge von Tomaten, Paprika und Auberginen, putzt Salat oder bedient die Männer. Diese sitzen zumeist am Stammtisch, spielen Tavli, trinken Kaffee oder Ouzo, schauen den leichtbekleideten Touristinnen nach oder geben Befehle. Die älteren Männer »lösen« am Tisch die politischen Weltprobleme, streiten sich über die neuesten Fußballergebnisse oder klagen über die erdrückende Last der Familienprobleme. Der Sohn will die falsche Frau heiraten, die Tochter will gar nicht heiraten, ein anderer Sohn hat Eheprobleme, die Jüngste ist in der Schule faul ... Die jungen Männer diskutieren in der Regel über ihr Motorrad, die augenblickliche Freundin — in den Sommermonaten ist das fast immer eine Touristin — und warten auf den samstäglichen Discobesuch. Die einzige Abwechslung im Sommer, denn ein Kino oder gar Jugendzentrum gibt es nicht.

Da die meisten Touristen nur eine relativ kurze Zeit auf der Insel verbringen, bleibt ihnen diese Seite des griechischen Alltags meist verschlossen. Die Sprachbarriere und mangelndes Wissen über die dortigen Lebensumstände und -gewohnheiten erschweren zudem die Kommunikation. Viele wollen auch nur eine »schöne Zeit« verbringen und haben wenig Interesse an den Lebensverhältnissen der Inselbewohner. Bei Bouzouki-Musik, Tanz und Wein übersieht so mancher, daß aus der griechischen Gastfreundschaft oft geschäftsmäßige Routine geworden ist und die traditionellen Bräuche zu Touristenspektakeln degradiert werden.

Diese für die meisten griechischen Inseln typische Situation drückt die Hilflosigkeit und Überforderung der Einheimischen aus, mit den neuen Lebensumständen, die durch den Tourismus radikal verändert wurden, fertig zu werden. Der krasse Gegensatz zwischen dem Trubel im Sommer, der Konfrontation mit fremden, oft unverständlichen Verhaltensweisen und der Eintönigkeit der langen Wintermonate, in denen es so gut wie keine kulturellen Anregungen gibt, wird von vielen einfach nicht verkraftet. Die soziale Entwurzelung, das Abwerten der eigenen, traditionellen Ausdrucksformen oder die Jagd nach der schnell verdienten Drachme sind deshalb nur allzu verständliche Folgen.

Auf der anderen Seite heißt das für uns natürlich nicht, Griechenland den Rücken zuzukehren, sondern vielmehr mit offeneren Augen dort Urlaub zu machen. Sich »oben ohne« in eine Taverne zu setzen oder im Dorf spazieren zu gehen, sind Zeichen von Nichtachtung und Abwertung der dortigen Lebensumstände; ein vielleicht krasses, aber oft beobachtetes Beispiel, das die kulturelle Kluft zwischen uns und den anderen recht »bildlich« vor Augen führt. Die folgenden Kapitel sollen dabei helfen, Mißverständnisse abzubauen, Griechenland und die Griechen besser zu verstehen.

Alltagsleben

Familie, Geschlechter, Generationen

In den letzten Jahren hat mit der rapiden Verstädterung in Griechenland auch eine nicht zu unterschätzende Umwälzung des Familienlebens, des Verhaltens der Geschlechter und der Generationen zueinander stattgefunden. Aber die Zeit ist zu kurz, um traditionelle Verhaltensweisen aufzulösen. Sie leben, wenn auch in abgewandelter Form, fort. Zudem bewirkt die Vorherrschaft der kleinbürgerlichen Struktur der Gesellschaft, daß patriarchalische Sitten und Gebräuche trotz allen Wandels durchaus noch ihre Basis haben. Kleinbürgerliche Besitzverhältnisse bedeuten, daß die Familie noch Wirtschafts- und Lebensgemeinschaft zugleich ist. In ihr und durch sie vollziehen sich nahezu alle sozialen Aktivitäten und Kontakte. Die Möglichkeit, eine Existenz zu sichern, sind für den einzelnen nicht durch zufällige, anonyme Marktstrukturen, von außen gegeben; die Familie stellt Besitz und Mittel zur Verfügung, die das Leben sichern. Es muß nicht jeder für sich selbst sorgen, sondern die Familie sorgt für ihn und er für die Familie. Das Zusammengehörigkeitsgefühl aller Verwandten — auch über den engen Familienkreis hinaus — ist entsprechend stark. Auch wenn die Familienmitglieder voneinander getrennt leben, wenn ein Teil in die Stadt oder ins Ausland gezogen ist, fühlen sie sich verpflichtet, einander zu helfen, besonders, wenn sie sozial besser gestellt sind.

Solange Griechen noch in traditionellen Verhältnissen leben, betrachten sie sich in erster Linie als Mitglieder einer bestimmten Familie, nach der sie eingeschätzt werden und deren Ansehen sie wahren und mehren müssen. Ihr guter Ruf erfordert das Einhalten klarer und festgefügter Regeln. Die für jeden verbindlichen Werte und Richtlinien des Verhaltens hängen von der Position innerhalb der Familie ab, die nach Geschlecht und Generation unterschiedlich ist. *Der Mann* ist Oberhaupt der Familie, der sie nach außen und in allen öffentlichen Angelegenheiten repräsentiert. *Die Frau* führt den Haushalt und versorgt die Kinder. Bis vor kurzem war sie noch gesetzlich (!) zur Haushaltsführung verpflichtet. In vielen Fällen reicht die Arbeit des Ehemannes nicht aus, die Familie zu ernähren, und die Frau muß mitarbeiten. Inzwischen arbeitet ca. 1/3 der griechischen Frauen, fast die Hälfte davon auf dem Lande. Diese Landarbeiterinnen sind extremen Belastungen ausgesetzt, da sie über die Haushaltsführung hinaus für die sogenannten »leichten« Arbeiten zuständig sind, wie Pflanzen, Pflücken, Kleinviehversorgung. In ihren Zuständigkeitsbereich redet der Mann der Frau selten hinein. Es ist gegen die Ehre des Mannes, Frauenarbeit zu verrichten.

Tassia lacht gerne

Alle im Dorf, insbesondere die älteren Frauen, machen sich Gedanken darüber, wer zu wem paßt, und selbst in den Städten werden Arbeiter und Angestellte kleiner Betriebe von ihren Vorgesetzten verkuppelt. Es gilt als bemitleidenswert, keine Familie zu gründen, und jeder bemüht sich, ältere Unverheiratete, auch wenn sie sonst nicht viel mit ihnen zu tun haben, an den Mann oder die Frau zu bringen.

Das ist gar nicht so einfach, denn die Mitgift spielt immer noch eine zentrale Rolle. Ein Mann, der das Ansehen seiner Familie, ihr Geld, Beziehungen und Einfluß einbringt und dem Vater die Sorge für die Tochter abnimmt, hat seinen Preis. Die ganze Familie achtet auf die Angemessenheit der Auswahl der Brautleute. Früher war es üblich, daß die Eltern die Wahl über die Köpfe ihrer Kinder hinweg trafen und sie oft bereits im frühen Kindesalter einander versprachen. Erhält die Frau eine Mitgift wie Aktien, Immobilien, Produktionsstätten, die Teil des Anwesens ihrer Eltern darstellen, und zieht sie so ihren Mann in die eigene Familie, wird die Macht des Mannes relativiert und der Wille der Frau hat größeres Gewicht als sonst.

Vater und Brüder arbeiten für die Mitgift, was aber meist nicht ausreicht. In der Regel muß Grund und Boden verkauft werden, um die Tochter standesgemäß zu verheiraten. Bares Geld, Aktien, Grundstücke und Wohnungen bilden die Aussteuer. Von der Mutter erhält die Tochten alten Schmuck, Hausrat, handgestickte alte Bettdecken. Auch in den Städten ist die Mitgift noch weit verbreitet. Oft stellen die Eltern ihr Grundstück, das in den Städten sehr kostbar geworden ist, einer Baufirma zur Verfügung, die darauf ein Haus mit mehreren Eigentumswohnungen baut, wovon dann der ehemalige Eigentümer einen Teil bekommt. Erhält die Tochter eine der Wohnungen als Mitgift, steht das Verwaltungsrecht und die Nutznießung der Immobilien dem Ehemann zu.

Die Verheiratung der Töchter ist eine Verpflichtung für die Familie und belastet sie sehr. Der Bruder verspricht der Schwester, nicht eher zu heiraten, bis sie verheiratet ist. Für die Familie ist es ein großer Unterschied, ob sie viele Söhne oder viele Töchter hat. Der Sohn vermehrt den Reichtum der Familie durch seine Arbeit und die Mitgift, die er bei Heirat in die Familie holt. Die Tochter nimmt einen Teil des Reichtums mit. Je ärmer die Familie ist, um so härter trifft sie die Geburt einer Tochter. Besonders bei mehreren Kindern reicht der Besitz oft nicht aus, um alle zu versorgen. Die Familie sucht dann andere Wege, um den Kindern den sozialen Aufstieg zu ermöglichen. So wird z.B. einem Kind von der ganzen Familie eine höhere Ausbildung finanziert, wofür es auf seinen Erbteil verzichtet. Bei der Ausbildung kommen die Mädchen noch zu kurz — 4/5 der Analphabeten in Griechenland sind Frauen —, eine gute Ausbildung ersetzt aber in der letzten Zeit häufig die Mitgift. Das Ansehen der Familie läßt sich nur halten, wenn die Kinderzahl klein gehalten wird, sofern der Besitz klein ist. Obwohl die Pille ohne Rezept über die Apotheken bezogen werden kann, nehmen sie die Griechinnen in den Dörfern nicht. Es verstößt zu sehr gegen das religiöse Gebot und ist über den Kauf auch zu sehr dem öffentlichen Tratsch ausgesetzt. Die Geburtenregelung erfolgt dann über die Abtreibung, die bis vor kurzem noch streng verboten war, von vielen Frauen also illegal durchgeführt wurde.

Die Kinder lernen in der Familie eine Hierarchie des Alters zu akzeptieren, die sich später in der eigenen Familie fortsetzt. Alten Menschen müssen sie mit Respekt und Ehrfurcht, den Eltern mit Gehorsam begegnen. Die Alten werden am Tisch als erste bedient, wenn kein Besucher da ist, und erhalten den besten Sitzplatz. Sie befehlen den Jüngeren oft, irgendetwas zu besorgen oder zu holen. Für die Jüngeren ist es eine selbstverständliche Pflicht, den Älteren Dienste zu erweisen. Die Kleinen hören darauf, was die älteren Geschwister sagen. Die Schulkinder bestimmen das Ansehen der Familie mit ihrer Leistung. An ihrem Erfolg oder Mißerfolg nimmt die ganze Familie teil. Die Kinder müssen auch je nach Alter Arbeiten im Haus und auf dem Feld übernehmen, und werden dabei von den Älteren angeleitet und beaufsichtigt.

Den Gehorsam erwarten die Eltern ihr ganzes Leben lang, egal ob ihre Kinder bereits jugendlich oder erwachsen sind. Sie versuchen, solange sie leben, das Leben ihrer Kinder zu bestimmen. Oft ist es allein ihre Einmischung, die Streit zwischen den Eheleuten hervorruft.

Steht die Namensgebung eines Kindes an, verdüstert sich der Familienhimmel. Es ist üblich, daß die Kinder den Vornamen der Großeltern übernehmen, wobei die Großeltern väterlicherseits Vorrang haben. Reibungslos

Georgios und Costas sind der Stolz der ganzen Familie

geht das nie ab, besonders wenn das Kind ein Junge ist. Die Eltern kommen überhaupt nicht darum herum, dem Kind den Namen des Großvaters zu geben, wenn der Großvater bereits gestorben ist. Gerade bei zweiten und dritten Kindern wollen die Großeltern mütterlicherseits auch zu ihrem Recht kommen. Die offizielle Namensgebung erfolgt erst ein Jahr nach der Geburt bei der Taufe.

Die familiären Bande sind in den Städten nicht mehr so fest geknüpft wie auf dem Lande. Die Wahl des Ehepartners treffen die zukünftigen Eheleute selber, was nicht heißt, daß die Vermittlungsversuche der Eltern weggefallen seien. Ihr Einverständnis ist den Kindern immer noch wichtig.

Die soziale Kontrolle findet zwar weiterhin durch die Nachbarschaft statt, kann aber in der Anonymität der Stadt viel leichter umgangen werden. Insbesondere bei der Jugend findet man eine doppelte Struktur vor, das formale Aufrechterhalten der Werte und Normen der Eltern im Familienkreise, und das Entwickeln von ganz anderen Vorstellungen »draußen« in der Gruppe Gleichaltriger. Vor allem die Mädchen haben mehr Bewegungsfreiheit. Während die Eltern auf »ordentliches« Aussehen und Benehmen achten, verwandeln die Mädchen ihr Äußerliches und ihr Verhalten, sobald sie das Haus verlassen haben.

Die Loslösung von den Eltern, die viele Jugendliche anstreben, fällt immer noch schwer. Das Fehlen einer staatlichen Bildungs- und Ausbildungsförderung, die hohe Jugendarbeitslosigkeit halten sie in finanzieller Abhängigkeit von den Eltern, was diese für ihre Einflußnahme, was z.B. die Berufswahl betrifft, gut auszunutzen wissen.

Ein umfangreiches Angebot an Arbeits-, Bildungs- und Freizeitmöglichkeiten in der Stadt haben die Gleichförmigkeit der Lebensverhältnisse aufgehoben und differenzierte Bedürfnisse geschaffen. Die Suche nach einer neuen Lebensweise, losgelöst von der traditionellen Familienstruktur, wird auch bei der Gründung von Wohngemeinschaften in den letzten Jahren sichtbar. Früher wäre als einziger Grund, die Familie zu verlassen, die Gründung einer eigenen Familie denkbar gewesen. Heute findet man in den Großstädten Wohngemeinschaften, aber auch Paare, die ohne Trauschein zusammenleben. Es widerspricht den moralischen Grundsätzen des größten Teils der griechischen Bevölkerung und stellt ein Wagnis dar. Eine Griechin, die ganz alleine einen eigenen Haushalt gründet, findet man nur im intellektuellen Milieu oder bei aus dem Ausland Heimgekehrten. Sie hat immer noch Seltenheitswert. Ihr wird erstmal unterstellt, sie wolle nur sexuelle Freizügigkeit genießen, und mit entsprechender Verachtung begegnet man ihr.

Trotzdem wird zunehmend sichtbar, daß immer mehr Griechinnen und Griechen die überlieferten Ideale und Werte in Frage stellen. Scheidungen, die vor einigen Jahren die größte Schande waren, mehren sich. In der »heiligen« griechischen Familie kriselt es, und zwar dermaßen, daß Konflikte öffentlich ausgetragen werden und nicht mehr nur im Rahmen des engen Familienkreises bleiben.

Männerherrschaft

Die Unterdrückung und Diskriminierung der Frau gibt es wie bei uns, auch in Griechenland. Sie hat dort für uns ungewohnte Formen, was insbesondere für das Leben in der Dorfgemeinschaft gilt. In den Städten leben die Frauen wesentlich freier und haben die Stangen des traditionellen Unterdrückungskorsetts teilweise gelockert oder gänzlich abgelegt.

Die enge Verflechtung der Heirat mit wirtschaftlichen Interessen und mit der geschlechtsspezifischen Arbeitsteilung bedeutet, daß Liebe und Zuneigung nicht die ausschlaggebenden Motive für die Auswahl des Ehepartners sind. Zwar haben die Beteiligten heute einen gewissen Grad an Wahlmöglichkeiten, aber nur so weit die getroffene Wahl den vorgegebenen Rahmen nicht verläßt. Vor allem die Frau ist es, an die strenge Maßstäbe gelegt werden, nicht nur welche Mitgift sie mitbringt, sondern ob sie den Haushalt auch gut führen wird und sich den Anordnungen der Schwiegermutter unterwirft. In manchen Bergregionen wird die Frau noch danach beurteilt, welche Lasten sie auf dem Rücken tragen kann.

Damit Liebe und Zuneigung nicht doch noch alle Absprachen und schönen Pläne über den Haufen werfen, müssen alle Situationen vermieden werden, die dazu führen können. Alle Einschränkungen, die das erfordert, betreffen die Frau. Die Mädchen werden quasi in den Familien eingeschlossen.

Sie helfen der Mutter bei der Hausarbeit und lernen früh, sich in diese Rolle zu bescheiden. Ihre Bewegungsfreiheit außerhalb des Hauses wird so weit wie möglich eingeschränkt. Nie darf sie alleine weggehen. Zumindest die Freundin, in der Regel aber der Bruder, muß sie begleiten.

Der Bruder — auch wenn er viel jünger ist — hat die Aufgabe und Pflicht, über die Moral der Schwester zu wachen. Er bestraft sie mit Schlägen, verpetzt sie bei den Eltern, aber oft arrangieren sie sich auch. Sie besticht ihn und er nimmt großzügig an, weil er sowieso keine Lust hat, überall mit hinzugehen. Allerdings setzt er dabei voraus, daß sie nichts unternimmt, was der Familie zur Schande gereicht. Das Mädchen darf nicht ins Gerede kommen.

Die ganze Dorfgemeinschaft fühlt sich für die Bewahrung der Ehre des Mädchens verantwortlich. Sie alle sorgen dafür, und nicht zuletzt die Frauen selber, daß die Mädchen die ganze Last der Unterdrückung der Sexualität zu tragen haben. Jungfräulichkeit ist immer noch erwünscht und wird zumindest vorgespielt. Die alte Sitte, nach der Hochzeitsnacht die blutige Wäsche herauszuhängen und — falls das gegebenenfalls nicht möglich war — die Braut zu ihren Eltern zurückzuschicken, ist zum Glück kaum noch verbreitet. Trotz aller Abgeschirmtheit gibt es Möglichkeiten des Kennenlernens der Geschlechter, im Rahmen der Vorbereitung von religiösen Festen z.B. und im Sommer beim allabendlichen Spaziergang, der »volta«.

Auch die Jugendorganisationen der Parteien sind nicht zuletzt wegen ihrer gemischten Gruppen beliebt. Zeigen aber Jungen und Mädchen auch nur andeutungsweise ihre Zuneigung, setzen sie sich, »Angemessenheit« der Wahl vorausgesetzt, gleich der Gefahr aus, heiraten zu müssen.

Bei diesem System ist der Ehebruch vorprogrammiert. Auch hierbei wird mit unterschiedlichen Maßen gemessen. Geht der Mann fremd und erfährt die Ehefrau das, bemüht sich die ganze Familie, die in den Konflikt hineingezogen wird, das Ganze als normal, fast als ein Recht des Mannes hinzustellen. Hat die Frau Scheidungsabsichten, bemühen sich alle, ihr das auszureden. Alles sieht anders aus, wenn die Frau einen Liebhaber hat. Fast immer läßt sich der Mann scheiden. Die Frau steht ohne Mittel da, weil der Mann ihr keinen Unterhalt zahlen muß. Sind Kinder da, kann ihr das Sorgerecht entzogen werden.

Auch bei Entjungferung, die nicht durch Eheschließung nachträglich sanktioniert wird, wird zuallererst die Frau für die Übertretung der Moral verdammt, geächtet und ausgestoßen. Danach bekommt die gesamte Familie des Verführers die Feindschaft zu spüren. Noch vor wenigen Jahren war besonders in Kreta und in Nordgriechenland die Blutrache verbreitet. Die Ehre gebot es dem Bruder, bei Schändung der Schwester zunächst diese zu töten und danach den Verführer. Dafür rächte sich dessen Familie. In manchen Gegenden rotteten sich über Jahre hinweg ganze Familienclans wechselseitig aus. Irgendwelche Söhne saßen ständig in den Gefängnissen.

Die Griechin, die unter der Verleugnung ihrer Sexualität so sehr zu leiden

Männer unter sich! Im Kafenion werden alle Probleme »gelöst«

hat, die sich ihre Liebhaber nicht aussuchen kann, hat mit der Unterdrükkung der Sexualität, die auch den Männern die Befriedigung ihrer Bedürfnisse erschwert, ein Machtmittel in der Hand, mit dem sie ihren Mann demütigen, kränken und von ihm Zugeständnisse abpressen kann. Aber auch die Macht von Lysistrata reicht nicht weit. Der griechische Mann hat sich — wie in jeder Gesellschaft mit doppelter Moral — die Möglichkeiten geschaffen, seine sexuellen Bedürfnisse zu befriedigen.

Die Prostitution ist eine selbstverständliche Einrichtung in Griechenland. Männer aus den Dörfern müssen dazu in die Stadt fahren. Mädchen, die leicht zu haben sind, gibt es in einem Dorf meist nur, wenn eine Kaserne in der Nähe ist. Die Dorfbewohner stoßen sie nicht aus der Gemeinschaft aus, sondern mischen Aberglauben mit sozialen Erklärungsversuchen: »Sie ist so geworden, weil ihr Vater betrunken war, als er sie gemacht hat«, oder »Sie ist ohne Eltern aufgewachsen«. Den Prostituierten der Stadt wird dieses Verständnis nicht entgegengebracht.

Wenn ein Junge 15 Jahre alt wird, kann es ihm passieren, daß der Vater ihm statt einer Aufklärung Geld und eine Bordell-Adresse in die Hand drückt. Diese Erfahrung bestimmt weitgehend seine Auffassung über das andere Geschlecht mit und wirkt sich entsprechend in seinen Beziehungen zu Frauen aus.

Die Stellung der Frau, ihre Behandlung schafft natürlich auch entsprechende Charaktere. Die Sorge um ihre Existenz und die Zukunft der Kinder läßt sie ihren Mann eifersüchtig überwachen. Ausgeschlossen vom Leben ihres Mannes, wenn er nicht unmittelbar im Haus arbeitet, nutzt sie ihre Kanäle — den Kaufmann, die Nachbarinnen —, um alles, was er treibt, zu erfahren. Das Mißtrauen jüngeren Frauen gegenüber ist groß. Die junge Geliebte des wohlhabenden Mannes, die es nur auf sein Geld abgesehen hat, ist eine Figur, die sich durch die Medien zieht.

Von klein auf lernen die Mädchen von ihren Müttern, auf ihren Mann aufzupassen, und wie man selber die Männer am besten täuscht. Mit Diplomatie könnten sie alles schaffen, sie müßten nur den richtigen Moment erwischen, ihr Anliegen in der richtigen Art vortragen und ihm durch Schmeicheln und Betteln das Gefühl der Großmütigkeit vermitteln. Nur, wenn die Frau Formen und Verhaltensweisen benutzt, die der Fassade nach ihre Unterlegenheit ausdrücken, kann sie in der Ehe mitbestimmen. Über die Listen der Frau machen die Männer ihre Witze und haben dafür den Ausdruck *krewatomourmoura,* »Bettgeflüster«, geprägt.

Geraten in patriarchalischen Ehen die Eheleute in Streit, wird die Position der Frau oft nicht ernst genommen und als hysterischer Ausbruch gewertet. Er zeigt ihr seine Mißachtung, indem er nicht mehr mit ihr redet, manchmal jahrelang. Die Frau wird dann völlig auf die Rolle der Hausgehilfin reduziert.

Sie kann sich zwar bis zu dreimal scheiden lassen, aber die Scheidung durchzusetzen ist nicht leicht, und auf dem Land ist sie verpönt. Zumeist kommt sie für die Frau aufgrund ihrer finanziellen Lage gar nicht in Frage. Wovon soll die Frau leben, deren Erziehung, soziale und gesellschaftliche Möglichkeiten ganz auf den Mann als Ernährer zugeschnitten ist? Nur die Frau, deren Mitgift Basis für die Existenzsicherung des Mannes ist, hat ein Druckmittel in der Hand.

Hinter der Fassade des nach außen mühsam aufrecht erhaltenen Bildes eines harmonischen Familienlebens verbirgt sich häufig ein gnadenloser Kampf der Geschlechter mit den jeweiligen Bündnispartnern innerhalb der Familie.

In den griechischen Schimpfwörtern paart sich Sexualität stets mit einem Zug von Verachtung, »Geh, und laß Dich ficken«, ist die häufigste Beschimpfung, ebenso wie »Wichser«, *malaka,* was die Unfähigkeit herausstreicht, über eine Frau verfügen zu können.

Diese Redewendungen werden heute im Freundeskreis angewendet und haben mittlerweile etwa die Bedeutung erhalten von »Was soll das? Du spinnst wohl.« *Malaka* hat schon fast den Charakter der Begrüßung erhalten, setzt aber immer sehr gute Bekanntschaft voraus und ist Fremden gegenüber eine schwere Beleidigung.

Die Unterdrückung der Sexualität hat — abgesehen von einem sehr religiösen Teil der Bevölkerung — keinen Zug ins Prüde. So kann man durchaus hören, wie die Großmutter ihren ungezogenen Enkel mit den Worten ausschimpft: »Verflucht sei der Teufel, der Dich gespritzt hat.« Die Steinwürfe der kretischen Frauen auf entblößte Touristinnen haben nicht die Scham zum

Motiv, sondern die Furcht, ihre Männer könnten verführt werden. In den touristischen Zentren kommt es immer häufiger vor, daß griechische Männer eine »xeni«, Fremde, heiraten oder zumindest in den Sommermonaten ihre schwedische, englische oder deutsche (etc.) Freundin haben.

Emanzipation

Gerade in den letzten Jahren fand in Griechenland eine enorm schnelle Umwälzung der Lebensverhältnisse statt, eingeleitet durch die Verstädterung, die Herausbildung industrieller Zentren, durch Auswanderung und Rückkehr, durch das Anwachsen des Tourismus und die Möglichkeit, den Lebensstandard zu verbessern. All das hat auch zur Veränderung der Beziehungen von Geschlechtern und Generationen beigetragen. Insbesondere die verstärkte Berufstätigkeit der Frau hat ihre Stellung innerhalb der griechischen Gesellschaft radikaler verändert als die des Mannes. Diese Entwicklung hat nicht alle Frauen gleichermaßen erfaßt. Die Unterschiede in den Möglichkeiten und Formen von politischen, kulturellen und sozialen Aktivitäten von Frauen auf dem Land und in der Stadt sind groß und haben sich vertieft.

Besonders schwer haben es die Frauen auf dem Lande, die neben der Hausarbeit unentgeldlich Feldarbeit verrichten müssen, und die Frauen, die als mithelfende Familienangehörige im kleinen Geschäft oder Betrieb arbeiten. Für Frauen aus solchen traditionellen Familien müssen erst einmal die Zurückdrängung der elementaren Sorgen und die Mittel für einen besseren Lebensstandard durchgesetzt werden, um dem Bereich des Erwerbslebens, der Hausarbeit und Kinderversorgung ein wenig Zeit für Kultur und persönliche Entwicklung abzutrotzen. Auf dem Lande ist die traditionelle geschlechtsspezifische Rolle der Frau noch weitgehend unverändert und damit auch klar umrissen geblieben. Die alten Normen und Werte weisen (noch) jedem Mitglied der Dorfgemeinschaft seinen festen Platz im sozialen Gefüge Dorf und Familie zu und verweisen dabei die Frauen eindeutig auf Haus und Herd. In der Stadt hingegen sieht die Situation ganz anders aus. Für Frauen aus der Oberschicht ist es aufgrund ihrer ökonomischen Bedingungen und für Intellektuelle aufgrund ihres politischen Engagements wesentlich leichter, sich den bestehenden Normen zu entziehen, freier, selbstbestimmter und nach eigenen Bedürfnissen zu leben. Auch ist das Leben in der Stadt wesentlich anonymer, und die Maschen des sozialen »Kontrollnetzes« sind nicht so dicht wie in der kleinen Dorfgemeinschaft, wo jeder über jeden alles weiß — und das auch noch nach Generationen!

Am deutlichsten allerdings wird die bestehende Diskrepanz zwischen neuen Lebensverhältnissen und alten Bewußtseinsformen an den Frauen der wohlhabenderen Mittelschicht. Wirtschaftlich meist überdurchschnittlich gut gestellt, könnten sie es sich theoretisch leisten, viele ihrer Bedürfnisse zu verwirklichen und Aktivitäten zu ihrer persönlichen Entwicklung zu entfalten. Doch die Mehrzahl der Frauen dieser Gesellschaftsschicht sitzt zumeist untätig zu Hause herum, ist an Küche, Kinder und Ehemann gefesselt. Sie verbringen ihre Zeit damit, Spitzendeckchen zu häkeln, Kissenbezüge zu besticken, die Kinder zu versorgen, die Wohnung zu putzen und die Bedürfnisse des Ehemanns zu erfüllen. Wie sie dies am besten machen können, zeigen ihnen unzählige sogenannte Frauenzeitschriften. Allein im Großraum Athen werden 300.000 Exemplare der sechs größten Frauenzeitschriften verkauft, deren Auflagen beständig steigen. In ihnen werden die Sehnsüchte der Frauen nach der großen Liebe, die immer verbunden mit sozialem Aufstieg ist, geschürt. Durch Liebesgeschichten geistern Legionen von gutaussehenden und wohlhabenden Rechtsanwälten und Doktoren. Mit Themen wie Mode, Kochrezepten, Schlankheitskuren etc. festigen diese Zeitschriften das Bild der Frau vorrangig als Hausfrau und Mutter. Überall in den größeren Städten, insbesondere in Athen, schießen Kosmetiksalons, Schönheitskliniken und Abmagerungsinstitute wie Pilze aus dem Boden.

Anschauliches Beispiel für die vorab geschilderte Situation vom Weiterbestehen der traditionellen Normen trotz veränderter ökonomischer Bedingungen ist folgende Begebenheit, die vor kurzem als Skandal die griechische Presse und sogar das Fernsehen beschäftigte.

Vier Frauen einer pädagogischen Initiative stellten im Sommer 1986 auf einem internationalen Kongreß in Kreta ihre Studie zum Thema »Die Ehe mit dem Seemann« vor. Als Fallbeispiel fungierte Galaxidi, ein kleines Dorf in der Nähe von Delphi. Wohlweißlich hatten die Frauen ihre Untersuchungsergebnisse dort niemandem mitgeteilt. Sie wußten warum, denn als die Dorfbewohner von der Studie Wind bekamen und Fotokopien von Haus zu Haus gingen, begann die Hexenjagd. Man reagierte aufgebracht mit anonymen Drohbriefen, Telephonanrufen, Hetzkampagnen u.ä. gegenüber den vier »Nestbeschmutzerinnen«. Die ganze Geschichte wurde von der griechischen Presse aufgenommen und die hinterwäldlerischen Galaxioten von der griechischen Öffentlichkeit milde belächelt. Ob die Schadenfreude dabei nicht eher auf eigene Unzulänglichkeiten hinweist, sei dahingestellt. Die Galaxioten fühlten sich jedenfalls durch die Untersuchungsergebnisse in ihrer dörflichen Intimsphäre verletzt und reagierten dementsprechend feindlich. Eine Reaktion, die keineswegs ein »hinterwäldlerisches« Einzelbeispiel darstellt, sondern im Gegenteil eher repräsentativ für das herrschende Bewußtsein gerade auf dem Lande ist. Die vier Frauen hatten nämlich folgendes festgestellt: Isoliert und unter der sozialen Kontrolle der Dorfgemeinschaft warten die Frauen praktisch ein halbes Leben lang auf die Rückkehr ihrer Ehemänner, um die andere Hälfte davon der Erfüllung seiner Bedürfnisse zu widmen. Alleine können die Frauen weder ins Kino gehen noch gar auf Reisen, denn überall könnte der potentielle Liebhaber lauern, der den eintönigen und einsamen Alltag der Seemannsfrau versüßen könnte. Sie ist an Kinder, Küche und Haus gefesselt, und jeder ihrer Schritte wird von den Nachbarn, Bekannten und Verwandten mit Argusaugen überwacht. Dennoch ist die Scheidungsrate nur relativ gering, denn der häusliche Käfig ist kräftig vergoldet. Ein Posten bei der Marine wird nämlich z.T. äußerst gut bezahlt und die Seemannsfamilien sind meist wohlhabender als der Durchschnitt. Das luxuriöse Eigenheim wird zum Wartezimmer, wo sich Langeweile, Frustrationen und Neurosen häufen — und die werden nicht selten an den Kindern ausgelassen bzw. auf sie übertragen.

Sicher ist dies, bedingt durch den Beruf des Ehemannes, ein extremes Beispiel. Dennoch verdeutlicht es in seiner Grundaussage die Lebenssituation vieler griechischer Ehefrauen. So beauftragen z.B. in der Stadt, wo die soziale Kontrolle nicht mehr so lückenlos wie auf dem Lande funktioniert, viele berufstätige Männer, die häufig von zu Hause abwesend sind, Detektive, ihre Ehefrauen zu überwachen. In fast allen größeren griechischen Tageszeitungen findet man eine Spalte mit der Überschrift »Detektive«. In ihr bieten eine Vielzahl von Büros und Einzelpersonen ihre Dienste an. So mancher Ehemann (und Ehefrau!) läßt seine (ihre) »bessere Hälfte« beschatten, denn für Liebe und Offenheit ist in einer Gesellschaft, die von unterdrückter Sexualität und Doppelmoral gekennzeichnet ist, nur wenig Platz.

Dennoch, seit dem politischen Wechsel und der Regierungsübernahme durch die PASOK, hat sich eine Menge verändert. Die Sozialisten haben insbesondere im Familienrecht per Gesetzesinitiativen umfangreiche Änderungen zugunsten der Frauen durchgesetzt und damit die Basis für weitere Emanzipationsschritte bereitet.

So wurde die Zivilehe eingeführt und das Heiratsalter für Frauen von 14 auf 18 Jahre heraufgesetzt. Der Mann gilt nicht mehr länger als Familienoberhaupt und die Frau ist nicht mehr gesetzlich zur Haushaltsführung verpflichtet. Die Prika, die Mitgift, ist zumindest juristisch abgeschafft und kommt auch rückwirkend in den Besitz der Frau zurück. Das Scheidungsrecht wurde dahingehend reformiert, daß die Scheidung heute auf dem Zerrüttungsprinzip, d.h. nach vier Jahren Trennung, und nicht mehr auf dem »in flagranti«-Schuldprinzip basiert; übrigens zum Leidwesen der vielen Detektivbüros. Der Mutterschutz wurde von 12 auf 14 Wochen erweitert, und auch nach einer Scheidung besteht jetzt für die Frau ein Versicherungsanspruch auf medizinische Versorgung. Für ledige Mütter bzw. Väter gibt es Steuervergünstigungen und der Schwangerschaftsabbruch wurde legalisiert. Er wird sogar von der staatlichen Krankenkasse IKA übernommen. 1983 wurde per Gesetz der »Rat für die Gleichheit der beiden Geschlechter« ins Leben gerufen, der 1985 in ein Generalsekretariat des griechischen Präsidentschaftsministeriums aufgewertet wurde. Dem Sekretariat in Athen ist ein Netz von 53 Gleichstellungsgremien angegliedert, d.h. in jedem der Verwaltungsbezirke eins. Sie sollen die Probleme der Frauen auf lokaler Ebene lösen und ein Verbindungsglied zwischen Hauptstadt und Provinz darstellen. Der Rat verfügt über ein eigenes

Sie verkauft immer noch ihre selbst gesuchten Kräuter

Budget, besitzt einen gewissen unabhängigen Handlungsspielraum und kann als eigenständige Institution selbst in Personalfragen entscheiden. Die Gleichberechtigungsstelle führt Fortbildungsprogramme zur Bekämpfung der Frauenarbeitslosigkeit durch und erobert mit Ausbildungskursen wie »Export-Marketing« oder »Griechische Unternehmen in der EG« absolutes Neuland für Frauen. Aufgrund der Initiative »Frauen in Männerberufe« konnte bei den Athener Verkehrsbetrieben durchgesetzt werden, daß auch Frauen ausgebildet werden. Seit neuestem sieht man deshalb Busfahrerinnen in Athen.

Sobald sich Frauen mit einem bestimmten Berufsinteresse zusammengefunden haben, können sie mit der Unterstützung der Gleichberechtigungsstelle rechnen. Sie erhalten zwar keine Gelder — dafür ist das »Frauen-Budget« noch zu klein und der Geldmangel zu chronisch — doch bekommen sie Rechtsberatung, Organisationshilfen oder die Möglichkeit zur fachlichen Qualifikation angeboten. Heute gibt es bereits eine ganze Reihe solcher Frauen-Genossenschaften, deren Spektrum sich von einem Anstreicherinnen-Kollektiv über Bienenzüchterinnen bis zur Tourismusbranche erstreckt. Die erste und bis heute am besten funktionierende Frauen-Genossenschaft findet man in Petra, einem kleinen Dorf in Lesbos. Die Frauen, mittlerweile 55 im Alter von 21 bis 77 Jahren, bieten 280 Betten zum Übernachten an. Eine Revolution im Dorf gab es allerdings, als die Frauen ein Restaurant eröffneten und dies auch noch auf der Platia, dem Dorfmittelpunkt, wo sich die Kafenia, die Domänen der Männer befinden. Die Arbeit im Haus hatte man den Frauen ja noch zugestanden, aber nun in aller Öffentlichkeit ...! Die Frauen werden noch eine geraume Zeit benötigen, um sich gegen die männlichen Proteste durchzusetzen.

Wenn es den Frauengenossenschaften gelingt, sich auf längere Sicht zu etablieren, dann dürften sie viel zu einer veränderten Rolle der Frau in der griechischen Gesellschaft beitragen.

Eine solche Entwicklung benötigt allerdings nicht nur Engagement, Beharrlichkeit und das entsprechende politische Klima, sondern vor allem auch Zeit, um die neuen Errungenschaften auch im Alltagsleben zu praktizieren. Bestes Beispiel dafür ist die Legalisierung des Schwangerschaftsabbruches.

Bis vor einem Jahr war der Schwangerschaftsabbruch in Griechenland strengstens verboten. Der Schwarzmarkt blühte und mit schätzungsweise 300.000 Abbrüchen im Jahr lag Griechenland in diesem Bereich an einsamer Spitze in ganz Europa. Ein Schwangerschaftsabbruch kostete etwa 10.000 bis 20.000 Drachmen (umgerechnet etwa 150 bis 300 DM). Einkommensschwache und Studentinnen konnten die Summe bei manchen Ärzten monatlich, in Ratenzahlungen mit entsprechenden Zinsen, abstottern. Dies war die Situation bis zum Juli 1986. In diesem Monat nämlich wurde gegen den massiven Widerstand der griechisch-orthodoxen Kirche ein erstaunlich fortschrittliches Gesetz zur Legalisierung des Schwangerschaftsabbruches von den Sozialisten verabschiedet. Es besagt folgendes: Der Schwangerschaftsabbruch ist bis zum Ende der 12. Woche ohne Angabe von Gründen möglich, bei bestimmten Indikationen auch darüber hinaus. Sind Annomalien bei dem Kind oder Schädigungen der Mutter zu erwarten, ist der Abbruch bis zur 24. Woche erlaubt oder in einer, mit dem Arzt zu vereinbarenden Frist, für die kein Limit gesetzt ist. Bei einer Schwangerschaft infolge einer Vergewaltigung ist der Abbruch bis zur 19. Woche zugelassen. Die Entscheidung über einen Abbruch fällt die Frau alleine, bei Minderjährigen ist die Zustimmung eines Elternteils notwendig.

Seit dieser Zeit also sind die Ärzte um eine ihrer wichtigsten (unversteuerten) Nebeneinnahmen ärmer, aber sind sie es auch wirklich?! Bis jetzt noch nicht, denn in der Praxis hat sich nur wenig geändert. Zwar übernimmt die staatliche Krankenkasse IKA die Kosten für den Abbruch, doch die meisten Frauen schämen sich, diese Leistung in Anspruch zu nehmen. Der Abbruch wird ins Krankenbuch eingetragen und die Angst vor dem Bekanntwerden bei Freunden, der Familie, beim Vorgesetzten oder den Kollegen ist zu groß. Die Frauen gehen deswegen immer noch in erster Linie zu privaten Ärzten und Kliniken. Auch die meisten Gynäkologen sind nicht darüber informiert (oder wollen es nicht sein), daß die Krankenkasse den Abbruch bezahlt. Sie entwickeln größtenteils noch nicht einmal Initiativen, die Frauen sachgemäß über Empfängnisverhütung aufzuklären. Die Empfehlung des Koitus interruptus ist gängig, obwohl es in Griechenland z.B. die Pille rezeptfrei und sehr preisgünstig in jeder Apotheke gibt. Besonders Frauen auf dem Land schämen sich, die Pille zu verlangen, denn durch den Apotheker erfährt es leicht das ganze Dorf. Aber auch die Angst vor möglichen Nebenwirkungen, z.B. Krebs, schreckt viele Frauen ab. Die meisten wissen ohnehin nicht, wie die Pille überhaupt funktioniert, und auch die Kenntnisse über andere Verhütungsmittel sind sehr begrenzt. Frauen mit mehr als zehn Schwangerschaftsabbrüchen sind deshalb keine Seltenheit!

Seit neuestem wird eine Aufklärungsbroschüre über Möglichkeiten der Empfängnisverhütung kostenlos verteilt; die Einführung von Sexualkundeunterricht ist im Gespräch. Dabei möchte man meinen, daß die Lektüre der neuen Aufklärungsbroschüre so manchem griechischen Gynäkologen nicht schaden könnte. Wer einmal die z.T. katastrophalen Zustände in griechischen Arztpraxen gesehen hat — mangelnde Hygiene, Instrumente und Fachwissen —, der kann leicht nachvollziehen, wieviel im Gesundheitsbereich noch verbessert werden muß, und welcher Mangel an sachgerechter medizinischer Aufklärung und Beratung herrscht.

Die Frauenbewegung

Die Geschichte der griechischen Frauenbewegung ist jung und kaum erforscht. Ihre Wurzeln reichen bis an das Ende des vorigen Jahrhunderts zurück, als Griechinnen, die durch ihre Herkunft privilegiert waren, sich das

Frauen! Kämpft für die Rechte, die man euch verweigert! Kommt alle zur Demonstration am 7. März um 17 Uhr vor der Universität.

Recht auf Bildung erkämpften. Die erste Griechin, die für die Rechte der Frau kämpfte, war Kalirhoi Parren, die 1888 die erste Frauenzeitschrift herausgab. Sie war auch Mitbegründerin der »Vereinigung für die Emanzipation der Frau«, zu der 1920 der »Verein für die Rechte der Frau« hinzutrat.

Eine neue Qualität erhielt die Frauenbewegung in den 20er Jahren durch die Aufnahme von Flüchtlingsfrauen aus Kleinasien. Diese hatten sich bereits aktiv für die Rechte der Frau als Arbeiterinnen in Smyrna und Konstantinopel eingesetzt. Die junge Kommunistische Partei Griechenlands griff die Frauenproblematik zögernd auf. Aber die politische Instabilität, die Verfolgung vor und während der Metaxas-Diktatur sowie die soziale und wirtschaftliche Unterentwicklung des Landes erlaubten es der Frauenbewegung nicht, die Befreiung der Frau als gleichrangiges politisches Ziel in den Prozeß der Befreiung von der kapitalistischen Herrschaft zu integrieren.

Während des Zweiten Weltkrieges und des griechischen Bürgerkrieges übernahmen die Frauen viele Aufgaben und Pflichten, die bis dato allein den Männern vorbehalten waren. Sie lernten mit der Waffe umgehen, ernährten die Familie, waren im Widerstand tätig und übernahmen Aufgaben in der Verwaltung der sogenannten Befreiten Gebiete Griechenlands.

Nach Beendigung des Bürgerkrieges wurden sie allerdings wieder an den häuslichen Herd verbannt. Nur das Wahlrecht wurde ihnen 1952 zugestanden. Von 16 Frauen, die 1955 für die Parlamentswahlen kandidierten, wurden zwei gewählt.

Mit dem Spielraum, den die fortschrittlichen Kräfte unter der Herrschaft der Liberalen in den 60er Jahren erhielten, erstarkte die Frauenbewegung erneut. Anfang der 60er Jahre wurde die »Gesamtgriechische Frauenvereinigung« gegründet, die für die gefährdete Demokratie eintrat. Wie die anderen demokratischen Organisationen wurde die Frauenvereinigung nach dem Putsch im April 1967 von den Obristen gewaltsam aufgelöst. Zerschlagen und von der Entwicklung der Frauenbewegung in anderen Ländern abgeschnitten, mußten die Frauen nach dem Sturz der griechischen Junta 1974 wieder ganz von vorne anfangen. 1975 wurde zum ersten Mal in der Geschichte Griechenlands die Gleichstellung von Mann und Frau in der Verfassung verankert. Die ersten Frauengruppen gründeten sich wieder. Durchgreifende Erfolge für die Besserstellung der Frauen wurden jedoch erst in jüngster Zeit erzielt, nachdem die Sozialisten die Regierung übernommen hatten.

Heute gibt es eine Reihe von autonomen, parteiungebundenen Frauengruppen, doch die größten arbeiten mit den Parteien zusammen. Es sind die »Vereinigung der Frauen Griechenlands« der Kommunistinnen und der »Verband der Frauen Griechenlands« sowie die Gleichberechtigungsstelle, in denen die PASOK-Frauen arbeiten. Eine ebenfalls aktive, aber auf den Athener Raum beschränkte autonome Frauengruppe ist die »Bewegung für die Emanzipation der Frau«. In ihr sind hauptsächlich Studentinnen und Intellektuelle tätig.

Neben zahlreichen Seminaren, Beratungsstellen, Initiativen und sonstigen Einrichtungen für Frauen breiten sich Veröffentlichungen, Broschüren, Bücher und Zeitschriften von Frauen für Frauen immer mehr aus. Seit 1979 erscheint die erste griechische Frauenzeitschrift »I Skouba«, der Besen, die sich außer mit aktuellen Fragen der griechischen Frauenbewegung auch mit der Theorie der Frauenemanzipation befaßt, durch Übersetzung von Artikeln und Kommentaren ausländischer Frauenzeitschriften einen guten Überblick über die Frauenbewegungen in anderen Ländern gibt und die neue Frauenliteratur kommentiert. Der »Besen« ist auf die intellektuelle Frau zugeschnitten und hat nur einen begrenzten Leserkreis. Weitere Zeitschriften, die sich in erster Linie mit aktuellen Fragen beschäftigen, sind die »Sphinx« und der »Revolutionäre Kampf der Frauen«.

Zur Zeit befassen sich die meisten Frauengruppen mit der Aufklärung über Verhütungsmittel, mit der Bekämpfung der Gewalt gegen Frauen und der Behebung der Frauenarbeitslosigkeit, von der besonders junge Frauen betroffen sind; 45% der Frauen zwischen 20 und 24 Jahren sind arbeitslos.

Die Arbeit der Frauenorganisationen ist z.T. immer noch mühselig. Es fehlt an Geld und es bleibt noch eine Menge zu tun, um die Frau aus ihrer untergeordneten Stellung zu befreien.

Die Studenten- und Schülerbewegung

Aktivitäten der griechischen Jugend, von Schülern und Studenten, spielen sich, sofern sie nicht den Freizeitbereich betreffen, in erster Linie in den Schüler-, Studenten- und Jugendorganisationen der entsprechenden Parteien ab.

Eine breite, demokratische Bewegung der Jugend entstand erst 1963, initiiert von aktiven Mitgliedern der Friedensbewegung und anderen linken Kräften, die sich nach dem ermordeten EDA-Abgeordneten Lambrakis benannte. Die Lambrakis-Jugend zog große Teile der Jugend an, weil sie neue Formen politischen Handelns entwickelte und parteiübergreifende Forderungen zu Problemen von Jugendlichen aufstellte. Sie gründete Clubs, die zum kulturellen Mittelpunkt jeglicher Jugendaktivitäten wurden, baute Büchereien auf, organisierte Musikveranstaltungen, Ausflüge, Vorträge usw.

Der Militärputsch 1967 zerschlug auch alle fortschrittlichen Jugendorganisationen. Die Arbeit im Untergrund erforderte neue Organisationsformen. Bereits im Dezember 1967 wurde von führenden Mitgliedern der Lambrakis-Jugend der Rigas Feraios — zunächst als Widerstandsorganisation der Studenten — gegründet.

Nach der Spaltung der KKE 1968 beschloß die orthodoxe Strömung die Gründung der »Kommunistischen Jugend Griechenlands« KNE, die aber erst 1972 auf dem Kampffeld erschien und an der Universität ihre eigene Studentengruppe bildete, die antidiktatorische EFEE. Den Kampf gegen die Militärdiktatur nahm auch die Christlich-Soziale Jugend EXON auf, die das einzige christliche Widerstandsblatt Christianiki herausbrachte.

Die Studenten allerdings waren die tragende Kraft im Widerstand gegen die Diktatur bis hin zum Höhepunkt — dem Aufstand im Athener Polytechnikum im November 1973 — und standen zum Teil für ihre demokratischen Rechte mit dem Leben ein. Die Studenten haben in Griechenland immer am schnellsten auf politische Repressionen reagiert und sind ein Gradmesser der politischen Verhältnisse.

Anfang der 60er Jahre formierte sich die Studentenbewegung mit der Gründung der Nationalen Studentenvereinigung Griechenlands EFEE. Heute gibt es in jedem Fachbereich demokratisch gewählte Organe der Studenten. Die EFEE ist ihr Dachverband, dessen Vorstand von einem gesamtgriechischen Studentenkongreß gewählt wird. Seit 1974 besitzen die linken Kräfte in den Studentenvereinen und im Verband die überwiegende Mehrheit, was sich aber bisher nicht in grundlegenden Veränderungen des Hochschulsystems ausgedrückt hat. Die linken Kräfte sind in sich gespalten und ein Konzept und die entsprechende Strategie fehlen.

Immerhin ist es der Studentenbewegung gelungen, das schon vom Parlament verabschiedete Hochschulrahmengesetz 1979 zurückzuschlagen. Die Studenten hielten monatelang die Hochschulen besetzt und verhinderten so die Einführung der Regelstudienzeit, der Zwangsexmatrikulation, die Abschaffung des Politischen Mandats und die Einschränkung der akademischen Freiheiten.

Allerdings ist die Studentenbewegung bisher nicht in der Lage gewesen, an die Stelle der Verteidigung des »status quo« positive Vorschläge für die Gestaltung einer demokratischen Hochschule zu setzen.

Die »parteigebundenen« Studentengruppen, die bisher weitgehend das Geschehen bestimmten, haben stark an Anziehungskraft verloren, und die autonomen Studentengruppen, die während der Hochschulbesetzungen Hoffnungen auf einen alternativen Weg weckten, befinden sich in der Auflösung.

Die heftigen Auseinandersetzungen zwischen den Studentenorganisationen über allgemeinpolitische Fragen weichen allmählich den konkreten Problemen der Hochschulbildung. Forderungen, wie die Abschaffung des Lehrstuhls in seiner heutigen Form und die Einführung einer wirklichen Mitbestimmung, die sich in den letzten Jahren herauskristallisiert haben, werden gemeinsam mit der gewerkschaftlichen Organisation der Dozenten und Assistenten gestellt und erkämpft. Heute befindet sich die Studentenbewegung in der Phase der Neuorientierung, sucht nach den Ursachen der Krise und versucht, die bisher formulierten Forderungen in einem Gesamtkonzept von Strukturveränderungen einzugliedern, die für den Aufbau einer demokratischen Hochschule notwendig sind.

Auch die Schülerbewegung erlebte nach der Diktatur einen enormen Aufschwung. Sensibilisiert durch die Zwangsverhältnisse hatte die Jugend ein ungeheures Nachholbedürfnis nach politischen Diskussionen und politischer Betätigung. Die Aktivisten der Schülerbewegung waren stark parteipolitisch orientiert und die Schülerversammlungen waren Schauplätze heftiger, politischer Auseinandersetzungen.

Die Schüler der späteren Jahrgänge brachten unter dem wachsenden Leistungsdruck keine Zeit und Interesse mehr für allgemeinpolitische Diskussionen auf und wandten sich von den politischen Schülerorganisationen ab. Anfang 1978 etablierten sich die »autonomen Schülergruppen«. Sie gaben Zeitungen heraus, die sich vorteilhaft von den trockenen Parteiblättern abhoben und Probleme aufgriffen, mit denen die Schüler täglich konfrontiert sind und die sie interessieren, Probleme in der Schule, in der Familie, Drogen, Kultur, aber auch Filmkritik und Musik.

Ein großes Problem stellt für die Jugendlichen der Militärdienst dar, der mindestens zwei Jahre dauert und durch Strafen noch verlängert werden kann. Während dieser Zeit erhalten die Soldaten ein Taschengeld, das noch nicht einmal für Zigaretten reicht. Falls sie Familie haben, erhält diese keine finanzielle Unterstützung. Demokratische Gesinnung zu zeigen, reicht für viele Offiziere aus, die Soldaten auf menschenunwürdige Art zu schikanieren. Zusätzlich erschwert der lange, späte Militärdienst die Eingliederung in den Beruf. Die Jugendorganisationen fordern eine Verringerung der Militärdienstzeit, die Verhinderung von Diskriminierung und Schikanen während des Dienstes und einen »produktiven Dienst«, der eine Vorbereitung auf den späteren Beruf einschließt.

Freizeit in Dorf und Stadt

Die Beschäftigung nach der Arbeit vollzieht sich auf dem Lande noch in sehr traditionellen Bahnen, streng nach Geschlecht unterschieden. Die Männer haben mehr Muße als die Frauen, ihre Arbeitszeit unterliegt je nach Saison starken Schwankungen. Ihr Platz während der Arbeitspausen und nach der Arbeit ist das Kafenion, das für die Dorfgemeinschaft eine der wichtigsten sozialen Institutionen ist. Hier findet das öffentliche, politische Leben des Dorfes statt, Geschäfte werden abgeschlossen, Konfliktlösungen ausgehandelt, die Probleme des Dorfes geregelt, über Politik diskutiert, Ehen gestiftet und natürlich auch Karten und Tavli gespielt. Hier erfährt man die neuesten Nachrichten über den Fernseher, der noch nicht in allen Haushalten zu finden ist, aber auch durch die überregionalen Zeitungen, die hier ausliegen. Die gesammelten Lebenserfahrungen der männlichen Dorfbewohner werden hier ausgetauscht. Die Jugendlichen lauschen mit heißen Ohren, finden hier über den Vater hinaus eine Reihe von männlichen Vorbildern und wachsen so allmählich in ihre tradierte Rolle.

Die Frauen erfahren über das politische Geschehen über das Dorf hinaus vieles nur vermittelt über ihre Männer; wenngleich auch hier die Medien, allen voran das Fernsehen, die Isolation aufbrechen.

Die Frauen arbeiten länger als die Männer, bei ihnen ist Arbeits- und Freizeit nicht klar getrennt. Sie sind auch in der Freizeit beschäftigt, meistens mit einer Handarbeit im Kreis gleichaltriger Nachbarinnen. Ältere Frauen suchen abends oft die Messe auf und holen sich auch gerne Rat beim Popen. Die Neuigkeiten der Dorfgemeinschaft erfährt die Griechin beim Kaufmann oder bei den Nachbarinnen.

Die Kinder verbringen ihre Freizeit — wenn sie nach der Schule die Arbeiten im Haus und auf dem Feld erledigt haben — auf der Straße. Ältere Jungen finden sich in Gruppen zusammen und flanieren die Straßen entlang, immer auf der Suche nach Mädchengruppen, um ihnen im Schutz der Gruppe unverfängliche Schmeicheleien und schöne Worte zuzurufen. Ihre Väter beobachten sie vom Marktplatz her oder vom Kafenion entlang der Straße. Freizeiteinrichtungen gibt es kaum. Spärliche Kinos spielen schlechte Filme, und einmal im Jahr besucht eine Theatergruppe das Dorf.

Die einzige Abwechslung, die diesen einförmigen Alltag unterbricht, ist das Fest, das an Feiertagen, Hochzeiten oder Taufen stattfindet. Jedes ist eng mit der Kirche verbunden und ihren religiösen Bräuchen, dennoch haben alle mehr den Charakter von Volksfesten. In den Dörfern nimmt die gesamte Dorfbevölkerung an solchen Festen teil, in kleineren auch bei den Familienfesten. Die Feste bilden den Höhepunkt des sozialen Lebens. Hammel werden am Spieß gebraten, eine Kapelle spielt zum Tanz auf, die Familien versammeln sich in den Kafenia und Restaurants um den Marktplatz, es gibt Schießbuden, Stände mit Süßigkeiten und Spielzeug für die Kleinen.

Ein Plausch im Schatten

Allerdings hat auch der Tourismus in den Urlaubszentren die Gewohnheiten und die Freizeitgestaltung der einheimischen Bevölkerung verändert. Vor allem die hohen Preise und der Zuschnitt der Einrichtungen im Sommer auf das schnelle Geldverdienen unterbrechen den gewohnten Lebensrhythmus.

Der Tourismus hat aber auch eine neue Art von Cafés und Snack-Bars entstehen lassen, die nicht mehr auf den Mann zugeschnitten sind, sondern von der ganzen Familie besucht werden können, was zunehmend geschieht.

An Freizeiteinrichtungen fehlt es in den Großstädten nicht, zumindest was Kinos, Theater, Ausstellungen, Tavernen und Kneipen betrifft. Doch dieses Angebot kann von den sozialen Schichten sehr unterschiedlich genutzt werden. Für viele Griechen mit geringem Einkommen gibt es keine Freizeit, weil sie neben ihrer ersten Arbeit noch eine zweite übernehmen müssen, um über die Runden zu kommen. Auch die Arbeitszeit orientiert sich noch an den dörflichen Gewohnheiten und den klimatischen Bedingungen. So ist die Unterbrechung der Arbeitszeit durch eine 3–4stündige Mittagspause üblich. Sie ist für die Hauptmahlzeit und den anschließenden Mittagsschlaf gedacht. Angesichts der weiten Entfernung vieler Arbeitsstätten von den Wohnungen und dem schlechten Verkehrssystem ist das allerdings illusorisch; es wird viel zu viel Zeit unterwegs verloren.

Arbeiter verbringen ihre Freizeit kaum außerhalb der Wohnung, Radio und Fernseher stehen in der Skala der Freizeitbeschäftigungen an erster Stelle. Auch die Kinder verbringen die meiste Zeit in der Wohnung. Das Spielen auf der Straße ist zu gefährlich, und die anarchistische Bauweise hat dazu geführt, daß es kaum Grünanlagen, Parks oder Kinderspielplätze, noch nicht einmal Höfe gibt. Die Wohnungen sind beengt. Zwar haben die meisten einen Balkon, aber die Gewohnheit, im Sommer draußen zu leben, läßt sich für viele kaum mehr umsetzen. Trotzdem hat sich die Sitte erhalten, vor allem in der Küche zu leben und das große Wohnzimmer nur für Besuch zu öffnen. Dann werden die Schonbezüge entfernt und stolz der angesammelte Kitsch vorgezeigt, der auf dem Buffet zur Schau gestellt ist. Die Kinder müssen sich das winzige Kinderzimmer mit ihren Geschwistern teilen. Viele Kinder arbeiten auch in ihrer »freien« Zeit. Kinderarbeit ist zwar verboten, aber das Gesetz bietet so viele Schwachstellen, daß es ein leichtes ist, es zu umgehen.

Die Freizeit von Jugendlichen ist alltags sehr begrenzt. Der wachsende Leistungsdruck in der Schule, die Prüfungen und der Lehrstoff, der nachgearbeitet werden muß, lassen wenig Zeit für andere Aktivitäten. Hinzu kommen noch die Nachmittagsschule, Nachhilfeschulen, die für jeden unentbehrlich geworden sind, der die Aufnahmeprüfung für die Universitäten schaffen will. Am Wochenende besuchen die Jugendlichen Kinos, Theater, Konzerte, Discotheken und Kneipen. Doch die Unzufriedenheit mit diesen Möglichkeiten wächst. In letzter Zeit sind von Jugendlichen alte unbewohnte Häuser in Athen und Saloniki besetzt worden, mit dem Ziel, daraus Freizeit- und Jugendzentren zu machen, die ihren Bedürfnissen entsprechen. Bei den meisten Parteien und den staatlichen Organisationen sind diese Aktionen auf Unverständnis gestoßen. Auch die politischen Jugendorganisationen haben sich mit den Problemen bisher nicht ernsthaft befaßt. Viele Jugendliche versuchen dem tristen Alltag und den einengenden Lebensverhältnissen zu entfliehen. In den letzten Jahren ist der Drogenkonsum rapide angestiegen. Soziale Einrichtungen wie z.B. Drogenberatungsstellen oder Suchtabhilfe-Programme sind so gut wie nicht vorhanden. Die Jugendlichen werden mit ihren Drogenproblemen alleine gelassen. Vereinzelt werden zwar staatliche Kampagnen gegen den Drogenmißbrauch, der äußerst hart geahndet wird, gestartet, auf die sozialen Ursachen wird jedoch nicht eingegangen.

In den Großstädten schließen sich viele Jugendliche, die von der Gesellschaft enttäuscht sind, in Motorrad-Clubs zusammen. In diesen Clubs stellen sie sich bewußt gegen die herrschenden Lebensnormen. Sie veranstalten in der Nacht auf Ausfallstraßen und Schnellstraßen selbstmörderische Motorradrennen. Diese Rennen sind für viele die einzige Möglichkeit, um Selbstbestätigung und Anerkennung zu erleben. Oft enden sie mit dem Tod der Beteiligten.

Die dörflichen Gewohnheiten sind nicht ganz verschwunden. Die kafenia gibt es noch, aber sie sind relativ selten geworden und werden hauptsächlich von Rentnern besucht. Mindestens einmal die Woche gehen die Griechen zum Essen aus, Freunde, Verwandte und die Kinder sind dabei. Seltener leisten sie sich den Besuch einer bouzoukia — Tavernen, wo man bouzouki-Musik hören und nach ihr tanzen kann —, der die finanziellen Möglichkeiten ei-

Mit ein bißchen Improvisation kann man fast überall feiern.

nes Arbeiters eigentlich übersteigt. Dennoch findet man hier Leute quer durch alle Gesellschaftsschichten. Die bouzoukia sind immer voll, auch wenn man für einen 2–3stündigen Besuch mit um die 100,– DM rechnen muß. Viele bouzoukia lassen sich auch gleich bei Eintritt für einen Tisch inklusive einem Gegränk ca. 200,– DM zahlen. Die Preise hängen ganz von der Berühmtheit der Sänger ab. Die meisten bouzoukia haben ihre eigenen Sänger, die nur bei ihnen singen. Sängerinnen und Sänger sind in Griechenland so bekannt wie bei uns die Fußballstars, und ihre Gagen sind ziemlich hoch. Sie sprechen mit ihrer Musik und ihren Texten unterschiedliche soziale Schichten an, so daß sich die bouzoukia hinsichtlich ihres Publikums nochmals voneinander unterscheiden.

Getanzt wird der hasapiko, ein Gruppentanz für 3 bis 4 Leute, der hasaposerbiko, ein Kettentanz für den ganzen Saal, der tsifteteli, ein Bauchtanz etc. Am beliebtesten ist aber der sejmbekiko. Der Tanz stammt von der kleinasiatischen Küste. Der Sejmbek war ein Kämpfer und die Schrittfiguren stellen ursprünglich einen Kampf dar, der mit Messern ausgefochten wird. Heute geht meist eine Gruppe auf die Tanzfläche, einer oder zwei tanzen den sejmbekiko und die anderen knien nieder, das eine Bein angewinkelt und klatschen rhythmisch Beifall. Jeder aus der Gruppe übernimmt reihum den Tanz. Auch Frauen tanzen den sejmbekiko, aber seltener.

Wenn man den Musikern Geld zusteckt, kann man einen Tanz für sich reservieren lassen. Die Musiker kündigen dann an, »parangelia«, »der Tanz ist bestellt«. Dem Käufer gehört die Tanzfläche und es ist eine schwere Beleidigung, wenn andere auch tanzen wollen. Es provoziert zumindest eine Schlägerei, wenn nicht Messerstecherei und Totschlag. Berühmt ist das Lied des Liedermachers Savopoulos, der ein sejmbekiko für Nicos geschrieben hat. Der wurde während der Militärdiktatur bei einem bestellten Tanz von Polizisten absichtlich so provoziert, daß er sieben Männer erstach.

Wenn der Besucher sich richtig wohl fühlt, bestellt er einen Stapel Teller, der mit dem obersten Teller blitzschnell zerdeppert wird. Die Sitte bedeutet etwa: wichtig ist nur der schöne Augenblick, Dinge kann man ersetzen, aber den Moment der Lebensfreude, des gemeinsamen Genusses im Kreise der Freunde, muß man ergreifen, wenn er da ist.

Die jungen Leute, für die das bouzoukia unerschwinglich sind, gehen in die boites. Hier spielen einzelne Interpreten die bouzouki oder singen politische Lieder, und es treten Rockbands auf.

Viel gelesen werden in der freien Zeit meist nur Zeitungen und Zeitschriften. Die meisten Zeitungen, die in Athen und Saloniki erscheinen, sind überregionale Tageszeitungen. Zählt man die lokalen Blätter hinzu, dann finden über 100 Zeitungen täglich ihre Leser. Bei den Zeitschriften hat sich das Angebot polarisiert. Es gibt gut gemachte und anspruchsvolle politische und kulturelle Zeitschriften für einen begrenzten intellektuellen Leserkreis. Daneben gibt es dic große Masse der Frauenzeitschriften mit Kochrezepten, wenig Mode und viel Liebesgeschichten, die von der ganzen Familie, auch den Männern, gelesen werden, und für die Jugendlichen billige Groschenhefte, ebenfalls viele mit Liebesgeschichten. Bücher sind nicht gerade billig.

Ausflüge und Reisen sind unüblich, nehmen aber zu. Der größte Teil der Griechen verbringt den Urlaub in der Stadt und besucht allenfalls Verwandte auf dem Land. Im Ausland wird der Urlaub sehr selten verbracht, außer von Nordgriechen in den angrenzenden Ländern Jugoslawien, Bulgarien und Rumänien. Kindern bietet die staatlich und privat organisierte Sommerverschickung etwas Erholung, aber die Nachfrage ist größer als Plätze vorhanden sind. Schüler und Jugendliche versuchen in den Sommerferien an Jobs in touristischen Zentren heranzukommen. Als Gelegenheitsarbeiter führen sie schlecht bezahlte und manchmal auch gesundheitsschädigende Arbeiten aus. Unter den Rucksacktouristen trifft man immer häufiger junge Griechen.

Auch der Sport wird nicht genügend gefördert. Sportstätten gibt es noch zu wenige und in den Schulen mangelt es ebenfalls an Anlagen. Wie bei uns ist eine der populärsten Freizeitbeschäftigungen der Fußball, der Sonntags stattfindet und von Griechen jeden Alters besucht wird. Bei spannenden Spielen sind die Karten oft ausverkauft. Ein Polizist bewacht eigens die Verkaufsstände, damit es nicht zu Schiebereien kommt, aber er wird oft ausgetrickst. Vor den verschlossenen Toren des Stadions warten die Kartenlosen darauf, daß Nachzügler mit Karten eintreffen, die noch eingelassen werden müssen. Sobald sich die Tore für die Nachzügler öffnen, stürzen ein paar ohne Karten hinterher und schaffen es, dem Türposten zu entwischen, der allerdings auch keine große Lust hat, sie wieder hinauszudrängen. Bei einem Besuch ist es ratsam, sich eines der in den Farben der jeweilig favorisierten Mannschaft eingehüllten Plastikkissen zu kaufen, da die antiken Steinquader auf die Dauer recht unbequem werden.

Das »Unglück«, Grieche zu sein

In seinem Buch »Das Unglück, Grieche zu sein« beschreibt der griechische Schriftsteller Nikos Dimou in liebevoll selbstkritisch-satirischen Aphorismen die Schwächen, Stärken, die Besonderheiten und Eigenarten seiner Landsleute, den Neugriechen von heute, der so gar nichts mehr mit den Hellenen der Antike gemeinsam hat. Wer Griechen kennengelernt hat, der wird über die folgenden Charaktereigenschaften kopfnickend schmunzeln; wer zum erstenmal nach Griechenland reist, der wird bei näherer Bekanntschaft das eine oder andere des hier Erwähnten wiederfinden, auch kopfnickend schmunzeln und die Griechen lieben lernen, trotz (oder gerade wegen!) ihrer Eigenschaften.

***

Etwas Grundlegendes: der Grieche negiert die Realität. Er lebt zweifach über seine ökonomischen Verhältnisse heraus; verspricht das Dreifache von dem, was er halten kann, er weiß das Vierfache von dem, was er in Wirklichkeit gelernt hat und fühlt (bewußt) das Fünffache von dem, was er wirklich fühlt.

***

Der Grieche versucht in jeglicher Beziehung, außerhalb der Realität zu sein. Und nachher ist er unglücklich, weil er außerhalb der Realität ist ... und danach ist er glücklich, weil er unglücklich ist!!

***

Die Übertreibung ist nicht nur ein nationaler Makel; es ist die Lebensart der Griechen.

***

Das Glück des Unglücks des Neugriechen drückt sich am eindeutigsten in der griechischen »Nörgelei« aus.

***

Bei keinem anderen Volk führt die klassische Frage »Wie geht's?« zur gänzlichen Analyse des ärztlichen Befundes, der familiären Situation, der ökonomischen Schwierigkeiten und der sexuellen Probleme des (typisch) Verliebten.

***

Ein griechisches Gesetz: zwei Griechen tun in zwei Stunden das (aufgrund ihrer Uneinigkeit), was ein Grieche in einer Stunde tut.

***

Andere Völker haben einen Glauben. Wir, wir haben die Popen.

***

Das Schlimmste, was man über die Öffentliche Ordnung in Griechenland sagen kann, ist, daß es sie nicht gibt.

***

Das Sexualleben des Griechen läuft auf zwei Ebenen ab. Auf der Tatsächlichen und auf der Erdachten. Der Abstand der beiden voneinander ist beträchtlich.

***

Tief in unseren Herzen glauben wir Griechen nicht, daß wir es wert sind, in einem solch schönen Land zu leben. Deshalb tun wir alles, um es auf »unser Niveau« zu bekommen. So bauen wir Betonhäuser und verstreuen unseren Abfall.

***

Griechenland ist unsterblich! (Beharren Sie nicht darauf: wenn wir uns noch ein wenig bemühen ...)

***

Schließe Griechenland in Dein Herz und Du wirst einen Herzinfarkt bekommen.

***

aus dem Griechischen von J.C.

Feste gehören zum Alltag

Gäste werden in Griechenland freundlich aufgenommen. Jeder bemüht sich, dem Gast seine Hilfe anzubieten, seine Wünsche zu erahnen und ihm stets das Beste, was die Familie zu bieten hat, zu überreichen.

Bei der Begrüßung werden dem Gast Süßigkeiten angeboten. Eine griechische Spezialität sind in Zuckersirup eingemachte Früchte, glyka koutaliou — Süßigkeiten vom Löffel. Gemäß dem Zeremoniell der griechischen Gastfreundschaft werden sie auf einem Teelöffel in Kristall- oder Silberschalen — je nach Einkommenslage des Gastgebers — auf einem Tablett mit einem Glas Wasser serviert. Der Gast ißt die Süßigkeit, trinkt das Wasser und legt den Löffel in das Glas. Im allgemeinen wird ihm danach Kaffee angeboten.

Die Hilfsbereitschaft Fremden gegenüber ist für diese nicht immer ganz so erfreulich, wie sie vielleicht von den Griechen gemeint ist: z.B. wenn man seit geraumer Zeit durch die Straßen irrt, weil jeder, der nach dem Weg gefragt wird, den Fremden nicht durch seine Unwissenheit enttäuschen will und ihm den Weg nach Gutdünken beschreibt. Wer bei einer griechischen Familie wohnt, wird völlig in den Tagesablauf miteinbezogen. Ein weiblicher Gast erhält selbstverständlich Begleitung beim außer Haus gehen, und nach dem Essen wird auch für den Gast das Bett für den Mittagsschlaf hergerichtet — ob dieser müde ist oder nicht, spielt dabei nur eine untergeordnete Rolle.

Frühstück gibt es in Griechenland nicht, es wird nur eine Tasse Mokka getrunken. Dafür ist das Mittagessen, das zwischen 14.00 und 16.00 Uhr eingenommen wird, sehr reichhaltig. Auch abends, meist recht spät, gegen 22.00 Uhr, wird warm und ausgiebig gegessen.

Feste werden in Griechenland aus den gleichen Anlässen wie bei uns gefeiert. Persönliche und religiöse Feste wie Namenstag, Heirat, Taufe, Weihnachten und Ostern. Nur die lokalen Feste, die sich um bestimmte Heilige, geschichtliche Ereignisse oder vollbrachte Arbeit wie Wein- und Erntefeste, Schafschur etc. ranken, haben regionalen Charakter. Aber wenn uns auch die Anlässe der Feste nicht fremd sind und die Gebräuche sich ähneln, so hat vieles doch ein anderes Gewicht und eine andere Bedeutung für die Betroffenen.

Die Heirat

Bis vor kurzem gab es nur die kirchliche Form der Eheschließung, die auch nach der Einführung der standesamtlichen Trauung durch die PASOK-Regierung immer noch die dominierende Form der Eheschließung geblieben ist. Sie erfolgt nach einem festgelegten Ritual, das stark symbolischen Charakter trägt und in hebräische Ursprünge zurückreicht.

Schon der Name der Frau in Griechenland symbolisiert, daß sie bei der Heirat aus der Gewalt des Vaters in die des Mannes übergeht. Ihr Name endet auf den Genitiv ihres Vaters oder Mannes. Sofianopoulou ist z.B. entweder die Tochter oder die Ehefrau des Sofianopoulos. Auch die Übergabe der Braut am Hochzeitstag vom Vater auf den Ehemann erfolgt symbolisch. Der Bräutigam muß als erster vor der Kirche sein, der Vater bringt die Braut und übergibt sie dort.

Der koumbaros oder die koumbara, das sind die Treuzeugen, spielen bei dem folgenden Ritual — dem Tanz des Issaias — eine große Rolle. Der Trauzeuge muß während der Trauung die mit einem Band verbundenen Kronen, die die Bautleute tragen, mehrmals kreuzen. Um die Worte des Pfarrers, die Frau solle den Mann fürchten, abzumildern, tritt die Braut dem Bräutigam bei diesen Worten kräftig auf den Fuß. Während die Brautleute, gefolgt vom Trauzeugen und kleinen Kindern mit Kerzen, mehrmals um den Altar laufen, werden sie mit Reis beworfen, womit die Hochzeitsgäste ihren Wunsch nach reichem Kindersegen für das neue Ehepaar ausdrücken.

Eine griechische Hochzeit hat zwischen 50 und 300 Gästen, und manche Gäste, die das Brautpaar küssen und ihm Glück wünschen, sind ihm gänzlich unbekannt, zumindest in der Stadt.

Wenn die Gäste das Paar beglückwünschen, erhalten sie kufetta, das sind mit Bonbonmasse überzogene Nüsse, die kostbar verpackt sind, in extra aus dem Stoff des Brautkleides angefertigten Manschetten oder in Porzellangefäßen mit den Initialen des Brautpaares.

Im Dorf spielt oft noch eine Musikkapelle auf und marschiert den Hochzeitsgästen voran einmal durchs Dorf, und alle Dorfbewohner sind zu Essen und Trinken eingeladen. Abends wird das Brautbett von den Eltern mit gestickter Bettwäsche geschmückt. Aus Aberglauben hat sich der Brauch erhalten, einen kleinen Jungen auf das geschmückte Bett zu werfen, damit das Kind, das in der Hochzeitsnacht gezeugt wird, ein Junge wird. Ein anderer Aberglaube besagt, daß sich eine Unverheiratete, die sich die bei der Trauung erhaltene kufetta unter das Kopfkissen legt, im Traum den Mann sieht, den sie heiraten wird.

Die kufetta und die Ausstattung der Kirche sowie die Trauung muß der koumbaros bzw. die koumbara bezahlen. Das kann teuer werden, je nach Anzahl der mit Stoffbändern geschmückten Kerzen, der Anzahl der Lüster, die brennen sollen oder ob Chorgesänge gewünscht werden. Es ist eine Sache des Prestiges. Der Trauzeuge erhält vom Brautpaar ein teures Geschenk. Zwischen koumbaros und dem Brautpaar entsteht durch die Trauung eine Verwandtschaft. Die Vorteile, die eine entstehende Verwandtschaft verspricht, sind oft ausschlaggebend für die Wahl des koumbaros, z.B. bei anstehenden Bürgermeisterwahlen etc.

Die Taufe

Die Paten des Kindes spielen eine ähnliche Rolle wie die Trauzeugen. Auch durch die Taufe entsteht eine Verwandtschaft, und Kinder mit dem gleichen Taufpaten dürfen untereinander nicht heiraten. Das Kind wird erst ein Jahr nach seiner Geburt getauft. Auch hier gibt es ein strenges Zeremoniell. Das Kind wird bei der Taufe dreimal unter Wasser getaucht und mit Öl eingerieben, während der Taufpate das »Vater Unser« aufsagen muß. Dann wird das schreiende Kind in schöne Kleider gehüllt und die Gäste bekommen *bonbonieres,* etwas ähnliches wie die kufetta, die ebenfalls kostbar verpackt sind. Wie bei der Hochzeit müssen die Taufpaten die bonbonieres, die Kirche, die Taufkleider bezahlen und werden ihrerseits von den Eltern des Kindes beschenkt.

Nicht nur die Kirche profitiert von Hochzeits- und Taufsitten, ganze Berufsstände leben davon wie die Produzenten und Verkäufer von Süßigkeiten,

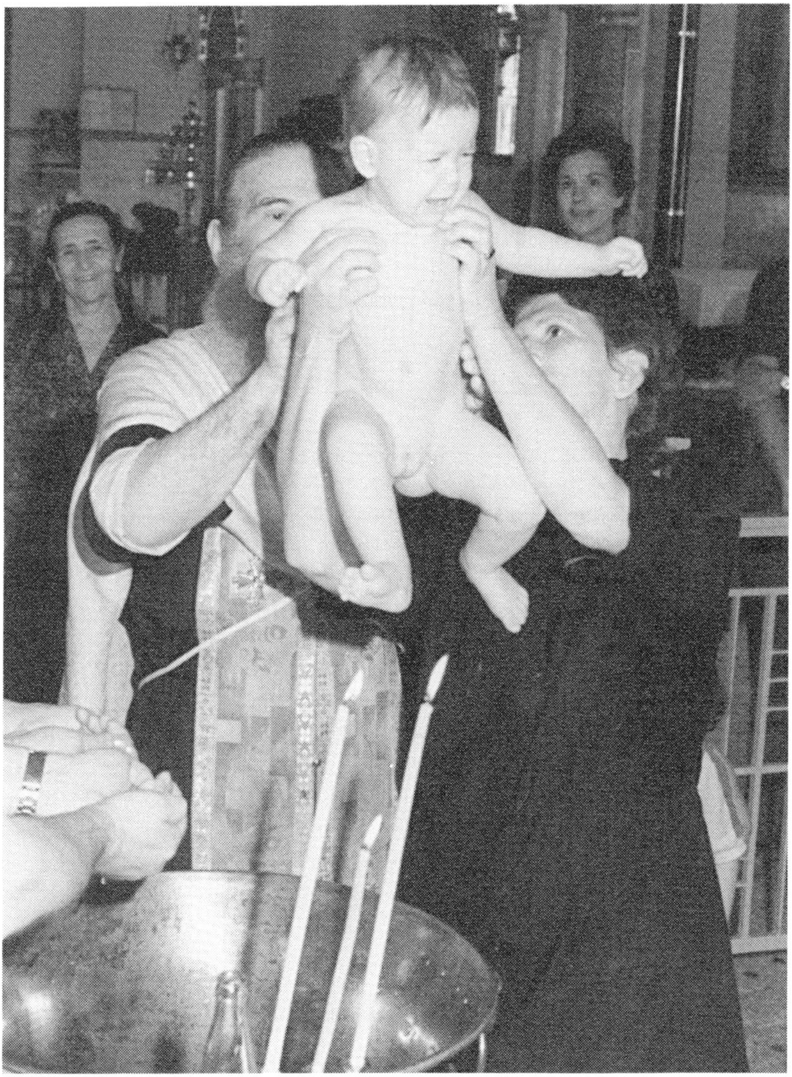

Kerzen, spezieller Kleidung. Ihnen hat auch die Gleichstellung von kirchlicher und standesamtlicher Eheschließung noch keine allzugroßen finanziellen Einbußen beschert.

Der Namenstag

Der Geburtstag hat in Griechenland keine große festliche Bedeutung; anders ist das mit dem Namenstag, mit dem zugleich immer ein bestimmter Heiliger geehrt wird. Auch diejenigen, die einen »unchristlichen« Namen tragen, haben einen bestimmten Tag, der für sie reserviert ist. Der Betroffene erhält zum Namenstag Geschenke von Freunden, Glückwünsche »chronia polla — viele Jahre«, und von Bekannten und Geschäftsfreunden Süßigkeiten zugeschickt. Manche erhalten über dreißig Torten an einem solchen Tag und schicken sie dann gleich an den nächsten Namensvetter weiter. Es ist üblich, ein Kärtchen beizulegen. Wird vergessen, dies beim Weiterschicken herauszunehmen, kann es passieren, daß jemand plötzlich eine Torte bekommt, in der er drei oder vier Karten findet, mit denen eine Maria nach der anderen beglückwünscht wird. Es hat sich auch noch die Sitte aus früheren Zeiten erhalten, zum Namenstag unangemeldete Besuche abzustatten. In Zeitungen findet man deshalb heute noch Anzeigen, daß man zum Namenstag keine Besuche wünscht.

Die Beerdigung

Besonders die Frauen müssen beim Tod eines Ehepartners ihre Trauer nach außen hin dokumentieren. Auf dem Dorf tragen die Witwen ihr Leben lang Trauerkleider, in der Stadt hat sich dieser Zeitraum mittlerweile im Schnitt auf drei Jahre reduziert oder ist — zwar noch selten — ganz verschwunden. Bei der Beisetzung hört man auf dem Weg von der Kirche zum Friedhof manchmal noch das schrille Klagen älterer Frauen, das an die früheren Klageweiber erinnert. Ein Wehklagen, das Anklage ist, nicht nur den eigenen Verlust betrauert, sondern vor allem auch für den Toten klagt, der die Welt, das Leben lassen mußte.

Die Friedhöfe in Griechenland sind klein, da sich das Land, das arm an Boden ist, verschwenderische Parkanlagen nicht leisten kann. Angesichts des knappen Raumes und auch der Hitze wäre es sinnvoll, die Toten zu verbrennen, wie es in anderen südlichen Ländern der Brauch ist. Dies verbietet jedoch der orthodoxe Glaube. Deshalb werden bei Anwesenheitspflicht der Verwandten die Gräber nach drei Jahren geöffnet, um die Knochen des Toten in einen kleinen Kasten umzubetten.

Weihnachten

Das Weihnachtsfest bildet mit Neujahr eine Einheit und ist eher ein Vorfest für den Höhepunkt Neujahr, an dem wechselseitig Geschenke ausgetauscht werden. Krippe und Tannenbaum, der von weither eingeführt werden muß, haben sich als Weihnachtsbrauch — nicht zuletzt durch das deutschstämmige Königshaus — durchgesetzt. Das eigentliche Symbol ist jedoch das Weihnachtsschiff, ein mit Lichtern behängtes Schiff. In den großen Kaufhäusern wird versucht, durch entsprechende Ausschmückung der Verkaufsräume und Weihnachtsartikel die Kauflust und das Weihnachtsgeschäft auch in Griechenland anzuregen.

Es gibt bestimmte Kuchensorten zu Weihnachten, und viele besuchen Bekannte und Verwandte. Die Kinder singen Lieder, wofür sie Geld und Kuchen erhalten. Es sind spezielle Lieder, die zu Weihnachten und Neujahr gesungen werden. Nicht selten ziehen wandernde Musiker durch Restaurants oder Kafenia und tragen diese Lieder dort vor.

In der Sylvesternacht treffen sich Freunde und Verwandte zum gemeinsamen Kartenspiel — weil die Griechen leidenschaftliche Kartenspieler sind, dehnt sich dieser Zeitraum oft auf drei Monate vorher und nachher aus. Vassilopita, der Neujahrskuchen, wird verteilt, in dem einer der Feiernden eine eingebackene Gold- oder Silbermünze findet. Am nächsten Tag gibt es ein großes Familienessen und endlich auch die Geschenke. Der Heilige Vassili bringt sie, ein alter Mann mit weißem Bart, ein Zwillingsbruder des bei uns bekannten Weihnachtsmannes.

Ostern

Ostern ist das größte Fest der orthodoxen Kirche und geht über den familiären Rahmen des Weihnachtsfestes hinaus. Das Fest findet meist später statt als bei den anderen christlichen Kirchen, selten im April, oft erst im Mai. 40 Tage vor Ostern werden an den Werktagen und besonders während der ersten drei Tage der Karwoche in den Kirchen die Psalmen der griechisch-orthodoxen Kirche gesungen.

Am Karfreitag schmücken die Mädchen der umliegenden Gegend ein Gerüst, das das Grab Christi symbolisiert, den *Epitaphios,* mit Blumen und einem Tuch, auf dem die Grablegung Christi aufgestickt ist. Gegen neun Uhr abends findet dann eine Prozession statt, bei dem der Epitaphios von Chorknaben oder Gemeindemitgliedern um die Kirche herum und in die angrenzenden Stadtviertel getragen wird.

Am Ostersonnabend, gegen 12.00 Uhr nachts, wird dann die Auferstehung gefeiert. Von überall her strömen die Leute mit weißen Osterkerzen zur Kirche, wo genau um Mitternacht die ersten Kerzen vom Popen angezündet werden und von wo das Feuer weitergereicht wird. Die Leute eilen mit der Kerze nach Hause und zeichnen mit dem Rauch ein Kreuz an ihre Haustür. Vor der Kirche wird ein Feuerwerk abgebrannt. Unter dem Getöse von Knallfröschen und Glockengeläut gehen 40 Tage Fastenzeit ohne Fleisch und Öl zu Ende, die heute allerdings nur wenige einhalten.

Es hat sich als Brauch erhalten, das Ende der Fastenzeit mit einem mitternächtlichen, großen Essen zu feiern. Ein Lamm wird gebraten und die Ostersuppe Magiritsa verspeist, eine Suppe aus Leber, Lunge, Herz und Eingeweide des Lammes mit Reis, Eier-Zitronen-Sauce und frischem Dill. Rotgefärbte Eier werden aneinander gestoßen und am Ostersonntag wird das Festessen, u.a. mit vielem, speziellen Ostergebäck, fortgesetzt. Auf den Dörfern werden die Lämmer und Hammel im Freien gebraten, und alle Fremden, die am Ostersonntag das Dorf besuchen, sind zum Mitfeiern eingeladen.

Vor der großen Feier wird im Kafenion noch schnell ein Ouzo getrunken

Die Nationalfeiertage

Griechenland hat zwei Nationalfeiertage, einen am 25. März, der auf die Befreiung von den Türken 1821 zurückgeht, und einen am 28. Oktober, der »Ochi-Tag«, an dem 1940 der Volkskrieg gegen Italien begann. Fast jedes Dorf hat sein kleines Mahnmal, das an Gefallene erinnert. Dorthin findet eine Parade statt und dort werden Ansprachen gehalten. In den Städten und größeren Dörfern nimmt das Militär an den Feierlichkeiten teil. Durch die Athener Straßen rollen Panzer. Schülerparaden mit Fahnen gehören ebenso dazu wie die Aufführung patriotischer Theaterstücke durch Schulklassen.

Die nationalen Feiern haben einen sehr auf das Militär und die anderen Ordnungskräfte ausgerichteten Charakter, wogegen die Veteranen des Widerstandskampfes versuchen, den Charakter des Volkswiderstandes stärker zu betonen. Aber alle Versuche der Verbände ehemaliger Widerstandskämpfer, an den Feierlichkeiten mit Kranzniederlegungen und Reden teilzunehmen, wurden auf Anweisung des Innenministers mit Polizeigewalt verhindert. Heute, nach der offiziellen Anerkennung der patriotischen Leistungen der Widerstandskämpfer, kann ihnen niemand mehr die Teilnahme an den nationalen Festen verbieten.

Essen und Trinken

Süße Sirup-Kuchen, Käsepasteten und Gurkenjoghurt lassen ebenso wie die türkischen Namen vieler Rezepte manche behaupten, die griechische Küche sei ein Ableger der türkischen Küche, die europäische Feinschmecker neben der französischen und chinesischen Küche für eine der drei ganz großen Kochkulturen der Welt halten. Andererseits weisen die Gerichte auf einigen Inseln Ähnlichkeit mit der italienischen Küche auf. Viele Griechen werden auf die Frage nach der Existenz oder Nichtexistenz der griechischen Küche antworten, daß ihre Küche 2.500 Jahre alt sei und daß alle Rezepte hellenistischen oder byzantinischen Ursprungs seien, denen die fremden Eroberer nur eigene Namen gegeben hätten, die dann wieder von dem beherrschten Volk aufgenommen worden seien. Wie dem auch sei, jedenfalls ist der orientalische Einfluß zu spüren, vor allem bei den Gewürzen, aber auch bei den Süßigkeiten. So stammt der ungewöhnliche Geschmack mancher Fleischgerichte von Zimt, Muskat oder Pfefferminze, und bei den Süßigkeiten erinnern Mandeln, Walnüsse, Pistazien, Nougat und Marzipan an den Orient.

Große Bedeutung kommt in Griechenland den Gemüsegerichten zu, das mag mit der breitgestreuten Armut in manchen Gegenden zu tun haben. »Wo ein Esel Hungers stirbt, leben drei Griechen wohlauf«, sagt ein Sprichwort, das aber nicht unbedingt die Anspruchslosigkeit der Griechen meinen muß, sondern ebenso ihr Talent beschreiben kann, alles mögliche geschickt zu verwenden, wie wild wachsende Pflanzen, Weinblätter etc. Olivenöl, Kräuter und Wein, Knoblauch und Zitrone sind die Grundelemente der griechischen Küche. Kochen ist in der Regel Frauensache. Die Männer achten beim Einkauf darauf, daß sie nur frische Zutaten erhalten, und die jungen Mädchen müssen schon im frühesten Alter gut kochen lernen. Diese geschlechtsspezifische Arbeitsteilung löst sich bei den jungen Leuten in den Großstädten langsam auf.

Ein Tourist hat selten eine Chance, in einer Taverne in einem der touristischen Zentren die griechische Küche kennenzulernen. Besonders Touristen, die in einem Hotel das Essen gleichzeitig mit der Pension gebucht haben, werden allen Grund finden, sich über das Essen zu beklagen. Lokale Spezialitäten findet man außerhalb der touristischen Zentren noch in kleinen Familienbetrieben.

Es gibt verschiedene Arten von Lokalen. Im estiatórion (Restaurant) ist das Essen eher einfach und preiswert und nach dem Essen hält sich niemand mehr länger auf. Wer am Abend gesellig ausgehen möchte, geht in die tavérna (Weinlokal), in der oft Musik gespielt wird, oder die psárotaverna (Fischre-

Brot und Käse dürfen auf keinem Tisch fehlen

staurant). Grillspezialitäten finden Sie in der psistaría. In einer ouzería gibt es Ouzo in kleinen Flaschen und Vorspeisen (mesedes), manchmal noch Bier, aber selten Wein. In einer Bar gibt es nur Getränke, manchmal snacks, aber nicht, wie der Name vermuten ließe, alkoholische, sondern vorzugsweise portokaláda (Orangenlimonade) und lemonáda (Zitronenlimonade), was in der Regel bedeutet, daß Ihnen internationale Marken wie Fanta und Sprite serviert werden. In einer Bar erhalten Sie auch den beliebten kalten Nescafé.

Es ist durchaus üblich, in die Küche eines Eßlokals zu gehen und sich die Gerichte zeigen zu lassen, bevor man sie auswählt. Jeder stellt sich seine Essensfolge selbst zusammen und alles wird gleichzeitig aufgetragen, nicht wie bei uns in einer festgelegten Reihenfolge. Nur die Grillgerichte werden frisch zubereitet, die anderen Speisen sind vorgekocht und werden lauwarm serviert — aber nicht etwa wegen der Warmhaltung, sondern weil Griechen meinen, daß der Eigengeschmack der Speisen dadurch besser hervorträtc. Sobald der Gast Platz genommen hat, stellt ihm ein Junge — der mikro — Brot und Wasser hin. Es ist üblich, neben dem Trinkgeld bei Bezahlung der Rechnung einen kleinen Betrag für den mikro auf den Tisch zu legen.

Die Rechnung wird immer für die ganze Tischgesellschaft (parea) ausgestellt und irgendeinem Gast am Tisch gereicht. Immer zahlt einer reihum für alle, und es ist eine Ehre, um die gestritten wird, wer die Rechnung bezahlen darf. Oft werden auch von mehreren Beteiligten Geldscheine in die Mitte gelegt, bis die erforderliche Summe erreicht ist. Hier Geiz zu zeigen, gilt als verachtenswerte Charakterschwäche. Verlangen Sie nicht vom Ober, ihre Rechnung aufzuschlüsseln, zahlen Sie gemeinsam und teilen Sie später auf, oder machen Sie es wie die Griechen und zahlen Sie reihum.

Wir geben nun einen Überblick über die griechische Küche, wie sie in einem idealtypischen Privathaus zu finden ist. Wie der Speisezettel einer griechischen Familie aussieht, ist natürlich von ihrer sozialen Stellung abhängig und davon, ob die Gegend, in der sie lebt, von der Natur begünstigt ist oder nicht. Während die Bewohner einer Athener Barackensiedlung oder einer kargen Insel mehrmals in der Woche Bohnensuppe essen werden, kann ein Bauer, der wenig Geld hat, aber in einer an Wild, Getreide und Obst reichen Gegend lebt, täglich eine abwechslungsreiche und gut zubereitete Nahrung genießen.

Suppen

Vor dem Essen schätzt der Grieche nicht sonderlich, wenn es auch so wohlschmeckende Suppen gibt wie die avgolemono, die mit einer Eier-Zitronen-Sauce vermischt wird. Diese Sauce wird vielen griechischen Speisen als letzte Verfeinerung beigefügt. Viele Arbeiter, Bauern und Fischer essen morgens die trachanas-Suppe, eine Bauern-Suppe, für die jede griechische Insel ihr eigenes Rezept besitzt. Die trachana wird aus Milch oder Joghurt hergestellt, die mit einer Getreideart vermischt werden. In Plastiksäcken abgefüllt, hält sie sich monatelang.

Vorspeisen

Dagegen beginnt der Grieche das Essen gerne mit einem Vielerlei an Vorspeisen wie gekochtem Tintenfisch, Krabben, Fisch- und Fleischklößchen, Käserollen und -törtchen, Oliven, Feta-Käse, gefüllten Weinblättern, Tomaten, gebackenen Sardinen oder auch verschiedenen Salaten. Wir kennen neben satziki, taramosalata und Auberginensalat hauptsächlich den Bauernsalat mit Gurken, Tomaten, Feta und Oliven. In Griechenland wird er auch Sommersalat genannt, im Winter ist der Chicoree-Salat der am meisten geschätzte Salat. Beliebt sind auch Erbsen-, Bohnen- und Artischockensalat und maruli, der Kopfsalat, der aber ganz anders schmeckt als hier.

Fleisch

Als Hauptgericht werden Lamm- und Hammelfleisch bevorzugt, gegrillt, gebacken und geschmort, als Ragout, Frikassé, »auf Bauernart« in Teig eingeschlagen, in geöltem Papier gebraten, mit Hackfleisch, Reis und Kräutern gefüllt oder am Spieß gebraten. Die vielen Spießgerichte wie souvlaki, kleine Spieße, die mit einer Zitronen/Öl-Mischung bestrichen werden, oder gyros, um einen großen, senkrechten Spieß gewickeltes Fleisch, dessen gerade gare Kruste kontinuierlich abgeschabt wird, oder Kokorétzi, aufgespießte Lamminnereien, sind ein Erbe der antiken Hirten. Sonntags und an Feiertagen bringen viele Griechinnen eine große Backform, gefüllt mit Fleisch, Kartoffeln, Zwiebeln, einem Ragout oder ähnlichem zum Bäcker, wo es für ein paar Drachmen gebacken wird. Das ist auch in den großen Städten üblich. Neben den bereits erwähnten Gewürzen Zimt, Muskat und Pfefferminze wird Fleisch mit Petersilie, Dill oder Lorbeerblatt gewürzt. Lammfleisch wird häufig mit Zitronensaft begossen. Um einen Braten durch und durch zu würzen, werden viele Einschnitte gemacht und ein Gemisch aus Knoblauch, Salz, Pfeffer und Oregano eingefüllt. Viele Hauptgerichte haben ihre bestimmten Jahreszeiten, es gibt die Zeit der Schnecken, der Wildvögel (Rebhühner, Schnepfen, Wachteln, Truthähne, Tauben), der Zicklein und der Junghühner. Zum Fleisch werden gerne Teigwaren gegessen. Alle Teigwaren werden in Griechenland mit makaroni bezeichnet; in den Dörfern werden sie oft noch selber hergestellt und haben einen ungewohnt guten Geschmack.

Gemüse

Zum Fleisch gehört das Gemüse wie Wein- und Kohlblätter, Paprika, Tomaten, Zwiebeln, Auberginen, Artischocken, Bohnen, Erbsen, Zucchinis etc., für die die griechische Küche besondere Zubereitungsarten kennt. Wenn sie in Öl zubereitet werden, was meist der Fall ist, werden sie *kalt* mit Schafskäse serviert. In Verbindung mit Hackfleisch entsteht mousaka oder die zahlreichen gefüllten Gemüse, yemista; vor allem findet man gefüllte Tomaten und Paprika, aber es gibt auch gefüllten Kohl und Artischocken. Gefüllte Zucchinis oder Auberginen heißen paputzakia, »Schühchen«. Hier relativ unbekannte, in Griechenland aber sehr beliebte Gemüsesorten sind bamies (Okraschoten, Lady-fingers) und wlita, das in viel Öl schwimmt und mit Zitrone gegessen wird. Zu gebackenen Auberginen und Zucchinis schmeckt eine Knoblauchsoße gut, die häufig mit gemahlenen Nüssen oder Mandeln zubereitet wird.

Fisch

Fisch ist durch die Raubfischerei und die Verschmutzung des Meeres von einer Volksnahrung zum teuren Leckerbissen geworden. Er wird mit frischen Kräutern zubereitet. Es gibt verschiedene Qualitätsstufen, guter Fisch ist hellweiß und ohne Fett. Der feinste Fisch ist barbúni, die rote Seebarbe, die lithrini und die tsipoúra, die alle besonders gut gebraten schmecken. Die sinagrída, die Zahnbrasse, wird vorrangig gekocht oder im Ofen gebacken. Von bestimmten, meist großen Fischen wird eine Suppe gekocht. Es gibt Fischsuppen mit Eier-Zitronen-Sauce, mit Tomaten oder mit Gemüse. Der Fisch wird separat serviert, mit einer Sauce aus Olivenöl und Zitrone oder mit Mayonnaise. Gerne wird auch ein Kartoffel-Knoblauch-Brei dazu gegessen, der mit Olivenöl und sehr viel Knoblauch angerührt ist. Tintenfisch wird meist in Wein und Tomaten gesotten.

Überbackene Auberginen, eine alltägliche Köstlichkeit

Je länger der Octopus hängt, desto besser zergeht er auf der Zunge.

Pasteten

Eine griechische Spezialität sind mit Spinat oder Käse oder Fleisch gefüllte Pasteten, wovon die an vielen Imbißständen erhältlichen pittes nur ein schwaches Abbild sind. Die Pasteten werden mit einem Spezialteig, dem phyllo, hergestellt, der auch für die süßen Sirup-Kuchen verwandt wird. Es ist ein papierdünner Teig aus mehreren Blättern, die übereinander geschichtet werden. Die Herstellung mit einem langen, dünnen Stab ist kompliziert und die meisten griechischen Frauen kaufen den Teig fertig. Manche pittes werden mit Sesamkernen bestreut.

Desserts

Für die süßen Kuchen nimmt man Nüsse, Mandeln, Zimt, manchmal auch Orangensaft und Orangenblütenwasser (aus dem Öl von Orangenblüten) und gießt heißen Sirup aus Wasser, Zucker und Zitronensaft darüber. Es gibt auch in Öl schwimmend ausgebackene Kuchen, beliebt sind mit Honig und Zimt übergossene Hefekugeln, loukoumades. Zu den verschiedenen Festtagen werden verschiedene Plätzchen-Sorten gebacken, so sind z.B. die kourabiedes das traditionelle Weihnachts- und Neujahrsgebäck. Neben dem Sirup-Kuchen und dem Gebäck gibt es noch Rührkuchen, den cake, und sehr süßen Cremekuchen, die pasta.

Sie können dieses Gebäck in einem zacharoplasteíon (Konditorei) probieren. Wenn Ihnen die mit Sirup getränkten Kuchen wie katáifi oder baklavá zu süß sind, probieren Sie doch mal eine Pudding-Creme-Torte, galaktobóuriko.

Im Zeremoniell der griechischen Gastfreundschaft spielen die glyka koutaliou (wörtlich: die Süßigkeiten vom Löffel) eine große Rolle. Es sind in Sirup eingelegte Früchte wie z.B. Kirschen, Quitten, Trauben, Erdbeeren, aber auch eingelegte Auberginen, Walnüsse, bittere Orangen (auch Orangenschalen) und Tomaten. Obst wird fast immer zum Nachtisch gereicht.

Im Restaurant werden in der Regel Melonen (karpúsi), Pfirsiche (rodákina), Weintrauben (stafília), Feigen (síka) oder Eis (pagotó) gereicht.

Wer gerne nascht, sollte lukumia probieren, sehr süße Fruchtgeleewürfel mit Puderzucker. Es gibt weiche, auf der Zunge zergehende lukumia, aber auch harte; es gibt gelbe, grüne, rote, mit Nüssen gefüllt oder mit Pistazien, mit Anisgeschmack oder Rosenduft. Eine weitere typisch griechische Süßigkeit ist das krokantähnliche halva.

Kaffee

Der Kaffee wird erst nach dem Mittagsschlaf getrunken. Er wird in einem speziell geformten, langstieligen Kochgerät »briki« zubereitet, das es für ein bis fünf Tassen in verschiedenen Größen gibt. Das Kaffeemehl wird in dem Gefäß mit kaltem Wasser verrührt und auf die Flamme gesetzt. Wer den Kaffee »vrastos« haben möchte — gekocht und doch nicht gekocht — muß aufpassen. Sobald der Kaffee am Rand hochquillt — er darf nicht »umschlagen« —, wird er öfter vom Feuer gezogen und wieder aufgesetzt. Es bildet sich Schaum, der bei mehreren Tassen gleichmäßig verteilt werden muß.

Bei der Bestellung gibt man an, wie stark und süß der Kaffee sein soll. Die häufigsten Zubereitungsarten (die Mengenangaben beziehen sich auf kleine Löffel) sind:

variglykos = süß und mittelstark
glykos elaphros = süß und leicht
métrios = wenig Zucker und mittelstark
métrios elaphros = wenig Zucker und leicht
métrios varis = mittelsüß und mittelstark
sketos = kein Zucker und mittelstark
sketos elaphros = kein Zucker und leicht
sketos varis = kein Zucker und stark

In einem griechischen Kafenion kann man darüber hinaus noch unzählige weitere Varianten, die sich aus Süße, Stärke und Kochweise zusammensetzen, bestellen. Ein Kellner muß sich genau merken, welche Tasse welchen Kaffee enthält! Der Kaffe wird aus dickwandigen Tassen getrunken — er bleibt so heiß, ohne die Lippen zu verbrennen. Vor dem ersten Schluck wird kurz über die Tasse geblasen. Das mitservierte Glas kaltes Wasser wird vor dem Kaffee getrunken, um Rachen und Magen für den kommenden Genuß zu säubern.

Frisches Obst und Gemüse gibt es hier zu jeder Jahreszeit

Auch frisch gemahlenen Kaffee bekommt man auf dem Markt

Getränke

Zum Essen wird Wasser, Bier und Wein getrunken. Wein zum Essen ist in Griechenland wie in vielen mediterranen Ländern ein alltäglicher Genuß. Auf den Dörfern keltern viele Bauern ihren eigenen Wein. In den Tavernen erhält man heute meist nur Flaschenweine, weil die Wirte mehr daran verdienen. Der Flaschenwein wird nach Gewicht gemessen und nicht nach Volumen (miso kilo = ein halber Liter). Der Weißwein erhält in Griechenland viel Sonne und ist daher stark alkohollastig, sehr herb und wird oft geharzt. Touristen unterschätzen oft die Wirkung des höheren Alkoholgehaltes. Etwa der Hälfte der produzierten Weine wird während der Fermentation Harz der Strandkiefer beigegeben — ob zur besseren Konservierung oder um dem Wein den Geruch und Geschmack früherer Beförderungsgefäße zu geben, ist umstritten. Griechen bevorzugen jedenfalls den appetitanregenden Retsina.

Die edelsten Weine wachsen in den kühleren, höheren Berglagen. Qualitätsweine tragen die Bezeichnung VQPRD. Guter Weißwein (áspro krassi oder lefkí) kommt aus Achladokampos (Peloponnes), Embonas (Rhodos), aus Demestika (Peloponnes), und von den Hängen auf Samos (weißer Muskat), Kefalonia und Thasos. Der Rotwein heißt in Griechenland »schwarzer Wein«, mavro krassi. Mavrodaphne ist ein süßer schwerer Rotwein. Guter Rotwein wächst in Naoussa (Makedonien), auf der Halbinsel Chalkidike, in Nemea und Achäa (Peloponnes) und auf den Inseln Lefkas, Kreta, Rhodos und Santorini. Wer gerne Ouzo, einen pernodartigen Anisschnaps, trinkt: der beste Ouzo kommt aus Lesbos. Der griechische Weinbrand (konják) ist etwas süß, hat ein fruchtiges Aroma, aber wenig Charakter, seine Qualität steigt mit der Anzahl der Sterne.

Griechisches Bier ist von guter Qualität. Das verdankt es zum einen dem guten Wasser, aber auch den bayrischen Braurezepten, die noch auf die Regierungszeit des aus Bayern stammenden Königs Otto I. zurückgehen.

Frühstück

Gefrühstückt wird in Griechenland nicht, bis auf die vielen kleinen Tässchen Kaffee, vielleicht weil das Abendessen so spät eingenommen wird. Wenn Sie sich dem nicht anschließen möchten und Sie nicht in einem der Touristenzentren wohnen, wo mittlerweile alle möglichen Frühstücksarten bis hin zum Selbstbedienungsrestaurant mit Buffet angeboten werden, dann bessern Sie doch den Kaffee oder das Marmeladen-Butter-Brot-Frühstück mit vorher Selbstgekauftem auf. Kein Wirt wird etwas dagegen haben. Der Bäcker, bei dem man ein Brötchen (psomáki) oder eine Käsepastete (tirópitta) erhält, heißt fúrnos. Oft steht aber die Bezeichnung in der Amtssprache über dem Geschäft: Artopoíeia. Im Lebensmittelgeschäft bakáliko bzw. Pantopleíon erhalten Sie Wurst (salámi), Käse (tirí), Joghurt aus Schafsmilch (jaúrti). Es muß nicht immer feta sein. Probieren Sie einmal kaséri, ein sehr schmackhafter Käse, oder agráfa und gravjéra, die an Gruyère erinnern. Schärfer gewürzte Schafs- und Ziegenkäse sind manúri und kopanistí. Milch heißt gála. Frische Milch und selbstgemachten Joghurt gibt es auch in manch einer Konditorei (zacharoplasteíon). Wenn Sie statt eines griechischen Kaffees einen »Nescafé« bestellen, fügen Sie lieber »sestó« hinzu. Das bedeutet »heiß« und verhindert, daß Ihnen eines der beliebtesten Erfrischungsgetränke des Sommers gebracht wird, nämlich »kalter Kaffee«, der in einem — in vielen Läden erhältlichen — Plastikbecher schaumig aufgeschüttelt und auf Eiswürfel abgeseiht wird (auch frappé genannt).

Kali Orexi — Guten Appetit!

Wem beim Lesen dieses lukullischen Abschnitts das Wasser im Munde zusammengelaufen ist, und wer sich mit leerem Magen an die Leckereien des letzten (oder bevorstehenden) Griechenland-Urlaubes erinnert, dem seien hier einige Rezepte der griechischen Küche verraten. Als Tip: die meisten der ausgefallenen Zutaten wie z.B. frische Weinblätter oder phyllo, das hauchdünne Blätterteigpapier, sind mittlerweile auch hierzulande in den türkischen Lebensmittelläden erhältlich. Und noch etwas: bei der Zubereitung sollte man weder eilig auf die Uhr noch genau auf die Kalorien schauen; die griechische Küche benötigt beides in nicht zu knappem Maße!

Dolmadakia — Gefüllte Weinblätter

Zutaten:

1 Tasse Olivenöl, 1 Pfund Zwiebeln kleingeschnitten, 1 Tasse rohen Reis, 1 Tasse Korinthen, 1 Eßlöffel Dill, 1 Tasse warmes Wasser, 1 Eßlöffel Salz, 1/4 Teelöffel Pfeffer, 1 Zitrone, wahlweise 2 Eßlöffel Pinienkerne und 50 bis 60 frische Weinblätter.

Zubereitung:

Die Zwiebeln in einer halben Tasse Olivenöl anbraten. Den Reis dazutun und 5 Minuten kochen. Alle übrigen Zutaten, mit Ausnahme der Weinblätter, der Zitrone und der halben Tasse Öl, beifügen und weitere 5 Minuten leicht kochen lassen. Danach kalt stellen. Die Weinblätter mit kaltem Wasser waschen und danach 3 Minuten blanchieren. Abtropfen und erkalten lassen. Die Weinblätter mit der glänzenden Seite nach unten ausbreiten und auf jedes Blatt einen gut gehäuften Teelöffel der Masse legen. Danach das Blatt ohne fest zu drücken, zusammenfalten, da der Reis noch aufquillt. Die gefüllten Weinblätter in eine Pfanne legen, das restliche Öl, den Zitronensaft und das Wasser hinzufügen und über alles einen Teller decken, damit sich die Dolmadakia nicht wieder öffnen können. Bei mäßiger Hitze etwa 1 Stunde kochen lassen. Nach dem Erkalten mit Joghurtsoße oder »natur« servieren.

Tiropitta — Gefüllte Käsetasche

Zutaten:

6 Eßlöffel Butter oder Margarine, 8 Eßlöffel Mehl, 2 Tassen Milch, 1 Prise Muskatnuß gemahlen, 1 Teelöffel Salz, 1 Pfund Feta-Käse, 1 Tasse geriebenen Käse (Parmesan), 4 Eier, etwas gehackte Petersilie, 3/4 Pfund phyllo, 3/4 Tasse geschmolzene Butter.

Zubereitung:

Die Butter schmelzen und nach und nach das Mehl hinzugeben. Rühren, bis eine glatte Masse entsteht. Unter Rühren die Milch dazufügen, Salz, Muskatnuß daruntermischen und etwa 5 Minuten schwach kochen lassen. Den Feta mit einer Gabel zerdrücken und mit dem geriebenen Käse, den geschlagenen Eiern, der Petersilie und der Bechamel-Sauce vermischen.

Eine Backform von 25 x 30 cm mit Butter bestreichen und mit der Hälfte des mit Butter eingepinselten Teiges bis zum Rand auslegen. Die Form mit der Masse füllen und dem restlichen Teig zudecken. Mit Butter bestreichen und mit dem Messer ca. alle 6 cm Einschnitte machen. Bei mäßiger Hitze im Ofen etwa 45 Minuten goldgelb backen. In viereckige Stücke schneiden, heiß oder kalt servieren.

Mousaka — Auberginenauflauf

Zutaten:

2 bis 3 Pfund mittelgroße Auberginen, 1 gehackte Zwiebel, 1/4 Tasse Butter,

1 1/2 Pfund Hackfleisch, 1/2 Tasse Weißwein, drei geschälte Tomaten (oder eine Büchse Tomaten), 3 Tassen Bechamel-Sauce, gehackte Petersilie, Salz, Pfeffer, 2 Eßlöffel Paniermehl, 2 Eigelb, 2 Eiweiß geschlagen, 1 Tasse geriebenen Käse, Olivenöl zum Braten.
Zubereitung:
Die Auberginen in feine Scheiben schneiden, mit Salz bestreuen und eine Stunde ziehen lassen.

Die Zwiebel in der Butter glasig dünsten, das Hackfleisch und 4 Eßlöffel Wasser dazugeben und mit der Gabel auseinanderbreiten. Die Tomaten, die Petersilie, den Wein, Salz und Pfeffer beigeben und etwa 45 Minuten lang braten lassen. Vom Feuer abnehmen, das Paniermehl und das Eiweiß gut daruntermischen.

Die Auberginen waschen und abtrocknen, in Olivenöl goldbraun backen.

Einen tapsi (eine rechteckige Backform mit hohem Rand, die es ebenfalls hier in den türkischen Supermärkten zu kaufen gibt) einfetten, mit Paniermehl bestreuen und mit der Hälfte der Auberginen auslegen. Eine Schicht Tomaten-Fleisch-Mischung, wieder Auberginen etc. beifügen. Das Ganze mit einer Schicht Auberginen abschließen.

Die geschlagenen Eigelb unter die Bechamel-Sauce ziehen und 2/3 des geriebenen Käse dazufügen. In mittelheißem Ofen ca. 45 Minuten backen; nach und nach den Rest Sauce mit dem Käse dazugeben und servieren, wenn die obere Schicht goldgelb ist (Portionen für 6 bis 8 Personen).

Galaktobouriko — Pudding-Torte
Zutaten:
8 Eier, 1 Tasse Zucker, 1 1/2 Tassen Gries, 7 Tassen geriebene Zitronenschale, 2 Eßlöffel Butter, 1 1/2 Pfund phyllo, 3/4 Tasse geschmolzene Butter.
Für den Sirup: 2 Tassen Zucker, 1 Tasse Wasser, 1 Eßlöffel Zitronensaft.
Zubereitung:
Die Eier mit dem Zucker schaumig schlagen, den Gries, die Milch und die geriebene Zitronenschale dazugeben. Unter ständigem Rühren bei schwacher Hitze bis zum Eindicken der Masse kochen. Vom Herd nehmen und die 2 Eßlöffel Butter dazutun.

Eine eingefettete Backform von 22 x 25 x 5 (tapsi) mit 2/3 des Blätterteigs auslegen. Vorher den Teig mit Butter bepinseln. Der Teig muß über die Form herausragen. Die Milch-Mischung in die Form gießen und die Teigränder darüberfalten. Mit dem Rest der gebutterten Teigblätter zudecken. In die Oberfläche etwa in 6 cm Abstand rechteckige Einschnitte ritzen. Bei mittlerer Hitze ca. 45 Minuten im Ofen backen lassen.

Nach Erkalten den Sirup darübergeben: Den Zucker, das Wasser und den Zitronensaft zusammen 5 Minuten kochen lassen und wenn er lauwarm ist, über den galaktobouriko gießen. Kalt servieren!

Nur noch selten wird Wein wie hier noch in Schläuchen transportiert

Die Macht von Staat und Kirche

Rusfeti, der politische Handel, das ist eine Weise, in der in Griechenland lange Zeit Politik gemacht wurde und z.T. noch heute gemacht wird.

Die Wurzeln von rusfeti reichen zurück bis zur Beherrschung Griechenlands durch die Osmanen. In den Dörfern und Landstädten wuchs bestimmten Leuten die Aufgabe zu, zwischen den Interessen der Region und der fremden Besatzungsmacht zu vermitteln. Um Zugang zu den Behörden der fremden Macht zu bekommen, mußten die Kotzabasides, die Chefs der örtlichen Gemeinden, die Politik der fremden Macht mittragen. Sie sicherten sich damit eine privilegierte Stellung, die ihnen wiederum ermöglichte, ihren Machteinfluß in der Heimatregion auszuweiten.

Komplizierter wurde diese Weise der Politik, als nach der Herrschaft der Osmanen neben den dominanten Engländern das zaristische Rußland, Österreich und Frankreich um den Einfluß im östlichen Mittelmeerraum rangen. Die politische Kaste, die von den durch die jeweilige »Schutzmacht« garantierten Privilegien lebte, spaltete sich in die Parteigänger der verschiedenen Schutzmächte. Die Briten setzten ihre Machtansprüche schließlich durch offene militärische Interventionen durch, sie besetzten Städte, errichteten Seeblockaden. Die griechischen Parlamentarier wurden so einerseits zu Repräsentanten fremder Mächte, wurden von ihnen aber nicht mehr einfach eingesetzt, sondern mußten sich von ihren Anhängern wählen lassen. Insbesondere nach dem 2. Weltkrieg, als Amerika zur »Schutzmacht« wurde, gerieten die Abgeordneten in diese doppelte Zwickmühle von Abhängigkeiten.

Das ganze politische Gebilde erhebt sich auf einem sozialen Organismus, in der die Familie und Verwandtschaft das zentrale Bezugsfeld ist. Für alle familiären Sorgen und Nöte — sei es Krankheit oder die Ausbildung der Kinder, Ärger mit Ämtern oder ein nötiger Kredit — für alles wird der Politiker zuständig, der mit einem Netz von »Vertrauensleuten« Beratung, Lebenshilfe bietet und möglichst auch Stellen in der Verwaltung, den staatlichen Unternehmen oder bei Privatleuten, die er kennt, besorgen muß. Er gewinnt die Wahlen nur mit einer Reihe von Versprechungen, die die persönliche Lebenslage der einzelnen verändern soll, und nicht mit einem Programm, in dem immer schon vom Einzelfall absehende, allgemeine Veränderungen für größere Gruppen der Bevölkerung angesprochen werden.

Damit sich die Abgeordneten stärker für die persönlichen Anliegen einsetzen, versuchen viele, sie in den sozialen Organismus Familie einzubinden, indem sie ihn zum Trauzeugen oder Taufpaten gewinnen, wodurch in Griechenland ein Verwandtschaftsverhältnis entsteht. Im Vorfeld von Wahlen

muß der Politiker zahlreiche Trauungen und Taufen vollziehen, was nicht gerade billig ist. Er bindet damit zugleich seine Anhänger fester an sich, ist dann aber auch noch nach Jahren verpflichtet, für seine zahlreichen Verwandten zu tun, was in seiner Macht steht. Natürlich ist er in vielen Fällen machtlos. Die enttäuschten Wähler verpassen ihm dann einen Denkzettel und wählen den Kandidaten der Opposition. Damit der Politiker überhaupt eine Chance hat, wiedergewählt zu werden, muß er Möglichkeiten haben, zumindest in einem Teil der Fälle die Wünsche zu erfüllen. Dazu braucht er entsprechenden Einfluß im Staatsapparat und Verbindungen zu den Stellen, wo über Posten, Pöstchen und Geld entschieden wird. Die Machtverhältnisse im Parlament verschieben sich beständig. Die um bestimmte Personen zentrierten kleinen

Organisationen bilden dauernd neue Bündnisse und lösen sie wieder auf. Absprachen über Wahlmodi, die einer Partei bei den kommenden Wahlen die absolute Mehrheit sichern, auch wenn sie weniger als die Hälfte der Stimmen erhält, werden ebenso gehandelt wie die Zustimmung zu Steuervergünstigungen für Kapitalanlagen. Erst in letzter Zeit, mit der Umwälzung der gesamten Lebensweise und der enormen Verstädterung, beginnt sich dieses System der Cliquenwirtschaft und Protektion langsam zu zersetzen.

Die Parteien

Die auf dem Klientelsystem basierenden Parteien gehen aus keinem Zusammenschluß von gleichgesinnten Mitgliedern hervor, die aus ihrer Mitte die Führungsorgane wählen, sondern einzelne Personen scharen um sich herum eine Anhängerschaft, die sie zum Teil nach Belieben einsetzen. Sie schließen sich mit anderen Personen zum Wahlbündnis zusammen. Die Auseinandersetzungen werden bis heute mit Leidenschaft, viel Emotionalität und nicht selten mit Haß geführt. Bis Ende der 70er Jahre kennzeichneten Fanatismus und Härte die politische Auseinandersetzung. Die Herabsetzung des politischen Gegners, der Vorwurf des nationalen Verrats gegenüber der Linken waren an der Tagesordnung. Die Verfassung existierte nur auf dem Papier. Bruch der Verfassung, Putschismus, Staatsstreiche, der beständige Versuch, die momentane Regierung mit allen Mitteln zu stürzen, das war der vorherrschende politische Stil. Nur in einem war sich das konservative Lager einig, nämlich die sich herausbildenden linken Kräfte mit allen Mitteln zu unterdrücken. Erst nach der Regierungsübernahme der PASOK und der damit einhergehenden gesamtgesellschaftlichen Liberalisierung wird die politische Auseinandersetzung entspannter und verlagert sich zunehmend von persönlichen Hetzkampagnen auf sachliche Diskussionsebenen.

Die Neue Demokratie — ND

Sie wird 1974 kurz vor den Wahlen zum griechischen Parlament von Konstantin Karamanlis gegründet. Die ND tritt die Nachfolge der großen konservativen Partei ERE an, deren Vorsitzender von 1956 bis 1963 ebenfalls Karamanlis war. Er selbst hat auch die Programmatik zur Gründung der ND formuliert. Die Partei bekennt sich darin zur parlamentarischen, pluralistischen Demokratie und zur Marktwirtschaft. In den Statuten heißt es weiterhin, daß zur Verwirklichung einer stabilen Demokratie die Konzentration des Volkes in starken politischen Organisationen notwendig ist, um die Gefahr des Kommunismus und Faschismus abzuwehren. Im Hinblick auf die Außenpolitik wird die Zugehörigkeit Griechenlands zum Westen, d.h. zur EG und zur NATO bekräftigt.

Die zentralen Organe der ND sind der Parteikongreß, der aus 71 Mitgliedern bestehende Leitende Ausschuß, der Exekutivausschuß mit 10 Mitgliedern und der Parteivorsitzende. Die regionalen Organisationen umfassen 50 Bezirksausschüsse und rund 300 Lokalausschüsse. Weiterhin gibt es berufsbezogene Arbeitsgruppen und eine Jugendorganisation, die ONNED (= Organosis Neon Neas Dimokratias).

Die eigentliche Macht liegt in den Händen des Parteivorsitzenden, dessen Autorität unumstritten ist. Die persönliche Beziehung der ND-Abgeordneten zu ihren Wählern, mit anderen Worten das Klientelsystem, ist daneben bestimmend für die Organisation und den politischen Weg der Partei.

Die Wähler der ND rekrutieren sich in erster Linie aus den oberen Mittelschichten und der Oberschicht. Es sind vorwiegend Bankiers, Kaufleute, gehobene Selbständige, leitende Angestellte und Freiberufliche, also die etablierteren Gruppen der griechischen Gesellschaft. Unter den Berufsverbänden stehen der Verband der griechischen Industrie, der wichtigste Arbeitgeberverband und der Verband der griechischen Reeder der konservativen ND am nächsten. Bei den letzten Wahlen 1985 erreicht die ND 40,82% der Stimmen und damit 125 der 300 Parlamentssitze. Das ist das Verdienst moderner Strömungen der Partei, wie sie gegenüber dem noch dominierenden Vorsitzenden Mitsotakis vom Athener Bürgermeister verkörpert wird.

Die kommunistischen Parteien

1918 wird die sozialistische Arbeiterpartei Griechenlands gegründet, die sich nach ihrem Beitritt zur Dritten Internationalen 1924 in Kommunistische Partei Griechenlands umbenennt. Sie ist eine Partei mit Massenorganisationen, Jugendverbänden, Gewerkschaftsgruppen, Stadtteilbüros und einem intensiven Parteileben. Aufgrund gesamtgesellschaftlicher Veränderungen, der Entstehung industrieller Ballungsgebiete, der Herausbildung von Nationalkapital und Lohnarbeit, gewinnt die anfangs unbedeutende Linke immer mehr an politischer Basis. Während der deutschen Besatzungsperiode sind es in erster Linie die Kommunisten, die den Widerstand organisieren. In den Jahren 1943/44 sind die Kommunisten während des Bürgerkrieges zeitweilig die stärkste politische Kraft in Griechenland (siehe dazu ausführlich das Kapitel: Die griechische Geschichte — Stationen des Widerstands). 1949 jedoch gehen die Rechten siegreich aus der griechisch-griechischen Konfrontation hervor. Die kommunistische Partei wird zerschlagen. Ihre Anhänger, soweit sie nicht verhaftet, hingerichtet oder ermordet sind, fliehen in die benachbarten Volksrepubliken. Erst in den 60er Jahren reorganisiert sich der Parteiapparat.

Der Streit um die Parteilinie, d.h. um die Aufarbeitung der eklatanten Fehler der KKE während des Bürgerkrieges, die Kritik vieler Mitglieder an der starren Anlehnung an die Sowjetunion und den damit verbundenen Mangel an innerparteilicher Demokratie, lösen 1968 während der Diktatur die Spaltung der Partei aus. Der orthodoxen Strömung gelingt es, den traditionsreichen Namen KKE ohne weiteren Zusatz wie die andere Strömung (KKE-Inland) zu sichern.

Die KKE

Sie geht in ihrem Selbstverständnis von zwei gesellschaftlichen Stadien aus. Eines, in dem ein anti-imperialistischer und anti-monopolistischer Kampf geführt werden muß bis hin zum Sturz der reaktionären Kräfte, und ein darauf folgendes Stadium, das den Übergang zum Sozialismus darstellt. Die KKE entspricht sowohl von ihrer Programmatik her als auch von ihrer Organisation dem Muster einer orthodoxen, an der KPdSU orientierten kommunistischen Partei. Sie bekämpft die NATO und die EG und strebt eine langfristige Annäherung Griechenlands an die Staaten des Warschauer Paktes an. Die Parteiorganisation ist streng nach dem Prinzip des demokratischen Zentralismus ausgerichtet. Die Kontrolle in der Partei wird von oben nach unten ausgeübt. Oberstes Organ ist der Parteikongreß, der alle vier Jahre stattfindet. In der Zwischenzeit fungiert das Zentralkomitee, ZK, das aus 50 Mitgliedern besteht, als höchstes Parteiorgan. Das ZK wählt das Politbüro und das Komitee für Parteidisziplin aus seinen Reihen.

Die KKE hat eine aktive Jugendorganisation, die Kommunistische Jugend Griechenlands, KNE, sowie eine der stärksten studentischen Fraktionen, die Gesamtstudentische Bewegung, PSK. Bei den Wahlen 1985 erringt die KKE 9,89% der Stimmen, das sind 11 Sitze im griechischen Parlament.

Die KKE-Inland

Gegenüber dieser orthodoxen Position etabliert sich die KKE-Inland als eurokommunistische Strömung, die einen nationalen Weg zum Sozialismus einschlagen will, der den ökonomischen, sozialen und politischen Besonderheiten Griechenlands Rechnung tragen soll. Ihre Programmatik ist nicht auf ein revolutionäres Fernziel ausgerichtet, sondern auf gegenwartsbezogene Reformen. Innenpolitisch stehen Ziele wie die Reform der staatlichen Bürokratie, die Dezentralisierung, die Verstaatlichung von Großbetrieben und Konzernen sowie die Lösung aktueller Probleme im Stadt- und Regionalbereich im Vordergrund. Außenpolitisch sieht die KKE-Inland die Westbin-

KKE ΕΣΩΤΕΡΙΚΟΥ

dung Griechenlands zwar als problematisch an, nimmt zum EG-Beitritt jedoch eine im Prinzip positive Haltung ein. Die KKE-Inland hat während ihres Bestehens stetig an Einfluß verloren. Sicher spielt dabei eine Rolle, daß Griechenland nicht wie andere westliche Länder zum imperialen Lager gehörte, sondern erst von Großbritannien, dann von den USA wie ein koloniales Land gehalten wurde. Die Sowjetunion ist für keinen Teil der Linken einfach eine weitere bedrohliche Supermacht, sondern das Land, in dem zum ersten Mal in der Geschichte eine sozialistische Revolution stattgefunden hat. Ein autonomer Weg Griechenlands, wie ihn die »Reform-Kommunisten« verfolgen, scheint zudem angesichts der Blockkonfrontation und der breiten Konservatismuswelle in Europa außerhalb der politischen Möglichkeiten zu liegen. Bei den letzten Wahlen 1985 erreicht die KKE-Inland mit 1,84% der Stimmen nur einen Sitz im Parlament. Diesen verlor sie allerdings bereits wieder an eine Abspaltung, eine kleine Gruppe prominenter Intellektueller, die sich gemeinsam mit politisch heimatlos gewordenen ehemaligen PASOK-Mitgliedern zur »griechischen Linken« verbunden hat. Uneinig ist man sich darüber, wie weit das von beiden vertretene Ziel, ein breites Bündnis fortschrittlicher Kräfte herzustellen, sich mit der Repräsentanz als *kommunistischer* Strömung verträgt.

Die Panhellenische Sozialistische Bewegung — PASOK

ΠΑ.ΣΟ.Κ.

1974 proklamiert Andreas Papandreou die Gründung der PASOK. Ihre Anhängerschaft besteht aus mehreren Widerstandsgruppen, die während der Diktatur im In- und Ausland tätig waren. Bis zu diesem Zeitpunkt hat die Sozialdemokratie in Griechenland nie eine große Rolle gespielt. Der ständige Kampf ums politische und faktische Überleben während der Metaxas-Diktatur, im Kampf gegen die Italiener und die Deutschen, im Bürgerkrieg und in der Illegalität bis 1974, hat keinen Raum für eine ausschließlich auf Reformen orientierte Politik gelassen. Der PASOK gelingt ein einzigartiger, rasanter Aufstieg; bereits sechs Jahre nach ihrer Gründung wird sie zur Regierungspartei.

Ihre obersten Ziele, die Papandreou in einer von ihm selbst verfaßten Programmatik festlegt, sind nationale Unabhängigkeit, Volksherrschaft, soziale

Jugendliche mit Pasok-Fahnen nach der Demo

Emanzipation und gesellschaftliche Demokratisierung. In außenpolitischer Hinsicht wird Neutralität angestrebt, d.h. die Herstellung gleichberechtigter Beziehungen zu den Balkan-, Mittelmeer- und arabischen Ländern. Innenpolitisch wird die Vergesellschaftung der Monopol- und Schlüsselindustrien und Großbanken gefordert, wobei sich die PASOK strikt von den politischen Zielen der Kommunisten abgrenzt. Seit die PASOK die Regierungsmacht erhalten hat, ist sie schrittweise von vielen ihrer ehemaligen Forderungen abgerückt, hat alte Positionen modifiziert oder in eine ferne Zukunft verschoben.

Die im gewerkschaftlichen Bereich der PASOK am nächsten stehende Gruppierung ist die PASKE, die Panhellenische Gewerkschaftliche Kampfbewegung. Bei den letzten Wahlen 1985 erhält die PASOK 45,82% der Wählerstimmen und dadurch 161 Sitze im Parlament. Damit ist sie die derzeit stärkste Partei Griechenlands.

Die Vereinigung des Demokratischen Zentrums — EDIK

Die EDIK wurde 1976 durch den Zusammenschluß liberaler Abgeordneter der ehemaligen Zentrumsunion unter der Führung von Georgios Mavros gegründet. Sie ist eine Honoratioren- und Abgeordneten-Partei mit typischer Vorrangstellung der Parlamentsfraktion und geringem Stellenwert der Parteibasis. Die parteipolitische Macht ist auf den Vorsitzenden konzentriert. In der Programmatik der EDIK sind sowohl Anknüpfungspunkte hin zur ND — z.B. in der Bildungspolitik — wie auch zur PASOK — innenpolitische Liberalisierung z.B. — zu finden. Der EDIK gelingt es nicht, sich gegenüber dem rechten und linken politischen Lager abzugrenzen; ständig drohen Parteispaltungen. Sie verfügt über keinen Sitz im Parlament.

Die »Besonderheiten« des griechischen Wahlsystems

In Griechenland besteht seit 1932 Wahlpflicht. Bei Nicht-Beteiligung an den Wahlen drohen drastische Strafen — bis zu 12 Monaten Gefängnis und Reisepaßentzug —, die jedoch faktisch kaum zur Anwendung kommen. Seit kurzem sind jetzt auch die Auslandsgriechen wahlberechtigt und 1981 wurde das Wahlalter von 21 auf 18 Jahre heruntergesetzt.

1952 wurde ein gemischtes System aus Verhältnis- und Mehrheitswahlrecht eingeführt, mit dem es den Rechten jahrelang gelang, die linken Oppositionskräfte auszuschalten (dies verschaffte der Rechten 1952 z.B. bei 49% der Stimmen ganze 80 Parlamentssitze, während die linke EDA mit knapp 10% der Wählerstimmen im Parlament nicht vertreten war!). Das bis 1985 in Griechenland angewandte Wahlrecht benachteiligt eindeutig die kleinen Parteien und läßt Spielraum für weitgehende Wahlmanipulationen:

Beim griechischen System erfolgt nämlich die erste Verteilung der Sitze, indem die Zahl der gültigen Stimmen für eine Partei in einem Wahlkreis durch das sogenannte Wahlmaß dividiert wird. Dieses Maß wird zuvor dadurch ermittelt, daß alle gültigen Stimmen durch die Zahl der für diesen Wahlkreis vorgesehenen Mandate dividiert werden. An der zweiten Verteilung der Sitze nehmen dann nur noch die Parteien teil, die im gesamten Wahlgebiet einen bestimmten prozentualen Wahlanteil erlangen, nämlich 17%. Danach werden die Wahlkreise in neun Hauptwahlkreise zusammengefaßt, in denen wiederum ein Wahlmaß errechnet wird. Dann erst beginnt die zweite Verteilung der Sitze, die entsprechend an die Parteien verteilt werden, die die Mindest-Wahlanteile erreicht haben. Verbleiben dann noch immer Sitze, wird in »einer dritten Runde« das Wahlmaß für das gesamte Land ermittelt und die noch nicht verteilten Mandate werden der stärksten Partei zugeschlagen.

Spätestens hier wird deutlich, daß dieses komplizierte Wahlsystem Wahlmanipulationen und -fälschungen geradezu »begünstigt«. Das Wahlrecht war und ist in den Händen der jeweiligen Regierungspartei noch immer ein beliebtes Mittel zur Machterhaltung.

1985 brachte die PASOK ein Gesetz zur Veränderung des Wahlrechtes im Parlament zur Verabschiedung. Sie etablierte damit ein neues Wahlverfahren, das sich zwar etwas mehr am Verhältniswahlrecht orientiert, ansonsten aber alles beim Alten beläßt. 1981 hatte die PASOK allerdings in ihrem Wahlkampf die Einführung des Verhältniswahlrechtes versprochen, doch in Erwartung des knappen Wahlausganges von 1985 wollte sie vermeiden, auf eine Zusammenarbeit mit den Kommunisten angewiesen zu sein, und unterließ die dringend notwendige Reform des griechischen Wahlsystems.

Gewerkschaften und Verbände

In Griechenland sind in der Privatwirtschaft beschäftigte Arbeitnehmer in einem eigenen Dachverband gewerkschaftlich organisiert. Das sind etwa 350.000 von 1,5 Millionen Arbeitnehmern. Die Beschäftigten im öffentlichen Dienst haben ihren eigenen gewerkschaftlichen Dachverband, da eine gemeinsame Organisation mit Arbeitnehmern der Privatwirtschaft gesetzlich verboten ist.

Basisorganisationen in der Privatwirtschaft sind Körperschaften, somatia, die durch Arbeiter und Angestellte eines Berufsstandes auf betrieblicher und lokaler Ebene gebildet werden. Die Körperschaften entsprechen Einzelgewerkschaften, die von mindestens 21 Personen gegründet werden und sich vom zuständigen Gericht die gesetzliche Anerkennung bescheinigen lassen müssen. Die Beschäftigten eines Betriebes gehören wegen des berufsständischen Prinzips meist mehreren verschiedenen Körperschaften an.

Um der Zersplitterung entgegenzuwirken, können sich Körperschaften auf regionaler Ebene interprofessionell zusammenschließen. Sie bilden dann Arbeiterzentren. Den gleichen Organisationsrang haben Förderationen, die durch den Zusammenschluß von Körperschaften eines Berufszweiges und verwandter Berufe auf nationaler Ebene hervorgehen. In einer Branche können mehrere Föderationen existieren.

Arbeiterzentren und Föderationen sind im Dachverband »Generalverband der Arbeiter Griechenlands« (GSEE) zusammengeschlossen. Alle drei Jahre tritt ein Gewerkschaftskongreß des Dachverbandes mit Delegierten aus den Föderationen und Arbeiterzentren zusammen, die aus ihrer Mitte früher 35, heute 45 Mitglieder zum Vorstand wählen.

Einzelgewerkschaften können sowohl Mitglieder von Föderationen als auch zugleich von Arbeiterzentren sein. In den GSEE entsenden sowohl Einzelgewerkschaften als auch Föderationen und Arbeiterzentren Delegierte. Diese Doppelvertretungen sind neben der Fälschung der Mitgliederzahlen (um mehr Delegierte stellen zu können und mehr Finanzmittel zu erhalten) mit ein Grund dafür, daß der Organisationsgrad nicht exakt feststellbar ist. Seit dem neuen Gewerkschaftsgesetz 1982 dürfen Mitglieder mehrerer Organisationen nur für einen Zusammenschluß wählen.

Die Beschäftigten des öffentlichen Dienstes sind in erster Linie nach ihrer Dienststellenzugehörigkeit organisiert, jedoch in ähnlichem, drei Ebenen umfassenden Organisationsrahmen. Höchstes Organ ist die Oberste Leitung, die ADEDY.

Den höchsten Organisationsgrad weisen die Beschäftigten im öffentlichen Dienst, in öffentlichen Unternehmen und Banken auf. Bei manchen Behörden beträgt er knapp 100%. Die Industrie-, Bau- und Transportarbeiter sind ebenfalls zu einem hohen Prozentsatz gewerkschaftlich organisiert, ganz im Gegenteil zu den Landarbeitern und den Beschäftigten in manchen Dienstleistungsbetrieben wie Gaststätten- und Hotelpersonal. Bei ihnen liegt der Organisationsgrad bei schätzungsweise 10 bis 20%.

Die griechische Gewerkschaftsbewegung weist eine relativ hohe Zersplitterung auf. Es gibt knapp 4.000 Einzelgewerkschaften und rund 100 Föderationen. Außer der besonderen Struktur der Betriebe liegt ein wichtiger Grund für die Zersplitterung der Gewerkschaftsbewegung darin, daß die griechischen Regierungen jahrzehntelang die Kontrolle über die Gewerkschaften ausüben wollten. Ihre Politik diente der Schaffung und Aufrechterhaltung der sogenannten »Stempelgewerkschaften«, das sind nur nominell existierende Scheingewerkschaften. Mit ihnen konnte die jeweilige Regierung die Mehrheitsverhältnisse in den Föderationen zu ihren Gunsten beeinflussen. Dabei erwies sich die Finanzierung der Gewerkschaften über Zwangsbeiträge, deren Zuteilung von der Regierung kontrolliert wurde, als ein wirksames Instrument zur Erzwingung von politischer Konformität.

Bei den ersten Wahlen nach dem Sturz der Diktatur, die den Gewerkschaftsapparat uneingeschränkt beherrscht hatte, setzte sich der Vorstand der GSEE aus 24 Vertretern der regierungsnahen und ultrarechten Gewerkschaften und nur aus 11 Gewerkschaftern zusammen, die der PASOK und der KKE nahestehen. Von 1978 bis 1981 beherrschten die Konservativen die GSEE, nachdem die oppositionellen Fraktionen aus Protest gegen das undemokratische Wahlsystem sich nicht mehr am GSEE-Kongreß beteiligten.

Erst nach dem Wahlsieg der PASOK wurde durch Gerichtsbeschluß ein provisorischer Vorstand mit linker Mehrheit ernannt, der die Wiederaufnahme ausgeschlossener Gewerkschaften betrieb. Das 1982 erlassene Gewerkschaftsgesetz sicherte die Rechte der Organisationen, machte aber auch Zugeständnisse zugunsten der Arbeitgeber. Grundlegende Strukturveränderungen und Autonomie der Gewerkschaften gibt es bis heute nicht. Immer noch bestimmen Eingriffe der Staatsgewalt und insbesondere der Justiz die Rahmenbedingungen der Gewerkschaften. Auf dem 1983 stattfindenden Kongreß, an dem nunmehr die rechtsgerichteten Strömungen nicht mehr teilnahmen, mußte sich die PASKE (der PASOK nahestehende Strömung), die mit 57% Stimmen und 26 Mitgliedern die Mehrheit des Vorstands stellte, auch aus den Reihen der Teilnehmer den Vorwurf der Manipulation gefallen lassen.

Die sozialistische Mehrheitsströmung geriet sehr schnell in Loyalitätskonflikte. Im März 1984 rollte eine große Streikwelle über das Land — wegen der Einkommenspolitik der Regierung und rigorosen Einschränkungen des Streikrechts im öffentlichen Sektor. Das dann im Oktober '85 der Öffentlichkeit vorgestellte Sparprogramm mit Maßnahmen wie das Einfrieren der Löhne bis '87 und eine Kürzung des Teuerungsausgleichs trug ein Teil der PASKE-Funktionäre nicht mehr mit. Aufgrund ihrer massiven Proteste wurden acht Spitzengewerkschafter aus der PASOK ausgeschlossen, davon drei ZK-Mitglieder. Im Gegenzug wählten 27 Mitglieder des Exekutivbüros der

»Überhaupt diese Gewerkschaften und die Betriebsräte in den Werken — da wendet sich der Gast mit Grausen. Zustände wie unter Kaiser Wilhelm, kriegst du das Schlottern. Hast du mal was von Gelben Gewerkschaften gehört, Doktor? Rhetorische Frage, du natürlich. Aber wer weiß davon noch was bei uns, Mittelalter ist das. Betrieben die Unternehmer hier mit vollen Rohren. Allein drei solche Betriebsräte in sechs Anführungszeichen bei dieser ETMA. Vom Konzern bezahlte Leute, die am ersten Mai Ausflüge organisieren und bei jedem Konflikt sich ganz tief hinter der Sportzeitung verkriechen. Klar, ich bin auch vom Unternehmer bezahlt, als Freigestellter, aber das muß der, und hinter mir steht die ganze IG Metall, egal wie krumm — wenn ich in die Halle geh und sprech mit einem Kollegen an der Maschine, dann schickt mich kein Meister und kein Vorstandsvorsitzender weg. Ich hol unsern Gewerkschaftssekretär an der Pforte ab, nicht wahr, da marschiert der durch den Betrieb, und kein Werkschutzmann hat auch nur zu husten. Mein Lieber. Aber hier! Irgend eine Art von Betriebsverfassungsgesetz muß es noch geben, aus den fünfziger Jahren — so eine Gebrauchsanweisung für Raubritter, wie man sparsamer mit seinen Bauern umgeht — lach nicht!

Danach dürfen Vertreter der Branchengewerkschaft — das sind die Unabhängigen — angemeldet in den Betrieb und zu den Arbeitern, aber die Leitungen scheren sich einen Teufel um das Gesetz. Da ist einfach kein Zuständiger zu finden, wenn der Kollege an die Pforte kommt, da sind die Werkschutzhunde losgelassen, der Betriebsrat ist in Urlaub, tausend Tricks, und wenn der Mann dann doch drin ist bei den Kollegen, dann drehn die ihm den Rücken zu und stecken die Nase ins Hemd, weil gleich hinter ihm ein Leitender geht, und nicht etwa unauffällig, sondern offen, mit dem Notizblock in der Hand, und alle Arbeiter wissen — ein Flugblatt annehmen, und am nächsten Ersten hat deinen Arbeitsplatz ein Pakistani. O Mann, da kriegst zu zuviel, Vik. Wußtest du, daß sie Araber und Pakistani einsetzen, als Fremdarbeiter? Denen reicht ihre normale Arbeitslosigkeit noch nicht zum Lohndrücken. Der Kollege von der Spinner- und Weber-Gewerkschaft, hast du den gesehen? Dieser Kleine, Breite mit der Gurkennase, Riesenschnauz, am Tor stand der meistens, das muß ein tougher Bruder sein, da zieh ich den Hut ganz tief, was die zu kämpfen haben, um überhaupt einen Fuß in den Betrieb zu kriegen und ein eignes Werkskomitee anzuleiern.«

aus: Erasmus Schöfer, Tod in Athen, Weltkreis-Verlag 1986

GSEE den — der Regierung gegenüber immer noch loyalen — Vorsitzenden ab. Diese Abwahl wurde wiederum vom Amtsgericht Athen für ungültig erklärt, so daß der offizielle Vorsitzende der GSEE für eine Minderheit spricht. Zu dem von ihm im April '86 einberufenen Kongreß erschien nicht einmal die

Hälfte der registrierten Delegierten. Damit ist die griechische Gewerkschaftsbewegung de facto, wenn auch nicht offiziell, gespalten.

Ähnlich wie die Gewerkschaften sind auch die verschiedenen Berufsverbände organisiert. Auch ihre Vorstände werden nach dem Prinzip parteipolitisch ausgerichteter Listen gewählt.

Bei den Industrie- und Wirtschaftsverbänden dominieren die Konservativen, während der Einfluß der PASOK und der Linken sich bei den Architekten-, Rechtsanwälte-, Krankenhausärzte, Ingenieur- und Technikerverbänden vergrößert hat. Weiterhin hat die PASOK ihre Stellung innerhalb des Studentenverbandes, dessen einflußreichste Fraktion der KKE nahesteht, verbessern können. Die Beziehungen der PASOK zu den Verbänden der Landwirte leiden daran, daß bislang in Griechenland kaum eine autonome und starke Interessenvertretung der Bauern entstanden ist. Die Panhellenische Konföderation der Landwirte unterstand immer der staatlichen Kontrolle, also den Konservativen, und die Willensbildung in den Genossenschaften sowie in der landwirtschaftlichen Konföderation (PASEGES) ist alles andere als demokratisch.

1974 gründete sich in Opposition zur PASEGES die Konföderation der Bauernvereine, GSASE, die von der PASOK dominiert wird. Ob diese konkrete politische Alternativen zur bestehenden Landwirtschaftspolitik mit Erfolg durchsetzen kann, muß noch abgewartet werden.

Das Militär

In einem Land wie Griechenland, dessen politische Geschichte von Staatssteichen, Putschismus, instabilen und ständig wechselnden Regierungen gekennzeichnet ist und das seit 1974 zum ersten Mal eine längere Phase politischer Stabilität erfährt, ist das Militär immer ein wichtiger Faktor im Kampf um die Staatsmacht gewesen. Nach jedem Machtwechsel wurde das Militär »gesäubert«, zum Teil nur halbherzig, was andererseits wieder neue Machtwechsel vorbereitete.

In der Zeit vor dem Zweiten Weltkrieg herrschte im Offizierskorps eine starke republikanische Strömung vor, die sich in den entscheidenden Augenblicken des Kampfes zwischen Monarchisten und Republikanern um die Macht gegen den Hof stellte. Beim königlichen faschistischen Putsch 1936 wurden tausende republikanische Offiziere verhaftet, erschossen und hingerichtet. Drei weitere Säuberungswellen sorgten dafür, daß die Armee zum gefügigen Organ des Staates wurde. Während des Bürgerkrieges sorgte die IDEA, ein Geheimbund rechter Offiziere, mit Unterstützung des vom CIA aufgebauten griechischen Informationsdienstes KYP dafür, daß jede demokratische Regierung in der Armee im Keim erstickt wurde.

Die herrschenden Konservativen der Nachkriegszeit schufen sich eine entsprechende Armee. Sie war dominiert von Offizieren der berüchtigten Sicherheitsbataillone aus der Zeit der Nazi-Besetzung. Absolute Treue zur NATO und ein fanatischer Antikommunismus gehörten zum Selbstverständnis der Offiziere. Obwohl den Armeeangehörigen ebenso wie der Polizei »Kundmachungen zugunsten einer politischen Partei« verfassungsmäßig verboten waren, wurden im Zusammenhang mit den Wahlen von 1961 198 Offiziere aufgrund von Gewaltanwendung und massiver Einschüchterungsversuche an Wählern der Oppositionsparteien verurteilt.

Es war nur ein kleiner Teil des Militärs, der 1967 putschte, eine Militärdiktatur errichtete und sofort in allen Lebensbereichen — auch in den eigenen Reihen — mit umfassenden Säuberungsaktionen begann. Heute ist es unbestritten, daß die US-amerikanische Finanz- und Militärhilfe die Junta an der Regierung gehalten hat. Während die Bundesrepublik Deutschland ihre Militärhilfe 1968 für Griechenland einstellte, flossen amerikanische Gelder als Gegenleistung für ein Stationierungsabkommen auf Kreta und für ein Abkommen über die Hafenbenutzung der 6. US-amerikanischen Flotte in Piräus. Nach dem Zusammenbruch der griechischen Militärregierung 1974 wurden sowohl von Konstantin Karamanlis als auch seit 1981 von Andreas Papandreou die bilateralen Abkommen zwischen den USA und Griechenland zur Aufrechterhaltung der amerikanischen Basen bestätigt. Im Gegenzug verpflichteten sich die Vereinigten Staaten zur Weiterführung ihrer Militärhilfe.

Der aktive Grundwehrdienst in Griechenland dauert je nach Teilstreitkraft 18 bis 24 Monate, eine Wehrdienstverweigerung ist nicht möglich.

Bis heute ist das Militär, in dem die konservativen Strömungen dominieren, ein nicht zu unterschätzender innenpolitischer Faktor, dem auch die PASOK mit einiger politischer »Sensibilität« Rechnung tragen muß.

Der »Wasserkopf« Bürokratie

Ein Ärgernis, über das alle Griechen schimpfen und das sie beständig selber schaffen, indem sie sich auf das System der Protektion und des politischen Handels einlassen, ist die aufgeblähte und untätige Bürokratie.

Konflikte stauen sich auch zwischen Verwaltungsbeamten und gewählten Politikern auf, können doch die Beamten den notwendigen Informationsfluß und die Umsetzung politischer Maßnahmen blockieren. Schon allein, um politisch zu überleben, versucht jeder Politiker, freiwerdende Stellen mit seinen Leuten zu besetzen. Alle gesellschaftlichen Gruppen versuchen, in die Kompetenzen der Behörden einzugreifen und sie in ihrem Sinne zu beeinflussen. Auf der anderen Seite versuchen die Politiker, den Beamten soviel Einflußmöglichkeiten wie sie können zu entziehen, damit ihnen nicht die Kontrolle entgleitet.

Ministerium für öffentliche Arbeiten: U-Bahn-Bauarbeiten

Das ganze System führt dazu, daß niemand weiß, wofür er zuständig ist, sich für seinen Bereich nicht verantwortlich fühlt, auch nicht zur Verantwortung gezogen werden kann und von sich aus kaum Initiative zur Veränderung der untragbaren Zustände entwickelt. Eine Zusammenarbeit zwischen den verschiedenen Behörden fehlt in der Regel. Schlimm wird es für den Bürger, der in dieses Labyrinth gerät. Oft weiß er sich nur mit *rusfeti* zu helfen.

Niemand, der über die notwendigen Beziehungen verfügt, bezweifelt im übrigen seine Fähigkeit, einen freiwerdenden Job in welchem Bereich auch immer »auszufüllen«. Darin unterscheidet er sich nicht von seinen Kollegen in anderen Ländern. Auch hier ist parteienpolitischer Proporz und Stellenschieberei ein weit verbreitetes Phänomen. Nur, während in Ländern wie der Bundesrepublik die nicht »leistungsorientierte« Auswahl von Bewerbern für entsprechende Posten in der Bevölkerung bisweilen noch mit Empörung verhandelt wird, macht sich der Grieche wenig Illusionen darüber, daß das Erringen von leitenden Positionen etwas mit fachlicher Qualifikation und Kompetenz zu tun hätte.

Die Staatsmacht muß sich die Loyalität ihrer ausführenden Organe sichern. Die Beamten sind unkündbar, können aber durch für sie ungünstige Versetzung zur Kündigung gedrängt werden, wovon jede neue Regierung reichlich Gebrauch macht. Für die Angestellten der öffentlichen Unternehmen gilt das Beamtenrecht nicht, sie sind jedoch ebenso wie die Beamten in ihrem Streikrecht beschränkt. Die »öffentliche Kritik der Handlungen der Regierung oder ihrer vorgesetzten Behörden in einer Art, die Mangel an Objektivität durch den bewußten Gebrauch von unbegründeten Argumenten oder des gebotenen Respekts zeigt«, ist für alle Angehörigen des öffentlichen Dienstes verboten.

Bevor sich ein Angehöriger des öffentlichen Dienstes als Kandidat einer Partei aufstellen lassen kann, muß er sein Dienstverhältnis aufkündigen und darf danach nicht vor Ablauf eines Jahres wieder eingestellt werden. Das hat dazu geführt, daß — anders als in der Bundesrepublik Deutschland — kaum ein Beamter im griechischen Parlament sitzt.

Die Zentralisierung aller Verwaltungsbefugnisse in Athen weist der Staatsbürokratie despotische Macht über alle Regionen des Landes zu. Alle für die Kommunen wesentlichen Entscheidungen werden von den Athener Ministerien gefällt. Strom- und Wasserversorgung, Fernsprechnetz, Kanalisation, Durchgangsstraßen usw. werden ohne Mitentscheidungsrecht der Gemeinden zentral geplant und ausgeführt.

Die Gemeinden sind für alle »örtlichen Angelegenheiten« zuständig, dürfen aber nicht selber Recht setzen. Ihre finanzielle Lage ist beständig angespannt und oft können sie nicht einmal ihr Personal rechtzeitig bezahlen. Die öffentlichen Unternehmen — z.B. im Bereich der Elektrizitäts- und Wasserversorgung — werden immer öfter in Form von juristischen Personen des Privatrechts wie einer Aktiengesellschaft mit dem Staat als Alleinaktionär organisiert, um der bürokratischen Verwaltungs- und Finanzkontrolle zu entgehen. Die Athener Beamten und auch die meisten Politiker stammen überwiegend aus Zentralgriechenland oder vom Peloponnes. Die peripheren Gebiete haben keine starke Lobby innerhalb des Staatsapparates.

Die Zentralisierung ist eine Hauptursache für das Überleben des Klientelsystems, weil nur darüber die regionalen Interessen eingebracht werden können.

Die Erfahrungen, die viele Griechen mit dem Staat machen, sind ausgesprochen negativ. Sie erleben eine Bürokratie, die unfähig ist, Dienstleistungen für den Bürger bereitzustellen und die — wenn man das Pech hat, in ihre Mühlen zu geraten — außerordentlich verunsichert und viel Zeit und Aufwand kostet. Zudem weiß jeder, daß Politiker die ersten sind, die Verfassung, demokratische Spielregeln und festgeschriebene Rechte umgehen oder außer Kraft setzen, wenn es für sie günstiger ist. Das Mißtrauen, die Furcht und die Feindseligkeit der Griechen gegenüber dem Staat beruht auf dem Wissen, mit welchen Mitteln sich der Apparat zu wehren weiß, allein wenn auf den demokratischen Rechten als Staatsbürger bestanden wird.

Auf allen Ebenen kann der Staat die Lebensbedingungen und den Alltag bestimmen. In Athen wird festgelegt, wo es fließendes Wasser gibt und wo noch aus dem Brunnen geschöpft werden muß, wo Straßen gebaut und damit Mobilität und Arbeitsplätze geschaffen werden. Dort wird bestimmt, welche Mindestpreise die Bauern für ihre Produkte erzielen und wer einen Kredit bekommt und wer nicht. Über die Zölle wird entschieden, ob ausländische Waren in den Massenkonsum eingehen können oder nicht.

Die Griechen leben in beständiger Unsicherheit, ob nicht der nächste Machtwechsel bevorsteht und damit zugleich Massenentlassungen in allen

Bereichen lohnabhängiger Arbeit anstehen. Für jeden ist es lebenswichtig, über alle politischen Vorgänge gut informiert zu sein. So sehr einerseits das korrupte System des rusfeti viele in politischer Apathie verharren läßt, so sehr bewegen andererseits die politischen Auseinandersetzungen die Öffentlichkeit. Viele Gesetzesvorhaben der regierenden Partei nehmen gleich die Form von Skandalen an und werden heftig auf die zu erwartenden Konsequenzen diskutiert.

Der Staatsapparat hat große Mühe, die Gelder, die er ausgeben will, einzutreiben. Der größte Anteil der Staatsgelder wird über indirekte Steuern eingetrieben. Erst seit 1974 gibt es überhaupt eine Vermögenssteuer und sind die Sätze für die Einkommenssteuer verändert worden. Die schlechte Organisation des Finanzamtes, die niedrigen Gehälter der Beamten und mangelnde Kontrollmöglichkeiten überlassen der Steuerhinterziehung ein weites Feld.

Die griechisch-orthodoxe Kirche

Die griechische Kirche gehört zur Ostkirche mit deren älteren Patriarchaten Konstantinopel, Alexandrien, Antiochien und Jerusalem. Sie löste sich 1850 als nationale Kirche von Konstantinopel los. Ihren heutigen Einfluß im öffentlichen Leben verdankt sie teilweise immer noch dem Ruf, den sie sich während der osmanischen Herrschaft erwarb. Sie galt während dieser Zeit als Hüterin der nationalen Tradition und Kultur — ein Anspruch, an dem sie bis heute festhält.

Die griechische Kirche versteht sich als Fortführung der Urkirche, als identisch mit der Kirche der Apostel. Als Oberhaupt erkennt sie Jesus Christus an. Ihre liturgischen Formen stammen noch aus dem Byzanz des 8. Jahrhunderts. Die Orthodoxie lehrt eine Verwandtschaft der menschlichen mit der göttlichen Natur. Ihr Dogma ist nicht die Gnade für den sündhaften Menschen, sondern die Erhebung des Menschen in die Sphäre des Göttlichen und die mystische Vereinigung mit Gott. Diese Haltung bestimmt die asketische, meditative Tradition der Mönche. Sie wenden sich nicht in karitativem Sinne dem Nächsten zu, sondern versuchen durch Rückzug in die Einsamkeit, Weltabkehr und Bußübungen ihr göttliches Ideal zu verwirklichen (einen tieferen Einblick in diese Geisteshaltung ermöglicht der Roman von Nikos Kazantzakis, »Rechenschaft vor El Greco«). Kurz nach Gründung des griechischen Staates wurden viele Klöster aufgelöst, trotzdem gibt es heute noch über 200 Klöster mit 12.000 Mönchen. Am berühmtesten sind die Klöster auf dem Klosterberg Athos, deren 1000jährige Autonomie auf den byzantinischen Kaiser Johannes Tzimiskes zurückgeht. Die traditionellen Mönchskreise reagieren schroff auf jeden zaghaften Versuch der Kirche, soziale oder karitative Aufgaben zu übernehmen. Diakonissenarbeit von Nonnen gibt es nur in Ansätzen.

Auf dem Land ist der Pope immer dabei

Jedes Jahr im Oktober treffen sich die 78 Bischöfe Griechenlands zur heiligen Synode der Hierarchie. Ihr gegenüber ist jeder kirchliche Würdenträger zu absolutem Gehorsam verpflichtet. Während des laufenden Jahres wird die Kirche von jährlich wechselnden 12 Metropoliten unter Vorsitz des Erzbischofs von Athen regiert. Rechte und Status der Kirche sind in der Verfassung verankert. Als rechtspolitischer Grundsatz ist weit verbreitet, daß sich bürgerliches Recht auf kanonischem Recht gründen müsse. Die orthodoxe Lehre geht von einer Symphonie zwischen Kirche und Staat aus. Die Kirche ist verwaltungsmäßig eine juristische Person des öffentlichen Rechts und über ihre Grundordnung wird im Parlament abgestimmt.

Aus der Kirche austreten kann in Griechenland niemand. Bis zur Einführung der Zivilehe 1982 waren Eheschließungen und Namensgebung nur in kirchlich-religiöser Form gültig. Durch Gesetze, legislative Dekrete und ministerielle Rundschreiben wird der Einfluß der Kirche in den Institutionen der Erziehung gesichert. Das Fach Religion gehört in allen Ausbildungsstufen, außer in den Hochschulen, zu den Pflichtfächern. Der ideologische Einfluß der Kirche nimmt in den Städten jedoch ständig ab. Die Kirche behindert viele überfällige Reformen und immer mehr Griechen haben das Bedürfnis, Glauben und tägliches Leben zu trennen.

Auf dem Lande spielt der Pope allerdings noch immer eine große Rolle. Er kontrolliert zusammen mit dem Bürgermeister, dem Polizeibeamten und dem Lehrer das Verhalten der Bürger; ob sie sonntags in die Kirche gehen, wie die Jugendlichen ihre Freizeit verbringen usw. Wenn der Pope meint, jemand sei vom rechten Weg abgekommen, greift er ein.

Überall trifft man auf Spuren der Kirche

Religiöse Tugenden sind Bescheidung, Demut, Opferbereitschaft und Leiden. Jedes Dorf verehrt neben der Gottesmutter und den allgemeinen Heiligen noch seinen Dorfheiligen. Es sind Männer und Frauen, die aufgrund eines Martyriums heilig gesprochen wurden. Die meisten Ortsheiligen sind sogenannte Neomärtyrer, während der Osmanenherrschaft vom Glauben Abgefallene, die ihren Schritt bereuten und dann eine missionarische Offensive starteten, bei der sie umkamen. Die Heiligen-Legende ist eine Form, das Geschichtsbewußtsein in der Gegend wachzuhalten. Da die Lebensgeschichte der Heiligen, die in den Familien wie Märchen erzählt werden, in der Regel mit türkischen Greueltaten verbunden sind, hält das zugleich alte Ressentiments wach. Die überregionalen Heiligen haben ihre bestimmten Kirchen und Klöster, die ihnen geweiht sind, und aufgrund von Ikonenfunden oder Wunderheilungen an diesen Plätzen gebaut wurden. Die Religiosität ist stark von Gefühl und Mystik getragen.

Der Kirche wird viel gespendet, bares Geld, Gold und Silber. Jeder rätselt, was die Kirche — die in Griechenland kaum soziale und karitative Aufgaben übernimmt — mit dem ganzen Geld macht. Sie verfügt über ein riesiges Vermögen. Ihr Wald- und Ackerbesitz umfaßt 128.395 Hektar Land, was 1% des gesamten griechischen Bodens ausmacht. Dieser Besitz wird weder bebaut noch anderweitig genutzt. Dies ist nur 1/5 von dem, was die Kirche vor kurzem noch besaß. Durch eine Vereinbarung zwischen Kirche und Staat sind die restlichen 4/5 dem Staat übergeben worden für die Verteilung an Besitzlose oder um auf andere Weise genutzt zu werden. Als Gegenleistung hat die Kirche Immobilien erhalten und sich die Besoldung des gesamten Klerus und seiner Familien durch den Staat gesichert (griechische Priester können verheiratet sein, sofern sie die Ehe vor der Priesterweihung geschlossen haben).

Die Haltung der griechischen Bevölkerung den Popen gegenüber ist zwiespältig. Auf der einen Seite akzeptieren sie unhinterfragt ihre Rolle als Hüter von Werten, für die sie Respekt verdienen, auf der anderen Seite bleibt ihnen aber die Haltung des Nehmens und wenig Gebens und die Diskrepanz zwischen dem Lebenswandel der Popen und den von ihnen gepredigten Tugenden nicht verborgen.

Die Trennung von Kirche und Staat wird zur Zeit von der neuen Regierung in die Wege geleitet und ist ein diffiziles gesellschaftspolitisches Unterfangen (vgl. dazu ausführlich das Kapitel Griechenland und die PASOK).

Sozialer Schutz

Bis vor fünfzig Jahren waren Menschen, die in Not geraten und nicht mehr selbst für ihren Lebensunterhalt aufkommen konnten, in Griechenland auf die Familie und Almosen der Kirche angewiesen. Zwar gab es seit der Gründung des griechischen Staates erste Ansätze sozialer Absicherung, das galt aber zunächst nur für Angehörige der Armee und später für bestimmte Berufsgruppen.

In den 30er Jahren wurde die Pflichtversicherung für alle Arbeitnehmer eingeführt und die Sozialversicherung IKA gegründet, die zunehmend den Versicherungsschutz ausbaute. Heute umfaßt die Sozialversicherung die Kranken- und Altersversicherung, die Arbeitslosenunterstützung und verschiedene Beihilfen, wie Gelder für Familienmitglieder von Angehörigen der Streitkräfte, Baudarlehen für den Arbeiterwohnungsbau und Kindergeld.

Die Angehörigen der Streitkräfte, die Staatsangestellten und die Angestellten der öffentlichen Betriebe, gemeinnütziger Institutionen und der Banken haben sich die höchsten sozialen Leistungen gesichert. Dazu gehört jeder 14. Beschäftigte. Wie groß die Privilegien sind, zeigt, daß nur 7% der Versicherten zu dieser Gruppe gehören, aber 20% aller Rentner ihre Pension vom Staat beziehen. Von den übrigen Beschäftigten ist die überwiegende Mehrheit in den drei großen Versicherungen versichert, der IKA, der Berufs- und Handwerkerkasse TEWE und der landwirtschaftlichen Versicherung OGA.

Wiederholt haben die Gewerkschaften der IKA Korruption vorgeworfen. 1978 wurden acht Gerichtsverfahren wegen Veruntreuung von Geldern eingeleitet; eine Untersuchungskommission stellte fest, daß große Summen unterschlagen wurden. Die Versicherten haben keine Kontrollmöglichkeiten, obwohl sie nach den Buchstaben des Gesetzes Vertreter in den Vorstand senden könnten. Dies wird vom Arbeitsministerium verhindert, das selber Personen für diese Stellen aussucht.

Ohne Unterstützung der Familie reicht die Rente nicht aus

Die Versicherten finanzieren die Sozialversicherung durch Mitgliedsbeiträge, die ca. 10% ihres Lohnes ausmachen. Der Arbeitgeber muß etwa 3/4 dieses Betrages mehr zahlen. Die Solidarität der Mitglieder ist begrenzt, wer schwerere Arbeit unter gesundheitsgefährdenden Bedingungen verrichten muß, muß auch mehr bezahlen.

Nur eine soziale Gruppe, die überhaupt keine Mitgliedsbeiträge zahlt, wird völlig aus dem gemeinschaftlichen Topf der Lohnabhängigen finanziert — die Bauern. Bis 1961 waren die Bauern überhaupt nicht versichert, obwohl die meisten Griechen noch auf dem Land beschäftigt sind. Nach heftigen Auseinandersetzungen — das Elend der älteren Landbevölkerung ist wegen der Auswanderung der Söhne und Töchter groß — wurde 1971 die OGA gegründet, die den Bauern eine Alters- und Invalidenrente, eine Krankenversicherung und den Ausgleich bei Ernteverlust ermöglicht — nicht zuletzt, um die Landflucht zu stoppen. Die PASOK hat die sozialen Bedingungen der Bauern erheblich verbessert. Ihre Renten wurden angehoben und zum ersten Mal haben auch die Bäuerinnen Anspruch auf eine eigene Rente und Krankenversicherung.

Die Leistungen der Kassen sind in der Regel so miserabel, daß bei längerem Verdienstausfall eine Familie schnell in große Not geraten kann. Bei Arbeitslosigkeit wird eine Unterstützung von 40% des Tageslohns plus 10% je Familienmitglied, maximal 70%, gezahlt und zwar je nach vorheriger Beschäftigungsdauer bis höchstens einem knappen Jahr.

Auch ein Krankheitsfall kann eine Familie in arge Bedrängnis bringen.

20% des Medikamentenpreises muß der Kranke selber zahlen und Medikamente sind in Griechenland gemessen an den Löhnen teuer. Die IKA verfügt über Vertragsärzte und eigene Krankenhäuser. Läßt der Versicherte sich von einem »freien« Arzt oder in einer privaten Klinik behandeln, übernimmt die IKA nur einen Teil der Kosten für den Arzt, den Krankenhausaufenthalt und etwaige Operationskosten. Der Kranke kann sich aber oft gar nicht aussuchen, wo er hingeht. Auf dem Land und in den Kleinstädten gibt es nur wenige Ärzte, die meisten haben ihre Praxis in Athen.

Von rund 700 Krankenhäusern sind 40% Privatkliniken, die meist einen besseren Ruf haben als die staatlichen Einrichtungen. Die Behandlung durch einen Kassenarzt ist allerdings für den Kranken auch nicht viel billiger als die Behandlung durch einen privaten Arzt, weil es üblich und auch notwendig ist, dem Personal — vor allem aber den Ärzten — Geldgeschenke zuzustekken. Der Briefumschlag mit Geld »ermöglicht« oft erst das Freiwerden eines der ständig besetzten Krankenhausbetten.

Auch qualitativ ist die medizinische Versorgung nicht besonders gut. Nur 1/3 der Krankenschwestern und -pfleger haben eine Ausbildung. Die Ärzte werden immer noch für die Bekämpfung von Epidemien ausgebildet, ungeachtet des verschobenen Krankheitsspektrums hin zu den Zivilisationskrankheiten. Die Ausstattung der medizinischen Einrichtungen ist besonders auf dem Lande unzureichend, die Säuglingssterblichkeit ist hier dreimal so hoch wie in den Städten. Aufklärung und Beratung über Hygiene, Ernährung und Vorsorgemaßnahmen zur Verhütung von Krankheiten gibt es kaum.

Nicht nur die Betreuung der Alten, auch die Kinderbetreuung wirft durch die Berufstätigkeit der Frau und die Veränderung der Familienstrukturen neue Probleme auf. Hier haben der soziale Druck und private Initiative zu einigen Einrichtungen geführt, aber die Unterversorgung ist so groß, daß diese Einrichtungen nur ein Tropfen auf dem heißen Stein sind.

Bis zum Alter von drei Jahren gibt es für Kinder nur ganz vereinzelt und nur in den Großstädten Möglichkeiten, tagsüber außerhalb der Familie betreut zu werden. Erst mit dreieinhalb Jahren können die Kinder zwei Jahre lang einen Kindergarten besuchen, der einer Grundschule angeschlossen ist und mehr den Charakter einer Vorschule hat.

Immer noch ist es in erster Linie die Großmutter, die das Kind berufstätiger Eltern betreut, oder eine Tagesmutter, wer sich das leisten kann.

Auch soziale Dienstleistungen, die sich die Mehrheit als einzelne Personen nicht leisten können, wie Gesundheits-, Erholungs- und Kultureinrichtungen, sind Mangelware. Es existieren jedoch staatliche Abendschulen in den meisten Verwaltungsbezirken zur Behebung des Analphabetismus und rund 1.000 Volksbildungszentren, die in erster Linie dafür eingerichtet sind, elementare Kenntnisse zu vermitteln.

Erziehung — Bildung — Wissenschaft

Das Schulsystem

Griechische Kinder werden teilweise bereits mit 5 1/2 Jahren eingeschult. Die erste Bildungsstufe ist die Volksschule, die sie sechs Jahre lang besuchen, und die als Allgemeinbildung vermittelnde Stufe konzipiert ist. Die Sekundarstufe umfaßt dann das dreijährige Gymnasium und — darauf aufbauend — noch einmal drei Jahre Lyzeum. Die drei Klassen des Gymnasiums sind für alle Schüler Pflicht. Die Absolventen der Volksschule werden ohne Aufnahmeprüfung eingeschrieben. Insgesamt besteht eine Pflichtschulzeit von neun Jahren.

Nach Abschluß des Gymnasiums können die Absolventen entweder eine Fach- oder Berufsschule besuchen oder gleich auf den Arbeitsmarkt entlassen werden. Streben sie eine akademische Ausbildung an, können sie sich auch — vorausgesetzt sie bestehen die Aufnahmeprüfung — für die eine der drei Richtungen des Lyzeums — allgemeinbildendes, technisches und berufsbildendes, oder das nur vereinzelt vorhandene klassische-humanistische Lyzeum — entscheiden. Ohne Aufnahmeprüfung können sich Schüler nur nach Abschluß einer zweijährigen Fach- und Berufsschule um einen Platz in einem technischen und berufsbildenden Lyzeum bewerben.

Die Abiturientenquote liegt in Griechenland im internationalen Vergleich sehr hoch. Dies ist aber bis heute nicht mit einem Ausbau des Hochschulbereichs oder anderen Anschlußwegen zur technischen oder beruflichen Bildung abgestimmt. Die Abiturienten konzentrieren sich auf das Hochschulstudium, weil alternative Wege, die Berufsperspektiven von vergleichbarer Attraktivität eröffnen, fehlen.

Die Aufnahme in eine Hochschule oder Universität war bis vor kurzem gar nicht so einfach. Streng selektive Aufnahmeprüfungen sorgten für lange und teure Vorbereitungszeiten und ermöglichten weniger als 30% der Abiturienten den Hochschulzugang. Ein neues Zulassungsverfahren hat diese Aufnahmeprüfung durch die »Panhellenischen Prüfungen« ersetzt. Sie werden im zweiten und dritten Jahr des Lyzeums abgelegt und erteilen dem Schüler die Hochschulreife bei Bestehen, aber nicht die allgemeine, sondern eine auf diejenigen Hochschulen beschränkt, die der Richtung des besuchten Lyzeums entsprechen. Während einer Übergangsphase galten beide Aufnahmeverfahren. 20% der Studienplätze, ab 82/83 und in den folgenden Jahren 10%, wurden nach dem alten Verfahren vergeben, um die Bewerber, die das Abitur vor der letzten Reform erworben haben und die Aufnahmeprüfung bisher nicht geschafft haben, nicht völlig auszuschließen.

Berufstätige, die ihren Schulabschluß für einen Universitätsbesuch nachholen wollen, können abends zwischen 19.00 und 22.00 Uhr ein Abendgymnasium oder Lyzeum besuchen, von denen es ca. 30 in den Großstädten gibt.

Im gesamten Ausbildungsbereich überwiegt die traditionsgebundene

Auch für ihn ist Lernen nicht immer ein Spaß

Denkweise, die Normen, Werte und Erziehungsziele noch aus einer traditionell strukturierten Welt entnimmt. Trotz der enorm gewandelten Lebensbedingungen für einen großen Teil der Kinder haben sie bisher in der Schule keine Chance, Normen zu erlernen, die auf das Leben in einer sich beschleunigt verändernden, arbeitsteiligen, von Wissenschaft und Technik rationalisierten und von sozialen Konflikten geprägten Welt vorbereiten.

Auch die sozialen Verhaltensweisen im Unterricht sind sehr traditionell geprägt. Regeln, Gebote, Kontrolle, Verbote erzwingen eine Gleichförmigkeit und Normung des Verhaltens, die stark auf eine immobile, die bestehende, ungleiche Verteilung der Lebenschancen akzeptierende Haltung orientieren. Das Lernen ist im allgemeinen stark an den Rhythmus der Prüfungen und die Anhäufung mechanischen Wissens ausgerichtet. Die Schüler erhalten selten Gelegenheit, eigene Ideen auszudrücken und werden zum kritiklosen Auswendiglernen angehalten.

Moderne Unterrichtsmethoden, die Neugierverhalten, Selbstmotivation und Kooperationsfähigkeit fördern sollen, wie Gruppenunterricht, freies Gespräch, entwickelnde Problemlösungsverfahren, Einbeziehung des außerschulischen Raumes in die Unterrichtsgestaltung, werden nicht praktiziert. Da Griechenland zur Zeit erst mit der Säkularisierung des Lebens beginnt, kommt im Unterricht der Übergang von magischen und mythischen Verhaltensweisen zu rational-kausalen Erklärungen immer noch zu kurz; statt dessen erhalten die Kinder je nach Altersstufe zwei bis drei Stunden Religionsunterricht in der Woche.

Jährlich wird mit Demonstrationen an den anti-diktatorischen Studentenaufstand vom Polytechnion erinnert

Zum Erziehungsanspruch gehört auch die Verinnerlichung nationaler und ethischer Werte. Beliebt sind dazu Schülerparaden an Nationalfeiertagen, die Aufführung von patriotischen Theaterstücken durch Schulklassen usw. Auch in den Schulbüchern dominieren zum Teil noch die gräco-christlichen Werte, deren Inhalt sich auf Vaterland, Familie, Religion und Arbeit beschränkt. Soziale und gesellschaftliche Probleme, sofern sie überhaupt auftauchen, werden nicht kritisch hinterfragt, sondern eher als »gottgewollt« dargestellt. In den letzten Jahren sind bereits für das Gymnasium neue Bücher geschrieben worden, und die PASOK versucht, alle überholten Bücher — dies gilt insbesondere für die Geschichtsbücher — auf jeder schulischen Ausbildungsebene langsam durch neue zu ersetzen.

Die Verlängerung der Schulpflicht hat den Mangel an Klassenräumen, Lehrern und Unterrichtsmitteln verstärkt. Die finanziellen Mittel für Klassenräume und Ausstattung sind nicht entsprechend gesteigert worden, die große Anzahl der auf Anstellung wartenden Lehrer wird wegen der knappen Finanzmittel nicht eingestellt.

Die materielle Ausstattung, die Schüler-Lehrer-Relationen sind in den verschiedenen Regionen sehr unterschiedlich. Während in den Großstädten die Klassen überfüllt sind — 60 Schüler in einer Klasse sind keine Seltenheit — gibt es in den ländlichen Regionen nur Zwergschulen. Die überwiegende Mehrheit der Volksschulen auf dem Lande sind einklassig. Die erste bis sechste Klasse wird gleichzeitig in einem Raum unterrichtet, was die Qualität des Unterrichts nicht gerade steigert.

Die im allgemeinen besser ausgestatteten Privatschulen sind im Großraum Athen und Saloniki konzentriert. Ca. 8% aller Schüler besuchen Privatschulen. Daneben gibt es noch die ausländischen Schulen, wie z.B. die deutsche Schule, die ebenfalls den Status von Privatschulen haben. Obwohl diese Schulen teilweise die Funktion von Eliteschulen haben, sind sie eher ein Ausdruck der Unzulänglichkeiten des öffentlichen Schulsystems. Die Klassen sind nicht so überfüllt, die Lehrer haben einen größeren Spielraum bei der Vermittlung des Lehrstoffs und die Schüler werden nicht so streng erzogen.

Daneben gibt es eine Vielzahl von Nachhilfe- und Vorbereitungsschulen, die Frontistiria. Es sind Privatunternehmen, deren Besuch mit hohen Kosten verbunden ist. Trotzdem werden sie von der überwiegenden Mehrheit der Schüler besucht. Die Frontistiria bieten Intensivkurse an, ohne die man kaum eine höhere Ausbildung erreichen kann. Sie haben eine doppelte Funktion, einerseits kompensieren sie die Unzulänglichkeiten des schlechten öffentlichen Unterrichts, andererseits vermitteln sie Wissen, das nirgends Bestandteil öffentlicher Lehrpläne ist, aber bei den selektiven Aufnahmeprüfungen gefordert wird. Die Allgemeinheit des Bildungswesens wird so zur Farce, und Bildungschancen sind viel mehr als in den anderen europäischen Ländern vom Geldbeutel der Eltern abhängig.

Der Unterricht findet während des Schuljahres nachmittags statt, so daß den Schülern kaum Freizeit bleibt. In den Ferien laufen Intensivprogramme für die Vorbereitung auf anstehende Prüfungen. Die meisten Frontistiria befinden sich in Athen und Saloniki. Ein Platz an der Uni ist so wichtig, daß manchmal die ganze Familie an anderer Stelle spart, um dem Kind den Besuch dieser Vorbereitungskurse zu ermöglichen. Aber auch Kinder bäuerlicher Familien kommen aus den ländlichen Regionen in die Städte, um einen Intensivkurs im Sommer zu besuchen.

Die »höhere Ausbildung« ist eine Ausbildungsstufe für Fachkräfte, die unmittelbar in die Produktion gehen, oder für soziale Berufe. Dazu gehören ca. 40 Lehranstalten: die Zentren höherer technisch-beruflicher Ausbildung KATEE, die die technischen Ingenieure, Elektrotechniker, leitende Angestellte für Wirtschaftsunternehmen und touristische Betriebe, aber auch Sozialarbeiter ausbilden, und die Pädagogischen Akademien, die Volksschullehrer, Kindergärtnerinnen u.ä. ausbilden. 11 Zentren sind höhere technische Privatschulen für Elektronik und Schiffbau. Das Studium dauert 4—6 Semester.

Volksschullehrer werden nicht an den Universitäten ausgebildet, sondern an Pädagogischen Akademien, die sich zum größten Teil in kleineren Städten befinden.

Als Lehrkräfte für den Sekundarbereich werden Absolventen der naturwissenschaftlichen, theologischen und philosophischen Fakultäten der Universitäten angestellt, die keine Didaktik- oder Pädagogikkenntnisse erworben haben müssen. Nur 25% der Lehrer für das Gymnasium und Lyzeum kommt von einer naturwissenschaftlichen Fakultät. Für die Lehrerfortbildung gibt es bis jetzt nur eine einzige Institution in Athen, deren Absolventen überwiegend in den Schulämtern untergebracht werden.

Lehrer werden relativ schlecht bezahlt und sind oft gezwungen, ihr Einkommen durch Nachhilfeunterricht zu ergänzen.

Universität und Hochschulen

In Griechenland gibt es sechs Universitäten, eine Technische Hochschule (Polytechnikum) und sechs andere selbständige Hochschulen, außer in Athen und Saloniki noch in Patras, Ioannina, Thrakien und auf Kreta. Eingeschrieben sind ungefähr 90.000 Studierende, auf über 30.000 werden die im Ausland Studierenden geschätzt. Unter den verschiedenen Wissenschaftszweigen dominieren eindeutig die Geisteswissenschaften. Die materielle Ausstattung der Universitäten ist mangelhaft, ungenügende Bibliotheken, fehlende Laboratorien, knappe Hörsäle und Übungsräume kennzeichnen die Situation.

Das Studium ist stark verschult. Die Mehrheit der Studenten besucht keine Vorlesungen, sondern bereitet sich individuell auf die häufigen Prüfungen vor. Gruppenarbeit ist nicht üblich. Nur Übungen, die zur Prüfungsvorbereitung in manchen Fachbereichen von den Assistenten angeboten werden, sind gut besucht. Während des Studiums werden keine Seminar- oder Diplomarbeiten geschrieben, es sei denn in Ausnahmefällen und auf freiwilliger Basis. Das Skript des Professors ist die »Heilige Schrift«, die für das Bestehen in einem Fach unentbehrlich ist. Es ist meist das einzige Buch, das zur Prüfungsvorbereitung benutzt wird. Kontroversen sind nicht gefragt. Der Lehrstuhl wird vom zuständigen Professor als sein Besitz angesehen und ihm eingeräumte Vorrechte nutzt er oft willkürlich aus. An wichtigen Entscheidungen, die den Lehrstuhl betreffen, sind Dozenten und Assistenten, obwohl sie wichtige Arbeit leisten, nicht beteiligt. Das Herrschaftsverhältnis zwischen dem allmächtigen Professor auf der einen Seite und den Dozenten, Assistenten und Studenten auf der anderen Seite ermöglicht die Reproduktion von veraltetem Wissen, oft mit reaktionärer Ideologie verbrämt. Neues Wissen wird kaum produziert. Weiterbildung und Forschung sind an den griechischen Hochschulen noch nicht ausgebaut; nicht zufällig ist der Lehrkörper in seiner überwiegenden Mehrheit im Ausland ausgebildet worden.

Die griechische Kulturlandschaft

Die »gräco-christliche« Kultur von oben

Schon bald nach der Gründung des neugriechischen Staates zeigte sich, daß die moralische und intellektuelle Einheit von Nation und Staat nicht vorhanden war. Neben den offiziellen Kulturträgern, die eine antiquierte Welt mit ausgeprägtem Individualismus und Kastengeist aufrechterhielten und dadurch gemeinsam mit der orthodoxen Geistlichkeit alle sozialen Reformen blockierten, bildeten sich Intellektuelle als Sprecher der bäuerlichen und kleinbürgerlichen Griechen heraus, deren Auffassungen »volkstümlich-national« waren. Sie knüpften an die Volkstradition an, einer Mischung aus Volks- und Aberglauben, Stolz und Ehrgefühl, mit Charakteristika orthodoxer Frömmigkeit, aber auch »heidnischem«, dionysischem Lebensgefühl und orientalischen Lebensgewohnheiten.

Fanatischer Nationalismus und übersteigertes Staatsbewußtsein durchzogen in der Vorkriegsära die geistige Produktion. Die eigene Vergangenheit wurde mythisch verklärt:

- Die Griechen seien das auserwählte Volk, von dem aus jegliche Kultur sich ausgebreitet habe.
- Die griechische Sprache sei die Sprache des Evangeliums und damit gottgewolltes Ausdrucksmittel für jede Art des Denkens.
- Das überlieferte Wissen sei in sich abgeschlossen und unübertrefflich.

Dieses überidealisierte Hellenentum hat sich bis in die heutige Zeit erhalten, ebenso wie die Nachwehen des Sprachenstreits — die Form, in der die Fraktionen der Intellektuellen ihr Vorherrschaftsstreben innerhalb einer gespaltenen nationalen Orientierung ausfochten.

Der Sprachenstreit

Die lebendige, gesprochene Sprache, die sich unter der Herrschaft der Osmanen weiterentwickelte, war die *dimotiki*, die Volkssprache. Daneben existierte noch ein von wenigen Kirchenfürsten und den Fanarioten gesprochener altgriechischer Dialekt, der *Attizismus*, der völlig bedeutungslos wurde.

Unter dem Vorwand, daß es nach der vierhundertjährigen Herrschaft der Osmanen keine ausgereifte griechische Sprache gäbe und die gesprochene Sprache mit regional variierenden Dialekten durchsetzt wäre, wurde von der akademischen Oberschicht eine archaisierende, künstliche Sprache, die sogenannte *katharevousa*, die »bereinigte« Sprache, die sich stark an das Altgriechische anlehnt, ausgearbeitet und als offizielle Sprache installiert. Es ist eine konstruierte Sprache, die von jedem, der nur die Volkssprache spricht, erst erlernt werden muß. Für jeden, der nicht gleich im Elternhaus mit der katharevousa aufwächst, stellt diese Sprache eine enorme Barriere im gesellschaftlichen Leben dar.

Die Beibehaltung der katharevousa als offizielle Staatssprache wurde von der Kirche und der konservativen Oberschicht am heftigsten verfochten. Der liberale Teil der Intellektuellen dagegen, der die materiellen und geistigen Werte des aufkommenden Bürgertums vertrat, versuchte die dimotiki als offizielle Staatssprache durchzusetzen. Sie begriffen sich als Vertreter des gesamten Volkes, dessen Einheit durch eine einzige, nationale Sprache dokumentiert werden sollte.

In ihren politischen Zielen unterschieden sich die Liberalen allerdings nur wenig von den Konservativen. Beide hielten an der *Megali Idea*, der Großen Idee der Wiedererrichtung des byzantinischen Kaiserreiches fest. Der Streit um den Zugang zu Staatsämtern wurde vordergründig als Sprachenstreit ausgetragen, der sich um die Jahrhundertwende sogar in heftigen Straßenschlachten entlud.

Dabei setzte sich die Volkssprache in den letzten Jahren des 19. Jahrhunderts als anerkannte Literatursprache durch. Die katharevousa blieb jedoch bis April 1975 (!) die offizielle Sprache des Staatsapparates, der Justiz, der Wissenschaft und Erziehung (mit Unterbrechungen) und z.T. der Presse. Erst 1975 wurde die dimotiki durch Parlamentsbeschluß als Nationalsprache eingeführt, aber die Umstellung erfolgt sehr langsam. Bis heute fällt es vielen Griechen schwer, z.B. die Nachrichten zu verstehen, bestimmte Zeitungen zu lesen oder amtliche Schriftstücke zu entziffern, einmal ganz abgesehen von wissenschaftlichen Veröffentlichungen.

Zu diesen »Sprachschwierigkeiten« kommt seit einiger Zeit der sogenannte »Sprachverfall« hinzu. Die neugriechische Sprache wird immer mehr von Amerikanismen und Fremdbezeichnungen durchsetzt. Viele Griechen kennen ihre eigene Sprache und Grammatik kaum und verfügen über einen relativ geringen Wortschatz. Um diese Misere zu beseitigen, führte die Regierung Mitte 1987 Altgriechisch wieder als Pflichtfach an den Schulen ein, nachdem es für ca. sechs Jahre aus den Lehrplänen fast verschwunden war. Eine Reform des Schulfaches Neugriechisch an Grund- und weiterführenden Schulen sowie Gymnasien wäre sicher eine hilfreichere Maßnahme.

Die politische Kultur

In der Vorkriegszeit entstanden neue kulturelle Ausdrucksformen des heimatlos gewordenen städtischen Proletariats und der gesamten Bevölkerung, die den Widerstand gegen die Unterdrückung der politischen Betätigung begleiteten, oder auch nur Ausdruck der veränderten Lebensverhältnisse waren. War die Beschäftigung der Intellektuellen mit bäuerlicher Kultur bis dahin eine fortschrittliche Sache, wurde sie von nun an volkstümelnd und folkloristisch. Nicht der politische Gehalt, Werte und Moral erregten das Interesse,

Jugendfestival der Kommunistischen Partei

sondern wunderliche Bräuche, Dorfarchitektur, Volkslieder, Holzschnitzereien, Kupferarbeiten, Volkstrachten, Stickereien etc.

Nach dem Machtwechsel 1963, der eine Phase der Liberalisierung nach dem Terror der siegreichen Konterrevolution einleitete, durchlief eine Welle von kulturellen Aktivitäten das Land. Aber die Zeit war zu kurz, um die historischen Erfahrungen von Widerstand und Spaltung aufzuarbeiten. Die politische und kulturelle Erneuerung wurde in ihren Anfängen von der Militärjunta jäh unterdrückt.

Nach der Diktatur formierte sich eine neue geistige Elite, die sich als Sprecherin der gesamten Bevölkerung versteht. Ihre Kunst ist anspruchsvoll und populär zugleich. In ihr verschmelzen moderne Ausdrucksformen mit Elementen traditioneller und städtischer Volkskultur zu etwas völlig Neuem. Diese Künstler beschränkten sich nicht darauf, »Kunstspezialisten« zu sein, sondern griffen als Politiker auch in das praktische Leben ein. Viele ließen sich von linken Parteien für politische Ämter aufstellen.

Bis heute haben die fortschrittlichen Künstler große Schwierigkeiten, ihre Kunst zu verbreiten. Im offiziellen Kulturbetrieb tauchen nur wenige ihrer

Werke auf. Einige versuchen, eigene Kulturzentren aufzubauen; so organisierte *Lendakis* z.B. die sogenannte »Freie Universität«. Seit dem Regierungswechsel von 1981 werden im Rahmen der fortschreitenden gesamtgesellschaftlichen Liberalisierung allerdings zunehmend auch fortschrittliche Künstler, insbesondere Maler und Literaten, von staatlicher Seite berücksichtigt.

Die griechische politische Kultur wäre undenkbar ohne die jährlichen Feiern der einzelnen Parteien in Parks und Fußballstadien oder, wenn es die Jahreszeit nicht erlaubt, in Kino- oder Theatersälen. Dabei sind die linken Parteien wesentlich aktiver und öffentlichkeitswirksamer. Die Veranstaltungen beschäftigen sich mit Stationen der eigenen Geschichte, haben aber vorrangig den Charakter zu demonstrieren, was die politischen Kräfte heute wollen. Reden und Grußadressen werden durch ein kulturelles Programm ergänzt, Lieder werden gesungen und Theaterstücke aufgeführt.

Einen anderen Charakter haben die Festivals der Jugend- und Parteizeitungen, die seit 1974 nach dem Vorbild der entsprechenden Feste anderer linker westeuropäischer Parteien organisiert werden. Es sind vor allem riesige Kulturfestivals, auf denen Beiträge berühmter Künstler im Vordergrund stehen. Die Feste finden meist im September und im Freien statt, wenn die Urlaubszeit vorüber ist und die Tage kühler werden. Sie dauern drei bis fünf Tage. Musikgruppen, bekannte Sänger, Liedermacher und Folkloregruppen aus dem In- und Ausland nehmen daran teil. Es werden Theaterstücke und Filme vorgeführt, Foto- und Kunstausstellungen organisiert. Für Essen, Trinken und Tanz ist gesorgt. An Buden und Ständen werden Bücher und Kunstgewerbearbeiten verkauft, für die kleinen Besucher gibt es einen Kinderspielplatz. Weiter werden Diskussionsveranstaltungen mit Vertretern ausländischer Bruderparteien angeboten. Die Feste finden in Athen statt, werden aber von einer Reihe lokaler Veranstaltungen kleineren Umfangs vorbereitet, die einige Wochen vorher in verschiedenen Regionen stattfinden. (Übrigens: ein Besuch lohnt sich auch für Touristen allemal.)

Literatur

Eine Reihe von Werken der modernen griechischen Literatur sind ins Deutsche übersetzt worden. Im Vordergrund stehen dabei die Werke von Lyrikern wie *Elytis* und *Seferis*, die beide mit dem Nobelpreis für Literatur ausgezeichnet wurden. Am häufigsten ins Deutsche übersetzt worden ist allerdings der Schriftsteller *Kazantzakis*, der bei uns vor allem durch sein Buch *Alexis Sorbas* bekannt geworden ist.

Diese Dichter und Schriftsteller haben ihren festen Platz in der Literaturgeschichte Griechenlands und reihen sich in die politischen und sozialen Kämpfe ein, die auch auf dem Schauplatz der Literatur ausgetragen werden.

Von der italienischen Dichtung beeinflußt ist der eigentliche Begründer der neugriechischen Literatur, der auf der ionischen Insel Zakynthos lebende Dichter *Solomos*, dessen *»Hymne an die Freiheit«* zur griechischen Nationalhymne wurde. Er beschäftigte sich in seinen Werken mit den moralischen Problemen, die der Befreiungskampf aufwirft, statt ihn zu heroisieren und lehnte die Abwendung von der Volkssprache ab. Er hinterließ wegen seiner kritischen Haltung gegenüber seinen eigenen Werken z.T. nur Fragmente und enttäuschte damit seine Zeitgenossen, die eine Fülle vaterländischer Lyrik erhofften.

In den nächsten Jahren versuchte sich die von den konservativen Gelehrtenkreisen als offizielle Staatssprache des neu entstandenen Staats durchgesetzte »bereinigte« Kanzleisprache als Literatursprache zu etablieren, was kläglich mißlang. Die einzigen, bedeutenden Werke während dieser Zeit des Stillstandes wurden in der Volkssprache verfaßt.

Ende des 19. Jahrhunderts setzte sich die Volkssprache als anerkannte Literatursprache durch. Eine neue Dichtergeneration, von *Kostas Palamas* angeführt, knüpfte an die Volksdichtung und die Lyrik von *Solomos* an und wandte sich einem weitgespannten Themenkreis nationaler Probleme zu. Ihre Gedichte sind bildhaft, reich an Metaphern und rhetorischen Stilmitteln. Der symbolträchtige, feierliche und hymnische Stil führte jedoch bald zur Verflachung und rhetorischen Überladung der Dichtung.

Das Griechenland, wie es nun tatsächlich existierte, entsprach nicht den hohen Idealen des imperialen Denkens. Fast die gesamte Dichtergeneration wandte sich enttäuscht dem Themenkreis der »Innerlichkeit« zu.

In den ersten beiden Jahrzehnten des 20. Jahrhunderts entstand ein neuer Stil, dessen erster Vertreter *Konstantin Kavafis* ist (1863–1933). In einer vereinfachten, vom Schönrednerischen befreiten Sprache unterzieht er die kleinbürgerliche Welt einer scharfen ironischen Kritik. Kavafis' Gedichte haben nie aktuelle Ereignisse oder direkte Bezüge zur Gegenwart zum Inhalt. Aber jede Verarbeitung eines antiken Themas, jede Anspielung auf seine Homosexualität, jede kritische Betrachtung seiner Lebensumstände provozierte den Vergleich mit der aktuellen Situation, der herrschenden Moral und den politischen Ereignissen der Gegenwart. Die Literaturkritik übersah ihn daher, versuchte ihn umzudeuten, zu verleumden, konnte ihn auf Dauer jedoch nicht ignorieren.

Bei den Erzählungen und Romanen dieser Zeit herrschten »Sittenschilderungen« vor, d.h., es wurden Sitten und Gebräuche der Landbevölkerung beschrieben und welche Konflikte daraus erwachsen. Schriftsteller wie *Karkavitsas* und *Papadiamantis* zeigten die Zurückgebliebenheit und Unwissenheit der Landbewohner auf und stellten sich auf die Seite der Unterdrückten. Die meisten Sittenschilderungen veranschaulichten jedoch eine idealisierte ländliche Idylle und viele waren einfach nur Heimatromane, die den Verlust der überlieferten Werte beklagten.

Mit der beginnenden Verstädterung und der Herausbildung neuer Lebensweisen entdeckten die Literaten die sozialen Probleme. Das Elend und die Not der arbeitenden Menschen sowie die Auswirkungen sozialer Umstände auf die zwischenmenschlichen Beziehungen wurden zum Inhalt literarischer Werke. Romanschriftsteller und Erzähler wie *Theotokis*, *Voutiras*, *Paroritis*, *Nikolaidis* und Dichter wie *Chatzopoulos* und *Golfis* sind die Vertreter der neuen Literatur. Viele von ihnen verdienten sich ihren Lebensunterhalt allerdings mit *Chronographima*, Kommentaren zum Tagesgeschehen in den großen Tageszeitungen, und beeinflußten damit die Meinungsbildung der Bevölkerung in hohem Ausmaß.

Literatur in der Zwischenkriegszeit

Drei große Dichterpersönlichkeiten betraten um 1910 die literarische Bühne. *Sikelianos*, *Kazantzakis* und *Varnalis*. Gemeinsam sind ihnen die von Nietzsche stammenden Ideen vom Übermenschen und der Gefallen an einer rauschhaften Ästhetik. Sikelianos und Kazantzakis können diesen Einfluß nie ganz überwinden. Ihre Werke sind mystisch und antiintellektuell. Sie schwanken zwischen dem sozialen Engagement und einem Aristokratismus, indem der Dichter als führendes Subjekt der Weltveränderung begriffen wird. Varnalis dagegen bekannte sich sehr früh eindeutig zum Marxismus. Seine Gedichte, Prosa und seine Literaturkritik sind eine vernichtende Abrechnung mit den in Griechenland vorherrschenden idealistischen Vorstellungen.

In der Zeit zwischen den Weltkriegen spiegelte die Literatur zunächst die Schrecken des Krieges und die empfundene Ausweglosigkeit der kleinbürgerlichen Verhältnisse wider. Die Intellektuellen waren passive Zeugen der Niederlage, die erst allmählich wieder darum kämpften, an der Organisation des Staates beteiligt zu werden.

Eine Reihe von Autoren, die ihr Hauptwerk nach 1930 schrieben und daher die Autoren der 30er Jahre genannt werden, veröffentlichten in den 20er Jahren ihre ersten Bücher und übernahmen in den kommenden Jahrzehnten die Führung des literarischen Lebens. Ihre Bücher sind sozialkritisch. Das änderte sich mit der Metaxas-Diktatur und der Wiedererrichtung der Monarchie. Ein Teil der sozial anerkannten Schriftsteller wandte sich bequemeren Themen zu und ihre Romane flachten ab.

In den 30er Jahren fand auch die Lyrik zur Form der Moderne mit dem späteren Nobelpreisträger *Seferis*, mit *Nikos Gatsos*, *D. Antoniou*. Die Sprache ist nüchtern, unpathetisch, beschränkt sich auf das Wesentliche, das Versmaß ist frei. Weltberühmt wie Seferis wurde auch der Dichter *Odysseas Elytis*, der 1979 den Nobelpreis erhielt und dessen Gedichte Naturverbundenheit, Leidenschaft und Lebensfreude und eine enge Beziehung zur griechischen Landschaft ausdrücken. Mit seinem Hauptwerk »Axion esti«, das erst 1961 vollendet wurde, entwirft er ein vielseitiges Bild des neuen Griechenland, seiner Entstehung und seiner Hoffnungen.

HALT
— WER DA ?
— DIE TOTEN

— WER DA ?
— DIE IRREN
— WER DA ?
— WIR
HALT — HALT — HALT
Sie hören nicht auf

Die Toten wollen ihr Leben zurück
Die Toten wollen ihre Sonne zurück
Die Hinkenden wollen ihre Beine zurück
Die Blinden wollen ihre Augen zurück
Alle wollen wir unsere Freiheit zurück.

A.B.C.

Von Anfang an lernen wir das Alphabet
von Anfang an lernen wir die Angst und den Schmerz
von Anfang an lernen wir das Leben und den Tod.

A.B.C.
A.B.C.
A.B.C.

Die Freiheit ist nicht weit, Genossen
denn während wir das Sterben lernten
haben wir das Leben gelernt, Genossen.

A.B.C.

SONNE

A.B.C.

FREIHEIT — 1949 —
geschrieben im KZ Makronissos (Jannis Ritsos)

Jannis Ritsos 1949 auf Makronissos

Die sozialen Kämpfe der 30er Jahre bestimmten auch die Literatur. Neben den großen Dichter der Linken, Varnalis, traten junge Dichter mit politischem Engagement. *Nikiforos Vretakos* und vor allem *Jannis Ritsos* nahmen in ihren Gedichten eindeutig Partei für die Linke. Sie stellten nicht nur den ohnmächtigen Menschen dar, der Anklage erhebt und sich gegen ein böses Schicksal auflehnt, sondern seine Kraft, das Leben zu verändern und seine Schönheiten zu genießen.

Der Krieg, die Besatzung und der bewaffnete Widerstand, vor allem aber die Niederlage im Bürgerkrieg und der »weiße Terror« waren die Ereignisse, die für lange Zeit den Themenkreis der neugriechischen Literatur bestimmten.

Nachkriegsliteratur

In der Nachkriegszeit erschienen zunächst nur solche Werke über den Krieg, die ihn bejahten und die Taten der Armee verherrlichten. Die Widerstandsliteratur war verboten und linksengagierte Autoren saßen im Gefängnis oder befanden sich in Konzentrationslagern. Sofern ihre Bücher noch in den osteuropäischen Ländern gedruckt wurden, was sie immer noch schwer erhältlich machte, konnten sie erst spät erscheinen. Bücher über den Widerstandskampf sind beispielsweise Kornaros'»Das Konzentrationslager von Chaidari«, Lundemis' »Die den Nebel brachten«, Chadzis' »Feuer«; über Spaltung und Bürgerkrieg erzählen: Kozias' »Belagerung«, Kornaros' »Asche und Phönix«, Kazantzakis' »Brudermörder«.

Starkes soziales Engagement in ihren Büchern entwickelten Elli Alexiu, Lilika Naku, sowie Melpo Axioti und Tatiana Milliex, die beide mit einem eigenwilligen, neuen Stil auftraten. Kornaros setzte seine politische Anklage fort, Lundemis beschrieb die Leiden der Armen und Unterdrückten und Varnalis' Bücher waren voll beißender Satire. Viele der Bücher entstanden im Gefängnis oder im Exil. Auch Samarakis und Vassilis Vassilikos, der hier vor allem durch den Roman »Z« bekannt geworden ist, zeigten in ihren Romanen die Härte und Korruptheit der Gesellschaft auf.

Das liberale Klima der 60er Jahre begünstigte einen Differenzierungsprozeß innerhalb der engagierten Literatur; eine Vielfalt von Richtungen und Stilmitteln in Prosa und Lyrik entstanden. Tsirkas' große Romantrilogie, Anagnostakis' und Katsaros' Gedichte verarbeiteten die Erfahrungen des Widerstands und der Niederlage sehr kritisch.

Auch die Lyrik veränderte sich durch Krieg und Widerstand. Die Gedichte während der Besatzungszeit sind von Freiheitsgedanken erfüllt. Elytis, Engonopoulos und Sikelianos fanden neue Inspiration und Ausdrucksformen. Elytis wurde 1979 der Nobelpreis mit der Begründung verliehen: »für seine Poesie, die — in der griechischen Tradition fußend — mit sinnlicher Vitalität und intellektuellem Scharfblick den Kampf eines modernen Menschen für Freiheit und Kreativität darstellt«. Jannis Ritsos wurde zum Dichter des Widerstands, der sozialen Anklage und des Klassenkampfs mit seinen Gedichtzyklen »Prüfung«, »Makronissos«, »Nachtwache«, »Die Nachbarschaft der Welt«. Das war nicht mehr die zarte, empfindsame Lyrik der Anfangszeit, sondern harte Kampfansage. Neben den engagierten Liedern des Klassenkampfes finden sich in seinem Werk vor allem längere Gedichte über die Öde und Stagnation des Lebens und kurze Gedichte, die Augenblickssituationen einfangen.

Literatur heute

Der Militärputsch und die Diktatur unterbrachen diese Entwicklung gewaltsam. Bücher kamen auf den Index. Schriftsteller wurden verhaftet oder mußten ins Exil fliehen, andere wie Seferis verzichteten auf Veröffentlichungen. Nach dem Sturz der Junta setzte in Griechenland eine Flut von Publikationen ein. Bekannte Lyriker und Erzähler veröffentlichten ihre während der Unfreiheit im Lande, im Gefängnis oder im Exil entstandenen Werke, darunter viele Frauen, wie Mitropulu, Megalu Seferiadi, Papadimitriu, Meleagru.

Das Interesse vor allem der Jugend galt jedoch viel stärker der politischen Literatur als der Poesie und den Romanen. Erst nach und nach erwachte wieder das Interesse an Dichtung und Prosa, jedoch vorwiegend an ausländischer. Die gesellschaftliche Entwicklung der 60er und 70er Jahre, der Widerstand gegen die Junta, haben ihren literarischen Ausdruck erst in Ansätzen gefunden. Erst spät werden Themen wie Urbanisierung und Emigration, Frauenunterdrückung und Homosexualität in der Literatur angesprochen.

In den 70er Jahren entstand eine interessante Kinderliteratur. In ihr werden die Ereignisse des Krieges und des Widerstands auf für Kinder verständliche Weise geschildert, besonders Kinderschicksale während dieser Zeit. Aber es werden auch andere soziale und politische Probleme wie Umweltverschmutzung, Familie, Demokratie usw. angesprochen. Bekannte Dichter wie z.B. Seferis versuchen mit Erfolg, Gedichte für Kinder zu schreiben und sie zu illustrieren.

Die langsame Neuorientierung im literarischen Schaffen macht auch vor den Kulturorganisationen nicht halt. Junge Schriftsteller und Dichter verlassen zunehmend die traditionellen Vereine auch linker Prägung, wie die *Gesellschaft griechischer Schriftsteller,* die in Dogmatismus und Traditionspflege erstarrt sind.

Ein wichtiges Hindernis für die Entwicklung der Literatur sind die finanziellen Probleme, vor denen junge Autoren stehen. Die jungen Schriftsteller, meist arbeitslose Akademiker, müssen häufig Jobs annehmen, um überleben zu können. Nur wenige bestreiten ihren Lebensunterhalt von Filmrechten oder Mitteln aus verschiedenen, zumeist ausländischen Stiftungen. Die öffentlichen Medien wie Rundfunk und Fernsehen bleiben avantgardistischen Autoren meist verschlossen, vor allem, wenn sie kritisch eingestellt sind.

Auf der anderen Seite werden seit 1981 zunehmend die Schulbücher von nationalistischer und historisch-unkritischer Literatur befreit, um der heutigen Jugend die verschiedenen Aspekte und unterschiedlichen Tendenzen der griechischen Literatur- und Kulturgeschichte zu vermitteln. Daneben beschäftigen sich seit einigen Jahren junge Autoren mit der kritischen Aufarbeitung der jüngsten griechischen Geschichte. Neu dabei ist, daß sie dies nicht in parteipolitisch festgelegtem Rahmen tun.

Auch Griechenland hat seine Debatte um die Bewertung der Vergangenheit während der Zeit des Faschismus und Bürgerkrieg, nur daß sie nicht wie bei uns als »Historikerstreit« geführt wird, sondern als literarische Auseinandersetzung. 1984 wurde das Buch des in Griechenland geborenen Nicholas Gage, Reporter der New York-Times, »Eleni« in über 14 Sprachen übersetzt und zum Buch des Jahres in Amerika gewählt. Es handelt von seiner Mutter Eleni aus dem Dorf Lia in Nordgriechenland, die 1948 von der »Demokratischen Armee« zum Tode verurteilt und hingerichtet wurde — weil sie ihre Kinder vor der Verschleppung hinter den »eisernen Vorhang« bewahren wollte, so Gage — weil sie für Geld Stellungen an die feindliche Luftwaffe verraten habe, so die anderen. Das Buch von Gage werde dazu benutzt, so die Kritiker, die Zeit der Illegalität und Verfolgung zwischen 1940 und 1950, in der jeder zehnte Bewohner Griechenlands starb, zu verfälschen und die Opfer zu Mördern zu stempeln. Pandelis Voulgaris, der lange vor Erscheinen des Buches zusammen mit Elia Kazan die Geschichte der Eleni nach einem Drehbuch von Gage verfilmen sollte, drehte stattdessen 1985 den Film »Steinerne Jahre«, die Geschichte einer anderen Eleni, die nach Ende des Bürger-

Deutsche Übersetzungen griechischer Literatur nach 1940

Athanassiadis, Nikos: Das Mädchen und der Delphin. München 1967.
Axioti, Melpo: Tränen und Marmor. Berlin 1950.
Axioti, Melpo: Im Schatten der Akropolis. Berlin 1955.
Charis, Petros: Die letzte Nacht der Erde. Kassel 1980.
Drossinis, Georgios: Das Liebeskraut. Frauenfeld 1962.
Eftaliotis, Arjyris: Die Olivensammlerin. Eisenach 1955.
Elytis, Odysseas: Körper des Sommers. St. Gallen 1960.
Eltyis, Odysseas: Sieben nächtliche Siebenzeiler. Darmstadt 1966.
Elytis, Odysseas: Sieben nächtliche Siebenzeiler. Orion. Gedichte. Frankfurt/M. 1981.
Elytis, Odysseas: To axion esti — Gepriesen sei. Hamburg 1969. Fischer 1981.
Elytis, Odysseas: Ausgewählte Gedichte. Frankfurt/M. 1979.
Elytis, Odysseas: Lieder der Liebe. Zweisprachig. Suhrkamp 1981.
Elytis, Odysseas: Maria Nepheli. Ein szenisches Gedicht. Suhrkamp 1981.
Elytis, Odysseas: Mit offenen Karten. Prosa und Essays. Suhrkamp 1986.
Elytis, Odysseas: Neue Gedichte. Neugriechisch und deutsch. Suhrkamp 1984.
Elytis, Odysseas/Kerg, Theo: April. Gedichte und Prägungen, editions phi 1984.
Gritsi-Milliex, Tatiana: Schatten haben keine Schmerzen. Hamburg u. Düsseldorf 1968.
Hadzis (Chatzis), Dimitros: Das zerstörte Idyll. Berlin 1965.
Chatzis, Dimitrios: Das doppelte Buch. Romiosini 1983.
Kanellopulos, Panajotis: Fünf Athener Dialoge. Olten-Freiburg 1961.
Karagatsis, Manolis (richtig: Mitsos): Der Vogt von Kastrópyrgos. Zürich 1962.
Karagatsis, Mitsos: Die große Chimäre. Berlin 1968.
Karkavitsas, Andreas: Der Bettler. Romiosini 1984.
Kazantzakis (=Kasantzakis), Nikos: Alexis Sorbas, Abenteuer auf Kreta. 1. Aufl. Braunschweig 1952. 2. Aufl. München-Wien-Basel 1970.
Kazantzakis, Nikos: Die letzte Versuchung. Berlin 1952.
Kazantzaki Niko (=Nikos): Rettet Gott!. 1. Aufl. Wien-München 1953.
Kazantzakis, Niko: Freiheit oder Tod. Berlin-Grunewald 1954. Rowohlt 1975.
Kazantzakis, Nikos: Mein Franz von Assisi. Hamburg 1956. Fischer 1964. Rowohlt 1981.
Kazantzakis, Niko: Griechische Passion. Berlin-Grunewald 1957. Berlin-Grunewald o.J. Non-Stop-Bücherei 75/76. Rowohlt 1981.
Kazantzakis, Nikos: Rechenschaft vor El Greco, 1. und 2. Aufl. 2 Bde. Berlin-München-Wien. Bd. 1, 1964, Bd.2 1967, 3. Aufl. in 1 Bd. München 1978. Rowohlt 1980.
Kazantzakis, Nikos: Brudermörder, München-Berlin-Wien 1968, Lübbe 1981.
Kazantzakis, Nikos: Komödie, Tragödie in einem Akt. Zürich 1969.
Kazantzakis, Nikos: Einsame Freiheit. Biographie aus Briefen und Aufzeichnungen des Dichters von Eleni N. Kazantzaki. München-Berlin 1972.
Kazantzakis, Nikos: Odyssee. Ein modernes Epos. München 1973.
Kazantzakis, Nikos: Askese. Salvatores Dei. Zürich 1973. Goldmann 1987.
Kazantzakis, Nikos: Im Zauber der griechischen Landschaft. Berlin 1966. 3. Aufl. München 1976.
Kazantzakis, Nikos: Buddha. Der blaue Fluß. Goldmann 1987.
Kavafis, Konstantinos: Der Wein der Götter. Maastricht 1947.
Kavafis, Konstantin (=Konstantinos): Gedichte. Berlin-Frankfurt/M. 1953.
Kavafis, Konstantin: Gedichte. Amsterdam 1962.
Kavafis, Konstantinos: Brichst Du auf gen Ithaka. Sämtliche Gedichte. Romiosini 1983.
Kavafis, Konstantinos: Gedichte. Das gesammelte Werk. Castrum Peregrine Presse 1985.
Kornaros, Themos: Leben auf Widerruf. Berlin 1964.
Kotzias, Kostas: Dunkle Schächte. Berlin 1974.
Lundemis, Menelaos: Ein Kind zählt die Sterne. Berlin 1960.
Melas, Spyros: Der König und der Hund. Bad Tölz o.J.
Myrivilis, Stratis: Die Madonna mit dem Fischleib. Zürich 1955.
Mitropoulos, Kostas: Auch du liebes Griechenland. Karikaturen. Romiosini 1983.
Myrivilis, Stratis: Vassilis. Basel 1976.
Panajotopulos, I.M.: Die Siebenschläfer. Gütersloh 1962.
Papa, Katina: Unter dem Maulbeerbaum. Olten-Freiburg 1959.
Prevelakis, Pandelis (Pantelis): Die Sonne des Todes. Wien-München u.a. 1962.
Prevelakis, Pandelis (Pantelis): Das Haupt der Medusa. Wien-München-Basel 1964.
Prevelakis, Pandelis (Pantelis): Der Engel im Brunnen. Freiburg-Basel-Wien 1974.
Ritsos, Jannis: Zeugenaussagen. Zürich 1968.
Ritsos, Jannis: Zeugenaussagen. Frankfurt/M. 1968.
Ritsos, Jannis: Gedichte. Berlin 1968.
Ritsos, Jannis: Zeugenaussagen. Gedichte. Frankfurt/M. 1982.
Ritsos Jannis: Gedichte. Griechisch-Deutsch. Stroemfeld/Roter Stern 1980.

Ritsos, Jannis: Die Wurzeln der Welt. Berlin 1970.
Ritsos, Jannis: Mit dem Maßstab der Freiheit. Ahrensburg-Paris 1971/72.
Ritsos Jannis: Epitaphios (Auswahl). Eutin 1973.
Ritsos, Jannis: Pförtnerloge. Zürich 1976.
Ritsos, Jannis: Milos gechleift. Poeme und Gedichte. Leipzig 1979. München 1979
Ritsos, Jannis: Tagebuch des Exils. Frankfurt/M. 1979.
Ritsos, Jannis: Delfi. 2 Radierungen. editions phi 1987.
Ritsos, Jannis: Ikonenwand anonymer Heiliger. Brücken 1986.
Ritsos, Jannis: Die Nachbarschaften der Welt. Romiosini 1984.
Ritsos, Jannis: Die Rückkehr der Iphigenie. Romiosini 1986.
Ritsos, Jannis: Steine, Wiederholungen, Gitter. Gedichte. Rotbuch 1980.
Ritsos, Jannis: Was für seltsame Dinge. Brücken Vlg. o.J.
Samarakis, Antonis: Hoffnung gesucht. Zürich-Stuttgart 1962.
Samarakis, Antonis: Der Fehler. Berlin 1969.
Seferis, Giorgos: Delphi. Knorr & Hirth 1962.
Seferis, Giorgos: Sechzehn Haikus. Frankfurt/M. 1968.
Seferis, Georg (Giorgos): Versuche. Basel 1973.
Seferis, Giorgos: Logbücher und Tagebuchaufzeichnungen. Schwiftinger Galerie Verlag 1981.
Seferis, Giorgos: Poesie. Suhrkamp 1987.
Seferis, Giorgos: Sechs Nächte auf der Akropolis. Tavros 1984.
Seferis, Giorgos: Sechzehn Haikus. Stratis der Seemann. Gedichte. Frankfurt/M. 1983.
Seferis, Jorgos: Geheime Gedichte. Romiosini 1985.
Seferis, Giorgos/Brandy, Robert: Geheime Gedichte. editions phi 1987.
Skinas, Alexander: Fälle, Frankfurt/M. 1969.
Solomos, Dionysios: Neugriechisches Gespräch. Der Dialogos des Dionysios Solomos. München 1943.
Theotokas, Giorgos: Und ewig lebt Antigone. München-Berlin 1970. Taschenbuchausgabe 1973.
Vassilikos, Vassilis: Griechische Trilogie (Das Blatt, Der Brunnen, Das Engelwerden). Zürich 1966.
Vassilikos, Vassilis: Z. Berlin 1968.
Vassilikos, Vassilis: Die Fotografien. Berlin 1971.
Venesis, Elias: Äolische Erde. 1. Aufl. Wiesbaden 1949. 2. Aufl. Mainz 1969.
Venesis, Elias: Die Boten der Versöhnung. Heidelberg 1958.
Venesis, Elias: Friede in attischer Bucht. Hamburg 1963.
Venesis, Elias: Nummer 31328. Leidensweg in Anatolien. Mainz 1969.
Vrettakos, Nikiforos: Gedichte. Eutin 1972.
Vrettakos, Nikiforos: Autobiographie. Eutin 1972.
Vrettakos, Nikiforos: Jenseits der Furcht. München 1973.

kriegs als Mitglied der verbotenen KKE jahrelang gefangen gehalten wurde — ein Schicksal unter tausenden. Wassilis Kawwatha deckte 1985 in seinem Buch »Alli-Eleni« die Grausamkeiten des rechten Gegenterrors auf.

Die Auseinandersetzung beweist, daß diese Periode der griechischen Geschichte bis heute von extrem starker Emotionalität überlagert ist, die bis in die 80er Jahre hinein das alltägliche politische Leben beeinflußt (beide Bücher liegen übrigens in deutscher und englischer Übersetzung vor).

Leider nicht ins Deutsche übersetzt sind die Werke des griechischen Publizisten *Nikos Dimou.* Sein bekanntestes Buch *Die Griechen, I Ellines,* beschreibt in liebevoll-ironischer und beißend-spöttischer Art die Stärken und Schwächen, die Eigenheiten sowie die Mentalität des »Griechen von heute«.

Wachsender Beliebtheit in Zeitungen, Zeitschriften und Magazinen erfreut sich auch der politische Karikaturist *Jannis Jannou.* In seinen Bildbänden wie z.B. *»Der Dritte Weg«* rechnet er gnadenlos mit den Erfolgen und Niederlagen der PASOK und ihres Parteivorsitzenden Papandreou ab. Vor seiner kritischen Feder bleibt keine politische Begebenheit, keine alltägliche Besonderheit und kein Skandal versteckt. Ebenso ist der Künstler und Karikaturist *Kostas Mitropoulos* bekannt, der die Auswüchse der griechischen Konsumgesellschaft, die Eigenheiten seiner Landsleute und tagespolitische Ereignisse mit spitzer Feder darstellt. *Kostas Tachtsis* ist unter der jüngeren Generation, der 20- bis 45jährigen, der wohl bekannteste und meistgelesene Autor. Er hat bisher zwei Gedichtsammlungen, mehrere Erzählbände, Essays und Übersetzungen veröffentlicht. Sein 1962 erschienener Roman »Dreimal unter der Haube« (To Trito Stephanie) gilt als einer der bedeutsamsten zeitgenössischen griechischen Romane. Auch in ihm wird der über 30 Jahre lang tabuisierte Bürgerkrieg behandelt. Tachtsis schildert durch die Augen zweier Frauen die griechische Gesellschaft vom Ersten Weltkrieg bis zur deutschen Besetzung und zum Bürgerkrieg.

Da Tachtsis Exponent einer für Griechenland geradezu revolutionären Schwulenbewegung ist, rufen seine Veröffentlichungen sehr unterschiedliche Reaktionen hervor.

Musik

Musik aus Griechenland, das erweckt Vorstellungen von *bouzouki* und *sirtaki,* von »Weiße Rosen aus Athen«, »Griechischer Wein« und natürlich *Mikis Theodorakis.* Hinter diesen Vorstellungen verbergen sich zum Teil kommerzielle Klischees, zum Teil wirklich große Namen, die für eine aufregende Musikkultur stehen, die sich von der abendländischen grundlegend unterscheidet. Für ihren andersartigen, oft als »orientalisch« empfundenen Charakter ist die Lage Griechenlands als Brücke zwischen Ost und West entscheidend.

Alle Versuche, vor allem ausländischer Institute wie die des Goethe-Insti-

Eine kurze Pause. Der alte bouzouki-Spieler Nikos zieht von Taverne zu Taverne und verdient sich mit seinen Liedern den Lebensunterhalt.

tuts, »klassische Musik« im westeuropäischen Sinne in Griechenland zu etablieren, haben nur geringe Erfolge aufzuweisen.

Während die abendländische Musik eine höfische Tradition hat und verfeinerter Ausdruck einer elitären Lebenshaltung war, ist die griechische Musik immer Musik des Volkes gewesen — und hat bis heute ihre wichtige Rolle im griechischen Leben behalten. In ihr spiegeln sich menschliche Freuden und Leiden des Alltagslebens wider, aber ebenso politisches Engagement und jahrhundertelanger Widerstand gegen vielfältige Formen der Unterdrückung.

Engagierte Musiker, die sich mit den Problemen in der heutigen griechischen Gesellschaft auseinandersetzen und in ihren Liedern die krassen Unterschiede thematisieren, die in Griechenland immer noch herrschen, versuchen meist eine Verbindung zwischen traditioneller griechischer Musik und ausländischen Einflüssen. Die griechischen Elemente ihrer Kompositionen knüpfen vor allem an zwei Richtungen an:

■ die ländliche Volksmusik, mit Traditionen, die bis in antike und byzantinische Zeiten zurückreichen, und mit unterschiedlich starken Einflüssen islamischer, albanischer, slawischer und italienischer Musik in den verschiedenen Landesteilen;

■ die in den Armenvierteln entstandenen städtischen rembetika, Lieder, die ihre Rhythmik aus alten Volkstänzen beziehen und die — zunächst Ausdruck einer Subkultur — schnell populär geworden sind; rembetika werden wegen ihrer Ausdruckskraft und des sich in ihnen ausdrückenden, exzessiven Lebensgefühls häufig mit dem afro-amerikanischen Blues verglichen.

Wenn ein Klephte stirbt ... — Lieder des Volkes

Die balladenartigen Volkslieder sind stark von der noch engen Beziehung der Einwohner zur Natur geprägt — es sind Lieder der griechischen Berge und Inseln. Sie berichten über Ereignisse, die sich in der Gemeinschaft eines kleinen Dorfes abspielen, und werden auf Instrumenten gespielt, die sich die Bewohner selbst anfertigen. Es sind Instrumente aus verschiedenen Kulturschichten, deren Gebrauch sich erhalten hat und die gemeinsam gespielt werden.

Es ist vor allem der Rhythmus, durch den sich die griechische Musik von der abendländischen unterscheidet. In ihm hat sich der Rhythmus der antiken, altgriechischen Sprache erhalten. So lebt in dem verbreitetsten aller griechischen Reigentänze, dem syrtos-kalamatianós mit seinem 7/8-Rhythmus der Versfuß der homerischen Epen weiter. Der Rhythmus erzeugt eine Balance zwischen Vorwärtsdrängen und Stehenbleiben, die auch im Tanz ausgedrückt wird.

Auf Volksfesten wird der Rhythmus von Schlaginstrumenten scharf betont, aber dadurch wird der Gesang nicht akzentuiert. Der griechische Volkssänger singt häufig nasal, in hoher Stimmlage und schiebt stotterähnliche Silbenwiederholungen (bo-bo-bo, le-le-le), Ausrufe (och, áide, moré) oder Zärtlichkeit ausdrückende Worte ein. Das Chorsingen ist noch heute, wie bereits in der Antike, mit dem Tanz verbunden. Die Melodie variiert vielfältig um einfache Formen, und jeder Volksmusiker gebraucht gerne Verzierungen und improvisiert viel. Den »orientalischen« Klang erhalten die Melodien durch andere Skalen, weil die Griechen, wie im gesamten Orient üblich, kleinere Intervalle als den Halbton verwenden. Viele Lieder sind im Laufe der mündlichen Überlieferung abgewandelt worden.

Zu den verbreitetsten Volksliedern gehören die alten Klagelieder, Wiegenlieder, Grußlieder. Ratschläge, die aus der Lebenserfahrung stammen, und Grundsätze, die nicht verletzt werden dürfen, werden in den »Sinnspruchliedern« wiedergegeben. Mit Verspottungs- und Verhöhnungsliedern mißbilligt das Volk Handlungen, die seinen moralischen Grundsätzen nicht entsprechen. Bei den Feldarbeiten wie Dreschen, Ernten, Weinlese oder Arbeiten der Frauen, wie Spinnen und Weben werden Lieder der Arbeit gesungen, die die Gleichförmigkeit der Arbeit rhythmisch aufnehmen und zugleich die Belastung tragen helfen. Die traurigen »Lieder der Fremde« handeln von Abschied und Rückkehr der Auswanderer.

Eine Sonderstellung nehmen die Volkslieder ein, die besondere nationale Ereignisse darstellen. Dazu gehören die ältesten Volkslieder, die aus dem 10. Jahrhundert stammenden, in Kleinasien entstandenen *»Akritischen Lieder«*, die heute noch auf Zypern, Kreta und Rhodos gesungen werden. Sie handeln von dem heldenhaften Kampf der mit übermenschlichen Fähigkeiten ausgestatteten »Akriten«, die unter ihrem mythischen Anführer Digénis die Reichsgrenzen von Byzanz verteidigen, und sie beklagen später die Eroberung Konstantinopels.

Ende des 15. Jahrhunderts erschienen die ersten *Klephtenlieder*, die den Widerstand der in den Bergen lebenden Freiheitskämpfer gegen die Türken beschreiben. Die etwa 350 Klephtenlieder sind weit verbreitete »Männerlieder«, die »am Tisch« gesungen werden, und daher auch »tis tawlas« genannt werden.

Die Klephten lebten gezwungenermaßen in den Bergen, in die sie aus vielfältigen Anlässen vor dem Joch der Türken geflohen waren. In ihren Liedern sangen sie von ihrem Wunsch nach Befreiung, der Sehnsucht nach dem Heimatdorf und den Gefühlen der Verlassenheit, die die Einsamkeit der Berge in ihnen hervorrief. In seinen Liedern spricht der Klephte zu seinem Pferd als oftmals einzigem Gefährten wie zu einem Menschen und erzählt ihm sein Leid, sein Wünsche. Die Beziehung zur Natur ist sehr unmittelbar, und die Texte zeigen noch die urtümliche Vorstellung, daß alle Dinge belebt seien. Wenn ein Klephte stirbt, wird er in den Liedern von allen beweint, vor allem von den Elementen der Natur; die Berge, Flüsse, Wolken und Vögel trauern um ihn. Die Klephtenlieder werden heute noch von Hirten auf dem Festland, auf dem Pindos und Parnassos und südlich auf dem Peloponnes gesungen.

Auch die bedeutenden Ereignisse des Widerstandes gegen die deutsche und die italienische Besatzungsmacht wurden in Liedern bewahrt. Sie sind sehr unterschiedlich, werden aber alle unter dem Begriff *Andartika*, »Lieder der Rebellen«, erfaßt.

Nach dem Sturz der Juntadiktatur 1974 gab es eine Periode der Wiederbelebung der Andartika. Sie wurden in den gut besuchten boites gesungen, was mit der Zeit pervertierte und der Bedeutung der Lieder nicht gerecht wurde. Heute singt man die Widerstandslieder fast ausschließlich auf politischen Veranstaltungen.

Das Schöne liebte ich und das Bouzouki

Neben den ländlichen Volksliedern, den dimotika, entwickelte sich die städtische Volksmusik, die *laiki-musiki*. Darunter werden verschiedene Arten von Liedern zusammengefaßt, die sich z.T. auseinander entwickelt haben. Die früheste Form der städtischen Volksmusik sind die *rembetika*, die ihre Blütezeit als verbotene Musik im Vorkriegsgriechenland hatten, in den vierziger Jahren populär wurden und in den fünfziger Jahren ihren Niedergang erfuhren. Die Zeit der Militärdiktatur bewirkte jedoch, daß sie heute wieder überall auf Schallplatten erhältlich sind. In den 70er Jahren lebte das Interesse an den rembetika wieder auf, da die nonkonformistische Musik aus den Armenvierteln der Großstadt mit der in ihr enthaltenen verächtlichen Haltung gegenüber den politischen Institutionen wahrscheinlich in Reaktion auf die Diktatur den herrschenden Zeitgeist traf.

Die rembetika entstanden im Athen der Jahrhundertwende, dessen Außenbezirke bis in die 50er Jahre hinein einen dörflichen Charakter hatten. Sofern überhaupt Straßen vorhanden waren, waren sie ungepflastert und von ei-

Athen 1930. Auch Lyra, Defi (Tambourin) und Oût (Arabische Laute) gehören zu Rembetiko

nem unglaublichen Schmutz. Es gab weder Beleuchtung noch Verkehrsmittel. Der Wassermangel war so groß, daß um das knappe Wasser Schlägereien entstanden. Erst mit dem Stau des Marathon-Sees 1924 änderte sich diese katastrophale Situation und damit ließ auch die Furcht der Bewohner vor Epidemien nach. Viele mittellose Neuzuzügler lebten in Notquartieren und konkurrierten um die knappen Arbeitsplätze. Viele bekamen nur Gelegenheitsarbeiten, und wer das »Glück« hatte, Dockarbeiter zu sein, mußte extrem harte und schmutzige Arbeit verrichten. Trotz bitterer Not waren viele zum Herumlungern gezwungen, und einige davon versuchten, ihren Lebensunterhalt durch Schmuggel zu verdienen. Der Rausch war die einzige Möglichkeit, der Trostlosigkeit und dem Elend des täglichen Lebens zu entgehen. So sehr sich auch die verschiedenen Gruppen, die am Rande der Gesellschaft in den Armenvierteln Athens und Piräus' lebten, durch Herkunft und ihre Bräuche voneinander unterschieden, gemeinsam war ihnen das seit 1890 verbotene Haschisch-Rauchen und eine weitgehend aus Slang bestehende Sprache.

Gefängnislieder

Die Bewohner dieser Armenviertel standen in der korrupten, repressiven Gesellschaft Griechenlands immer mit einem Bein im Gefängnis. Schmuggel, Besitz von Haschisch und Totschlag waren die häufigsten Straftaten, aber auch politische Verfolgung. In den Gefängnissen entstand eine Frühform der

Griechenland 1933. Eine Rembetiko-Gruppe in Karaïskaki

rembetika, die Gefängnislieder, die auch außerhalb der Gefängnisse in der griechischen »Unterwelt« populär wurden, wobei der Begriff »Unterwelt« sehr weit gefaßt ist und alle randständischen, subkulturellen Gruppen umfaßt. Diese Randgruppen fügten sich nicht in die bestehende Ordnung und wurden von der Athener Polizei verfolgt. Der verhaßte Polizeichef *Baraktaris* ordnete sogar an, daß den *koutsavakides,* einer Gruppe, die sich besonders exzentrisch kleidete und es für schick hielt, in einen Ärmel des Jacketts mit dem Arm nicht hineinzuschlüpfen, der Jackenärmel abgeschnitten wurde.

Die Gefängnislieder, die von Haschisch, Gefängnis, Polizei und Sex handeln, waren verboten wie die Instrumente, auf denen sie gespielt wurden, die *baglama* und das *bouzouki;* Lauten, die sich die Gefangenen selber bastelten. Die Außenseiter, die eine eigene Subkultur herausbildeten und zum Teil wirklich zur Unterwelt gehörten, nannten sich *manges* (d.h. ungefähr übersetzt: starke Männer). Ihr beliebtester Treffpunkt war der inzwischen elegant gewordene Kolonaki-Platz. Der Teil der manges, der rembetiko-Musik spielte und hörte, nannte sich *rembetes,* was vermutlich Außenseiter bedeutet. Der rembetis ist der leidende, ungerecht behandelte, gejagte Mensch, der sein Leid in seinen Liedern herausläßt. Die Haschisch- und Gefängnislieder wurden in kleinen Läden in Piräus gespielt, in denen die manges türkischen Kaffee und eine Wasserpfeife, die narghilé, bestellen konnten. In den dunklen Haschisch-Buden, den Tekés, saßen die rembetes, rauchten die narghilé, aßen süßes Gebäck, und wer high war, fing an zu tanzen. Die tekés gehörten zur Männerwelt, und nur wenige Frauen, die ein unabhängiges Leben führten, nahmen an dieser Welt teil. In den rembetika tauchten Frauen nur auf, soweit sie begehrt wurden oder wenn sie einen Mann durch Zurückweisung verletzt hatten.

Café-Lieder

Die rembetika haben noch einen zweiten Ursprung. Eine frühe Form des rembetiko wurde in den Musik-Cafés gespielt, die Ende des 19. Jahrhunderts in den Großstädten Athen und Piräus, aber auch in Saloniki, das noch unter türkischer Herrschaft stand, in Smyrna und Konstantinopel entstanden. Es waren Cafés, in denen Sänger in Form eines Dialogs in freien Rhythmen und Melodien Verse improvisierten. Sie benutzten den Ausruf »amàn«, um Zeit für die Improvisation neuer Textzeilen zu gewinnen, daher wurden diese Lieder Amané genannt. In den Café-Aman spielten zunächst wandernde Strassenmusikanten, unter ihnen viele Zigeuner. Später wurden kleine Musikantengruppen fest verpflichtet, deren Lieder von Frauen gesungen wurden, die den Rhythmus mit Tamburins und Fingerzimbeln schlugen, und den *tsiftetelì,* den orientalischen Bauchtanz, tanzten. Es war ein Seitenzweig der Entwicklung der rembetiko-Musik, der an Bedeutung gewann, als der türkisch-griechische Krieg mit einer Niederlage für Griechenland endete und mit der Vertreibung der Griechen und dem vereinbarten Bevölkerungsaustausch zu einem Flüchtlingsstrom aus Kleinasien führte. Jahrelang lebten die meist gebildeten Flüchtlinge in Barackensiedlungen rund um Athen, und obwohl sie sich nicht umstandslos in die Subkultur einordneten, entwickelten sie aufgrund der gemeinsamen Lebensverhältnisse ähnliche kulturelle Ausdrucksformen wie die anderen Randgruppen.

Die eintreffenden Flüchtlinge veränderten aber auch die Struktur des gesellschaftlichen Lebens in Athen. Sie waren gewohnt, abends mit der gesamten Familie auszugehen und Musik zu hören. Musiker aus Smyrna brachten einen neuen musikalischen, sehr emotionalen Stil mit, der bald in den Cafés gespielt wurde. Die Musik der Cafés und die Musik der tekés blieben zwar getrennt, aber sie beeinflußten sich wechselseitig, und zehn Jahre nach Ankunft der Flüchtlinge wurde rembetiko zur populären Stadtmusik über die tekés hinaus. 1930 wurde Piräus zum Zentrum des klassischen rembetiko, die ersten Schallplatten wurden aufgenommen. Das alte Viertel von Piräus mit seinen tekés wurde unter der Metaxas-Diktatur niedergerissen, und rembetiko-Musiker begannen, in den Cafés, in denen Frauen wie Männer Musik hören konnten, einen neuen Stil des rembetikos zu spielen, der sich aber erst nach 1940 richtig durchsetzte. Es wurden größere Musikgruppen eingesetzt, mehr Sorten von Instrumenten, die Melodien wurden den westlichen Harmonien angepaßt und Sängerinnen eingesetzt. Es war keine mehr auf Männer beschränkte Musik. Die Cafés wandelten sich zum bouzouki-Club. Zu Leitfiguren des neuen Stils, der ein breites Publikum gewann, wurden so bekannte rembetes wie *Papaioannou*, *Stratos*, *Perpiniadis*, *Vamvakaris*. Am berühmtesten wurde Markos Vamvakaris, der mehrmals im Gefängnis saß und das Leben eines rembetis führte. Die Lizenz für ein eigenes Café wurde ihm von der Polizei verweigert, weil er keine Informationen über Haschisch-Raucher liefern wollte. Vamvakaris spielte zusammen mit anderen rembetes bis zum Krieg in einem der bekanntesten Clubs von Athen. Auch während des Krieges und des Bürgerkrieges arbeiteten die rembetiko-Komponisten weiter. Sie waren in der Widerstandsbewegung nicht aktiv, mit wenigen Ausnahmen wie die Sängerin *Sotiria Bellou*, die sich den Partisanen anschloß.

Die Premierminister werden

Die premierminister werden, sterben auch daran,
Das volk ist hinter ihnen her wegen all des guten, das sie tun.

Unser Kondylis ist tot, Venizelos ist weg,
Und Dermetzis verschwand, als er schon fast am ziel war.

Ich lass mich als kandidat aufstellen und werde premierminister,
Dann kann ich mich fett und faul hinsetzen und essen und trinken.

Dann erhebe ich mich im parlament, da habe ich zu bestimmen,
Ich bringe sie auf die wasserpfeife und mache sie alle bekifft.

Sembekiko. Markos, 1935.

Nach Kriegsende erlebte die rembetiko-Musik noch einmal eine kurze Blütezeit. Der Smyrna-Stil war fast verschwunden. Einige seiner Charakteristika hatte der rembetiko aufgenommen, wie den tsifteteli, den türkischen Bauchtanz, und die Gewohnheit, mit Sängerinnen aufzutreten. Durch *Vassilis Tsitsanis* sind die rembetika erst wirklich populär geworden: er setzte voller klingende Orchester ein, seine Lieder sind sanfter und romantischer als die Lieder der dreißiger Jahre. Er schrieb vor allem Liebeslieder, die die Haschisch- und Gefängnislieder ablösten und sehr erfolgreich wurden, nicht zuletzt, weil *Sotiria Bellou* sie singt, die von allen rembetiko-Sängerinnen die großartigste Stimme hat.

Tsitsanis Musik bereitete den Boden für die danach einsetzende populäre Musik, die rembetiko-Rhythmen, aber europäisch klingende Melodien verwendet, und deren Interpreten wie *Zambetas*, *Marinella* und *Kazantzidis* zu populären Stars werden. Seine Musik gibt auch den Anstoß für die intellektuelle, populäre Musik, die von Theodorakis und Hadjidakis geschaffen wird.

Bouzouki
Mitte der fünfziger Jahre schob sich das bouzouki in den Vordergrund und die rembetika werden zur *bouzouki*-Musik. Es entstanden die Archondorembetes, die »Edel-Rembeten«, die aufgrund ihrer Virtuosität auf dem bouzouki wirklich reich wurden. Der Bekannteste ist *Hiotis*, der als erster seine bouzouki mit einer vierten Saite bespannte und neue Spieltechniken entwickelte. Die meisten Spieler folgten seinem Beispiel und bald gab es überall vier- und achtsaitige bouzoukia, die zudem — analog zur Entwicklung der Gitarre — bald elektrisch betrieben wurden.

Das Bürgertum nahm Besitz von den Clubs — die bekanntesten Athener Clubs jener Zeit waren »Tsitsifies«, »Beim Dicken Jimmy«, »Rossignol«, »Triana« —, die teurer und immer luxuriöser wurden. Retzina, Ouzo und preiswertes Essen wurden durch Whisky, importierte Weine und überteuerte Mahlzeiten ersetzt. Ehemals spontane Beifallsbekundungen für Musiker und Tänzer wurden ritualisiert, wie das Zerschlagen von Tellern und Gläsern, mit denen der moderne Besucher nicht mehr seine Freude über das gute Spiel des bouzouki oder den hervorragenden Tanz ausdrückt, sondern seine »Großzügigkeit« und Wohlhabenheit zur Schau stellt. Der spontane, der augenblicklichen Gemütslage entsprechende Tanz wurde abgelöst durch präzise einstudierte Tänze. Das gilt für den sembetiko, aber auch für den hasapiko, der von Paaren oder drei Männern getanzt wird, die jeweils die gleichen Schritte ausführen. Die Tänzer fingen an, sich neue Schritte auszudenken und sie stundenlang einzuüben. Auf diese Weise entstand auch der heute überall bekannte *sirtaki*. Die bouzouki-Virtuosen erhalten Tausende von Drachmen zugeworfen, damit sie das bestellte Stück, parangelia, spielen. Von den Sängerinnen wird jetzt Erotik erwartet, in Stimme, Aussehen und Auftreten. Um in einem modernen bouzouki-Club — und die guten Musiker spielen nur in solchen — rembetika zu hören, müssen Griechen mit geringem finanziellen Einkommen monatelang sparen. Nur wenige remebetes wie Tsitsanis, Bellou, Papaionannou u.a. versuchen noch den alten Stil zu erhalten. Das Interesse an diesem Stil erwacht erst wieder in den 70er Jahren und hat sich z.T. bis heute erhalten.

Musik ist eine Waffe

Die neue griechische Musik ist nicht zu Unrecht mit zwei Namen verbunden: *Hadjidakis* und *Theodorakis*. Es ist ihr Verdienst, mit der akademischen Tradition gebrochen und dennoch künstlerisch wertvolle Musik geschaffen zu haben, die mehr als eine begrenzte Anzahl von Hörern erreicht. Hadjidakis leitete eine Musikbewegung ein, die mit Theodorakis zum Massenphänomen wurde.

Angesichts des unterdrückten Volkes machte Mikis Theodorakis die Musik zur Waffe: Das Volk habe sich nicht unterworfen, meinte er, und jedem der das Volk verachte, erkläre er den Krieg. »Der Traum, die Hoffnung, der Glau-

Mikis Theodorakis

be sind durch das Lied wertvolle Waffen für den Kampf des Volkes geworden. Wenn unser Volk mit den Wurzeln unserer Tradition in Berührung kommt, mit der Dichtung von Varnalis, Seferis, Ritsos und Elytis, dann wird es ein stolzes Volk.«

Theodorakis vertonte wie Hadjidakis, der durch seine Film- und Bühnenmusik berühmt wurde und als erster Elemente des rembetiko verarbeitete, die Verse berühmter griechischer Poeten. Sie schufen eine völlig neue Musikrichtung, indem sie Elemente westeuropäischer Klassik, der byzantinischen Kirchenmusik, der griechischen Volksmusik und der rembetika mit Schöpfungen der Dichtung miteinander verschmelzen. Mit ihrem umfangreichen Werk haben sie die Grundlage für eine völlig neue Musikkultur gelegt; auch für viele griechische Popgruppen wurde Mikis Theodorakis zum musikalischen und politischen Vorbild. Von Hadjidakis Werken zählen besonders »die Muschel«, »die Vögel« nach der gleichnamigen Komödie von Aristophanes, »das große Liebeslied« nach Gedichten von bekannten Dichtern wie Kavafis und die »Lieder für Lorka« zu den großen Werken zeitgenössischer Musik.

Bereits vor Beginn der 60er Jahre, die einen kulturellen Aufschwung mit sich brachten, suchte Theodorakis nach einem neuen Weg, der zu einer »Kul-

To jelasto pedhi – Der lächelnde Knabe

Itan proi t'Avghustu
konda sti rodhavji
vjika na paro ajera
stin anthizmeni ji.

Vlepo mja kori, klei,
sprachtika thrini,
spase kardhja mu, echathi
to jelasto pedhi

Ichen andrja kje tharos
kj'eonja tha thrino
to pighichto zu vima
to jeljo to ghliko.

//:Anathema tin ora
Katara ti stighmi,
skotosan'i echthri mas
to jelasto pedhi. ://

O, na'tan skotomenos
stu archighu to plai,
kjc mono apo voli
englezo na 'che pai.

kj'apo aperjia pinas
mesa sti filjajkji,
tha 'tan timi mu pu'chasa
to jelasto pedhi.

Vasilikja mu aghapi,
aghapi tha se kleo
ja t'oti ekanes
eonja tha to leo:

//:Jati olus tus echthruz mas
tha ksekanes esi.
Dhoksa, timi st'aksechasto,
to jelasto pedhi ! ://

Vasilikja mu aghapi...

Text: Manos Eleftheriou

Melodie: Mikis Theodorakis

Der lächelnde Knabe - darunter wird heute in Griechenland der demokratische Abgeordnete G.Lambrakis verstanden, der am 22. Mai 1963 durch einen vom Staat gedungenen Faschisten ermordet wurde.
Mikis Theodorakis wurde der erste Vorsitzende der nach diesem Mord gegründeten "Demokratischen Jugend Lambrakis".

Ursprünglich stammt das Lied aus dem Zyklus "Die Geisel" von Brenden Behan, der den Befreiungskampf des irischen Volkes gegen die Engländer beschreibt. In diesem Lied beweint eine junge Frau den Tod des irischen Widerstandskämpfers, den sie geliebt hat.
In Griechenland wird dieses Lied nicht mehr verstanden als Anklage gegen die Engländer, sondern es wird gesungen gegen die Faschisten:

Er war tapfer und anmutig
und jahrhundertelang werde ich
sein süßes Lächeln beklagen.
Verdammt sei die Stunde,
verflucht sei der Augenblick,
in dem die Faschisten den fröhlichen Jungen
umgebracht haben.

tur der Massen« führt. Er fand diesen Weg in der Verbindung der Musik des Volkes, die er für sehr fortgeschritten hält, deren Texte ihm aber zu nichtssagend sind, mit der weltberühmten, modernen griechischen Dichtung, die den anderen Künsten voraus ist. 1958 komponierte er nach Gedichten von Jannis Ritsos den »Epitafios«, einen Liederzyklus, der von Volkssängern gesungen und von einem Volksorchester gespielt wird; das Oratorium »Axion esti« nach Odysseas Elytis, das er 1961 schreibt, hielt er vier Jahre lang zurück, weil er fürchtete, das Publikum würde seine Musik noch nicht annehmen. Das Oratorium setzt bei der Entstehung der griechischen Nation an, beschreibt ihre Geschichte durch die Jahrhunderte, ihre Kämpfe und Leiden. Es ist eine Mischung aus Dichtung und Prosa, die den Komponisten dazu inspirierte, verschiedene musikalische Formen einzusetzen. Ein Chor und ein

Volkssänger treten in Dialog, der wie bei der antiken Tragödie verläuft. Ein Erzähler und ein Kantor für die Hymnen treten auf, ein Symphonieorchester wird mit einem Volksorchester kombiniert und Elemente der Volksmusik mit byzantinischer Musik vereint.

Theodorakis ist auch dafür berühmt, daß er zeitgenössisches Theater und lyrisches Theater in der Brechtschen Manier zusammen mit der Volksmusik gestalten kann. Der erste Versuch in diese Richtung ist das in den frühen 60er Jahren geschriebene »Lied des verstorbenen Bruders«, das Elemente der antiken Tragödie und der Pantomime mit einer zeitgenössischen »Mythologie« vereint. Ort der Handlung ist der Bürgerkrieg, und anhand des Schicksals zweier feindlicher Brüder wird die Spaltung des griechischen Volkes und der Wunsch nach Versöhnung symbolisch dargestellt.

Weitere berühmte Arbeiten, die von Theodorakis vertont wurden, sind das irische Theaterstück »Die Geisel« von Brenden Behan und der »Canto Generale« des chilenischen Dichters Pablo Neruda.

Man nennt mich Georgos, und ich bin ein kleiner Sänger

Die griechischen Komponisten, die sich Theodorakis zum Vorbild nahmen, brachten keine vergleichbaren Werke hervor. Viele erlagen der Versuchung, fremde Musik-Elemente unkontrolliert zusammenzustellen und unkritisch folkloristische Elemente zu übernehmen, was zwar Musik-Idole schafft und große kommerzielle Erfolge bringt, aber den Liedern keinen künstlerischen Wert verleiht. Die Schallplattenfirmen und Kassettenindustrie fördern diese populäre Musik, die in der Regel mit folgendem Klischee arbeitet: In einem Arbeiterviertel lebt ein armer, aber ehrlicher Arbeiter und liebt ein armes, aber schönes Mädchen, das er trotz aller Schwierigkeiten zum Schluß bekommt, womit sich auch alle sozialen Probleme auflösen. Diese Story wird von einem bekannten Sänger gesungen und von bouzouki-Klängen untermalt.

In den 60er Jahren förderte Hadjidakis in Reaktion auf die Kommerzialisierung eine Reihe junger Musiker, die ihre Lieder ausschließlich auf einer Gitarre begleiten und mit sanfter Stimme vortragen, darunter viele Frauen. Diese Musikrichtung ging in die Ära der neuen Musik als *»Neo Kyma«*, »Neue Welle«, ein. Die Texte dieser Lieder beschreiben soziale Konflikte, sprechen politische Probleme an und verurteilen den Krieg, andere sprechen von Gefühlen, von Liebe und sind teilweise sehr romantisch. Wesentlich zur Entwicklung der »Neuen Welle« trug der bekannte klassische Gitarrist und Komponist *Notis Mavroudis* bei, der sich seit 1963 intensiv mit griechischer Musik beschäftigt. *Arletta* und *Chomata* sind die beiden bekanntesten Interpretinnen der »Neuen Welle«. Aber es gab nur wenige Liedermacher, die aus dem Klima des Epigonentums ausbrechen konnten. Einer davon ist der Komponist *Stavros Xarhakos*, der sich in seiner Musik stark an Theodorakis anlehnt. Seine Lieder wurden während der Diktatur populär, weil seine Liedertexte in verschlüsselter Form gegen die Unterdrückung Stellung nehmen. Bekannt wurde auch der Komponist *Jannis Markopoulos*, dessen Musik Elemente des Volksliedes enthält und der zusammen mit dem verstorbenen Interpreten *Nikos Xilouris* die kretischen Volkslieder (Mantinades) wiederbelebte. Die Junta ließ mehrmals die boites schließen, in denen Xilouris die Lieder von Markopoulos sang.

Manos Loisos, ein Schüler von Theodorakis, schreibt überwiegend politische Lieder, wie die »Straßenlieder«, die musikalisch kaum griechische Elemente enthalten. Während der Diktatatur schrieb er die »Ameise«, eine Parodie auf die Macht der Junta im Rhythmus eines Militärmarsches. Ende der 60er Jahre begann *Loukianos Kilaidonis* zu komponieren. Seine Texte schreibt er selber, über seine Lebenserfahrungen, die unmenschliche Stadt Athen und ihre Bürger. Seine Texte sind kritisch, humorvoll und spöttisch. Seine Musik ist eine Mischung aus Volksmusik, Walzer, Tango und Marsch. Er schreibt die Musik für politische Revuen und Satiren und hat die beiden Filme von *Angelopoulos* »Die Wanderschauspieler« und »Die Jäger« musikalisch gestaltet.

Der bedeutendste Komponist und Liedermacher der »Neuen Welle« ist *Dionyssis Savopoulos*, der seine Karriere in den 60er Jahren begann. Seine erste Schallplatte hieß der »Lastwagen«. Er benutzt Elemente der Ballade, der Volksmusik, der rembetika, aber auch der Rockmusik. Savopoulos, selber einst in der Studentenbewegung aktiv, fängt in seinen Versen die Lebenshaltung und die Gefühle der Jugend ein; er stellt alles in Frage, die staatlichen Institutionen, die herrschende Ideologie, die dogmatischen Formen der Politik.

Weitaus größere Popularität genießt der griechische Interpret *Georgos Dalaras*, der vor mehr als einem Jahrzehnt seine Karriere begann. Seine Lieder stehen in der Tradition der Volksmusik und der rembetika, die durch moderne Stilelemente ergänzt und verändert werden. Dalaras' Beliebtheit kennt keine ideologischen und sozialen Grenzen. Mit einem Wohltätigkeitskonzert füllte er 1983 an zwei Abenden hintereinander das mit 90.000 Plätzen ausgestattete Athener Olympia-Stadion bis in die hinterste Reihe. Seine Lieder haben politisch-historische Inhalte, beschreiben das griechische Alltagsleben und empfinden das Lebensgefühl der Griechen von heute nach. In den letzten Jahren wurde seine Musik jedoch zunehmend kommerzialisiert und verflachte.

Auch die griechischen Rockmusiker lassen sich von Rhythmen der Volksmusik inspirieren, bevorzugen aber den internationalen Stil. Viele zieht es ins Ausland, da die Arbeitsmöglichkeiten für Rockmusiker in Griechenland nicht sehr groß sind. Die Rockgruppen spielen meist nur einige Monate zusammen und lösen sich dann auf, da es ihnen an einer festen Beschäftigung in einem Club fehlt. Die international bekannteste Rockgruppe aus Griechenland ist »Aphrodites Child«, die im Sommer 1968 mit »Rain and Tears« ihren größten Hit landete, sich 1970 allerdings trennte. Mitglieder der Gruppe wie *Demis Roussos* und *Vangelis* wurden als Solisten bekannt.

Seit einiger Zeit drängt die griechische Rockmusik wieder verstärkt in den heimischen Plattenmarkt. Mit Texten, die sozialen und politischen Konfliktstoff verarbeiten, und mit Kompositionen, in denen traditionelle Elemente der griechischen Musik in Rockelemente einfließen, haben junge Musiker zunehmend Erfolg. Die Brüder *Charis* und *Panos Chatzimichas,* die 1985 zusammen mit Georgos Dalaras auch hier bei uns einige Konzerte veranstalteten, sind durch ihre Schallplatte *»Sesta Bota«* (Heiße Getränke) die bekanntesten der neuen Rockinterpreten. In ihren Liedern greifen sie die Drogenproblematik, die gesellschaftlichen Randgruppen, die fehlende Mitmenschlichkeit und die Härten des großstädtischen Lebens in Griechenland von heute auf.

Über Athen hinaus bekannt sind auch die Sängerinnen *Tania Tsanaklidou,* die in ihren Liedern den Kampf der Frauen in der griechischen Männergesellschaft und die Probleme der jungen Generation thematisiert, *Chari Alexiou* und *Dimitra Galani,* die beide in eher musikalisch vereinfachtem Stil — Betonung der Melodie — alte Volksweisen interpretieren.

Eine Mischung von musikalischer Revue und politischem Kabarett sind die Darbietungen des Satirikers *Hari Klin,* dem Ende der 70er Jahre der Durchbruch gelang. Er parodiert die kleinen und großen Probleme des alltäglichen Lebens in Griechenland, die Schwächen und Nöte der Bevölkerung und rechnet mit den führenden Politikern aller Parteien auf ironische Weise ab. In den letzten Jahren haben seine Ideen allerdings an Originalität und politischer Schärfe erheblich verloren.

Theater

In der Sommersaison des griechischen Theaters, die von Juni bis September dauert, finden in ganz Griechenland Theatervorstellungen unter freiem Himmel statt. Es werden vor allem Theaterstücke des wiederbelebten antiken Theaters gespielt und griechisches Volkstheater, während moderne, gesellschaftskritische Stücke meist der Wintersaison vorbehalten bleiben, die im September beginnt, eine Woche nach Ostern endet und sich zu 90% in Athen abspielt.

Abgesehen von drei staatlichen Theatern, von denen jedes keine hundert Schauspieler beschäftigt, sind die griechischen Theaterensembles Privatunternehmen, die sich ihre Truppe zu Beginn jeder Saison neu zusammenstellen. Der Schauspielerverband handelt mit der »Vereinigung freies Theater«, in der Theaterleiter und Theaterbesitzer organisiert sind, die Mindestnormen der Arbeitsbedingungen für die Schauspieler aus. Ein Schauspieler muß in der Woche bis zu neun Vorstellungen geben und täglich fünf Stunden an der Probe teilnehmen. Ein Sonderfonds sichert die ärztliche Versorgung der Schauspieler und eine kümmerliche Rente. Seit 1974 bilden Körperschaften aus dem Bereich Theater, Film, Musik und Fernsehen die gewerkschaftliche

Antikes Theater in moderner Form

Organisation »Verband Sehen und Hören«. Ohne eine vor einer staatlichen Kommission abgelegte Prüfung darf kein Schauspieler am Theater arbeiten. Neben zwei Schauspielschulen der staatlichen Theater gibt es ca. 40 private Schulen, die überwiegend einen schlechten Ruf haben, was die Ausbildung betrifft. An der Universität gibt es keinen einzigen Lehrstuhl für Theater.

Satiren und Dramen

Eine Mischung aus Elementen des französischen Boulevardstückes und Kabarett ist die Revue — eine aktuelle, personenbezogene, politische Satire mit frivolen Versen, die bis heute zu den beliebtesten Theaterformen Griechenlands gehört und das zahlreichste Publikum hat.

Die übersetzten, europäischen Werke finden nur ein kleines, »gebildetes« Publikum und sind wenig erfolgreich. Die breite Masse des Publikums will das tägliche Leben des Durchschnittsgriechen sehen, wie es das aus den Komödien kennt. Das Drama, auch wenn es sich am europäischen Vorbild orientiert, muß auf volkstümliche Elemente zurückgreifen. Der in den 50er Jahren bekannt werdende *Iakovos Kambanellis* gilt als der Schöpfer der modernen griechischen Dramaturgie mit neuer Technik und Dramatik. Er zeigt die Welt des benachteiligten, vernachlässigten und unterdrückten Menschen. Weitere bekannte Dramatiker sind D. Kechaidis (Der große Spaziergang, Das Volksfest), M. Evthymiadis (Die Beschützer), P. Markaris (Die Geschichte des Ali Renzo), M. Pontikas (Zuschauer), G. Dialegmenos (Moment mal, wir haben die Tante verloren) und G. Maniotis (Die allgemeine Logik, Der Sündenpfuhl). Viele der neuen Stücke werden im *Theatron technis*, dem Theater der Kunst des *Karolos Koun*, der sich auch hierzulande einen Namen gemacht hat und im Februar 1987 verstarb, uraufgeführt. Durch das Theater der Kunst sind z.B. auch Stücke von Ionesco und Beckett in Griechenland bekannt geworden. Das Theater hat eine eigene Regisseur- und Schauspielschule, die seit Jahren hervorragende Schauspieler ausbildet. Das Ensemble ist auch durch seine moderne Inszenierung antiker Theaterstücke bekannt geworden.

Die Renaissance des antiken Theaters

Seit 1955 finden jedes Jahr an den Wochenenden im Juli und August die *Epidavreia* statt. Im antiken Theater von Epidauros werden vom Nationaltheater, vom Staatstheater Nordgriechenlands und von dem Theater der Kunst antike Tragödien und Komödien aufgeführt.

Die altgriechische Tragödie und Komödie in neugriechischer Übersetzung werden ebenfalls vom Juli bis September im Rahmen der Athener Festspiele im Odeon des Herodes Atticus und auf der Freilichtbühne des Lykabettos-Theaters gezeigt, an denen auch private Theaterensembles aus Griechenland sowie viele ausländische Theatergruppen teilnehmen. Das Festival des antiken Dramas findet im antiken Theater von Philippi (nahe bei Kavala) und auf Thassos statt, und im August gastiert das Nationaltheater im antiken Theater von Dodoni in Epiros. (Festspielpläne sind vor Ort in jedem Büro der staatlichen griechischen Tourismusorganisation erhältlich.)

Provinz- und Stadtteiltheater

Bewohner kleinerer Städte und Landbewohner haben selten Gelegenheit, Theatervorführungen zu sehen. Für künstlerische Aktivitäten auf dem Lande soll die staatliche, erst 1976 gegründete Theaterorganisation »Wagen der Thespis« mit Kindertheater, Schatten- und Puppentheater, Filmvorführungen, Musikveranstaltungen und Kunstausstellungen sorgen. Der Staat subventioniert seit 1974 auch private Initiativen von Theater- und Musikgruppen, die aus politischem Engagement, aber auch wegen der hohen Arbeitslosigkeit von jungen Künstlern, ländliche Gebiete im Sommer bereisen. Diese Initiativen rühren in besonderem Maß aus der Zeit der Militärdiktatur und knüpfen dabei an das »Volkstheater der Berge« aus den 40er Jahren an. Während der Besatzungszeit schlossen sich kleine Gruppen unter der Leitung des Dichters V. Rotas und des Schriftstellers G. Stavrou zu wandernden Theaterensembles zusammen und spielten mit Unterstützung von Amateuren für die Partisanengruppen Stücke mit aktueller Problematik. Das »Theater der Berge« entwickelte sich im Rahmen der Förderung der Volkskultur in den befreiten Gebieten und war für seine Zeit in der Thematik und in der Form sehr fortschrittlich. Als sein Initiator und Schöpfer gilt G. Kotzioulas.

Seit 1975 bereist die Gruppe »Desmoi« unter der Leitung von Aspassia Papathanassiou die griechische Provinz und die Stadtteile und Arbeiterviertel von Athen mit antiken und modernen griechischen Stücken. Diese Gruppe macht die antike Tragödie populär, indem sie bei den Vorstellungen Alltagssprache und schlichte Kleidung benutzt und dem Publikum vor der Vorstellung die Rolle jedes einzelnen Schauspielers im Stück erklärt.

Weitere Theater, die intensive Arbeit in der Provinz leisten, sind das »Thessalische Theater« in Larissa, das »Kykladen-Theater«, die »Kretische Theatergesellschaft«, das »Epiros-Theater«, das »Peloponnes-Theater« und der »Theaterclub Volos«. In den Athener Stadtteilen wird ebenfalls dezentrale Theaterarbeit geleistet. Kleine Theatergruppen führen neugriechische, experimentelle Stücke auf, wie das »Theater der Forschung«, das »Stoa-Theater«, das »Offene Theater«, das »Kaisariani-Theater«, das »Piräus-Theater«, das »Kleine Theater«.

In den letzten Jahren wächst die Initiative von Frauen, Theater von und für Frauen zu machen. Den Anstoß dazu gaben *Aliki Georgouli* und *Eva Kotamanidou*, zwei aus den Filmen von Angellopoulos bekannte Schauspielerinnen. Sie bauten ein altes Lager in eine Theaterbühne um und führten dort das Stück »Immer im Bett, zuhause oder in der Kirche« von Franka Rame und Dario Fo auf. Andere in der Frauenbewegung engagierte Schauspielerinnen haben die Anregung aufgegriffen, wie im Stoa-Theater mit dem Stück »Zimmerpflanze«, das die Einsamkeit der griechischen Frau in der ihr aufgezwungenen Rolle darstellt, oder das Anti-Theater mit einer Zusammenstellung von Gedichten der modernen griechischen Dichterin Katerina Gogon mit Passagen aus dem Buch von Simone de Beauvoir »Der Monolog einer Frau«.

Das Schattentheater des Karagiosis

Eine etwas ausgefallene Form des Theaters mit volkstümlicher Tradition ist das griechische Schattentheater. Es hatte seine Blütezeit im 19. Jahrhundert und erfreut sich heute noch großer Beliebtheit in den Vorstädten, auf dem Lande und bei den Intellektuellen.

Die witzige Hauptfigur des griechischen Schattentheaters, nach dem es auch benannt ist, ist der *Karagiosis*, ein Lumpenprolet, der keine Lust zum Arbeiten hat, auf Kosten anderer leben möchte und jeden zu überlisten sucht, was er jedoch so gut wie nie schafft, weswegen er zum Schluß auch stets verprügelt wird. Die Stücke spielen zwar immer zur Zeit der türkischen Herrschaft, beziehen aber sowohl Figuren aus der Antike wie Alexander den Grossen als auch Figuren aus der Gegenwart oder jüngsten Geschichte mit ein. Je nachdem, welche sozialen Fragen oder aktuellen Ereignisse gerade im Vordergrund stehen, kann der Karagiosis ein Atheist, ein Diener, Hotelier, Bäkker oder Bräutigam sein. In den letzten Jahren trifft man ihn auch als Emigranten oder Gastarbeiter an, da sich die griechischen Vereine im Ausland bemühen, die Probleme ihrer Landsleute auf volkstümliche Weise aufzugreifen.

Die Geschichte des Schattentheaters wird folgendermaßen erzählt: Karagiosis ist ein Tischler in Kleinasien, den der Bauunternehmer Chatziavatis als Vorarbeiter bei dem Bau des Serails des Paschas einsetzt. Durch seine Witze bringt Karagiosis die anderen Bauarbeiter andauernd zum Lachen, so daß sich die Bauarbeiten sehr verzögern. Weil der Karagiosis nicht bereit ist, mit seinen Witzen aufzuhören, läßt ihn der Pascha endlich töten. Das Volk ist aufgebracht und zu seiner Beruhigung läßt der Pascha ein Denkmal zu Ehren des Karagiosis bauen. Wegen seiner Ungerechtigkeit wird der Pascha mit Krankheit gestraft. Um aber die Stimmung des kranken Paschas aufzuheitern, erzählt ihm Chatziavatis die Witze des toten Karagiosis. Er schneidet dafür die Figur des Karagiosis aus Pappe aus und führt dem Pascha das erste Schattentheater vor.

Weitere Vorstellungen von Chatziavatis sieht der Grieche Brachalis, der diese Kunst von Kleinasien nach Griechenland einführt, wo er zunächst in kafenia spielt. Einige seiner Zuschauer denken sich neue Witze aus und verbreiten das Schattentheater über das ganze Land. In jedem Stadtteil von Athen und Piräus, aber auch in der Provinz finden Karagiosis-Vorstellungen statt,

Sirina

Karagiosis

Katsadonis

die von Tausenden besucht werden. 1924 wird von 120 Mitgliedern der erste Verband der Schattentheaterspieler gegründet.

Am Anfang ist die Ausstattung für eine Vorstellung so einfach, daß sie in einem Koffer transportiert werden kann — zwei Meter weißer Stoff, zehn bis fünfzehn Figuren, die Hütte des Karagiosis aus Pappe ausgeschnitten, vier Öllampen, die hinter dem gespannten Tuch aufgestellt werden. Hinter dem Tuch steht der Karagiosis-Spieler und bewegt die Figuren an Schnüren. Spätere Spieler erweitern die Ausstattung, die Bühne wird größer, die Requisiten vielfältiger, es kommen Berge und Bäume hinzu, die Figuren werden geschnitzt und bekommen Aussparungen, damit man sie gut voneinander unterscheiden kann. Heute werden um die tausend verschiedene Figuren für die vielen Kurzgeschichten eingesetzt. Der Karagiosis hat mittlerweile eine Familie, selbst der Schöpfer Chatziavatis ist zu einer Figur geworden, die mitspielt.

Seit 1923 werden die Figuren aus Leder gefertigt. Das Leder wird auf einen Holzrahmen gespannt, und wenn es ausgetrocknet ist, wird die Figur herausgeschnitten. Dann wird sie mit Glas solange geschabt, bis sie ganz durchsichtig ist. Mit Tusche wird die Kleidung aufgemalt, die Farben sollen durchscheinen. Heute wird die Bühne elektrisch beleuchtet und die Figuren haben eine Sprungfeder, die sie beweglicher macht.

Der Karagiosis-Spieler spricht selber den Text und muß entsprechend seine Stimme variieren. Für die Geräusche sind seine Helfer zuständig. Der Sänger, der früher für die Vorstellung unentbehrlich war, kommt heute vom Tonband. Jede Vorstellung wird durch die Karagiosis-Musik im Rhythmus eines hasapiko eingeleitet. Es bleibt dem Karagiosis-Spieler überlassen, wer der Hauptschurke des Stückes ist, aber der Karagiosis bleibt immer der Unterdrückte, der ständig geprügelt wird.

Kolokotronis

Kino

Wenn der Sommer kommt, schließen die älteren Filmtheater, soweit sie über keine Klimaanlage verfügen, und die Freilichtkinos eröffnen. Abends gibt es meist zwei Vorstellungen, aber Einlaß ist jederzeit während der Vorstellung, und jeder kann bleiben bis das Kino schließt.

Der weitaus überwiegende Teil der gezeigten Filme ist aus anderen Ländern importiert und wird in Originalfassung mit giechischen Untertiteln gezeigt. Während die Provinzkinos und die Kinos in den touristischen Zentren meist ausländische Kassenschlager und griechische Komödien zeigen, wächst in Athen die Nachfrage nach inhaltlich anspruchsvolleren Filmen. So wurden in der letzten Zeit z.B. mehrere Filme des deutschen Filmemachers Fassbinder (Die Ehe der Maria Braun) und des türkischen Regisseurs Yilmaz Güney (Yol — Der Weg) gezeigt, die besonders bei der jüngeren Generation Anklang fanden.

Filme der Nachkriegszeit

Der griechische Film entstand eigentlich erst nach dem Zweiten Weltkrieg. In der Vorkriegszeit reichten die finanziellen Möglichkeiten für griechische Filmproduktionen selten aus.

Während der Besatzungszeit erschien 1943 der Film »Die Stimme des Herzens«, mit der Unterstützung von *F. Finos* gedreht, der zum wichtigsten Produzenten der Nachkriegszeit wurde. Finos wurde Anfang 1944 von den Deutschen verhaftet, nachdem sein Film äußerst erfolgreich angelaufen war. Gegen Ende der Besatzungszeit machte sich auch der Regisseur *G. Tzavellas* einen Namen, der später, Anfang der 60er Jahre, für seine Filme Preise in internationalen Filmwettbewerben erhielt.

Die Filme der Nachkriegszeit sind von der Politik der siegreichen Konservativen geprägt, die »Gesetze gegen die Wiederbelebung der politischen Leidenschaft« erlassen, nach denen jede Äußerung verboten ist, die in irgendeinem Zusammenhang mit der griechischen Résistance oder dem Bürgerkrieg steht — so sind Widerstandslieder verboten; Feste, mit denen der Gründung der EAM gedacht wird; Flugblätter und Veröffentlichungen etc.
Bekannte Regisseure dieser Zeit sind:

■ *Grigoriou* — er gilt als Vater des Neorealismus in Griechenland. Sein Film »Bitteres Brot« erzielte wie seine folgenden neorealistischen Filme Anerkennung, aber keinen kommerziellen Erfolg.

■ *Koundouros* — er verbrachte die ersten Jahre aufgrund seiner politischen Einstellung in der Verbannung auf Makronissos. Um die Zensur zu umgehen, benutzte er in seinen Filmen Symbole, die den politischen Gehalt verschlüsseln.

Koundouros drehte 1952 kurz nach seiner Rückkehr von der Exilinsel Makronissos die »Magische Stadt«. An der Spitze der Regisseure seiner Zeit stellte ihn der 1956 gedrehte Film »Der Drache« nach einem Drehbuch des bekannten Autors Kambanellis und mit der Musik von *Hadjidakis*. Für seinen Film der »Fluß« erhielt Koundouros 1960 auf dem Filmfestival in Saloniki den ersten Regiepreis.

■ *Kakojannis* — er betrat 1954 die griechische Filmszene und schaffte es auf Anhieb den griechischen Film international bekannt zu machen. Sein 1955 gedrehter Film »Stella« mit *Melina Mercouri* in der Hauptrolle wurde auf dem Festival in Cannes aufgeführt. Kakojannis greift in seinen Filmen Fragen der Frauenemanzipation, der kleinbürgerlichen Strukturen des Großstadtlebens und darin enthaltener zweifelhafter Vergnügungen auf. 1959 wurde der von *J. Dassin* mit Melina Mercouri gedrehte Film »Sonntags nie — Pote tin Kyriaki« ein Welterfolg; 1962 errang die Schauspielerin Irene Pappas in seiner Verfilmung der griechischen Tragödie »Elektra« internationalen Ruhm. 1964 drehte Kakojannis »Alexis Sorbas«.

Das kommerzielle Kino griff in den 50er Jahren die Wünsche der Bevölkerung nach sozialem Aufstieg auf — die Träume des armen Mädchens von der großen Liebe und der Traum vom leichten Geldverdienen. Es war die hohe Zeit des Melodramas, wie man bereits an den Titeln erkennt: »Die, die nicht lieben dürfen«, »Mutter im Sumpf«, »Seitensprung einer Unschuldigen«, »Für die Liebe eines Waisen« usw.

Parallel zum Melodram entwickelte sich die Komödie zur sogenannten »Farce-Komödie«, der Burleske. In diesem Genre wird 1954 *Aliki Vougiouklaki* bekannt, eine Schauspielerin, die in der Rolle des »lieben Kätzchens« zwanzig Jahre lang Top-Star des griechischen Kinos blieb.

In diesem Jahrzehnt blühte auch das sogenannte »Kino der Fustanella« auf. (Fustanella ist der kurze weiße Rock, ein Bestandteil der Nationaltracht im zentralen Griechenland bis zum Anfang des 20. Jahrhunderts, der heute nur noch von der Nationalgarde getragen wird.) Diese Filme entfernen sich mit romantischen und sentimentalen Themen von der sozialen Wirklichkeit Griechenlands (Der Liebhaber des Hirtenmädchens).

Die Jungfilmer

Während in den 60er Jahren die Kinos von einer Welle kommerzieller Filme überschwemmt wurden, zeichnete sich gleichzeitig eine neue Entwicklung ab. Der Film »Der Stadtteil Traum« (1961) des Schauspielers *Alexandrakis* wurde, obwohl er vom üblichen Klischee abwich, zum Publikumserfolg. Die Hauptpersonen des Films sind Lumpenproletarier, die vom reichen Leben träumen, vom »Weg nach oben« auf Kosten anderer und vom leichten Gewinn. Die Aufführung wurde zunächst verboten und erst nach starken Protesten wieder erlaubt.

In diesen Jahren institutionalisierte sich auch das Filmfestival von Saloniki und wurde immer mehr zum Experimentierfeld der Jungfilmer, obwohl es staatlich betrieben wird und stark reglementiert ist. So wurde z.B. der Kurzfilm »Deine Augenlider glänzen« nicht zum Festival zugelassen, da er sich auf zwei rembetika stützt und *rembetika* als sittenwidrig galten.

1963 wurde der Kurzfilm »Die hundert Stunden des Mai« von D. Theos und F. Lambrinos gedreht. Er handelt von der Ermordung des linken Abgeordneten Lambrakis durch faschistische Gruppen mit Unterstützung der Polizei. Es ist dasselbe Thema, das auch dem später von *Costas Gavras* gedrehten Film »Z« zugrunde liegt. Grundlage des Film bilden authentische Aufnahmen vor Ort, die von einer Gruppe der »Union der Techniker des griechischen Kinos« zufällig vor und nach dem Mordanschlag gezielt gemacht wurden. Der Film wurde verboten und konnte erst 1974 öffentlich in Griechenland aufgeführt werden.

Mit dem Militärputsch 1967 wurde die Möglichkeit, ein fortschrittliches Kino zu entwickeln, jäh unterbrochen; viele junge Regisseure emigrierten ins Ausland, schwiegen oder paßten sich an.

Ein bedeutender Film wurde im Jahr des Putsches gedreht. »Kierion« von D. Theos, der die Untersuchung eines politischen Mordes zum Thema hat. Der Film wurde von der Junta verboten, aber wiederholt im dritten Programm der ARD in der Bundesrepublik gezeigt. Während der Diktatur beherrschte das kommerzielle Kino den Filmmarkt, und auf den Festivals wurden Kriegs- und Propagandafilme gezeigt.

Das neue griechische Kino

Nach dem Zusammenbruch der Diktatur 1974 war der Nachholbedarf an politischer und kultureller Betätigung groß, auch das »Neue Griechische Kino« blühte auf. Das kommerzielle Kino hingegen, von der Konkurrenz des Fernsehens hart bedrängt, beschränkte sich jetzt fast ausschließlich auf Porno-Filme. Nur der Volkskomiker und Regisseur *Vengos* füllte immer wieder die Kinosäle. Der »Neue Griechische Film« erschloß sich dagegen ein neues Publikum. Die Filme wurden auf den Veranstaltungen der Clubs, Gewerkschaften und Studentenvereine gespielt. Die Gruppe »Kino« zog mit ihrem Dokumentarfilm »Verfilmte Tatsachen des Jahres 73« durch das Land und erreichte 140.000 Zuschauer.

Die meisten Filme des »Neuen Griechischen Kinos«, die in den ersten Jahren nach der Diktatur erschienen, wurden ganz oder teilweise während der Diktatur gedreht. Es waren politische Filme, die illegal gedreht und ins Ausland geschmuggelt wurden, wie der 1973 entstandene Film »Megara«, von *Maniatis* und *Tsemperopoulos* über den Widerstand der Bauern in Megara, deren Land enteignet werden sollte, weil der Großbankier Andreadis dort eine Raffinerie errichten will. Eine Gruppe junger Filmemacher stellte Material über Protestaktionen während der Diktatur wie Massenkundgebungen, Streiks und den Aufstand im Athener Polytechnikum zusammen, über die während der Diktatur und auch danach von offizieller Seite nie berichtet wurde. Der Film unter dem Titel »Der Kampf« (1975) erhielt den zweiten Preis

Szene aus dem Film »Alexander der Große«

beim Festival in Thessaloniki und wurde nur ein paar Tage von kommerziellen Trägern vorgeführt, danach erreichte er ein breites Publikum über die Studentenvereine und politischen Organisationen.

Als einer der wichtigsten Filme des »Neuen Griechischen Kinos« gilt der Film »Aus unbedeutendem Anlaß« (1975) von *Psarras,* der auf tatsächlichen Vorfällen beruht. Der Film schildert den Versuch von Tabakarbeitern, in einem Dorf in Makedonien eine Genossenschaft zu organisieren. Er beleuchtet die Probleme, an denen sie scheitern, und welche politische Atmosphäre sich in den ersten Jahren nach dem Bürgerkrieg verbreitet. Zum Film des Jahres 1975 wurde jedoch der Film »Die Wanderschauspieler« von *Theo Angelopoulos.* Der Film wurde mit vielen Preisen ausgezeichnet, auch wenn die griechische Regierung sich weigerte, Griechenland auf dem Filmfestival in Cannes durch diesen Film vertreten zu lassen. Der Film setzt sich mit einem Zeitabschnitt der griechischen Geschichte auseinander, der immer noch als Tabu gilt: die Metaxas-Diktatur, die Zeit der Besatzung, die Hungerkatastrophe und Aufnahme des Widerstandskampfes, der Bürgerkrieg, die Niederlage der linken Kräfte und die »Normalisierung« durch den rechten Terror. »Die Wanderschauspieler« ist der erste Film des »Neuen Griechischen Films«, der ein kommerzieller Erfolg wurde.

1977 organisierten die Verbände der Regisseure und Kinofachleute ein Gegenfestival zum offiziellen Filmfestival aus Protest gegenüber einer Reihe von Veränderungen, die das zuständige Ministerium vornahm, wie z.B. bei den Auswahlkriterien für das Komitee der Kritiker. Dieses sogenannte »unabhängige Festival« konnte sich jedoch auf Dauer nicht etablieren, da die Regisseure auf die Geldpreise der staatlichen Veranstalter angewiesen sind.

Aufsehen erregte 1977 wieder Angelopoulos mit seinem Film »Die Jäger«, dem dritten Teil seiner Auseinandersetzung mit der jüngsten griechischen Geschichte. Der Film zeigt, wie die Oberschicht die Jahre des Bürgerkriegs und die Jahre darauf erlebt, in ständiger Furcht vor dem bewaffneten Volk. In seinem Film »Alexander der Große«, der 1980 in Venedig mit dem goldenen Löwen ausgezeichnet wurde, rechnet Angelopoulos mit den historischen Führergestalten ab. Es ist die Auseinandersetzung mit den stalinistischen Zügen des revolutionären Kampfes. 1987 wurde sein Film »Der Bienenzüchter« — der auch in der Bundesrepublik vorgeführt wird — bei den Filmfestspielen in Cannes ausgezeichnet. 1980 hatte der Film »Der Mann mit der Nelke« von *N. Tzimas* einen ernomen Erfolg. Er zeigt den Justizmord an dem Kommunisten Belojannis aus dem Jahre 1952 in Form eines Melodramas.

Der Mann mit der Nelke (Picasso)

Der international bekannteste Film der letzten Jahre ist jedoch »Rembetiko« von *K. Ferris*. Er wurde 1983 mit dem ersten Preis des Filmfestivals in Saloniki ausgezeichnet und füllt bis heute in Griechenland und in der Bundesrepublik die Kinosäle. 1984 erhielt er den Silbernen Bären der Berliner Filmfestspiele. Anhand der tragischen Lebensgeschichte der legendären Rembetikosängerin Marika wird das Elend, die grenzenlose Not und die ausweglose Hoffnungslosigkeit der kleinasiatischen Flüchtlinge in den Slums von Piräus geschildert.

Wichtige Fortschritte machen in den letzten Jahren auch die Kurzfilme junger Regisseure, die sich mit aktuellen sozialen Fragen auseinandersetzen. Sie sind zunehmend auch auf Filmfestspielen im Ausland wie z.B. der Berlinale vertreten. Trotz aller Erfolge steckt das Neue Griechische Kino noch immer in den Kinderschuhen, da es an finanziellen Mitteln und mehr Förderung von staatlicher Seite aus fehlt.

Auch fällt es dem griechischen Kino immer schwerer, gegenüber dem Fernsehen und dem expandierenden Video-Markt die Gunst des Publikums zu erlangen. Fast schon in jedem kleineren Dorf gibt es eine Videothek mit meist amerikanischen Actionfilmen. Die Video-Welle hat Griechenland in den letzten zwei Jahren explosionsartig überrollt. Das Videogerät wird zum neuen Statussymbol von Wohlstand und bedroht damit nicht nur die Existenz des Kinos, sondern auch das für Griechenland typische gesellschaftliche Zusammensein in Dorfgemeinschaft, Nachbarschaft oder in der Familie.

Medien

Das Athener Pressewesen

In Griechenland erscheinen gegenwärtig rund 1.650 Zeitungen und Zeitschriften aller Art. Die Tagespresse befaßt sich im wesentlichen mit politischen Themen, die sich um spezielle griechische Interessen drehen. Es ist eine ihrer Tendenz nach parteipolitische Presse, die weniger durch Analysen und Informationen zur Meinungsbildung beiträgt als durch Tendenzberichte und vorgefaßte Kommentare. Was in der übrigen Welt passiert, erfahren griechische Leserinnen nur, wenn aus ausländischen Zeitungen Artikel abgeschrieben oder von ausländischen Agenturen Nachrichten übernommen werden. Magazine wie bei uns »Der Stern« oder »Der Spiegel« gibt es in Griechenland nicht.

Die Auflagenhöhen der Zeitschriften und Zeitungen sind gering und die kleinen Verlage — es gibt nur einen größeren Verlag, der Lambrakis-Konzern, können sich nur mit staatlichen Krediten über Wasser halten. Ein großer Teil der Journalisten lebt davon, daß sie gleichzeitig einen Posten beim Staat haben. Diese direkte Abhängigkeit der Verleger und Journalisten vom Staat (was sich auch in einem häufigen Richtungswechsel der Zeitschriften in der Geschichte ihrer Existenz niederschlug) macht sie vielen Lesern suspekt, und sie glauben nicht vieles von dem, was in den Zeitungen steht.

Heute spielen im griechischen Pressewesen zwei Vereinigungen eine wichtige Rolle. Es sind der Verlegerverein und der Journalistenverband.

■ Dem Verlegerverein gehören die 12 großen Tageszeitungen Athens an.

Mitglied werden kann jede Zeitung ab dem ersten Tag ihres Erscheinens, sofern sie in Athen erscheint und eine politische Tageszeitung ist. Die Mitglieder wählen alle zwei Jahre einen Präsidenten, einen Generalsekretär und einen Schatzmeister. Der Verein steht mit der Regierung, dem Journalistenverband, dem Arbeitgeberverband der Drucker u.a in Verhandlungen über Löhne, Gehälter oder z.B. über neue Gesetzesentwürfe zum Pressewesen.

■ Daneben gibt es den Journalistenverband, der die Privilegien seiner Mitglieder wie eine Zunft verteidigt. Er hat etwa 800 Mitglieder und die Aufnahme in diese »Geschlossene Gesellschaft« ist ein komplizierter und langwieriger Prozeß. In der Regel ist die Voraussetzung ein abgeschlossenes Hochschulstudium. Hat man dies nicht, muß man mindestens fünf Jahre als Journalist gearbeitet haben, um dann nach einer Prüfung beim Verband Vor-Mitglied und erst nach sieben Jahren Vollmitglied zu werden. Mit einem Universitätsdiplom verkürzt sich der Zeitraum auf drei und fünf Jahre. Dabei darf die Altersgrenze von 40 Jahren nicht überschritten werden. Für die Mitglieder ergeben sich zahlreiche finanzielle Vergünstigungen, da alle zwischen Regierung, dem Verlegerverein, dem Arbeitgeberverband der Drucker, dem Journalistenverband u.a. ausgehandelten Verträge automatisch für sie gelten. Besonders die Altersversorgung ist gut geregelt; sie wird durch Mitgliederbeiträge finanziert.

Die Journalisten, die keine Mitglieder des Verbandes sind, haben z.T. erhebliche Nachteile, d.h., sie werden in erster Linie schlechter bezahlt, bekommen weniger Aufträge und sind den Unsicherheiten dieses Berufes weit mehr ausgesetzt.

Die Morgenzeitungen gelten zwar als seriöser als die Abendzeitungen, aber die Lebensgewohnheiten bringen es mit sich, daß von der Gesamtauflage der Athener Tageszeitungen rund zwei Drittel auf die Nachmittagszeitungen, die von 12 Uhr mittags an im Straßenverkauf angeboten werden, entfallen.

Morgenzeitungen

To Vima a tis kyriakis (Die Sonntagstribüne)
gehört zum Lambrakis-Konzern, ist politisch dem liberalen Spektrum zuzurechnen und bietet in erster Linie ein Diskussionsforum für Politiker und Intellektuelle. Erscheint immer zum Wochenende.

I Kathemerini (Die Tägliche)
ist gemäßigt konservativ und steht der Neuen Demokratie nahe, wenn auch nicht kritiklos.

Akropolis
gehört dem rechten Botsis-Konzern, unterstützte die konservative Regierung rückhaltlos und war während der Diktatur juntafreundlich. Es ist in erster Linie ein Sensationsblatt, das über Morde, Skandale, Klatsch usw. berichtet.

Η Βραδυνή

Τόν διαψεύδουν - τώρα - καί οί Υπουργοί του!

ΓΚΑΦΑ ΑΝΔΡΕΑ ΓΙΑ ΤΑ ΑΡΜΑΤΑ

Αβέρωφ: Θά πράξω αύτό πού επιτάσσει τό συμφέρον τής ΝΔ

Μοιρασαν σέ αγρότες καυστική ποτασα'

ΕΛΕΥΘΕΡΟΣ ΤΥΠΟΣ

"ΜΑΧΗ" ΤΑΝΚΣ ΚΑΙ ΑΕΡΟΠΛΑΝΩΝ

Rizospastis (Der Radikale)
ist das Zentralorgan der KKE.
I Avghi (Die Morgenröte)
vertritt die politische Linie der KKE-Inland und hat die kleinste Auflage der Athener Tageszeitungen.
To Ethnos (Die Nation)
steht der PASOK nahe und beschäftigt sich mit Kultur, Politik sowie Vermischtem.
Athens News
bietet für Ausländer in englischer Sprache einen Überblick über die wichtigsten innenpolitischen, kulturellen etc. Ereignisse in Griechenland, insbesondere in Athen.

Nachmittagszeitungen

Ta Nea (Neuigkeiten)
gehört zum Lambrakis-Konzern und ist die größte Zeitung, berichtet über Politik, Wirtschaft, Kultur, Sport, Soziales etc. und hat einen großen Anzeigenteil. Sie ist dem konservativen Spektrum zuzuordnen.
I Elevtherotypia (Die Pressefreiheit)
bietet wie die Ta Nea Vermischtes an und steht der PASOK nahe.
Messimvrini (Die Mittägliche)
Den Konservativen nahestehende Tageszeitung, die sich mit Kultur, Politik und Vermischtem beschäftigt.
Estia (Herd)
war während der Diktatur betont regierungsfreundlich und wendet sich heute mit antikommunistischen Hetzartikeln der Ultra-Rechten zu.
I Vradyni (Die Abendliche)
steht der Neuen Demokratie nahe und bringt in erster Linie politische Themen in reißerischer Aufmachung.
I Apogevmatini (Die Nachmittägliche)
steht ebenfalls der ND nahe und bringt Vermischtes.
Neben den Athener Tageszeitungen haben »Makedonia« mit ihrem Abend-

blatt »Thessaloniki« und »Ellinikos Vorras« (Der Norden Griechenlands), die in Saloniki erscheinen, überregionale Bedeutung und stehen den Athener Zeitungen in bezug auf Vollständigkeit und Berichterstattung in nichts nach. Daneben existieren rund 350 Provinzzeitungen, die sich zumeist mit den lokalen politischen, kulturellen, sozialen u.a. Themen beschäftigen.

Zeitschriften gibt es in Athen rund 700. Die wichtigsten sind:

Anti (Dagegen)
erscheint vierzehntägig, ist dem linken Spektrum zuzuordnen und befaßt sich mit politischen Themen.

Politika Themata (Politische Themen)
erscheint wöchentlich und ist rechtskonservativ.

Exormisis (Sturm)
ist das Sprachrohr der PASOK und erscheint monatlich mit politischen Themen.

To pondiki (Die Maus)
Linke satirische Wochenzeitschrift, die aktuelle politische Themen aufgreift.

Im Rahmen der Boulevardpresse sind die Zeitschriften *»Tachydromos«* (Post), *Epikaira* (Aktuelles) die größten. Die Frauenzeitschriften *»Gynaika«* (Frau) und die vor kurzem gegründete *»Ena«* (Eins) beschäftigen sich in erster Linie mit Kochrezepten, Mode, Schlankheitskuren etc.

Fernsehen und Rundfunk

Gesetzlich unterstehen Fernsehen und Hörfunk der unmittelbaren Kontrolle des Staates. Fernseh- und Hörfunksendungen werden von zwei Anstalten, die sich im Besitz des Staates befinden, ausgestrahlt. Es sind ERT 1 und ERT 2 *(Elliniki Radiofonia Tileorasis)*. Bis 1981 gab es noch den YENED *(Yperesia Enimeroseos Enoplon Dynameon)*, der dem Militär als Sprachrohr diente, keiner staatlichen Kontrolle unterlag und während der Diktatur Propagandasender der Junta war.

Die Finanzierung der Rundfunkanstalten ERT erfolgt durch Gebühren, die zusammen mit der Stromrechnung eingezogen werden. Die ersten Fernsehsendungen wurden 1966 in Athen ausgestrahlt.

In der Geschichte des Rundfunks ist das Jahr 1936 von Bedeutung, in dem sich die »Dienststelle für Rundfunksendungen« gründet. 1938, am Nationalfeiertag, wurde die erste griechische Rundfunksendung ausgestrahlt, natürlich in Athen.

Der Hörfunk umfaßt drei Programme, die ebenfalls der staatlichen Kontrolle unterliegen. Daneben gibt es den sogenannten »Piratensender«, der illegal, ohne staatliche Genehmigung arbeitet. Er wechselt häufig seinen Sendestandpunkt, um unentdeckt zu bleiben. Der Piratensender ist aufgrund seines Musikprogrammes — vorwiegend sind es moderne Rockmusik und Schlager aus dem Ausland — bei den Jugendlichen beliebt.

Seit 1987 gibt es zwei private »Gemeindesender« der konservativen Bürgermeister von Athen und Piräus. Aufgrund ihrer »kritischen Lebendigkeit«, die die »Staatssender« der PASOK nicht annähernd erreichen, steigen sie zunehmend in der Beliebtheit der Hörer.

Stationen des Widerstands – Die griechische Geschichte

Der griechische Staat entsteht

Die Geschichte des neuen Griechenlands begann mit dem Niedergang des byzantinischen Reiches. Im 12. Jahrhundert zerfiel dieser Vielvölkerstaat. Fränkische Kreuzritter gründeten auf seinem Gebiet Fürstentümer; Venezianer und Genuesen richteten auf den Inseln der Ägäis und in den Seehäfen Handelsstützpunkte ein. In den Randgebieten des Reiches entlang der Donau gründeten sich neue, selbständige Staaten. Das byzantinische Staatsgebiet schmolz auf Konstantinopel und seine Umgebung zusammen, sowie einige von Griechen bewohnte Staaten. In den Städten und vor allem in den Häfen der griechischen Königreiche sowie in den von den Franken besetzten Gebieten wuchs eine Klasse von griechischen Händlern heran, die in Gegensatz zum Feudalismus der Franken und zum Merkantilismus der italienischen Handelsrepubliken geriet. Die Idee eines ganz Griechenland umfassendes Staates, der ihre Interessen vertreten sollte, entstand. Bis zum 15. Jahrhundert konnten die griechischen Königreiche ihre Herrschaft fast auf den gesamten von Griechen bewohnten Teil des Balkan ausdehnen.

Unter der Herrschaft des Osmanischen Reiches

Mitte des 15. Jahrhunderts wurde die sich abzeichnende Entwicklung zu einer neuen, selbständigen Nation durch die osmanischen Eroberungen unterbrochen. Die jungen Staaten verloren ihre Autonomie und wurden Provinzen des Osmanischen Reiches, mit Ausnahme von Korfu. Die Weiterentwicklung der griechischen Nation vollzog sich nun unter Fremdherrschaft und im Widerstand.

Die Eroberungskriege der Osmanen dauerten bis zum 17. Jahrhundert. Das besiegte Land wurde vom Sultan an die osmanische Militäraristokratie als Lehen verteilt. Wer sich der Hohen Pforte ohne Widerstand unterwarf, durfte seinen Grundbesitz behalten und mußte nur eine hohe Kopfsteuer entrichten. Kleinbauern und Handwerker lebten in selbständigen Gemeinden, die von griechischen Großgrundbesitzern verwaltet wurden. In den Inselgemeinden übernahmen die Schiffseigentümer die politische Führung. In manchen Gebieten wie auf dem Peloponnes vereinten sich die Gemeinden in einer losen Föderation, an deren Spitze die reichsten Grundbesitzer und Kirchenvertreter standen. Die polizeiliche Gewalt in den besetzten Gebieten wurde besonderen einheimischen Milizen, den *Armatoloi* übertragen.

Die griechisch-orthodoxe Kirche erhielt große Privilegien. Der Patriarch in Istanbul wurde vom Sultan als geistliches und weltliches Oberhaupt der Griechen anerkannt. Die Kirche zahlte keine Steuern, verwaltete sich selbst und regelte sogar die zivilen Angelegenheiten unter den Griechen. Teile dieser Vorrechte haben sich bis heute bewahrt und erklären den starken Einfluß der Kirche in Griechenland.

Die Reste des ehemaligen byzantinischen Adels, sehr reich durch die Verwaltung des kirchlichen Vermögens und durch Handel, gewannen rasch an Bedeutung. Sie erhielten auch politische Ämter in der Verwaltung der Donauprovinzen, in der Armee und in der Diplomatie. Der ehemalige Adel wuchs und wurde besonders einflußreich, nachdem Griechen den Platz der vom Schwarzen Meer verjagten italienischen Händler einnahmen. Diese Schicht erhielt den Namen *Fanarioten* nach dem Stadtteil Istanbuls, in dem sie vornehmlich wohnte. Mit der Ausdehnung der Handelsbeziehungen auf Westeuropa errichteten die griechischen Händler in den wichtigsten europäischen Handelsplätzen ihre Kontore. Nach und nach entstand eine reiche bürgerliche Klasse, die die Führung der Nation beanspruchte, aber auch harmonische Beziehungen zur osmanischen Besatzungsmacht unterhielt.

Die Kirche, die Fanarioten, die Gemeinden und die Armatoloi waren mit der osmanischen Herrschaft verbundene Organisationsformen. Die besondere soziale Struktur des Osmanischen Reiches, das sich unter Führung einer Militäraristokratie lange Zeit auf Eroberungskriege beschränkte, war die Ursache dafür, daß die christlichen Völker Handel, Handwerk und Schiffahrt betreiben konnten und damit unentbehrlich für die Wirtschaft des Reiches wurden. Die Klassen der Händler, Handwerker und Reeder konnten sich unter der Fremdherrschaft ungestört formieren.

Ein großer Teil der christlichen Bevölkerung jedoch stöhnte unter den Lasten der Besatzungsmacht. Immer neue Steuern wurden auferlegt. Griechen mußten die osmanischen Truppen auffüllen. Bereits vom 6. Lebensjahr an wurden Kinder zur Militärausbildung herangezogen, und die osmanische Flotte wurde von der griechischen Inselbevölkerung bemannt. Viele Griechen wanderten nach Italien aus oder flohen in die Berge. Besonders Bauern ohne Land, die ihrem Los als Leibeigene auf den osmanischen Lehen oder bei den christlichen Großgrundbesitzern entrinnen wollten, bildeten ähnlich wie bei allen anderen Balkanvölkern bewaffnete Partisanenverbände in den Bergen. Die Osmanen versuchten, oft mit Erfolg, die Aufständischen in die Milizen zu integrieren.

Der Befreiungskrieg

In den reichen griechischen Gemeinden von Wien entstand die erste bedeutende revolutionäre Gruppe um *Rigas,* der Verbindungen zu französischen

Der Klephtenanführer Kolokotronis (1770–1843). Volksheld im griechischen Unabhängigkeitskampf

Revolutionären hielt. Ziel war die Befreiung aller vom Osmanischen Reich beherrschten Völker und die Bildung einer einheitlichen Republik. Die führenden Mitglieder dieser Gruppe wurden von der österreichischen Polizei verhaftet, an die Osmanen ausgeliefert und dort hingerichtet.

Auch in den griechischen Gemeinden bildeten sich demokratische Parteien, die jedoch in erster Linie gegen die Herrschaft der Großgrundbesitzer und der Reeder kämpften. Die bedeutendste Organisation war die *Gesellschaft der Freunde.* Sie wurde 1814 in Odessa gegründet und verbreitete sich schnell in ganz Griechenland und in den Auslandsgemeinden, da sie alle unterschiedlichen Tendenzen der nationalen Bewegung in sich vereinen konnte.

Im Frühjahr 1821 rief die Gesellschaft der Freunde auf dem Peloponnes, in Zentralgriechenland und auf den ägäischen Inseln zum Aufstand auf. Er wurde von Kleinhändlern, Handwerkern, Bauern und Schiffsbesatzungen getragen. Der Hohen Pforte gelang es nicht, den Aufstand zu unterdrücken.

Bereits während des Befreiungskrieges gegen die osmanische Besatzung entbrannte ein Kampf um die Gestaltung der sozialen und politischen Struktur des zukünftigen Staates. Nach zwei Bürgerkriegen konnten sich die konservativen Kräfte, Großgrundbesitzer, Reeder und Fanarioten, gestützt auf ihre Geldmittel, politische Erfahrung und die Hilfe der Briten, gegenüber den Partisanenverbänden und den Revolutionären der Gesellschaft der Freunde durchsetzen.

Die inneren Kämpfe wurden von den Großmächten ausgenutzt, um ihren

Einflußbereich zu erweitern. Großbritannien und Frankreich unterstützten die Konservativen, Rußland unterstützte die Demokraten, da die meisten Führer der Gesellschaft der Freunde aus Rußland stammten. In dieser Zeit entstanden drei Parteien: die russische, die englische und die französische, die über längere Zeit hin das politische Leben Griechenlands bestimmten.

Auch die Osmanen nutzten die instabile Lage und versuchten, den Peloponnes zurückzuerobern. Der osmanische Vormarsch konnte jedoch durch die demokratischen Revolutionäre aufgehalten werden. Dies bedeutete eine Stärkung des demokratischen Lagers und entgegen dem Willen der Konservativen, die im befreiten Griechenland eine Monarchie errichten wollten, wurde der hohe russische Diplomat griechischer Abstammung *Kapodistrias* 1824 auf einer Nationalversammlung zum Regenten gewählt. Er nahm die Wahl jedoch nur unter der Voraussetzung an, ohne Verfassung regieren zu können. Der Bürgerkrieg ging weiter und wurde 1829 durch Intervention der Großmächte beendet. Der Sultan mußte die von den drei Schutzmächten garantierte Unabhängigkeit Griechenlands anerkennen.

Unter der Regierung Kapodistrias konnten die griechischen Großgrundbesitzer die nationalisierten osmanischen Ländereien in Besitz nehmen, während 4/5 der Bauern leer ausgingen. Der Versuch einer Verwaltungsreform, bei der die Gemeindevorsteher ihre Steuerprivilegien und sonstigen Vorrechte zugunsten der Zentralregierung aufgeben sollten, stieß auf großen Widerstand der Großgrundbesitzer und der Reeder. 1831 wurde Kapodistrias ermordet und die drei Großmächte installierten die absolute Monarchie.

Das »griechische« Königshaus

Die Großmächte suchten nach einem Monarchen, der Griechenland in ihrem Sinne regierte, ohne eigene Interessen zu vertreten. Voraussetzung dafür war, daß der König einem kleinen Fürstentum ohne außenpolitische Ambitionen entstammte und persönlich unfähig zu einer selbständigen Politik war. Gebraucht wurde eine Marionette. Otto, der zweite Sohn des bayrischen Königs, erfüllte diese Voraussetzungen: er war unerfahren, erst 17 Jahre alt, taub und geistig zurückgeblieben. Er wurde zu *Otto I.* gemacht.

Die Regierungszeit Otto I. wurde vom Streit der Großmächte um Einfluß, der sich im ständigen Wechsel ihrer Parteigänger in der Regierung zeigte, und dem Widerstand der Bevölkerung gegen den Absolutismus gekennzeichnet. Die Widerstandsbewegung, getragen von den verfolgten und verarmten Kämpfern des Befreiungskrieges, den städtischen Handwerkern und Händlern, der Bauernschaft und Teilen der Intelligenz, organisierte drei Aufstände, die die Herrschaft Otto I. unterhöhlten und schließlich zu seiner Abdankung führten. Bei diesen Aufständen spielte die Armee eine zentrale Rolle. Das griechische Offizierkorps, dem jede aristokratische und monarchistische Tradition fehlte, war für demokratisch-republikanische Ideen sehr empfänglich. 1843 trug die Armee den bewaffneten Aufstand für eine demokratisch-republikanische Verfassung und 1864 verjagte ein Volks- und Militäraufstand den König aus Griechenland. Er fand keine Unterstützung durch Großbritannien und Frankreich aufgrund seiner prorussischen Haltung im Krimkrieg, wo er mit russischer Hilfe griechische Gebiete des Osmanischen Reiches zu erobern hoffte.

Nach dem Sturz Otto I. wurde die griechische Krone wieder an den Höfen Europas angeboten. Unter dem Namen *Georg I.* wurde der zweite Sohn des dänischen Königs der neue griechische Monarch. Anläßlich der Thronbesteigung »schenkte« Großbritannien Griechenland die Ionischen Inseln und übernahm einen Teil der königlichen Apanage. Die nach der Absetzung Otto I. errungene Verfassung war die fortschrittlichste in Europa, doch leider nur auf dem Papier. Sie wurde niemals erfüllt. Georg I. regierte durch Minderheitskabinette, die politischen Parteien konkurrierten um die Gunst des Throns. Erst 1875 erzwang eine Massenbewegung anläßlich finanzieller und politischer Skandale des Hofes die Respektierung der Verfassung und die Einführung des Parlamentarismus. Die unzähligen Interessengrüppchen vereinigten sich in zwei großen Parteien, die die Polarisierung zwischen dem feudal-konservativen und dem bürgerlich-liberalen Lager in der griechischen Gesellschaft ausdrückten.

Sturz und Restauration der Monarchie

Diese politischen Ereignisse spielten sich vor dem Hintergrund großer Veränderungen in der ökonomischen und sozialen Struktur Griechenlands ab.

Spielball der europäischen Mächte

In den 60er und 70er Jahren des 19. Jahrhunderts wurden die ersten Industrien und die erste Bank mit griechischem und Schweizer Kapital gegründet.

Ausländisches Kapital wurde vor allem in den Bergbau investiert. Gleichzeitig entstanden die ersten Arbeiterorganisationen und sozialistische und anarchistische Zirkel. Es war die Periode, in der die griechische Bourgeoisie ihren bisherigen Charakter als ausschließliche Handelsbourgeoisie verlor und die Integration Griechenlands in das kapitalistische System Europas begann.

Dieser Situation entsprachen auch die politischen Veränderungen Ende des 19. und Anfang des 20. Jahrhunderts. Die neue aufstrebende Klasse verlangte nach Reformen, die den Staat des Königtums und des Großgrundbesitzes gründlich verändern sollten. Unter dem liberalen Ministerpräsidenten *Trikoupis* wurden Maßnahmen zur Schaffung einer rational funktionierenden Verwaltung und zum Ausbau der Infrastruktur ergriffen. Straßen und Häfen wurden gebaut, im Jahre 1893 der Kanal von Korinth eröffnet. Eine Steuerreform beschränkte sich auf indirekte Steuern und begünstigte die Kapitalprofite. Die Reformpolitik Trikoupis machte jedoch vor der wichtigsten sozialen Frage halt, der Landreform. Die feudalistische Struktur der Landwirtschaft erwies sich als Schranke für die eingeleitete Entwicklung, die Massen der landlosen Bauern konnten nicht für die bürgerliche Reformpolitik Trikoupis gewonnen werden.

Die Finanzierung der Reformen durch In- und Auslandsanleihen führte 1893 zum Staatsbankrott und zum Sturz der liberalen Regierung.

Das Bündnis der feudalen Grundbesitzer, des Hofes und der Finanzaristokratie kam wieder an die Macht. Sie suchten den Ausweg aus der innenpolitischen Krise in einem abenteuerlichen Krieg gegen das Osmanische Reich mit dem Ziel, Kreta, Epiros, Makedonien und Thrakien zu erobern.

Dieser Krieg endete mit einer fürchterlichen Niederlage. Nur die Intervention der Großmächte konnte die Existenz des griechischen Staates retten. Unter der Last der Staatsschulden und der osmanischen Reparationsforderung akzeptierte Griechenland eine internationale Kontrollkommission, die die Staatsfinanzen bis ins Detail überwachte.

Der wirtschaftliche Niedergang, die als »nationale Schande« empfundene Niederlage und die ausländische Intervention machten breiten Bevölkerungskreisen die Notwendigkeit eines politischen Wechsels deutlich. Im Mai 1909 bildeten jüngere Offiziere den *Militärischen Bund,* der die Entfernung der Prinzen aus der Leitung der Armee und eine Erneuerung der Politik forderte. Als sich der König weigerte, den Forderungen nachzukommen, wurde die Regierung durch einen Militärputsch zum Rücktritt gezwungen. Die Offiziere setzten den jungen Politiker *Venizelos* aus Kreta an die Spitze der Regierung mit dem Auftrag, einen modernen, bürgerlichen Staat nach europäischem Vorbild aufzubauen. Das Volk verband die politische Wende mit großen Hoffnungen, die das Militär jedoch sehr schnell durch die blutige Unterdrückung des Bauernaufstandes in Thessalien 1910 zerschlug. Die wichtigsten Maßnahmen der Venizelos-Regierung betrafen überfällige Reformen. Presse- und Koalitionsfreiheit, Unabhängigkeit der Justiz, die allgemeine Schulpflicht und das Berufsbeamtentum wurden eingeführt. In den umstrittenen sozialen und politischen Fragen aber, der Landreform und der Monarchie, wagten die Liberalen unter Venizelos keine radikalen Lösungen. Die Stellung des Throns blieb unangetastet und eine umfassende Landreform zugunsten der verarmten Kleinbauern unterblieb. In der nationalen Frage der Erweiterung des Staatsgebietes auf alle von Griechen bewohnten Gebiete erwies sich die neue Regierung allerdings als erfolgreich. Griechenland und die anderen Balkanstaaten nutzten die Schwäche des von inneren Unruhen erschütterten Osmanischen Reiches und eroberten alle der Hohen Pforte verbliebenen Teile des Balkans außer Istanbul, einigen ägäischen Inseln und Kreta. Ein Krieg zwischen Griechenland und Bulgarien regelte anschließend die Aufteilung der Beute. Das griechische Staatsgebiet wurde verdoppelt, die Bevölkerungszahl stieg von 1,8 auf 5 Millionen Einwohner.

König Konstantin I. (1868–1922) während der Balkankriege. Rechts neben ihm Metaxas als junger Stabsoffizier.

Die griechische Regierung nutzte während der Balkankriege geschickt die Konkurrenz um Einflußsphären zwischen Großbritannien und Frankreich einerseits und dem Deutschen Reich andererseits für ihre Expansionsbestrebungen aus. Da die Hohe Pforte unter deutschem Einfluß stand, gaben die Entente-Mächte ihren Widerstand gegen die Einverleibung von Teilen des Osmanischen Reiches durch ihre Verbündeten Griechenland und Serbien auf. Für die Schwächung ihrer Position revanchierten sich 1913 die Deutschen und Österreicher mit der Ermordung des griechischen Königs Georg I. Auf den Thron stieg sein Sohn *Konstantin I.*, ein Bewunderer des deutschen Kaiserreiches. Von diesem Zeitpunkt an begann der Machtkampf zwischen dem, den Deutschen freundlich gesonnenen Palast und der auf Großbritannien hin orientierten griechischen Regierung.

Als der Erste Weltkrieg hereinbrach, verfügte Ministerpräsident Venizelos die Aufnahme in die Entente und die Generalmobilmachung. Der deutschfreundliche König zwang Venizelos daraufhin zum Rücktritt und als Folge besetzten britische und französische Truppen Thessaloniki. Sie drohten mit der Bombardierung Athens, falls der König nicht abdanken würde. Konstantin I. ging ins Exil, Venizelos bildete eine neue Regierung und erklärte den deutsch-österreichischen Mächten den Krieg. Nach dem Sieg der Entente er-

Der griechische Ministerpräsident Elevtherios Venizelos (1864—1936)

hielt Griechenland weitere Gebiete in Epiros und Makedonien. Auf der Konferenz von Sèvres 1920 wurde der griechischen Regierung die Verwaltung von Smyrna an der kleinasiatischen Küste übertragen.

Als griechische Truppen dieses Gebiet auch militärisch erobern wollten, stießen sie jedoch auf den erbitterten Widerstand der Truppen *Kemal Atatürks,* der an der Spitze einer bürgerlich-revolutionären Bewegung den Sultan gestürzt hatte und der mit der Unterstützung Frankreichs und der Sowjetunion die von den Briten geplante Zerstückelung des Osmanischen Reiches zu verhindern suchte. Der griechische Eroberungskrieg endete 1922 mit der totalen Niederlage der hellenischen Truppen. Rund 1,5 Millionen kleinasiatischer Griechen flohen ins »Mutterland«, und die expansionistische Politik der *Megali Idea,* der Großen Idee, die ein ganzes Jahrhundert die griechische Innen- und Außenpolitik beherrscht hatte, wurde ins Reich des Vergessens verbannt.

Griechenland wird eine Republik

Die Niederlage in Kleinasien nutzten die Liberalen zur Abrechnung mit der Monarchie und ihren Parteigängern. Gestützt auf die Empörung in der Armee und in der Bevölkerung über die abenteuerliche Kriegsführung und die bekanntgewordenen Unterschlagungen bei der Truppenversorgung putschte eine Gruppe von Offizieren der mittleren Dienstgrade. Der König mußte wieder abdanken; der Ministerpräsident, einige Minister und Generäle wurden vor ein Kriegsgericht gestellt, verurteilt und erschossen. 1924 rief die Nationalversammlung erstmals die Republik aus und wählte Venizelos erneut zum Ministerpräsidenten.

Venizelos nahm die längst überfällige Landreform in Angriff, denn die 1,5 Millionen Flüchtlinge und die entlassenen Soldaten mußten in die Gesellschaft Griechenlands ohne die Gefahr sozialen Sprengstoffes integriert werden. Der private und kirchliche Grundbesitz in Thessalien wurde enteignet und Pächtern übergeben, die feudalen Überreste im Süden des Landes abgeschafft und auf den von den Türken verlassenen Ländereien Makedoniens ließen sich kleinasiatische Flüchtlingsfamilien nieder, die die Landwirtschaft modernisierten.

Die Modernisierung der Landwirtschaft, die Arbeitskräfte freisetzte, und der gewaltige Flüchtlingsstrom zogen Lohnsenkungen nach sich, die Inflation verschärfte alle Probleme der Lebenshaltung. Während dieser Zeit erstarkten die Arbeitervereine und die sozialistischen Zirkel. Im Oktober 1918 wurde auf dem ersten Gewerkschaftskongreß der Arbeiter Griechenlands GSEE und eine Woche später auf dem Kongreß der sozialistischen Gruppen die sozialistische Arbeiterpartei gegründet. Sie trat 1920 der Kommunistischen Internationalen bei und änderte 1924 ihren Namen in Kommunistische Partei Griechenlands *KKE*. Halblegal, vom Staat verfolgt und häufig eine sektiererische Politik betreibend, gewann die KKE lange Zeit keinen großen politischen Einfluß. Dies sollte sich erst während der Besetzung Griechenlands durch die deutschen Faschisten ändern.

Innerhalb der Gewerkschaften entbrannte ein Kampf zwischen den verschiedenen politischen Strömungen, aus dem die eher konservativen Kräfte mit Hilfe der Regierung siegreich hervorgingen. Bis 1926 wurden kommunistische Gewerkschafter verfolgt und verhaftet. Auf dem dritten Gewerkschaftskongreß bildete sich eine neue Führung; die kommunistischen Gewerkschaften wurden ausgeschlossen. Diese vereinigten sich danach zum Einheitsverband griechischer Arbeiter.

Die Restauration der Monarchie

Die Periode vom Sturz der Monarchie bis zu ihrer erneuten Etablierung (1924—1936) war durch große politische Instabilität gekennzeichnet. In diesen zwölf Jahren gab es 11 Regierungen, 2 Militärputsche, zahlreiche Umsturzversuche und -drohungen. Den bürgerlichen Parteien gelang kein Kompromiß zwischen republikanischem und royalistischem Lager. Es entstanden keine Massenparteien mit programmatischen Zielen wie in anderen Ländern. Verschiedene Berufspolitiker sammelten sich um eine charismatische Persönlichkeit, allein um Abgeordneten- und Ministersessel zu ergattern. Beständig spalteten sich Gruppen und formierten sich zu neuen Partei-Bündnissen. Die Haltung zu politischen Fragen wurde oft allein von den Tagesinteressen der finanziellen Förderer der Parteien oder der einzelner Politiker bestimmt. Die Anhänger dieser Parteien waren in Banden organisiert. Ihre gewaltsamen Auseinandersetzungen, Korruption und Skandale drückten einen allgemeinen Verfall der politischen Sitten aus und gefährdeten den Bestand des bürgerlichen Staates.

Auch die außenpolitischen Beziehungen gestalteten sich schwierig. Auf Zypern — seit 1878 britische Kolonie und zu 80% von Griechen bewohnt — kam es zu einem Aufstand, der die Wiedervereinigung zum Ziel hatte. In Athen gab es antibritische Kundgebungen. Auch wenn die griechische Regierung jede Unterstützung der Zyprioten ablehnte, wurde diese Entwicklung in London mit Sorge verfolgt. Überlegungen über eine Restauration der Monarchie, die die auseinanderstrebenden Fraktionen der Bourgeoisie einen sollte, wurden angestrengt.

1935 unternahmen republikanische Offiziere einen letzten Versuch, durch einen Putsch die Republik zu retten. Doch die ehemals demokratisch-republikanische Armee war gespalten und von britischen Geheimdienstagenten durchsetzt. Nur eine Kompanie unter dem Obersten Sarafis, dem späteren Oberbefehlshaber der Volksbefreiungsarmee ELAS, nahm daran teil. Der Putsch mißlang, ohne daß die Royalisten einen Finger dafür rühren mußten. Nach dem Scheitern schlugen sie jedoch fürchterlich zu. Mehr als tausend republikanische Offiziere wurden verhaftet. Die einen wurden unehrenhaft aus der Armee ausgestoßen, die anderen erschossen oder zu hohen Freiheitsstrafen verurteilt. Die Royalisten nutzten ihre Stunde. In einem Referendum »entschieden« sich 1935 98% der Wähler für die Monarchie. Die Wahlfälschung war so groß, daß allein in Athen dreimal so viel Stimmzettel gezählt wurden wie in den Parlamentswahlen im Jahr zuvor.

Nach den Wahlen im Januar 1936 versuchten die Demokraten ein letztes Mal, die sich abzeichnende faschistische Diktatur abzuwenden. Die liberale Partei und die Volksfront, bestehend aus der KKE, 2 sozialistischen Parteien und der Bauernpartei, unterzeichneten ein Abkommen gegen die royalistischen Kräfte, aber die Liberalen scherten aus und stimmten im Parlament für den Ministerpräsidenten des Hofes.

Vier Monate später diente ein Generalstreik als Vorwand für die Auflösung des Parlaments und die Errichtung einer faschistischen Diktatur unter dem ehemaligen General *Metaxas*.

Der Faschismus

In der Innenpolitik folgte der griechische Faschismus dem Beispiel seiner großen Vorbilder Italien und Deutschland. Die Parteien wurden aufgelöst, ihre Politiker verhaftet, auf Inseln deportiert oder in die Gefängnisse geworfen. Besonders hart wurden die Anhänger der KKE unterdrückt. Über 2.000 Mitglieder, darunter fast die gesamte Parteiführung, kamen ins Lager oder ins Gefängnis. Die Presse-, Versammlungs- und Koalitionsfreiheit wurde abgeschafft und öffentliche Bücherverbrennungen von demokratisch-liberaler oder marxistischer Literatur organisiert. Nach deutschem Muster wurden besondere faschistische Verbände wie die Nationale Jugendorganisation EON und die Arbeiterbataillone ins Leben gerufen. Trotz der freundschaftlichen Beziehungen zu Deutschland — Goebbels besuchte z.B. Athen und hielt dort eine Kundgebung ab, Hjalmar Schacht beriet das griechische Finanzministerium, das einen deutschen Kredit in Höhe von 350 Mio. Drachmen erhielt — und trotz der ideologischen Verherrlichung Italiens und

Georg II. (1890–1947) und General Metaxas (1871–1941)

Deutschlands blieb die griechische Außenpolitik an Großbritannien orientiert. Alle nördlichen Balkanstaaten erhoben wechselseitig Gebietsansprüche. Italien, Jugoslawien und Bulgarien beanspruchten griechische Gebiete. Wechselnde Bündnisse sollten die Kriegsgefahr eindämmen. Metaxas verfolgte eine Balancepolitik zwischen Deutschland und Großbritannien und eine Politik der Kompensation der italienischen Bedrohung durch Deutschland. Die Schaukelpolitik hatte zur Folge, daß weder die Briten noch die Deutschen Griechenland vorbehaltlos unterstützten.

Die deutsch-italienische Besetzung

1940 beschloß *Mussolini* den Angriff auf Griechenland. Am 28. Oktober forderte Italien ultimativ das Recht zur Besetzung bestimmter strategischer Punkte auf griechischem Territorium, ohne nähere Spezifizierung. Die Angst vor einer Volkserhebung zwang die griechische Regierung, ochi, nein, zu sagen. Der *Ochi-Tag* ist bis heute nationaler Feiertag.

Bereits vor Ablauf des Ultimatums überschritten die Italiener die Grenze.

Obwohl der Krieg von der faschistischen Diktatur geleitet wurde, nahm er den Charakter eines Volkskrieges an. Trotz der zwiespältigen Haltung der Kommunistischen Internationale zum Krieg erklärte die Führung der KKE aus den Gefängnissen die Bereitschaft der Kommunisten, am Kampf gegen die italienischen Truppen teilzunehmen. Tausende von Gegnern der Diktatur forderten aus den KZs ihre Freilassung, doch die Regierung weigerte sich.

Bereits in den ersten Wochen wurde die italienische Offensive gestoppt, die Truppen Mussolinis mußten sich später 60 km hinter die griechisch-albanische Grenze zurückziehen. Es war die erste Niederlage der Achsen-Mächte in Europa. Im April 1941 griffen daraufhin deutsche Truppen Griechenland an, mit dem Ziel, England aus Griechenland zu vertreiben und Luftwaffenbasen im östlichen Mittelmeerraum zu gewinnen. Nach drei Wochen kapitulierte die Armee. Die Generäle, der König und die Regierung flohen nach Kairo, wo sie eine Exilregierung bildeten.

Griechenland wurde in drei Besatzungszonen aufgeteilt, eine deutsche, eine italienische und eine bulgarische. Vertreter des faschistischen Regimes bildeten nicht nur die Exilregierung, sondern kollaborierten auch mit den Deutschen. Metaxas selber war bereits im Januar gestorben. Eine Quislings-Regierung unter dem General *Tsolakoglu,* der die Kapitulation eigenmächtig unterzeichnete, wurde eingesetzt.

Die Résistance

Das griechische Volk litt unter der dreifachen Besatzung durch Deutsche, Italiener und Bulgaren. Deportationen, Erschießungen, Zerstörung ganzer Ortschaften waren an der Tagesordnung. Die Besatzungsmächte beanspruchten alle wirtschaftlichen Güter für sich, und die britische Seeblockade verstärkte die katastrophale Versorgungslage. Viele gingen am Hunger zugrunde; unvergessen bleibt die Hungerkatastrophe des Winters 1941/42.

1942 erfaßte der Ausrottungsplan der Nazis gegen die Juden auch Griechenland. Hatten sich die Besatzungsmächte bis dahin damit begnügt, den Juden alle Ämter wegzunehmen, ihre Zeitungen zu verbieten, ihre Häuser zu beschlagnahmen und die Bibliotheken und Kunstschätze der jüdischen Gemeinde zu konfiszieren und nach Deutschland zu transportieren, ließen sie sie nun unter unmenschlichen Bedingungen Zwangsarbeit verrichten. Im Februar 1943 begann die »Endlösung«. Zuerst wurde die große Gemeinde von Thessaloniki vernichtet. Die Juden wurden mit einem Stern gekennzeichnet, in Ghettos konzentriert und dann direkt zu den Verbrennungsöfen in Polen und der Tschechoslowakei transportiert. 81% der griechischen Juden starben in den Konzentrationslagern. Jahrhundertealte, blühende jüdische Gemeinden wurden über Nacht ausgelöscht.

Schon bald nach der Besetzung begann der Widerstand. Den Auftakt bildete die Tat zweier Studenten wenige Wochen nach dem deutschen Einmarsch, die die Hakenkreuzfahne auf der Akropolis herunterholten und die griechische Flagge hißten. Während der Wirren nach der Flucht der griechischen Regierung ins Exil gelang es den meisten Kommunisten, die die Methoden der Geheimpolizei überlebt hatten, aus der Haft und der Verbannung zu fliehen, bevor die griechische Polizei sie ihrem Befehl gemäß an die Deutschen ausliefern konnte. Sie bauten die Partei wieder auf, die eine zentrale Rolle bei der Organisation des Widerstands gegen die Besatzung und die Kollaborateure spielte.

Der erste Erfolg war die Bildung der Nationalen Befreiungsfront der Arbeiter EEAM, zu der sich kommunistische und sozialistische Gewerkschaften zusammenschlossen. Ihr gelang es, durch Streiks, Demonstrationen und Kundgebungen die Aushebung von Zwangsarbeitern für Deutschland zu verhindern und die völlig zusammengebrochene Lebensmittel-Versorgung zu verbessern.

Bereits 1941 gründete sich die Nationale Befreiungsfront EAM aus dem Zusammenschluß von KKE, der sozialistischen, der volksdemokratischen Partei und der Bauernpartei. Sie setzte sich die Befreiung Griechenlands zum Ziel, um danach in freien Wahlen das Volk über die zukünftige Staatsform entscheiden zu lassen. Die EAM wurde sehr schnell zu einer breiten, von allen fortschrittlichen Kräften getragenen Bewegung, zum Hauptträger des Befreiungskampfes. Am Tag der Befreiung hatte sie weit über 1 Million Mitglieder; in ihrer Jugendorganisation EPON waren ungefähr 350.000 Jugendliche organisiert.

In den Bergen sammelten sich kleine bewaffnete Gruppen und nahmen den Kampf auf. Aus Athen stießen Widerstandskämpfer zu ihnen, die die militärische Führung übernahmen und Partisaneneinheiten aufbauten. Die EAM, die auf den Aufstand des städtischen Proletariats setzte, verhielt sich zunächst skeptisch zu dem von Bauern getragenen bewaffneten Widerstand in den Bergen. 1942 wurden jedoch die örtlichen Partisanenverbände als nationale Volksbefreiungsarmee ELAS in die EAM integriert. An der Spitze stand — neben dem politischen Zentralkommitee — das Generalhauptquartier mit dem militärischen Kommando unter General Sarafis, dem legendären *Kapetanios Aris Velouchiotis* und als drittem ein Vertreter der EAM. Bis 1944 wuchs ihre Kampfstärke auf 40.000 Mann; darunter waren viele Offiziere und Generäle der alten griechischen Armee. Bereits drei Jahre nach dem Einmarsch der Deutschen kontrollierte die Widerstandsbewegung über 3/4 des griechischen Staatsgebiets. In den befreiten Gebieten veränderte sich das soziale Leben völlig.

In den Gebieten der EAM, dem »befreiten Berggriechenland«, begann die Bevölkerung mit dem Aufbau von selbstverwalteten Gemeinden. Der Verwaltungszentralismus wurde aufgelöst und durch gewählte Komitees, in denen die Verwaltungsarbeit als Ehrenamt verrichtet wurde, ersetzt. Die Justiz wurde durch direkt gewählte Volksvertreter und die Versammlung der Dorfgemeinschaft ausgeübt und war kostenfrei. Das Nachrichtensystem wurde erweitert, Straßen gebaut sowie Schulen, Theater und Fabriken errichtet. Auf dem Lande und besonders in den Bergregionen gestalteten die Menschen zum ersten Mal ihr Lebensumfeld aktiv und selbstbestimmt. Von besonderer Bedeutung war das für Frauen und Kinder. Kinder zwischen 7 und 14 Jahren bildeten die Junge-Adler-Gruppe — *Aitopoula* —, die im Widerstand Kurierdienste leisteten, Nachrichten und Waffen schmuggelten. 40% der Mitglieder in den Jugendorganisationen waren Frauen. Es wurden Kinderhorte errichtet, der Mindestlohn und gleicher Lohn bei gleicher Arbeit eingeführt. Durch ihr soziales Engagement gewann die EAM enorm an Sympathien und Rückhalt innerhalb der Bevölkerung.

Von der Basis der Dorfkomitees ausgehend, wurde über Distrikte, Nomoi und Provinzen das Zentralkomitee der EAM gewählt.

Der Bürgerkrieg

Trotz der nationalen Zielsetzung lehnten die vom Metaxas-Regime ausgeschlossenen konservativen Politiker den Beitritt zur EAM ab. Sie wollten zwar die Republik errichten, witterten aber in den sozialen Reformen und Zielen der EAM die kommunistische »Unterwanderung«. Zu partieller Zusammenarbeit mit der EAM waren sie allerdings bereit. Je mehr sich jedoch die sozialen Verhältnisse und Formen unmittelbarer Demokratie in den befreiten Gebieten entwickelten, um so mehr sahen sie die Wiedererrichtung der alten Herrschaftsverhältnisse nach der Zeit der Besatzung gefährdet und beschworen die kommunistische Gefahr.

Darin trafen sie sich mit den Royalisten und Großbritannien, die eine erfolgreiche Politik der Spaltung der Widerstandsbewegung betrieben und den liberalen Teil des bürgerlichen Lagers auf ihre Seite zogen. Um das zu erreichen, arbeiteten sie selbst mit den Deutschen zusammen.

Die Spaltungstendenzen reichten auch in die militärischen Verbände. Neben der EAM und der Befreiungsarmee entwickelten sich Widerstandsorganisationen, die jedoch nur lokalen Einfluß erlangten. Die wichtigsten waren der EDES (Nationale republikanische Liga) unter *Zervas* und die EKKA (Nationale und soziale Befreiung). Sie verfolgten anfangs republikanische und sozialistische Ziele, gerieten aber zunehmend unter britischen Einfluß. Als sich die EDES für Royalisten öffnete und im Generalhauptquartier der ELAS ein prominenter republikanischer Offizier das Kommando übernahm (Sarafis), strömten die widerstandswilligen Offiziere in die Widerstandsbewegung, die Anhänger der alten Mächte zu Zervas und die sozialen und fortschrittlichen Kräfte zu Sarafis.

Die Briten setzten auf die Monarchie, um ihren Fuß in Griechenland zu behalten, und scheuten sich nicht, die bewaffnete Intervention zu erwägen, um dem Volk den gehaßten Monarchen aufzuzwingen. Im Kampf gegen die Deutschen beanspruchten sie die militärische Führung. Geschickt nützten sie die Differenzen innerhalb der Widerstandsbewegung und unterstützten

Markos Vafiades, Oberbefehlshaber der griechischen Befreiungsarmee ELAS. Rechts daneben: Nikos Zachariades, Generalsekretär der KKE. Er kehrte 1945 aus dem KZ Dachau zurück.

auch die Bildung rechter Gruppierungen, die sich seit 1943 verstärkt formierten und den Kampf gegen die ELAS aufnahmen.

Die deutsche Besatzungsmacht ließ von der kollaborierenden Regierung die *Tagmata Asfalias*, die Sicherheitsbataillone, bilden. Sie hatten die Aufgabe, den Widerstand zu bekämpfen und rekrutierten sich aus Kriminellen, Angehörigen faschistischer Organisationen und royalistischen Offizieren.

Hochburgen der Sicherheitsbataillone waren der Peloponnes und das flache Land. Zum Zusammenschluß der Rechten, zu den Kontakten britischer Agenten mit der deutschen Besatzungsmacht, um die republikanische Ausrichtung der Résistance zu bekämpfen, trat der Rechtsruck des EDES. Der EDES spaltete sich in einen linksliberalen und einen kollaborierenden rechten Flügel. Zervas, der »Führer des republikanischen Widerstands«, ließ sich von den Briten und den Deutschen aus der antimonarchistischen Front herauslösen.

Die Landung britischer Truppen stand bevor und damit die Rückkehr des Königs gegen den Widerstand der Résistance. Alle republikanischen Kräfte fürchteten die Errichtung halbfeudaler Zustände der Vorkriegszeit, die freie Wahlen zur Farce machten. Sie wollten das Plebiszit, die freie Entscheidung des Volkes, *vor* der Rückkehr des Königs. Eine andere Politik der Briten und die Zusage Georg II., nicht vor einem Volksentscheid nach Griechenland zurückzukehren, hätte die folgenden Auseinandersetzungen verhindern können.

Die EAM überschätzte die Kooperationsbereitschaft und Kompromißfähigkeit der Briten und der »alten Politiker«. Sie unterschätzte das republikanische Potential innerhalb des EDES. Deutsche und Briten kompromittierten den EDES, indem sie ein Abkommen bekanntgaben, das die Führung des EDES mit den Deutschen durch einen britischen Verbindungssoffizier getroffen hatte. Es erweckte den Eindruck, als habe der EDES sich völlig den Rechten angeschlossen. Die ELAS-Verbände griffen ein. In den befreiten Gebieten herrschte ab 1943 der Bürgerkrieg.

Die Operation »Panther« der Deutschen verhinderte den Sieg der ELAS über den EDES. Beide Organisationen mußten einen Zweifronten-Krieg führen. Als Zervas im Dezember Kontaktgespräche mit der deutschen Wehrmacht über ein Stillhalte-Abkommen führte, griffen ihn die Verbände der ELAS erneut an. Die Bemühungen der Briten, der EAM und der KKE um Aufrechterhaltung des gemeinsamen Widerstandes gegen die Deutschen bewahrte den in die Enge getriebenen EDES vor der Auflösung.

Trotz der militärischen Überlegenheit war die EAM/ELAS jedoch zu Verhandlungen bereit. Im Februar 1944 wurde ein Waffenstillstand geschlossen, aber es kam zu keiner Vereinheitlichung des Widerstandes.

Im März wurde in den befreiten Gebieten eine provisorische Regierung, die PEEA, errichtet, das Nationale Komitee der Nationalen Befreiung. Diese forderte die Bildung einer Regierung der Nationalen Einheit. Als die Verhandlungen durch das Verhalten des Königs verzögert wurden, kam es zu Unruhen in den republikanisch eingestellten Exil-Streitkräften. Die Exil-Regierung mußte zurücktreten. Die Situation verschärfte sich und der König ernannte Venizelos, einen Republikaner, zum Ministerpräsidenten. Die britische Armee erstickte den Widerstand in den Streitkräften und Venizelos wurde gezwungen, das Amt des Ministerpräsidenten an *Georgios Papandreou* abzugeben. Dieser war zu Zugeständnissen gegenüber den Royalisten bereit.

Im weiteren Verlauf der politischen Ereignisse beging die EAM verhängnisvolle Fehler. Sie übernahm Regierungsverantwortung, obwohl es ihr nicht gelungen war, auch nur einen Bruchteil ihrer Forderungen durchzusetzen. Beim *Libanon-Abkommen* erhielt sie nur ein Viertel der ihr eigentlich zustehenden Ministerposten und zudem bedeutungslose. Die Verlegung der Exil-Regierung wurde nicht zeitlich festgelegt und die Frage der Rückkehr des Königs vor einer Volksabstimmung blieb offen. Mit der allerdings falschen Hoffnung, doch noch einen friedlichen Kompromiß mit der Exil-Regierung zu erzielen und damit den Bürgerkrieg zu beenden, billigte die EAM sogar die Säuberung der Exil-Streitkräfte und die Internierung demokratischer Offiziere durch die Briten. Die Regierung der Résistance wurde aufgelöst und die Partisanenverbände dem britischen *General Scobie* unterstellt. Damit lieferte sich die EAM in einem Moment an die Briten aus, in dem sie faktisch das Land beherrschte und die deutschen Truppen durch den Vormarsch der sowjetischen Armee gezwungen waren, Griechenland zu verlassen. Durch das sogenannte Prozentabkommen zwischen Stalin und Churchill im Oktober 1944, in dem im geheimen die britische Einflußsphäre in Griechenland mit 90% und die sowjetische mit 10% festgelegt wurde, erhielten die Briten freie Hand in Griechenland. Britische Einheiten landeten in Piräus, nachdem die Deutschen abgezogen waren. Der deutsche Kommandant von Athen hatte den Befehl, die Stadt beim Rückzug zu zerstören. Der Kommandant bot jedoch in Verhandlungen mit allen politischen Gruppen das unzerstörte Athen an für den ungehinderten Abzug der deutschen Wehrmacht. Die Deutschen zogen sich ungestört zurück und am 18. Oktober 1944 hielt die Exil-Regierung in Athen ihren Einzug.

Die Schlacht um Athen

Griechenland war von der deutschen Besatzung befreit, doch die inneren politischen Auseinandersetzungen gingen weiter. Im Mittelpunkt der britischen Interessen und Papandreous Politik standen die Entwaffnung der Résistance und der Aufbau einer eigenen Streitmacht. Die Linke stimmte der Entwaffnung unter der Bedingung zu, daß auch die rechtsgerichteten militärischen Einheiten entwaffnet und die Armee völlig neu aufgebaut würden. Papandreou lehnte ab. Die Rechte begann, ihr militärisches Potential auszubauen. Die 3. Brigade kehrte nach Griechenland zurück, obwohl ihr Einsatz in Italien noch notwendig war — eine Provokation für die EAM. Bei der »Säu-

Der britische Presseoffizier W. Byford-Jones beschreibt die Demonstration der EAM in einem Augenzeugenbericht:

> Als der Anfang des Zuges ungefähr 25 m entfernt war, wurde meine Aufmerksamkeit durch einen Zuruf, der sich wie ein Befehl auf griechisch anhörte, wieder auf den Balkon gelenkt. Mr. S. Barber von der United Press sagte mir später, daß dies ein Feuerbefehl gewesen war. Im nächsten Augenblick fingen die Polizeibeamten an durchzuladen, nicht alle auf einmal, wie eine disziplinierte Truppe, sondern zögernd, einer nach dem anderen, als ob einige der Männer nur zögernd gehorchten.
>
> Ich glaubte immer noch, das sei eine Vorsichtsmaßnahme, und schaute wieder auf die sich nähernde Menge.
>
> Was als nächstes geschah, war so fantastisch unwirklich wie das Geschehen in einem Film. Die Polizeigruppe über mir leerte ihre Magazine direkt in die Menge ... Ich glaubte zuerst, die Polizisten feuerten mit Platzpatronen oder hielten über die Köpfe der Menge hinweg. Viele andere dachten das auch. Aber das Schlimmste war geschehen: Männer, Frauen und Kinder, die uns einige Augenblicke zuvor noch zugerufen hatten, voller Leben und Herausforderung marschiert waren, gelacht hatten, ihre und unsere Fahnen geschwenkt hatten, stürzten zu Boden; Blut tropfte aus Wunden an Köpfen und Körpern entweder auf das Pflaster oder auf die Fahne, die sie getragen hatten ...
>
> Die weiße Bluse eines jungen Mädchens färbte sich blutrot, ein junger Mann mit einer Wunde, die von einem Fischhaken hätte stammen können, krümmte sich sekundenlang und starb; ein kleines Mädchen schrie und hielt sich den Kopf ... Das Schießen ging weiter; die Schüsse hallten zwischen den hohen Gebäuden wider. Zwischen den Salven hörte man Angst- und Schmerzensschreie. Es gab eine Panik und wilde

Flucht. Die Flüchtenden stürzten über blutende Körper. Die Polizisten schienen vor dem Aufhören Angst zu haben. Der Anblick verletzte zutiefst das Anstandsgefühl jedes zuschauenden Engländers. Zuerst stand man fassungslos und wie angewurzelt da, dann brüllten die Umstehenden zur Polizei hinauf ...

Das Feuer hörte auf. Nach einigen Augenblicken erhoben sich die Leute und schauten einander an; erst dann entdeckte man, wer getötet oder verwundet war ...

Über hundert Demonstranten beiderlei Geschlechts und jeden Alters lagen tot oder verwundet auf dem Pflaster. Dann geriet die Menge in Wut. Tausende von Menschen brüllten Drohungen und ihre Verachtung zu den Polizisten hinauf ...

Inzwischen trafen britische Panzer ein, bezogen Stellung rund um das Gebäude und legten damit auf zwei Seiten eine Mauer aus schützendem Stahl um die Polizeistation. Die Demonstranten standen weinend und schreiend da, rissen ihre Hemden auf und brüllten: ›Erschießt mich, ihr Feiglinge, ihr Papandreou-Söldner.‹ Wir, die wir in der Schußlinie standen, erwarteten jeden Augenblick, daß die EAM Waffen einsetzen würde Auf dem Dach des KKE-Hauptquartiers am Platz befand sich ein Maschinengewehrnest. Von dort hätte man die Umgebung der Polizeistation mit vernichtendem Feuer belegen können. Aber die EAM beschränkte sich auf Verwünschungen und Drohungen. Ich glaube nicht, daß irgend jemand in der Demonstration bewaffnet war. Die Wut der Menge war so groß, daß, wenn es nach ihr gegangen wäre, in diesem Augenblick der Bürgerkrieg losgebrochen wäre ...

Der Demonstrationszug formierte sich neu und marschierte – jetzt wesentlich vergrößert durch Leute, die bis zur Eröffnung des Feuers uninteressierte Zuschauer gewesen waren – die Universitätsstraße hinunter. An der Spitze des Zuges wurden die mit Blut getränkten alliierten Fahnen getragen.«[7]

berung der Armee« wurden die Kollaborateure, die Royalisten waren, geschont, sogar geehrt und belohnt. Verräter und Mitglieder der Sicherheitsbataillone wurden aus den Gefängnissen entlassen und nach Ägypten gebracht, von wo aus sie wieder in britischer Kleidung ins griechische Militär gelangten. Die Offizierskader der neuen Nationalgarde rekrutierten sich aus den Tagmata Asfalias, den rechten Sicherheitsbataillonen. Die Briten errichteten eine Blockade Athens und drohten mit dem Belagerungszustand, wenn die ELAS nicht demobilisieren würde. Die EAM verhandelte und schlug eine Integration beider Armeen bis hin zur Kampfgruppe vor. Die Rechten fürchteten die Integration. Am 1. Dezember erließen die Briten den Befehl zur Auflösung der Kampfgruppen der ELAS. Papandreou rief sein Kabinett ohne die EAM-Minister zusammen und befahl die Ablösung der EAM-Nationalgarde durch die royalistische Nationalgarde. Die EAM-Minister traten unter Protest zurück. Daraufhin unterzeichnete das Rumpfkabinett den Befehl zur Auflösung aller Guerillagruppen. Papandreou schrieb später: »Damit stellte ich die KKE vor ein Dilemma: Entweder akzeptierte sie die Entwaffnung friedlich, oder sie versuchte den Aufstand, allerdings unter Bedingungen, die sie in die Niederlage führen würde.«

Am 3. Dezember hielt die EAM auf dem Syntagmaplatz eine Massendemonstration ab. Die Genehmigung zur Demonstration wurde ihr viel zu

kurzfristig, am 2. Dezember, wieder entzogen. Es kam zu einem blutigen Massaker, das als »Dekemvriana« in die Geschichte einging. Polizisten feuerten in die friedliche Menge. Das Ringen um eine politische Lösung der Krise scheiterte an Churchill. In seinen Memoiren schrieb er: »Man konnte der Gewaltlosigkeit, mit der die Kommunisten die Stadt erobern und sich der Welt als die vom griechischen Volk gewollte Regierung präsentieren wollten, nur mit Waffengewalt begegnen.« Ein Telegramm von Churchill verhinderte eine Regierungsumbildung. Scobie verkündete am 4. Dezember den Belagerungszustand und befahl den Truppen der EAM, die Hauptstadt innerhalb von zwei Tagen zu verlassen. Während der nächsten drei Wochen kam es zu bewaffneten Auseinandersetzungen, die allmählich eskalierten. Die Briten verstrickten sich immer tiefer in den Kampf, insbesondere durch die Haltung der griechischen Regierung, deren Ziel es war, in ganz Griechenland den Einfluß der Kommunistischen Partei ein für alle Mal zurückzudrängen. Über einen Monat dauerte die Schlacht um Athen.

Die EAM, die nicht mit der bewaffneten Intervention der Briten gerechnet hatte, stationierte ihre kampfkräftigsten Einheiten elf Tagesmärsche entfernt im Norden des Landes. In Athen befand sich nur eine kampfunerfahrene Reservetruppe der ELAS. Das ZK der ELAS hatte sich bereits aufgelöst. Bis zum 12. Dezember griffen die ELAS-Verbände nur das Regierungsgebäude, Polizeistationen und Gendarmerien an sowie die rechten X-(Chi)Einheiten, die von dem berüchtigten Kommunistenhasser und Rechtsextremisten *Georgeos Grivas* angeführt wurden. Gegenüber den britischen Verbänden hielt sich die ELAS zurück. Es gelang ihr dennoch, Sicherheitskräfte, griechische Exilstreitkräfte und britische Einheiten auf den Stadtkern zurückzudrängen.

Am 15. Dezember wandte sich das Blatt. Die britischen Einheiten waren um zwei Divisionen von der italienischen Front verstärkt worden. Der Generalangriff der ELAS, der zeitlich nicht koordiniert und aus verschiedenen Richtungen uneinheitlich geführt wurde, erlaubte den Briten ihre Panzer an die jeweils schwächsten Stellen umzudirigieren und die ELAS unter großen Verlusten aus der Stadt zu drängen.

Danach waren beide Seiten zu Verhandlungen bereit. Am 15. Januar kam es zum Waffenstillstand und kurz danach zum Friedensvertrag von Varkiza. Die ELAS verpflichtete sich zur Übergabe ihre Waffen. Dafür versprach die griechische Regierung, Polizei und Staatsapparat von Kollaborateuren zu säubern.

Der Bürgerkrieg geht weiter

Unter Einhaltung des Waffenstillstandsabkommens zog sich die ELAS nach Norden zurück. In den freiwerdenden Dörfern errichteten die Konservativen unter dem Schutz der Briten die Organe der neuen Nationalgarde. Die Gefängnisse füllten sich mit Widerstandskämpfern, und Ende des Jahres waren rund 20.000 Bürger enweder deportiert oder erschossen worden. Etwa 80.000 wurden angeklagt, sie hätten Morde an den Angehörigen der deutschen Besatzungsmacht und Kollaborateuren verübt. Die Sicherheitsbataillone wurden trotz des Abkommens nicht aufgelöst, sondern terrorisierten mit Unterstützung der Armee und der Polizei ehemalige Widerstandskämpfer und Teile der Stadtbevölkerung. Statt eines Neuaufbaues der Armee wurden die führenden Stellen mit ehemaligen Kollaborateuren und Royalisten besetzt. Ohne Passagierschein der rechten Garde durfte niemand seinen Ort verlassen. Illegale Gefängnisse, Ausgangssperren, Razzien auf Kommunisten und Republikaner, sowie Terror gegen ihre Familienangehörigen waren an der Tagesordnung. Anstatt von Kollaborateuren wurden die staatlichen Stellen von EAM-Anhängern gesäubert.

Vieles versteh ich selbst noch nicht. Warum damals, 1944 im Winter, die ELAS, unsre Befreiungsarmee, hier auf dem Festland nach der Flucht der Deutschen die Waffen einer machtlosen monarchistischen Regierung ausgeliefert hat — aber dann, zwei Jahre später, praktisch ohne Waffen, hat sie dieser Regierung den Bürgerkrieg erklärt! Das konnte mein Vater auch nicht richtig begründen. Er hat das auf Kreta anders erlebt, weil bei uns die deutschen und italienischen Truppen nicht fliehen konnten, eingeschlossen von unsrer Volksarmee in ihren Lagern bis zum Mai fünfundvierzig, bis zur allgemeinen Kapitulation, als die Engländer sie abgeholt haben in die Gefangenschaft. Deshalb behielten die Partisanen ihre Waffen. Dann seien aber auch diese Stillhaltebefehle aus Athen gekommen, sagt er, von unsrer Parteileitung, und sie hätten mitansehen müssen, wie die Rechten ihre Macht ausbauten, die Faschisten aus den Gefängnissen entlassen wurden und gleich rein in solche Trupps, zusammen mit Viehdieben und Totschlägern, Vaterlandswächter nannten sich die, Todesschwadronen im Grunde, wie heut in Südamerika. Und dann, siebenundvierzig, als sie stark genug waren, haben sie auf einen Schlag viele unsrer besten Führer verhaftet. Da sind unsre Männer wieder in die Berge gegangen, es war gleich eine verzweifelte und verlorene Sache, sagt mein Vater. Einige hatten sich auch vorher dorthin zurückgezogen, die die Entwicklung voraussahen. Sie hätten in Chania schon länger an den Direktiven des Athener Politbüros gezweifelt, aber dann hätte es durch die Aktionen der Rechten keine andre Wahl mehr gegeben.

Erst haben sie sogar kleine Erfolge erzielt, durch Überraschungsangriffe, und weil sie sich in den Bergen auskannten. Wurden auch von der Landbevölkerung unterstützt, die lange Tradition, mußt du dir vorstellen, die Widerstandskämpfer in den Bergen, gegen die Türken, die Deutschen, das ist fast ein Mythos, die Sfakioten in den Weißen Bergen, das Gebiet ist nie wirklich erobert worden.

Das haben wir in der Schule gelernt. Das ja. Aber nicht, was mein Vater mir gestern — die Grausamkeiten der Regierungstruppen, vom Festland, und auch die kretischen Faschisten, wie sie die Partisanengruppen durch Verrat in Hinterhalte gelockt — niedergemetzelt — Gefangene nur für die Folter — Vik, es waren meine — meine Landsleute! Mit denen habe ich gelebt! Sie haben den Kapetanios, weil sie auf ganz Kreta berühmt waren, die Köpfe abgeschlagen und sie in den Städten ausgestellt! Im Triumph herumgefahren! In Iraklion! Auch in Chania!

aus: Erasmus Schöfer, Tod in Athen, Weltkreis-Verlag 1986

Während dieser Exzesse fanden 1946 die Parlamentswahlen statt.

Die EAM verlangte als Bedingung für ihre Teilnahme die Beteiligung an der Regierung, eine allgemeine Amnestie für alle Angehörigen der Résistance, eine Berichtigung der manipulierten Wahllisten und eine Säuberung der Verwaltung. Da diese Forderungen nicht durchsetzbar waren, boykottierten sie die Wahlen. Die Rechten bekamen mühelos die absolute Mehrheit.

Während sich die von den Briten und zunehmend von den Amerikanern unterstützte Oberschicht weiterhin ihr luxuriöses Leben leisten konnte, verelendete die arbeitende Bevölkerung. Die Regierung gab doppelt so viel Geld aus, wie sie einnahm. Da sie sich das fehlende Geld einfach über die Notenpresse besorgte, trieb sie die Inflation und damit die Lebenshaltungskosten in die Höhe. Die Kapitalbesitzer flüchteten ins Gold, niemand wagte mehr zu investieren. Die Arbeitslosigkeit stieg. Festpreise und Rationierungen, die die Versorgung gewährleisten sollten, führten zu organisierten Verkaufstreiks von Kaufleuten, Industriellen und Bauern. Ein schwarzer Markt bildete sich heraus. Die Festpreise mußten aufgehoben werden und wieder stiegen die Lebenshaltungskosten an, überall wurde für höhere Löhne gestreikt.

1946 verhängte die Regierung den Ausnahmezustand. Die Grundrechte wurden aufgehoben. Für Aktionen gegen die Staatssicherheit wurde die Todesstrafe verhängt. Die rechten Banden terrorisierten weiterhin die Dörfer und erpreßten zahlungsfähige Bauern. In den Vorstädten wurden nachts politische Morde verübt. Als die Volksabstimmung über die Rückkehr des Königs stattfand, war der Gewerkschaftsapparat zerschlagen, die örtlichen EAM-Führer verhaftet und auf die Strafinseln deportiert worden. Der rechte Terror, die Sorge um den Lebensunterhalt und die Wahlfälschungen ermöglichten Georg II. 1946 die Rückkehr nach Athen.

Trotz alledem war der Widerstand nicht gebrochen. Die KKE war im Verlauf des Befreiungskampfes zu einer großen, disziplinierten Partei mit Hunderttausenden von Mitgliedern herangewachsen und konnte nicht so einfach zerschlagen werden. Angehörige der ELAS bildeten wie zu Anfang der Besatzungszeit Selbstschutzgruppen in den griechischen Bergen. Am 28. Okt. 1946 wurde die Demokratische Armee Griechenlands DSE gegründet, die sehr schnell große Teile des Landes vor allem im Norden unter Kontrolle brachte. Ein Jahr später konstituierte sich die provisorische Regierung des Freien Griechenlands.

Inzwischen zog sich Großbritannien aus Griechenland zurück. Es hatte nicht mehr die finanzielle Kraft, um seine Rolle als führende Weltmacht aufrechtzuerhalten. Die hundertjährige Geschichte britischer Vorherrschaft war zu Ende. An die Stelle Großbritanniens, dessen Kolonialreich sich auflöste, trat die USA als vorherrschende, imperiale Macht der westlichen Welt. Als »Schutz«-Macht intervenierte sie im griechischen Bürgerkrieg. Die demokratische Armee konnte sich nicht lange halten. Abgeschnitten vom städtischen Proletariat, inmitten einer kriegsmüden Landbevölkerung und bedroht von einem übermächtigen Gegner, mußte sie 1949 den Kampf beenden. Daneben verlor die DSE durch Zwangsrekrutierungen und Gewaltakte gegen die Zivilbevölkerung erheblich an Rückhalt. Die DSE-Soldaten und viele Kommunisten flohen in die Volksrepubliken Osteuropas. In Griechenland herrschte Friedhofsruhe und die Linken füllten Konzentrationslager und Gefängnisse.

Der Nachkriegskapitalismus

Die Zeit nach Beendigung des Bürgerkrieges war durch die Vorherrschaft der USA gekennzeichnet. Der Zweite Weltkrieg, die Besatzungszeit und der Bürgerkrieg hatten die Wirtschaft des Landes zerstört. Das Abkommen über die Gewährung von Wirtschaftshilfe durch die USA führte Griechenland in die ökonomische Abhängigkeit. Der Leiter der amerikanischen Militärmission erhielt uneingeschränkte Verwendungsfreiheit über die gewährten Kredite. Das Budget des CIA war doppelt so hoch wie das der gesamten amerikanischen Botschaft. Die Aktivitäten der USA zogen in Griechenland die Bildung einer amerikanischen Fraktion in Wirtschaft, Politik, Armee, Verwaltung und bei Hofe nach sich.

Eingliederung in die westliche Gemeinschaft

Die nach dem Verhältniswahlrecht durchgeführten Wahlen von 1950 und 1951 führten zum Wahlsieg der Liberalen. Für die Eskalation im Kalten Krieg seit 1947 und für die Politik der Einkreisung der UdSSR durch westliche Bündnissysteme und Militärstützpunkte war den USA die Politik der liberalen Regierungen gegenüber der Sowjetunion nicht eindeutig genug. Durch die Drohung der amerikanischen Stellen, jegliche Wirtschaftshilfe für Griechenland einzustellen, gelang es den Konservativen, die liberale Regierung zur Einführung eines modifizierten Verhältniswahlrechtes zu zwingen. Dies begünstigte den Kandidaten der USA-freundlichen, konservativen Politiker: General *Papagos,* der die royalistische Partei unter dem Namen *Griechische Sammlung* reorganisiert hatte. Er bildete die von den USA verlangte »stabile« Regierung.

Die katastrophale ökonomische Situation Griechenlands, der antikommunistische Terror und die Wahlfälschungen ermöglichten es den Konservativen, die sich 1955 in der ERE, der National Radikalen Union vereinigten, bis 1963 unter Karamalis an der Macht zu bleiben.

Obwohl die offizielle Bezeichnung der Staatsform eine »royalistische parlamentarische Republik« war, wurde die eigentliche Macht von außerparlamentarischen Kräften ausgeübt.

Der König, die Armee, die seit 1952 abhängig von der NATO war und von der paramilitärischen Organisation IDEA (gegründet 1944) geleitet wurde, der militärische Geheimdienst KYP, der direkt dem CIA untergeordnet war und von ihm bezahlt wurde, die Polizei, die Miliz TEA und die besonderen Terrorgruppen, die bei Wahlkämpfen eingesetzt wurden, waren die Kräfte, die das politische Geschehen maßgeblich bestimmten. Die Repressionsmaßnahmen waren vielseitig. Sie setzten bei dem »Gesinnungszeugnis« an, welches für jede Handlung des Bürgers unentbehrlich war (für die Ausstellung des Reisepasses, für die Arbeitsplatzsuche usw.) und erstreckten sich auf die »administrative Deportierung«, bei der eine Einweisung in ein Internierungslager ohne Vorlage eines Gerichtsurteils vorgenommen wurde. Die Bezeichnung »Kommunist« — und gegen Kommunisten richteten sich die Unterdrückungsmaßnahmen ursprünglich — wurde großzügig ausgelegt.

Von der amerikanischen Wirtschaftshilfe wurde der größte Teil für Militärausgaben verwendet und nur ein geringer Teil für produktive Investitionen. So unterhielt Griechenland eine doppelt so große Armee, als es die wirtschaftlichen Kapazitäten erlaubten — 2% der Gesamtbevölkerung waren in der Armee (in der BRD 0,7%).

Für das ausländische Kapital wurden günstige Bedingungen geschaffen, so daß seit 1953 amerikanisches, französisches und deutsches Kapital nach Griechenland strömte.

Die ersten Nachkriegsregierungen verfolgten alle die Politik, Privatkapital zu subventionieren und ihm außerordentliche Profitmöglichkeiten zuzusichern. Eine Planung für die systematische Nutzung der nationalen Ressourcen gab es nicht.

Die Landwirtschaft blieb weiterhin der bedeutendste Zweig der griechischen Wirtschaft. Doch die geringe Größe der Familienbetriebe und die Unzulänglichkeiten der Infrastruktur verhinderten eine Modernisierung des Agrarsektors, die Bauern blieben arm. Die geringe Zuwachsrate der griechischen Industrie bis Mitte der 60er Jahre drückte sich in der relativ schwachen Arbeitsnachfrage aus, die eine zunehmende Auswanderung von Arbeitskräften ins Ausland erklärt. Die Konzentration der Industrie- und Dienstleistungsbetriebe in den größeren Städten, insbesondere in Athen, Piräus und später in Thessaloniki löste die Binnenwanderung aus und verstärkte das wirtschaftliche Strukturgefälle von Stadt und Land.

Die demokratische Opposition

In der Vereinten Linken EDA, die 1951 gegründet wurde, schlossen sich die Kommunisten, die linken Sozialisten und andere ehemalige Widerstandskämpfer der EAM zusammen. Die Politik der EDA wurde weitgehend von der illegalen KKE bestimmt, die bis 1956 auf eine Wiederaufnahme des bewaffneten Kampfes hoffte. Diese politische Linie widersprach der griechischen Realität und den Bedürfnissen der griechischen Bevölkerung. Es ging vielmehr darum, die Respektierung der Verfassung durchzusetzen, die Sondergesetze aus dem Bürgerkrieg zu beseitigen und für die Normalisierung des politischen Lebens zu kämpfen. Besonders nach dem 20. Kongreß der KPdSU kam es zu Spannungen und zur Fraktionsbildung innerhalb der KKE. Eine Kommission aus Vertretern regierender kommunistischer Parteien setzte die Führung der KKE ab. Auf der 6. Tagung revidierte das Zentralkomitee die Parteilinie und paßte sie der griechischen Realität an. 1958 wurden die illegalen Parteiorganisationen aufgelöst und in die EDA integriert. Bei den Wahlen im selben Jahr erreichte die EDA ihr bestes Ergebnis. Sie erhielt 24,7% der Stimmen und war — begünstigt von einem Wahlsystem, das sie diskriminieren sollte — mit 79 Sitzen im Parlament vertreten.

Die Liberalen, die hauptsächlich aufgrund der politischen Ambitionen ihrer Führer zersplittert waren und damit zur Festigung der konservativen Regierung beitrugen, vereinten sich 1961 in der Zentrumsunion EK. Die EK setzte sich zusammen aus der ehemaligen liberalen Bewegung und einigen Sozialisten, die in der EAM gegen die Besatzung gekämpft hatten. Um den Einfluß der EDA einzuschränken, ermutigte die US-Regierung die Zentrumspolitiker zum Zusammenschluß.

Die Rechte verlor an Einfluß und versuchte dies durch Verschärfung der Repressionsmaßnahmen zu kompensieren.

Im Mai 1963 wurde nach einer Versammlung der Friedensbewegung in Saloniki der EDA-Abgeordnete *Grigoris Lambrakis* auf offener Straße niedergeschlagen und danach von einem Lastauto überrollt. Die Polizei sah unbeteiligt zu. Heute steht mit großer Sicherheit fest, daß dieser politische Mord ohne Kenntnis der Regierung auf Weisung des Hofes von der Gendarmerie geplant und mit Hilfe faschistischer Banden durchgeführt worden ist. Bekanntgeworden sind bei uns die Hintergründe des Mordes durch das Buch *»Z«*, das von *Kostas Gavras* verfilmt wurde. Dieser Vorfall und die darauf folgenden Unruhen trugen wesentlich zum Sturz der ERE bei. Das Zentrum und die Linke verlangten den Rücktritt der Regierung und Neuwahlen. Diese wurden auf den 3. November festgesetzt.

Aus den Wahlen im November 1963 ging die Zentrumsunion als stärkste Fraktion hervor. Sie konnte aber nur eine Minderheitsregierung bilden, die nicht mehr als 52 Tage dauerte. Papandreou lehnte die Unterstützung seiner Regierung durch die EDA ab und setzte sich für eine Wiederholung der Wahlen ein. Bei den Neuwahlen im Februar 1964 errang die EK eine absolute Mehrheit. Der Handlungsspielraum der neuen Regierung war eingeschränkt, durch die Flügelkämpfe innerhalb der EK und durch die Aktivitäten des Palastes, der Armee und der amerikanischen Dienststellen. Ein Demokratisierungsprozeß wurde eingeleitet. Hunderte von politischen Häftlingen wurden freigelassen. Die Regierung versuchte, die Macht des Polizeiapparates und die Kontrollfunktion der Miliz (TEA) über die ländlichen Gebiete einzuschränken. Im wirtschaftlichen und sozialen Bereich wollte sie durch neue Maßnahmen und Gesetze eine Umverteilung zugunsten der sozial schwachen Schichten erreichen, die Macht des ausländischen Kapitals be-

Grigoris Lambrakis beim Friedensmarsch von Marathon nach Athen

schneiden, das Bildungssystem modernisieren und demokratisieren. Auch die Gewerkschaften sollten demokratisiert werden.

Die Politik der EK ließ erstmals nach dem Bürgerkrieg den verschiedenen liberalen Kräften breitere politische Entfaltungsmöglichkeiten. Zudem hatte der Koordinationsminister *Andreas Papandreou*, der sich immer mehr zum politischen Nachfolger seines Vaters profilierte, programmatische Berührungspunkte mit der linken Opposition. Sowohl Innen- wie auch Außenpolitik der EK entsprachen nicht den Interessen der Armee, des Königs und der Vereinigten Staaten.

Der Streit um Zypern

Seit sich bei einem Volksentscheid 78% der griechischen Bevölkerung Zyperns für einen Anschluß der Insel an Griechenland ausgesprochen hatte

(ENOSIS), betrieb der *Erzbischof Makarios* eine Politik des Anschlusses. Auf den Zypernkonferenzen in Zürich und London 1959 erhielt das bis dato von den Briten verwaltete Zypern eine Verfassung, die die ENOSIS verbot. Der türkischen Minderheit auf der Insel, die 18% der Gesamtbevölkerung ausmachte, wurden durch die Abkommen Vorrechte eingeräumt, u.a. eine 30 bis 50%ige Beteiligung an den Institutionen und der Verwaltung des zypriotischen Staates sowie ein absolutes Vetorecht des stellvertretenden türkisch-zypriotischen Ministerpräsidenten. Mit diesen Vorrechten war die Lähmung des Staatsapparates zu jeder Zeit möglich.

Gemäß dem Londoner Vertrag verzichtete Griechenland auf die ENOSIS, die Türkei auf die Teilung der Insel und Großbritannien auf seine Souveränität über Zypern. Ein zusätzlicher Vertrag erkannte jedoch diese drei Länder als Garantiemächte an und erteilte ihnen das Recht auf Intervention, falls sie die Unabhängigkeit Zyperns bedroht sehen.

1963, dem Jahr des Amtsantrittes der EK-Regierung, setzte sich Makarios für eine Revision der Verfassung ein. Die Türkei sah darin eine Einschränkung der Vorrechte der türkisch-zypriotischen Volksgruppe. Gegenseitige militärische Angriffe zwischen griechischen und türkischen Zyprioten führten seit Dezember 1963 zu bürgerkriegsähnlichen Zuständen auf der Insel. Großbritannien forderte die Intervention einer NATO-Truppe, wogegen sich Erzbischof Makarios erfolgreich wehrte. Er erreichte stattdessen die Stationierung von UN-Friedenstruppen. Die USA und Großbritannien sahen in der Teilung Zyperns mit dem jeweiligen Anschluß an das »Mutterland« die einzige Möglichkeit, die Zypernfrage im Rahmen der NATO zu »lösen«. Die Athener Regierung wehrte sich gemeinsam mit Makarios gegen diese Pläne und bestand auf einer Lösung im Rahmen der UNO.

Im Juni 1964 kehrte der reaktionäre General Georgios Grivas, der aus Zypern stammte und während der Besatzungszeit die berüchtigte rechtsradikale Organisation X (Chi) in Griechenland aufgebaut hatte, auf die Insel zurück. Unter dem Vorwand, die kommunistische Gefahr abwenden zu wollen, bekämpfte er die Politik der Unabhängigkeit, die Makarios, unterstützt von der Kommunistischen Partei Zyperns, der AKEL, vertrat. Grivas wollte die ENOSIS mit militärischen Mitteln erzwingen. Gleichzeitig begann in Griechenland eine heftige Diskussion um die Zypernfrage. Rund 10.000 Soldaten der griechischen Armee begingen Fahnenflucht und schifften sich nach Zypern ein, um Grivas in seinen ENOSIS-Bestrebungen zu unterstützen. Der General ging offen zum Angriff gegen Makarios über und warf ihm eine verräterische Politik vor. Die nationalistischen Gefühle in Zypern wurden belebt und beschworen eine Spaltung der griechischen Inselbewohner herauf.

Inzwischen verhandelte die Athener Regierung unter amerikanischem Druck mit der Türkei, um eine Lösung der Zypernfrage zu erzielen.

Der amerikanische Vorschlag sah die Angliederung Zyperns an Griechenland vor, der Türkei sollte dafür eine der griechischen Inseln vor dem türkischen Festland abgetreten und ein Stützpunkt in Zypern zugestanden werden. Im Gegenzug wandte sich Makarios an die UdSSR und gewann sie als Bündnispartner.

Beunruhigt über die Zusammenarbeit von Makarios mit der Sowjetunion, unterstützte die Athener Regierung verstärkt General Grivas. Er erhielt das Oberkommando über das griechische Kontingent auf Zypern und über die zypriotische Nationalgarde.

Der Lambrakis- und ASPIDA-Prozeß

In der Zwischenzeit war die Regierung Papandreou längst gestürzt. Von Kreisen der extremen Rechten wurde die Nachricht über die Entdeckung eines angeblichen Komplotts linker Offiziere verbreitet. Der Initiator des sogenannten ASPIDA-Komplotts sollte Andreas Papandreou sein, der Sohn des Ministerpräsidenten und selber amtierender Minister der EK, der angeblich das Ziel verfolgt habe, die Armee dem königlichen Einfluß zu entziehen. Mit der Untersuchung wurde eine Militärkommission beauftragt, die aber keine Beweise für den angeblichen Komplott finden konnte.

Als G. Papandreou den königstreuen Verteidigungsminister Garoufalias, der hinter den Anschuldigungen steckte, entlassen wollte, weigerte sich der König, die Urkunden für die Entlassung des Verteidigungsministers und des Generalstabchefs zu unterschreiben und zwang damit den Ministerpräsidenten zur Rücktrittsdrohung. Der König nahm die mündliche Rücktrittsdrohung als Rücktrittsgesuch entgegen und unternahm noch in der gleichen Nacht den Versuch, eine neue Regierung mit anderen Politikern der Zentrumsunion zu bilden.

Eine Welle von spontanen Demonstrationen gegen die Mißachtung der Wähler und den Staatsstreich des Königs lief durch das Land. Die Brutalität der Gendarmerie bei den Kundgebungen hatte mehrere hundert Verletzte zur Folge, am 21.7.65 wurde der Student *Sotiris Petroulas,* führendes Mitglied der *Lambrakis-Jugend,* getötet. Eine Woche später rief die Linke zur Wahrung der demokratischen Institutionen für den 27. Juli einen Generalstreik aus, der von fast allen Lohnabhängigen befolgt wurde. Die Popularität G. Papandreous erreichte ihren Höhepunkt, aber er wußte sie nicht zu nutzen.

Der Palast, die US-Botschaft und ein Konsortium aus Industriellen und Reedern ließen es sich ca. 15 Millionen Dollar und einige Ministersessel kosten, die Abgeordneten der Regierungspartei davon zu »überzeugen«, daß die Bildung einer neuen Regierung notwendig sei. Nach zwei gescheiterten Versuchen sprach das Parlament dem vom König eingesetzten Ministerpräsidenten *Stephanopoulos* das Vertrauen aus.

Der Rahmen einer parlamentarischen Demokratie wurde zunächst der Form nach aufrechterhalten. Das Kabinett Stephanopoulos blieb in den Augen der Griechen mit dem Makel der Umstände seiner Amtsübernahme behaftet, es war die »Verräterregierung«. Im Dezember 1966 entzog die ERE der erfolglosen Regierung ihre parlamentarische Unterstützung. Vom König wurde der Gouverneur der griechischen Nationalbank *Paraskevopoulos* mit der Regierungsbildung beauftragt. Die beiden Vorsitzenden der ERE und der EK einigten sich darauf, die Bildung der neuen Regierung zu unterstützen. Sie sollte die Neuwahlen vorbereiten. Die EK wurde aber nicht vor dem Abkommen von Papandreou konsultiert, so daß dieser Kompromiß zu starken Auseinandersetzungen innerhalb der Partei führte. Unterdessen gingen die beiden großen politischen Prozesse, der Lambrakis- und der ASPIDA-Prozeß, die schon während der Regierungszeit Stephanopoulos' begonnen hatten, ihrem Ende entgegen. Das Urteil im Lambrakis-Prozeß wusch die Rechte von jeglicher Verantwortung rein. Die wahren Hintergründe blieben im Dunkeln. Im ASPIDA-Prozeß reichte der Staatsanwalt dem Parlament einen Antrag zur Aufhebung der Immunität der früheren Minister der Zentrumsunion, Andreas Papandreou und *Pavlos Vardinojannis* ein, um Anklage wegen Hochverrats erheben zu können, obwohl kein einziger Beweis dafür vorlag. Es war offensichtlich, daß die Regierung Paraskevopoulos die Chance eines Wahlsieges der EK bei den kommenden Wahlen zu verringern suchte. Daraufhin zwang G. Papandreou die Regierung zum Rücktritt.

Der König beauftragte den ERE-Vorsitzenden *Kanellopoulos,* eine neue Regierung zu bilden. Dessen Versuch, eine parlamentarische Mehrheit zu gewinnen, scheiterte. Das Parlament wurde aufgelöst. Laut Verfassung sollten 45 Tage später, am 28. Mai 1967 Neuwahlen stattfinden. Doch die Gegner Papandreous waren nicht mehr bereit, das Risiko eines Wahlsiegs der EK einzugehen. Die Politik des Staatsstreichs, die der König gegenüber dem gewählten Parlament ausübte, ließ sich nicht mehr beliebig verlängern. Am 21.4.67 ergriff eine Junta von Obristen die Macht. Der Putsch verlief nach dem NATO-Plan PROMETHEUS, der zur »Abwehr einer kommunistischen Aggression« ausgearbeitet worden war. Die Verfassung und die demokratischen Institutionen, die schon seit dem Staatsstreich des Königs systematisch untergraben wurden, wurden nunmehr auch faktisch abgeschafft.

Die Junta

In der Nacht vom 20. auf den 21. April 1967 rollten Panzer in Athen ein und besetzten alle wichtigen Gebäude. Regierungssitz, Rundfunkstationen, Post- und Telegraphenämter und Zeitungsredaktionen waren innerhalb weniger Stunden in der Hand der Soldaten. Athen wurde von der Außenwelt vollkommen abgeschnitten. Viele Athener erfuhren erst am nächsten Morgen von der Machtübernahme durch die Streitkräfte. Die meisten Politiker der Opposition waren bereits verhaftet: die Führer der EK und EDA, aber auch der Ministerpräsident Kanellopoulos und die wichtigsten Minister, der Verteidigungsminister und der Minister für öffentliche Ordnung.

Ein stiller Staatsstreich und ein offener Putsch

Der König wurde anscheinend vom Putsch der Obristen überrascht. Es gab Anzeichen dafür, daß von der Generalität in Zusammenarbeit mit dem Hof der Putsch vorbereitet wurde, dem aber die Obristen zuvorkamen. Der König fand sich schnell mit der neuen Situation ab und »legalisierte« die neue Ordnung durch seine Zustimmung. Er fand sich jedoch nicht mit dem Verlust eines großen Teils seiner Macht ab. Sein dilettantischer Versuch, mit den wenigen ihm treu gebliebenen Offizieren die Junta zu stürzen und selbst die Macht zu übernehmen, scheiterte. Im Dezember ging die königliche Familie ins Exil.

Die Gewerkschaftsbewegung konnte aufgrund ihrer zersplitterten Basis keine Widerstandsgruppen gegen die Verschwörer bilden. Im Inneren wurde sie von den Konservativen und der Polizei kontrolliert. Der Generalsekretär des Gewerkschaftsbundes war vielmehr einer der ersten, die den Putsch begrüßten, und der sich um einen Antrittsbesuch beim Arbeitsminister der Junta im Namen aller Gewerkschaftsangehörigen bemühte.

Die EDA, in der die Mitglieder der Kommunistischen Partei legal arbeiteten, wurde ebenfalls vom Putsch überrascht. Den meisten gelang es nicht, in den Untergrund zu entkommen, nur wenige konnten fliehen. Es klingt makaber, aber im Leitartikel des Parteiorgans »Avgi« — das am Tag des Putsches erschien und beschlagnahmt wurde, wurden die Gründe analysiert, warum in Griechenland *kein* Militärputsch stattfinden könne!

Kurz nach dem Putsch wurde auch die Kirche gleichgeschaltet. Unter dem Vorwand der Säuberung der Kirche von »unwürdigen Amtsträgern« wurden der Erzbischof und einige andere Bischöfe durch juntatreue Geistliche ersetzt. Die Kirche war von nun an bei jedem öffentlichen Auftritt der Obristen präsent. Für die Nation hieß es von diesem Zeitpunkt an: »Griechenland der christlichen Griechen«. Vor Verhaftungen, Folter und Verbannungen schloß die Kirche die Augen und Ohren. Nur die christlich-soziale Jugend EXON leistete als einzige religiöse Gruppe Widerstand gegen die Obristen.

Die Innen- und Außenpolitik der Obristen

Die Wirtschaftspolitik der Junta unterschied sich nicht wesentlich von der früherer Regierungen. Als Heilmittel für alle Probleme der griechischen Wirtschaft wurde die Investition ausländischen Kapitals angesehen. In ihren Werbekampagnen propagierte die Junta Griechenland als eine »Oase des sozialen Friedens«, ohne Streiks und ohne gewerkschaftliche Forderungen. Für die Bevölkerung bedeutete dies jedoch Niedriglöhne und sozialer Raubbau.

Nach offiziellen Angaben hatte sich der als »Revolution« bezeichnete Putsch ohne Blutvergießen durchgesetzt. Nach Augenzeugenberichten wurde jedoch eine Reihe wehrloser Bürger kaltblütig ermordet. In einer Pressekonferenz eine Woche nach dem Putsch erklärte *Papadopoulos*, daß die Armee 5.000 Kommunisten festgenommen habe. In nicht-offiziellen Quellen wird

21. April 1967. Der Putsch der Obristen trifft die Bevölkerung unvorbereitet. Griechenland wird zum Gefängnis.

die Zahl der Inhaftierten schon in den ersten Tagen auf rund 10.000 geschätzt. Die schon seit der Metaxas-Diktatur berüchtigten Verbannungsinseln Jaros, Ai-Stratis u.a. hatten wieder Hochbetrieb. Der Bericht der Kommission für Menschenrechte dokumentiert ausführlich Folterungsmethoden, Greueltaten, Vergewaltigung von Frauen und menschenunwürdiges Verhalten gegenüber den Inhaftierten.

Für die in »Freiheit« Verbliebenen wurde Griechenland zur Kaserne. Die Militarisierung erfaßte alle Bereiche des Lebens. Mit Hilfe von Entlassungen und Einschüchterungen schalteten die Obristen den öffentlichen Dienst gleich. Die Junta säuberte die Streitkräfte und die Polizei. Gemeinderäte konnte sie nach Belieben auflösen und nach ihrer Wahl neu zusammensetzen. Zehntausende verloren ihre Arbeit und die Junta sorgte dafür, daß sie auch in der Privatwirtschaft keine neue Anstellung mehr fanden. Bei jeder Gelegenheit mußte ein *Gesinnungszeugnis* vorgelegt werden. Die Obristen führten die Gelehrtensprache wieder ein und gestatteten nur Schulbücher mit reaktionären Inhalten.

In der Außenpolitik erwies sich die Junta als treue Verbündete der NATO und der USA. Während des Sechs-Tage-Krieges im Nahen Osten gewährte sie den Vereinigten Staaten und Israel freie Hand über die griechischen Militärstützpunkte. Die 6. US-amerikanische Flotte und die israelische Luftwaffe konnten griechische See- und Flughäfen ungestört benutzen. In der Zypernfrage gelobte die Junta, alle Probleme im Rahmen des atlantischen Bündnisses zu lösen, unterstützte aber andererseits den illegalen ENOSIS-Kampf von General Grivas.

Die Beziehungen zu den westeuropäischen Staaten waren anfangs nicht ungetrübt. Die Sorge um das demokratische Image der Europäischen Institutionen führte zwar zur Unterbrechung der Verhandlungen über die Aufnahme Griechenlands in die Europäische Gemeinschaft und zum Ausschluß der Juntavertreter aus dem Europarat, die bilateralen politischen und wirtschaftlichen Beziehungen blieben jedoch bestehen. Bekannt wurden der herzliche Briefwechsel, den der zweite Mann der griechischen Junta, Pattakos, mit F.J.Strauß pflegte, und Verbindungen griechischer Dienststellen zu faschistischen Terroristen in Italien.

Die Haltung der sozialistischen Länder zur griechischen Diktatur war ambivalent. Während die Presse und verschiedene andere gesellschaftliche Organe den Putsch scharf verurteilten, bemühten sich die Regierungen — mit Ausnahme von Jugoslawien — um den Ausbau der diplomatischen und wirtschaftlichen Beziehungen.

Der Widerstand gegen die Diktatur

»Ihr könnt ab und zu das ganze Volk täuschen. Ihr könnt einen Teil des Volkes andauernd täuschen. Ihr könnt aber nicht andauernd das ganze Volk täuschen.« (Lincoln)

...Und sie haben es tatsächlich nicht gekonnt. Die Widerstandsorganisationen formierten sich. Einen Monat nach dem Putsch wurde die patriotische Front PAM von Kommunisten und Linksliberalen gegründet. *Mikis Theodorakis* beteiligte sich als Vorsitzender von PAM aktiv am antidiktatorischen Kampf. Die ersten illegal abgedruckten Flugblätter wurden verteilt, man hörte von Bombenanschlägen in Athen. Der Kampf wurde jedoch durch die Spaltung der KKE (1968) erschwert. Die Differenzen innerhalb der Partei begannen schon viele Jahre vor der Spaltung. Als die Kritiker der bisherigen offiziellen Linie der Partei die offene Diskussion forderten, befürchtete die Gruppe der Dogmatiker mit *Kolligianis* als führendem Kopf, daß eine freie Diskussion mit der Verurteilung ihrer Politik enden würde. Um weiterhin die Führung der Partei zu behalten und ihre Politik durchsetzen zu können, versuchte sie den im Inland verbliebenen Teil des Zentralkomitees zu ignorieren und vom Ausland her vor vollendete Beschlüsse zu stellen. Damit brach die Partei auseinander. Die Auseinandersetzungen der beiden Flügel der kommunistischen Partei wurden auch innerhalb der PAM ausgetragen. Die zunächst einheitliche Front wurde gespalten.

Aus einem Teil des linken Flügels der EK wurde zur gleichen Zeit die Widerstandsorganisation Demokratische Verteidigung *DA* gegründet. Andreas Papandreou, der inzwischen ins Ausland geflohen war, gründete die Panhellenische Befreiungsbewegung PAK, die einen anderen Teil des linken Flügels der EK umfaßte. PAM, PAK, DA arbeiteten für eine Zeitlang im Widerstand gegen die Diktatur zusammen.

Auf Ebene des studentischen Kampfes wurde im Dezember 1967 die Panhellenische Antidiktatorische Studentenorganisation *Rigas Feraios* von ehemaligen Mitgliedern der Lambrakis-Jugend gegründet. Auch Mitglieder der ehemaligen Jugendorganisation der Zentrumspartei EDIN traten ein. Bis Ende 1971 führte Rigas Feraios als einzige Organisation an der Universität den Kampf gegen die Diktatoren. Viele führende Mitglieder wurden verhaftet und zu hohen Freiheitsstrafen verurteilt. 1968 wurde von *Alekos Panagoulis* der verzweifelte Versuch unternommen, den Diktator Papadopoulos umzubringen. Das Attentat scheiterte. Panagoulis wurde verhaftet, jahrelang inhaftiert und gefoltert. Er wurde von nun an zu einem Idol des Freiheitskampfes. Die erste Massenkundgebung gegen die Diktatur fand im November 1968 bei der Beerdigung des ehemaligen Ministerpräsidenten Georgios Papandreou statt. Eine wichtige Stütze der Widerstandsbewegung war die materielle und moralische Hilfe der im Ausland lebenden Griechen, die auch dort bespitzelt und verfolgt wurden.

1973 sah sich die Junta gezwungen, ihre Position durch scheindemokratische Maßnahmen zu stabilisieren. Papadopoulos wechselte ins Amt des Staatspräsidenten, Zivilpolitiker wurden bei der Bildung der neuen Regierung einbezogen. Der rechte Politiker *Markezinis* wurde zum Ministerpräsidenten ernannt. Durch ein Referendum wurde die Monarchie abgeschafft und die Verfassung bestätigt. Freie Wahlen wurden angekündigt und die Pressezensur gelockert. Die »Liberalisierungspolitik« der Junta schaffte den Spielraum, den die antidiktatorischen Kräfte zu nutzen wußten.

Schon 1972 war es nach gefälschten Wahlen an den Universitäten zu universitären Protestaktionen und zur Besetzung der rechtswissenschaftlichen Fakultät gekommen. Diese Bewegung wurde von den Studentischen Kampfkomitees FEA, in denen alle politischen Richtungen zusammenarbeiteten, koordiniert. Im Sommer 1973 forderten die Studenten erneut freie Wahlen an den Universitäten und wollten sich nicht mehr vertrösten lassen. Am 14. November 1973 versammelten sie sich im Athener Polytechnikum und besetzten die Hochschule. In wenigen Stunden wurde ein Sender in Betrieb gesetzt: der Sender der kämpfenden Studenten, der Sender der freien kämpfenden Griechen. Ein gewähltes Koordinationskomitee sandte Parolen gegen den Faschismus: Wir kämpfen gegen die Junta, für eine antifaschistische Demokratie, gegen den Imperialismus. Auf einmal existierte ein Stück freies Griechenland, das zum Aufstand gegen die Obristen aufforderte. Die Athener versammelten sich um die Hochschule. Sie spendeten Lebensmittel und unterstützten die Besetzer moralisch. Die Solidarität quer durch die ganze Bevölkerung war bemerkenswert. Eine Unruhe breitete sich über das ganze Land aus. Ähnliche Besetzungsaktionen fanden gleichzeitig in Saloniki und Patras statt.

Das Ziel, das faschistische Regime zu stürzen, wurde nicht erreicht. Drei Tage dauerte es, bis die Junta in der Nacht zum 17. November vor dem Gebäude ihre Panzer auffahren ließ. Bis zum letzten Moment gab der studentische Sender antidiktatorische Parolen durch, dann feuerten die Panzer los. Zahlreiche Tote, Verletzte und Inhaftierte waren das blutige Ergebnis. Über das ganze Land wurde der Belagerungszustand verhängt. Unmittelbar nach der gewaltsamen Unterwerfung der Studentenrevolte fand innerhalb der Junta ein Gegenputsch statt. Der Chef der gefürchteten Militärpolizei, Ioannidis, übernahm die Macht in Griechenland. Er blieb jedoch hinter den Kulissen und stellte eine neue Regierung mit Zivilpolitikern zusammen. Die neue Junta versuchte nun durch Aufdeckung von Skandalen innerhalb der Papadopoulos-Regierung das erbitterte Volk zu beruhigen und innenpolitisch wieder die Zügel in die Hand zu bekommen. Diese Ablenkungsmanöver schlugen jedoch ins Gegenteil um und kompromittierten auch die derzeitige Regierung.

Der Zypern-Konflikt

In der Außenpolitik wurde das Verhältnis zur Türkei gespannter. Zu dem Streit um Zypern trat der Konflikt um die Ägäis hinzu. Seit 1972 vor der nordägäischen Insel Thasos Erdöl gefunden worden war, hatte die Möglichkeit von weiteren Erdölfeldern im Meeresboden die Ausbeutungsrechte zum Zankapfel zwischen Athen und Ankara gemacht. Nach der Genfer Seerechtskonvention von 1958 müssen Gebiete, bei denen sich wegen konkurrierender Ansprüche die Kontinentalsockel überschneiden, entlang der Mittellinie der beiden Ufer geteilt werden. Die Türkei bezog in ihre Berechnungen die griechischen Inseln nicht ein und beanspruchte die Hälfte der Ägäis.

Griechenland hatte bisher in der Ägäis wegen seiner über 3.000 Inseln das Hoheitsrecht. Nach der NATO-Regelung ist die Ägäis dem griechischen Seekommando unterstellt, auch die Flugkontrolle wird von den Griechen ausgeübt. Nach internationalem Seerecht stehen Küstenländern innerhalb der Territorialgewässer von sechs Meilen sämtliche Hoheits- und Nutzungsrechte zu. Griechenland versuchte nun, die Sechsmeilenzone wie die meisten Uferstaaten auf 12 Seemeilen auszudehnen und stieß damit auf den Widerstand der Türkei.

Der internationale Gerichtshof in Den Haag erklärte sich für den Streit nicht zuständig. Die Türkei hat die Genfer Konvention zwar unterschrieben, aber nicht ratifiziert. Such- und Bohrkonzessionen, die die Türkei in den umstrittenen Gebieten erteilte, schürten die Kriegsgefahr.

Auch der Zypernkonflikt schwelte weiter. Bereits Ende 1967 mußte sich Griechenland nach schweren Ausschreitungen in Zypern auf Intervention des UN-Weltsicherheitsrates verpflichten, den griechischen Teil der Nationalgarde auf Zypern um 6.000 Soldaten zu verringern und ihren bisherigen Kommandeur General Grivas abzurufen. Es kam zu schweren Auseinandersetzungen zwischen der Junta-Regierung und Erzbischof Makarios. In Nikosia wurde 1970 ein Anschlag auf Makarios verübt, dem er jedoch entging. Der abberufene General Grivas kehrte illegal auf die Insel zurück und baute im Auftrag der Junta-Regierung eine Untergrundarmee, die EOKA-B auf. Als die Junta unter Papadopoulos 1973 Grivas nach schweren politischen und militärischen Auseinandersetzungen zwischen der EOKA-B und der zypriotischen Regierung aufforderte, den Kampf einzustellen und Makarios zu unterstützen, rief Grivas den bewaffneten Kampf für die Enosis bis zum endgültigen Sieg aus. Im Jahr darauf starb Grivas und als fünf Monate danach der zypriotische Präsident Makarios den Abzug von 600 griechischen Offizieren aus Zypern verlangte, gab die neue Athener Junta unter Führung der Militärpolizei grünes Licht für einen Staatsstreich auf Zypern am 15. Juli 1974. Erzbischof Makarios mußte flüchten.

Bereits fünf Tage später begannen türkische Streitkräfte mit der längst vorbereiteten Invasion Zyperns. Die Gefahr eines Krieges rückte in greifbare Nähe und die Junta ordnete die Generalmobilmachung der griechischen Streitkräfte an. Die Armee, die sich ausrüstungsmäßig in vollkommen desolatem Zustand befand, verweigerte jedoch ihre Gefolgschaft. Die Regierung brach auseinander und innerhalb der Junta wurde der Beschluß gefaßt, den ehemaligen Ministerpräsidenten Karamanlis aus dem Exil zurückzurufen und ihn mit der Bildung einer neuen Zivilregierung zu beauftragen.

Die Rückkehr zur Demokratie

Am 24. Juli 1974 kehrte Karamanlis aus Paris nach Griechenland zurück. Er stellte ein Kabinett zusammen, das erste Schritte zur Wiederherstellung der Demokratie einleitete. Die kommunistische Partei wurde zugelassen, und es wurden freie Wahlen für den 17. November angekündigt. Obschon nach zehn Jahren erstmals wieder freie Wahlen möglich waren, erschienen sie von vornherein festgelegt zu sein: Karamanlis oder die Panzer hieß überall die Alternative. Kurz vor den Wahlen wurden fünf der Obristen mit der Begründung, sie wollten die Wahlen verhindern, festgenommen und verbannt. Karamanlis, der sich als »Retter der Nation« feiern ließ, gewann die Wahlen mit einer absoluten Mehrheit von 54%.

Sieben Jahre Karamanlis

Noch im gleichen Jahr wurde die Monarchie endgültig abgeschafft. 70% der Griechen stimmten für die Republik. Eine Demokratisierung des Militärapparates unterblieb jedoch, und alle Träger der Diktatur, die nicht unmittelbar am Putsch vom 24. April 1967 beteiligt waren und denen in der Zeit danach keine Folterungen nachzuweisen waren, blieben unbehelligt.

Sieben Jahre lang stellte die von Konstantin Karamanlis gegründete *Nea*

Ministerpräsident Georgeos Papandreou (1888–1968), der Vater des Sozialistenführers Andreas. Die Familie Papandreou bestimmt bis heute die Politik entscheidend mit.

Dimokratie, die Neue Demokratie, die Regierung in Griechenland. Sie trat das Erbe der konservativen ERE an. Auch wenn die Kontinuität zu den politischen Strukturen der Vergangenheit unübersehbar war, so stellte die Gründung der ND doch den Versuch der konservativen politischen Kräfte dar, eine organisierte Partei nach dem Vorbild der westeuropäischen Parteien zu bilden. Moderne Organisationsformen wie Kongresse, die die Führung der Partei wählen, Parteiorganisationen auf regionaler Ebene sowie berufsgruppenbezogene Arbeitskreise usw. wurden eingeführt.

Die ND begann mit einer schrittweisen Liberalisierung der Gesellschaft. Die schon längst überfällige Sprachreform wurde zugunsten der Volkssprache, der *Dimotiki,* vorgenommen, die von der Diktatur ausgesetzte Bildungsreform in Angriff genommen und die neunjährige Schulpflicht eingeführt.

Die neue Regierung stand vor Problemen, die die Wirtschaftskrise und die fatalen Folgen der Geld- und Finanzpolitik der Junta-Regierungen hinterlassen hatten. So war im vorletzten Jahr der Diktatur, 1973, die Inflationsrate sprunghaft von 4,3% auf 36,8% gestiegen. Die damit einhergehende Senkung der Reallöhne und die Arbeitslosigkeit führten zu sozialen Unruhen. Auch die Versprechungen der Regierung, der Beitritt zur Europäischen Gemeinschaft würde die wirtschaftlichen Probleme lösen, überzeugte nur einen kleinen Teil der Agrarbevölkerung. Die soziale Unzufriedenheit schlug zunehmend in eine Unterstützung der linken Opposition um. Diese zentrierte sich in immer stärkerem Maße um die Person Andreas Papandreou und wies die

Kommunisten auf den zweiten Platz. 1974 gründete Papandreou die *PASOK,* die Panhellenische Sozialistische Bewegung mit Mitgliedern der ehemaligen Zentrumsunion EK und Kämpfern gegen die Diktatur, die den Widerstandsorganisationen PAK und DA angehörten. Bei den Wahlen von 1974 gelang es der PASOK jedoch nicht, das Wählerpotential der Zentrumsunion, mit dem sie fest rechnete, zu gewinnen. Die PASOK erhielt nur 13,5% der abgegebenen Stimmen. Danach strebte sie einen radikalen Bruch mit der bisherigen Politik an. Sie glaubte, daß Griechenland einen eigenständigen, von den westlichen Metropolen unabhängigen Entwicklungsweg einschlagen müsse. Als Voraussetzung für nationale Unabhängigkeit, Volksherrschaft, soziale Emanzipation und Demokratisierung sah sie den Austritt aus der NATO und der EG an. Mit ihren innenpolitischen Forderungen nach Vergesellschaftung der Großbetriebe und Einführung der Selbstverwaltung in den Unternehmen mit Beteiligung der Arbeitnehmer gewann sie zunehmend Profil als sozialistische Partei.

Aufgrund des Erstarkens der Opposition und der eigenen inneren Auseinandersetzungen um die Parteilinie zog die ND die nächsten Wahlen vor. Sie schaffte es mittels des verstärkten Verhältniswahlrechtes mit nur 41,6% der Stimmen, die absolute Mehrheit an Parlamentssitzen zu bekommen und somit für weitere vier Jahre die Regierung zu stellen.

Der Ruf nach dem politischen »Wechsel«

Während der nächsten Jahre nahm die Popularität der Neuen Demokratie stark ab. Auf die wachsenden Probleme der griechischen Gesellschaft reagierte sie zunehmend repressiv. Als Karamanlis 1980 in das Amt des Staatspräsidenten wechselte, wurden die innerparteilichen Konflikte mit großer Härte in der Öffentlichkeit ausgetragen. Für den gemäßigten Flügel kandidierte Rallis, für den rechten Flügel der ultrakonservative Verteidigungsminister Averof, der eine Politik der vorbehaltlosen Bindung an die NATO, der Repression gegen die Opposition sowie der Verständigung mit den Anhängern der Monarchie und der Junta verfolgte. Obwohl Averof knapp unterlag und Rallis zum neuen Ministerpräsidenten und Parteivorsitzenden der ND gekürt wurde, konnte der rechte Flügel seine politischen Vorstellungen weitgehend durchsetzen und starke Positionen innerhalb der Partei und im Staatsapparat aufrechterhalten. Sichtbarster Ausdruck davon war, daß die ND für die Wahlen 1981 Kandidaten der Nationalen Front in ihre Liste aufnahm, die daraufhin nicht mehr eigenständig kandidierte. Die stärkere Stützung der ND auf reaktionäre Kräfte führte zur Abwanderung liberaler Politiker in das Lager der PASOK.

Die Entwicklung der griechischen Industrie und die zunehmende Exportorientierung in der Landwirtschaft haben zu einer starken Umstrukturierung der Bevölkerung und einer großen Veränderung der Lebensverhältnisse geführt. Diese Entwicklung hatte neue Probleme geschaffen, bei deren Bewältigung die konservative Regierung kläglich versagte. Die extremen Differenzen im Lebenstandard, das Lohngefälle zwischen verschiedenen Industriezweigen, die Unterbezahlung der Frauen — sie erhielten in etwa die Hälfte der Löhne der Männer — führten zu einem breiten Protestpotential. Auf dem Lande hat sich vielerorts durch den Ausbau des Straßennetzes eine Anbindung an die Märkte der städtischen Zentren und damit einhergehend ein Ausbau von Betrieben ergeben, die landwirtschaftliche Produkte verarbeiten. Sie schufen zwar Arbeitsplätze, ließen aber zu den Problemen der verdeckten Arbeitslosigkeit und niedriger Einkommen das Fehlen sozialer Sicherheit und den Mangel an sozialen und kulturellen Einrichtungen hinzutreten.

Niemand nahm es den Konservativen mehr ab, Auswüchse wie den Bürokratismus und Zentralismus in der Staatsverwaltung, die Korruption und Klientelwirtschaft, ernsthaft bekämpfen zu wollen. In den Städten waren die Umweltverschmutzung, das Verkehrschaos, die hohe Inflationsrate, die Arbeitslosigkeit und die der Ausbildung unangemessenen Beschäftigungsmöglichkeiten die vorrangigen Gründe, warum viele nach einem politischen Wechsel riefen.

Im Vorfeld der Wahlen schürten Terroraktionen wie Bombenanschläge und Brandstiftungen in Kaufhäusern die Ängste der Bevölkerung vor einer gewaltsamen Blockierung der demokratischen Erneuerung des Landes. Am 1. Juni 1981 wurde die Nachricht von einem mißlungenen Putschversuch juntatreuer Armeeangehöriger verbreitet. Danach breiteten sich in Griechenland überall Brandstiftungen in den Wäldern aus. Die rechtsextremistischen Täter forderten die Freilassung der Obristen. Die ND-Regierung verfolgte eine Politik des Vertuschens, offiziell blieben die Täter unbekannt. Das Mißtrauen der Bürger gegenüber dem Staat wuchs, sie bildeten Selbstschutzgruppen, um die Wälder nachts eigenhändig zu bewachen.

Betroffenheit erzeugten zwei Tote bei der friedlichen Demonstration zum 7. Jahrestag des Aufstandes im Athener Polytechnikum im November 1980, — die ersten politischen Opfer nach der Junta-Zeit, die der ND anzulasten waren. Auch bei Ausnahmezuständen erwies sich die Regierung als unfähig, schnell und angemessen zu reagieren. Die Erdbebenkatastrophe im Februar 1981 hinterließ große Schäden. Zehn Monate später, als das neue Schuljahr anfing, mußten Tausende von Schülern im Großraum Athen in Zelten unterrichtet werden.

Aus unterschiedlichen Motiven und Lebenslagen heraus entstand so eine große Koalition gegen die Fortführung der Politik der Neuen Demokratie und ermöglichte so der PASOK, zum Träger des politischen Wechsels zu werden.

Lebensverhältnisse im Wandel

Griechenland ist ein Land, in dem große soziale Veränderungen stattgefunden haben, das sich in vielen Bereichen modernen Lebensformen angenähert hat, und in dem dennoch keine grundlegende Umwälzung der Wirtschaftsstruktur stattgefunden hat. Institutionen und Verhaltensweisen vorindustrieller Agrargesellschaften sind bestehen geblieben.

Immer noch arbeitet fast jeder dritte in der Landwirtschaft und nur jeder sechste in der Industrie. Auch in der Industrie herrscht der kleinbürgerliche Besitz mit Kleinst- und oftmals Familienbetrieben vor. Die Modernisierung Griechenlands, die Veränderung veralteter Strukturen und der Anpassungsprozeß an das Entwicklungsniveau der europäischen Gemeinschaft im Zeichen der Weltwirtschaftskrise, des zunehmenden Interessenkonfliktes der Weltmächte und wachsenden Protektionismus ist die schwierige Aufgabe, vor der die griechische Gesellschaft und ihre Regierung stehen.

Trockene Böden, geringe Erträge — Lebensbedingungen auf dem Lande

Nahezu 80% des Landes bestehen aus Felsen und Gebirgszügen. Nur 29% des vorhandenen Bodens, das sind 9,1 Millionen ha, können als landwirtschaftliche Fläche genutzt werden. Davon sind über die Hälfte Wiese- und Weideland.

Der bebaute Boden ist ungleich über das ganze Land verteilt. Größere Ebenen findet man vor allem in Nordgriechenland, Makedonien und Thessalien. Die Küstenstreifen auf dem Festland und auf den Inseln sowie verstreute Hochplateaus bilden das restliche Anbaugebiet. An der Küste, auf den Inseln und verstärkt im Innern des Landes führt das mediterrane Klima mit seinen heißen, trockenen Sommern und der nachfolgenden Regenperiode im Sommer zu ausgetrockneten Flüssen und im Winter zu überfluteten Sturzbächen, die Teile des kostbaren Bodens wegschwemmen.

Besonders schwer ist das Leben von den Naturbedingungen her für die Bergbauern. Die Landschaft taugt im Hochland oft nur als Weideland für Ziegen und Schafe; Griechenland hat die meisten Ziegen Europas. In diesen Regionen leben oft noch Nomadenstämme, die ihre eigene Sprache sprechen. Ein anderer Teil der Bergbevölkerung lebt von der Holzverarbeitung. Der spärliche Wald, durch unkontrolliertes Abholzen und Brandstiftungen

Maschinen können hier nicht eingesetzt werden

obendrein erheblich dezimiert, deckt heute nur knapp 30% des Holzverbrauchs der griechischen Bevölkerung.

Wo sich in den Bergen eine Hochfläche findet, die mit Weizen, Mais oder Tabak bebaut werden kann, ist das zugehörige Dorf meist in die umliegenden Felsen gebaut, um den kostbaren Boden für den Anbau zu verwenden. Die Erträge der Bergbauern reichen gerade für die Selbstversorgung aus. Sie bauen kaum für den Export interessante Güter an. Dementsprechend schlecht ausgebaut ist die Infrastruktur, und das »Hauptverkehrsmittel« ist immer noch der Esel, der die schmalen Pfade mit Ausdauer passieren kann.

Anders sieht es bei den Bauern der Küstenregion aus. Sie bauen Obst und Gemüse an. Weinreben ziehen sich entlang der Küste von Delphi über Korinth, Patras bis hinunter nach Kalamata. Um Patras herum gibt es endlose Tomatenfelder. Der Südosten des Peloponnes und die übrigen Küstenstreifen sind mit Olivenbäumen, Zitrusfrüchten, Feigen- und anderen Obstbäumen bestanden. Der Olivenbaum ist der weitaus häufigste Baum, und die meisten Inselbewohner leben von ihm. Es folgen Apfelsinen-, Mandel- und Pfirsichbäume. Einige Gebiete wie z.B. der Pilion mit seinen schmackhaften Äpfeln sind auf bestimmte Obstsorten spezialisiert und produzieren zunehmend für den Export.

Das eigentliche Bauernland sind aber die weiten Ebenen von Makedonien, Thrakien und Thessalien. Dort werden Weizen, Gerste, Mais im Wechsel mit Zuckerrüben, Baumwolle und Tabak angebaut. In Thrakien findet man auch Rinderherden. Das flache Land eignet sich für den Einsatz von Agrarmaschinen, was kapitalistische Anbaumethoden begünstigt. In diesen Regionen ist

Das Scheren der Schafe ist Männersache

eine neue Schicht von Arbeitern entstanden, die in landwirtschaftlich-industriellen Betrieben, in der Infrastruktur oder in der Wartung von Landmaschinen tätig ist.

Die Lebensbedingungen der Bauern sind durch die Agrarreform des griechischen Staates Anfang des 20. Jahrhunderts stark verändert worden. Staatsgüter, Kirchen- und zwangsenteigneter Großgrundbesitz wurden an Kleinbauern und die riesige Zahl der Flüchtlinge aus Kleinasien verteilt. Es entstanden die Zwergbauern. Heute sind immer noch rund 90% der Höfe kleinbäuerliche Familienunternehmen mit weniger als 10 ha Land, die ihren Besitzern nur ein kümmerliches Auskommen garantieren. Die Klein- und Zwergbetriebe überwiegen auf den Inseln, während sich die größeren landwirtschaftlichen Betriebe in Makedonien, Thrakien und Thessalien konzentrieren.

Die Böden sind steinig und trocken und das bebaute Land nur zu 20% bewässert. Aber nicht nur Verteilungsgesetze von vor 100 Jahren, sondern auch das Erbrecht und Gewohnheitsrechte wie weitgehende Befreiung von der Einkommenssteuer und periodische Schuldenmoratorien und -streichungen haben dazu geführt, daß die Arbeitsproduktivität sich nicht entwickeln konnte und die Erträge sehr niedrig liegen.

Obwohl immer noch fast ein Drittel der arbeitenden Bevölkerung in der Landwirtschaft beschäftigt ist — in der EG ist es im Durchschnitt nur ein Zwölftel —, kann sich das Land nicht selbst versorgen. Insbesondere Fleisch, Milch und Molkereiprodukte müssen eingeführt werden. Obwohl rund 63% des Ackerlandes mit Getreide bebaut wird, werden Getreidesorten, die zur

Viehhaltung notwendig sind wie Mais, in zu geringem Maße angebaut. Etwa 12% des Landes wird ausschließlich mit Industriepflanzen wie Baumwolle und Tabak bebaut. Die Bebauung mit Exportprodukten setzte bereits unter Großgrundbesitz und Pachtsystem ein, da die griechischen Kaufleute die gesteigerte Nachfrage seitens der westeuropäischen Industriezentren nutzen wollten. Für die zentrale Bebauung mit Getreide- und Industriepflanzen war die Politik des Staates maßgeblich. So zahlte der Staat für den Anbau bestimmter Produkte direkte Einkommenshilfen an die Bauern (Weizen, Gerste, Baumwolle, Rinder- und Hammelzucht) und bewirkte den Anbau anderer Produkte mit Garantiepreisen und Garantieabnahmen, auch wenn die Produktionspreise höher als die Weltmarktpreise lagen. Bis heute gehören die Agrarerzeugnisse mit einem Anteil von rund 21% am Gesamtexportvolumen Griechenlands zu den wichtigsten Ausfuhrgütern.

Trotz der vielgerühmten Bedürfnislosigkeit und Genügsamkeit der griechischen Bauern zwingen die Lebensverhältnisse auf dem Lande viele bis in die 60er Jahre hinein, ins Ausland oder in die Städte abzuwandern, wo sie versuchen, als Kleinproduzenten, Händler, in Dienstleistungsberufen oder in der Verwaltung Fuß zu fassen. Mit zunehmender Industrialisierung verwandelt sich ein Teil der Landbevölkerung in Industriearbeiter.

Industrialisierung

Mit der Gründung des Neugriechischen Staates 1821 begann eine Abwanderung aus den unwirtlichen Bergregionen, in die viele Griechen vor den Türken geflüchtet waren, in die fruchtbaren Ebenen. Aufgrund der schlechten Infrastruktur bildeten sich die Küstenstädte zu Schwerpunkten der wirtschaftlichen Entwicklung heraus. Große Bedeutung hatten die ägäischen Inseln als Versorgungsstationen für den Außenhandel. Besonders Syros, wo sich die größten Schiffswerften befanden, Hydra, Spetses und Santorin erlangten große wirtschaftliche Bedeutung, die sich allerdings verlor, als Athen zum Verwaltungs- und Handelszentrum aufstieg und mit neuen Verkehrsverbindungen der griechische Raum als Hinterland erschlossen wurde. Athen wurde Knotenpunkt des Eisenbahn- und Straßennetzes, so daß bereits um diese Zeit die Entwicklung Athens zum Ballungszentrum, zum »Wasserkopf« Griechenlands angelegt wurde. Der Kanal von Korinth wurde gebaut, die ersten Dampfschiffe in Betrieb genommen, und in Piräus siedelten sich erstmals Leichtmetall- und Maschinenfabriken an.

Zu Anfang des 20. Jahrhunderts begann eine Massenauswanderung von Griechen, nachdem der griechische Staat seinen Bankrott erklärt hatte. Viele verloren aufgrund der katastrophalen wirtschaftlichen Lage ihre Arbeitsplätze. Die Unverkäuflichkeit bestimmter Agrarprodukte bedrohte in vielen Landstrichen die Existenz der Bauern und Teilpächter. Eine hohe Abwanderung aus den nur einen kargen Lebensunterhalt bietenden Landstrichen führte zur Entvölkerung vieler Bergdörfer und zur Verödung ganzer Inseln. Vorrangiges Auswanderungsland waren die USA. Dort entstand eine griechische Kolonie, die heute genausoviel Mitglieder umfaßt wie rund ein Drittel der derzeitigen griechischen Bevölkerung.

Obwohl die Landflucht anhielt, lebten 1920 noch immer zwei Drittel der griechischen Bevölkerung in Dörfern. 1923 mußte Griechenland nach der sogenannten »Kleinasiatischen Katastrophe« rund 1,5 Millionen Flüchtlinge von der kleinasiatischen Küste integrieren. Etwa die Hälfte wurde im Norden auf dem Land angesiedelt, die andere Hälfte verteilte sich auf die Städte. In den nächsten Jahren verdoppelte sich die Einwohnerzahl der Städte. 1928 bestand eine griechische Stadt zu einem Drittel aus Alteingesessenen, zu einem Drittel aus gleich nach der Vertreibung angesiedelten Flüchtlingen und einem weiteren Drittel aus noch eine neue Heimat suchenden, provisorisch untergebrachten Vertriebenen. Viele davon fanden erst in den 50er und 60er Jahren eine menschenwürdige Unterkunft. Die Denk- und Lebensgewohnheiten waren sehr unterschiedlich, der soziale Sprengstoff enorm.

Trotz der explosionsartigen Vergrößerung der griechischen Städte lebten auch zu Beginn des Zweiten Weltkriegs noch über die Hälfte der Griechen auf dem Lande. Bis zum Ende der 50er Jahre war die wirtschaftliche Produktion fast gänzlich auf den inländischen Markt ausgerichtet. Die meisten Betriebe beschäftigten weniger als sechs Leute und stellten in erster Linie Schuhe, Bekleidung und Textilien her. Niedrige Löhne und hohe Zölle für Importwaren führten dazu, daß die griechischen Haushalte vorwiegend Nahrungsmittel und Textilien, kaum jedoch Industrieprodukte konsumierten. Die Zahl der Industrie- und Handwerksbetriebe wuchs stetig, und in den Städten gab es einen unkontrollierten Bauboom, dessen Auswirkungen bis heute spürbar sind. Von fast ausschließlich privaten Bauunternehmern wurden planlos und ohne Rücksicht auf Lärmschutz, Grünanlagen, historische Denkmäler u.ä. riesige Wohnsilos hochgezogen. Noch nicht einmal für den notwendigen Straßenbau wurde gesorgt, die Gas-, Wasser- und Stromnetze sowie die Abfallbeseitigung sind z.T. völlig veraltet, unzureichend und oftmals erst gar nicht vorhanden.

Nicht alle Städte Griechenlands sind gleichermaßen gewachsen. Während manche nur als Marktplatz für ihre Umgebung dienen und sich nicht ausdehnen, wenn keine Industrie sich zusätzlich ansiedelt, sind die Gründe für das Wachstum anderer Städte eindeutig Handel, Verkehr und Industrieansiedlung. Griechenland hat heute fünf Großstädte: Athen, Saloniki, Patras, Larissa, Iraklion; größere Mittelstädte wie Volos, Kavalla, Chania, Serres, Trikala und weitere 46 kleinere Städte und eigentliche Landstädte.

Für den größten Teil der Industrie, die nicht durch ihren Produktionsstoff von vorneherein an einen bestimmten Standort gebunden ist, war die Ansiedlung in und um Athen am attraktivsten. Die griechische Hauptstadt verfügt über 90 der 100 größten Industriebetriebe, die Hälfte aller Industriebeschäftigten und der im Handel Tätigen sowie 65% der Beschäftigten im Dienstleistungssektor. Athen wurde zum magischen Anziehungspunkt für die meisten Binnenwanderer, und die Firmen fanden und finden einen schier unerschöpflichen Arbeitskräfte- und Absatzmarkt vor.

Erst das Jahr 1961 brachte den Wendepunkt in der griechischen Wirtschaft. In den 60er Jahren entfaltete sich ein stürmischer Wachstumsprozeß in Kontinentaleuropa. Griechenland, das einen Teil seiner immer noch unterentwickelten Industrieproduktion modernisiert hatte, setzte verstärkt auf den Welthandel. Es stand dabei vor dem Problem anwachsender Zahlungsbilanzdefizite, denn seit 1950 importiert Griechenland wesentlich mehr als es exportiert. Hohe Zölle sollten die einheimische Industrie schützen, zugleich aber benötigte Griechenland zunehmend bestimmte Importgüter, um den inländischen Industriesektor weiter auszubauen. Die Möglichkeit vom wachsenden wirtschaftlichen Gewicht Europas zu profitieren, ohne den verheerenden Folgen mangelnder Konkurrenzfähigkeit ausgesetzt zu sein, machte für Griechenland die Anlehnung an Westeuropa attraktiv, zugleich verschaffte sich das Land einen wirtschaftlichen und politischen Gegenpol zur USA, ohne dessen »Entwicklungshilfe« aufs Spiel zu setzen. 1961 schloß Griechenland einen Assoziationsvertrag mit der EG, der 1962 in Kraft trat. Er beinhaltete, während einer langjährigen Übergangszeit zu einer Zoll-Union zu gelangen. Seit 1974 kann Griechenland zu EG-Bestimmungen exportieren und mußte erst 1986 das Land für Importe zu gleichen Bedingungen öffnen. Für ausländisches Kapital wurde die Anlage in Griechenland interessant. Es fand billige Arbeitskräfte vor, einen immer noch geschützten inländischen Markt, auf dem hohe Preise erzielt werden konnten, und einen offenen Markt hin zur EG. Besonders amerikanische Konzerne konnten mit einer Niederlassung in Griechenland die EG-Außenzölle unterlaufen und sich gleichzeitig eine Ausgangsbasis für Geschäfte im Nahen Osten und Afrika schaffen. Rund 35% des in Griechenland investierten Kapitals war in amerikanischen Händen. In den kommenden Jahren hatte Griechenland nach Japan die höchsten Wachstumsraten.

Die Regierung verfolgte die Politik, ausländisches Kapital mittels großzügiger Investitionsanreize und Vergünstigungen ins Land zu ziehen, die Kapitalausfuhr dagegen mittels Devisenbewirtschaftung zu beschränken. Die außerordentlichen Privilegien, die Unternehmergruppen erhielten, die mit ausländischem Kapital arbeiteten, führten zu Spannungen mit griechischen Unternehmern, die fast alle Familienunternehmen sind. Nicht nur der griechische Millionär Pappas gründete eine Raffinerie — die ESSO-Pappas —, sondern gleich drei weitere griechische Reeder gründeten zum Teil mit Staatsbeteiligung ihre eigenen Raffinerien. Das Rohöl wurde ausschließlich auf griechischen Schiffen transportiert; angesichts der weltweiten Schiffahrtskrise eine »vorteilhafte« Lösung.

Sie verkaufen ihre Ernteerträge in der Stadt

Weitere Sondergesetze des Staates sollten durch Dezentralisierung die industrielle Entwicklung in Gebieten außerhalb der bestehenden industriellen Zentren gewährleisten. Sondervergünstigungen waren Erlaß der Vermögenssteuer für zehn Jahre, Herabsetzung oder Erlaß von kommunalen Steuern und Gebühren oder die Minderung der Lohnsteuer sowie der Sozialversicherungsbeiträge. All diese Unterstützungen — und daran hat sich bis heute kaum etwas geändert — führten nicht zu der gewünschten Regionalisierung der Industrie, sondern nur zu parasitären Gewinnen. So siedelten sich die geförderten Industrieunternehmen zwar nicht mehr direkt in den Ballungszentren an, aber direkt außerhalb der nicht mehr begünstigten 50-km-Zone um Athen entlang der Nationalstraßen Athen—Korinth und Athen—Volos.

Für die arbeitssuchende Landbevölkerung gab es allerdings neue Abzugskanäle. Der wirtschaftliche Aufschwung Westeuropas, insbesondere der Bundesrepublik Deutschland, benötigte ein enormes Arbeitskräftepotential. Von 1.000 Griechen wanderten jährlich im Durchschnitt drei aus, 80% davon in die Bundesrepublik. Die Auswanderer arbeiteten in der Regel mehrere Jahre lang im Ausland, um sich das nötige Geld für eine neue Existenzgründung in Griechenland zu ersparen. In der Bundesrepublik geht die Zahl der griechischen Gastarbeiter aufgrund der Wirtschaftskrise Anfang der 70er Jahre und der damit verbundenen Arbeitslosigkeit ständig zurück.

Die intensive Phase der Industrialisierung in Griechenland führte jedoch nicht zu einem Abbau der Dominanz der Kleinbetriebe. Bis heute gibt es nur rund 100 Betriebe, die mehr als 500 Leute beschäftigen. Die Kleinindustrie ist besonders auf die Möbel-, Nahrungsmittel-, Textil- und Bekleidungsindustrie konzentriert; es gibt jedoch in jedem Industriezweig eine große Menge von Kleinbetrieben. Griechen investieren ihr Kapital mit Vorliebe auf kleiner Stufenleiter, ohne großes Risiko, und auch die größeren Unternehmen sind in der Regel Familienbetriebe. 93% aller Firmen gelten als Klein- und Mittelbetriebe (bis 100 Beschäftigte).

Die wichtigsten Industriezweige im Überblick

Grundstoff- und Maschinenproduktion

Griechenland verfügt über reichhaltige Bodenschätze, die aufgrund mangelnd ausgereifter technologischer Verfahren nur unzureichend abgebaut werden. Die wichtigsten sind metallische Mineralien, Erze, Eisenerze und Kupfervorkommen. 1975 wurde die erste griechische Goldmine bei Kosani eröffnet. Dort lagert auch das erst seit 1980 abgebaute Amiant-Erz, für das eine hohe Weltmarktnachfrage besteht. Erze, aus denen Blei, Zink, Schwefel und Silber gewonnen werden können, werden zu 80% unverarbeitet exportiert, obwohl Blei importiert werden muß. In den letzten Jahren werden vermehrt Bauxit-Vorkommen entdeckt, aus denen Aluminium gewonnen werden kann. Der Bauboom der letzten Jahre — 40% der privaten Investitionen flossen in den Wohnungsmarkt — zogen den raschen Anstieg der Förderung von Perlit, Gips, Betonit und Marmor nach sich.

Die Verarbeitung der Rohstoffe stellt nach wie vor ein Problem dar und erfolgt auf sehr unterschiedlichem technischen Niveau. Die Stahlindustrie mit relativ moderner Ausstattung produziert für einen kleinen Inlandsmarkt, für Wohnungsbau und Werften. Aluminium muß Eisen und Stahl häufig ersetzen. Endprodukte aus Metall werden überwiegend von kleinen Firmen hergestellt.

In der Maschinenbau-Branche herrschen die Reparaturwerkstätten vor. In Griechenland werden nur Motoren, Klimaanlagen, landwirtschaftliche Maschinen und einfache Maschinen zur Mineralförderung, Nahrungsmittel- und Holzverarbeitung gebaut. Alle komplizierteren Maschinen müssen eingeführt werden. Elektrische Maschinen und Geräte herstellende Firmen sind überwiegend im Großraum Athen angesiedelt. Über die Hälfte der Betriebe führt nur Reparaturen aus. 3/4 ist auf elektrische Haushaltsgeräte spezialisiert. Die meisten elektronischen Geräte wie Fernseher, Plattenspieler, Computer, Tonband- und Videogeräte müssen importiert werden und sind dementsprechend teuer. Die Produktion von langlebigen Konsumgütern ist zurückgegangen.

Energiegewinnung

Der Anstieg der Rohstoffförderung und -verarbeitung hat zu einem hohen Bedarf an Energie geführt. Ein Teil der Energie gewinnt Griechenland durch Wasserwerke; es wird allerdings erst 1/8 des möglichen Potentials ausgeschöpft. Von den Kohle- und Lignitvorkommen werden derzeit rund 70% ausgebeutet. Da dieTransportindustrie in hohem Maße flüssigen Brennstoff benötigt, muß Griechenland Erdöl aus dem Mittleren Osten und Libyen importieren. Die Erdölfunde in der Nähe der Insel Thassos bringen jährlich nur eine relativ kleine Devisenersparnis. Weitere Erdölfelder werden vermutet in Thrakien, an der Mündung des Flusses Nestor, in Westgriechenland, im Golf von Saloniki, in Epiros, den Westpeloponnes, auf Zakinthos und Samothraki. Bisher mangelt es allerdings an Kapital zur Erschließung der möglichen Erdölfelder, um auch im industriell unterentwickelten Westen den Ausbau der Schwerindustrie zu ermöglichen. Vermutete Erdölvorkommen in der Ägäis sind zum beständigen Streitpunkt mit der Türkei geworden.

Die griechische Chemie-Industrie verarbeitet in erster Linie importierte chemische Produkte nach Patenten ausländischer Firmen. In letzter Zeit werden vermehrt Erdgasvorkommen entdeckt, deren Qualität noch weitgehend ungeklärt ist. Ebenfalls noch unsicher ist, ob die Uranvorkommen in Makedonien und Thrakien für Kernenergie verwandt werden können. Der Bau eines Atomkraftwerkes ist von der Regierung nicht vor 1990 vorgesehen. In letzter Zeit wird die bisher sträflich vernachlässigte Sonnenenergie, insbesondere für Wasserheizungen, zunehmend ausgenutzt und populärer.

Textilindustrie und Gebrauchsgüter

Sie beschäftigt mittlerweile fast jede(n) dritte(n) Industrie-Arbeitnehmer(in), denn die Baumwolle, die in Griechenland angebaut wird, ist von guter Qualität, und besonders geschätzt sind die Teppiche griechischen Stils, die Flokatis, die oftmals noch hausgewerblich in Handarbeit hergestellt werden. Handwerklich orientiert ist auch die Schuh- und Bekleidungsindustrie. Rund 85% der Betriebe sind Kleinstfirmen, die nicht mehr als neun Mitarbeiter beschäftigen. Allerdings verändern sich hier die Strukturen sehr dynamisch. 1/3 der Schuhproduktion wird mittlerweile in die EG und USA exportiert. Die Holzindustrie bietet den Bergbewohnern Arbeitsmöglichkeiten. Dabei stammen rund 2/3 des verarbeiteten Holzes aus staatlichem Besitz. Die wenigen Großhändler sorgen dafür, daß die Preise hoch bleiben. In der Möbelindustrie überwiegen wie in der Textilbranche die Kleinstfirmen. Oft sind die Produzenten zugleich auch Einzelhändler. Dies und die relativ hohen Zollsätze auf ausländische Produkte erlauben hohe Gewinne.

Nahrungsmittel

Von den im verarbeitenden Gewerbe Beschäftigten sind rund 17% im Ernährungsgewerbe einschließlich der Tabakverarbeitung tätig. Zusammen mit der technischen Entwicklung hat die Verstädterung zu einer verstärkten Nachfrage nach verarbeiteten landwirtschaftlichen Produkten geführt wie Frucht- und Gemüsekonserven, Fruchtsäften sowie Milch/Käse-Produkten. Das Angebot an Wurstwaren ist gering, was auf schlechte Schlachthöfe und

Geschäftiges Treiben beim Ausladen. Viele Inseln sind auf Lebensmitteltransporte vom Festland angewiesen.

kleine Firmen zurückzuführen ist. Griechenland exportiert vor allem Korinthen und ist drittgrößter Olivenproduzent der Welt. Eine gute Technologieausstattung besitzen nur die Zuckerrüben-, Schokoladen- und Teigwarenfabriken. Die Schafs- und Ziegenmilchverarbeitung weist eine duale Struktur von wenigen modernen Großbetrieben gegenüber einer Vielzahl von kleinen Betrieben mit veralteten Produktionsmitteln auf. Die rund 650 kleinen Firmen, die alkoholische Getränke herstellen, produzieren zu 63% Ouzo, zu 23,5% Brandy und zu 9,8% Liköre. 300 Firmen produzieren Wein und drängen verstärkt in den EG-Markt.

Verkehr

Eisenbahn- und Flugzeugbau gibt es in Griechenland nicht, und erst vor kurzem hat die erste griechische Automobilfirma ihre Werkstore eröffnet. Autos werden mit einer hohen Einfuhrsteuer belegt, die sie dreimal so teuer macht wie im übrigen Europa. Um diverse Umgehungen zu verhindern, wird jedes Auto, das die Grenze überquert, in den Paß eingetragen. Wird Ihnen Ihr Auto gestohlen, kann es Ihnen passieren, daß von Ihnen die hohen Einfuhrsteuern verlangt werden. Das Eisenbahnnetz ist seit dem Zweiten Weltkrieg kaum erweitert worden, und der Transport von Industriegütern wird in erster Linie durch Lastkraftwagen ausgeführt, was einen enormen Brennstoffverbrauch nach sich zieht. Die Verbindung der Inseln mit dem Festland wird durch Schiffe hergestellt, die manchmal veraltet, von geringer Qualität und Sicherheit sind, eigentlich für den Transport von Eselskarren gebaut wurden und auf die trotz Protest der Bevölkerung unter abenteuerlichen Manövern Autos aufgeladen werden. Mit der Entwicklung des Tourismus hat die Produktion von Fischer- und Passagierschiffen für den lokalen Gebrauch sowie der Bau von Motorbooten, Yachten und Plastikbooten vor allem für Touristen zugenommen.

Handelsmarine

Die Reeder gehören zu den höchsten Einkommensklassen in Griechenland. Der größte Teil der vom Ausland kommenden Rohstoffe und Produkte wird auf Schiffen transportiert. Die Griechische Werften AG ist mit über 5.000 Beschäftigten das größte griechische Unternehmen. Die bedeutsamsten Werften befinden sich in Eleusis und in Syros. Wenn auch viele griechische Häfen verfallen, weil ihnen das Hinterland der Balkanstaaten aus politischen Gründen fehlt, führt doch die Nähe des Suez-Kanals dazu, daß viele Schiffe in Griechenland aufgetankt und repariert werden. Bei Bevorzugung griechischer Werften brauchen griechische Reeder sechs Jahre lang keine Schiffssteuern zu zahlen. Nur 1,3% der griechischen Schiffe sind Passagierschiffe, die meisten sind für den Transport von Erdöl und Rohstoffen eingerichtet. Viele »griechische« Schiffe fahren aufgrund der steuerlichen Vorteile unter der Flagge von Panama, Liberia oder Zypern. Die Überkapazität an Schiffsladeraum auf Weltebene, besonders bei Öltankern — 39% des Schiffsladeraumes der griechischen Flotte sind Erdöltanker —, macht den griechischen Reedern stark zu schaffen. Von 1981—84 hat sich der Verdienst der Branche fast halbiert. Viele Reederei-Angestellte und Seeleute verlieren ihre Arbeitsplätze. Besonders in der Bucht von Eleusis rosten Hunderte von alten sowie nagelneuen Frachtschiffen vor sich hin. Ihre Eigner bekommen keine Aufträge mehr. In letzter Zeit versuchen viele griechische Reeder aus der Krise in der Golfregion Gewinn zu ziehen. Immer mehr griechische Tanker transportieren Erdöl (durch die Gefahrenzone) — unter hohem Risiko bei noch höherem Gewinn.

Kleinhandel

Der zunehmende Tourismus hat den hohen Anteil von Handel und Dienstleistung in der griechischen Gesellschaft weiter verstärkt. Dabei ist die Spanne der Lebensverhältnisse derjenigen, die von Dienstleistung und Handel leben — und das tut immerhin die Hälfte der Erwerbstätigen —, recht groß. Die Zwischenhändler z.B., die den Bauern ihre Feldfrüchte zu den staatlich festgesetzten Mindestpreisen abnehmen, verfügen über genügend »Kenntnisse«, um ihren Gewinn in den Städten zu maximieren. Anders dagegen diejenigen, die sich als »Fliegende Händler« ihr Brot verdienen, — und oftmals ist es der Obststand entlang einer Fernstraße, der den Lebensunterhalt gewähren muß.

Im Handel dominieren die Einzelhandelsgeschäfte; in den größeren Städten gibt es einige Kaufhäuser. Daneben sind eine Vielzahl von kleinen Kiosken zu finden, die bis spät in die Nacht hinein alles mögliche verkaufen, von

Am Periptero (Kiosk) gibt es fast alles. Vom Telefongespräch bis zur Sicherheitsnadel.

Zigaretten, Zeitungen, Süßigkeiten bis hin zu Seife und Telephongesprächen. Straßenhändler bieten Sonnenbrillen, Gürtel und Schmuck, gebratene Maiskolben, gesalzene Kerne und Obst an. Rentner ziehen durch Cafés und Lokale, wo sie Lose der staatlichen Lotterie verkaufen. In den Touristenzentren werden Melonen direkt vom Lastwagen verkauft. Zeitungshändler schreien sich an jeder Straßenecke die Kehle wund, und hier und da sieht man noch einen Schuhputzer, den es früher überall gab.

In Griechenland findet man nicht die Vielfalt der kapitalistischen Warenwelt, in der es ein und dasselbe Produkt in tausend Varianten gibt, sondern hier hängt es noch von der Arbeit des einzelnen ab, wie die Ware wird. Der Verkäufer ist häufig zugleich der Produzent und weiß sehr wohl, wieviel Arbeit sein Produkt gekostet hat. Aber davon allein hängt die Möglichkeit, ein gutes oder schlechtes Geschäft zu machen, nicht ab. Es richtet sich eher nach dem Urteilsvermögen von Käufer und Verkäufer, der Einschätzung der Kaufkraft und Stärke der eigenen Position, von Verhandlungsgeschick und auch vom Zufall. Die Griechen prüfen deshalb, probieren aus, pokern, feilschen und und taktieren beim Kauf einer Ware. Geschäfte sind hier nichts Anonymes, das losgelöst vom persönlichen Geschick des einzelnen verläuft. Touristen dagegen sind zumeist daran gewöhnt, daß hartkalkulierte Preise in Chefetagen festgelegt werden, und betrachten das Feilschen, Handeln, die kleinen und großen Verkaufstricks mit einiger Faszination. Es ist die Selbständigkeit der griechischen Händler und unsere eigene Hilflosigkeit ihr gegenüber, die uns auch das Leben eines Straßenhändlers oft als beneidenswert erscheinen läßt. Doch dies birgt die Gefahr, selbst Armut zu romantisieren.

Tourismus

Die Entwicklung des Flugverkehrs ist ein wichtiger Grund, warum immer mehr Entspannung suchende Touristen aufgrund der Sonne, des warmen Klimas und der reizvollen Landschaft nach Griechenland reisen. Die jährliche Besucherzahl entspricht inzwischen fast zwei Dritteln der Einwohnerzahl des Landes, das sind rund 6 Millionen Touristen. Es sind nicht mehr wie früher vorwiegend an archäologischen Stätten Interessierte, sondern in zunehmendem Maße Sonnen- und Badehungrige, die den »winterlichen Sommern« Nordeuropas entfliehen wollen. Das Hotelangebot ist auf Touristen der höheren Einkommensklassen zugeschnitten. Diese Entwicklung wird von der griechischen Zentrale für Fremdenverkehr unterstützt, die luxuriöse Einrichtungen, Yachtreisen, Kreuzfahrten und Bildungsreisen fördert. Dennoch ist Griechenland aufgrund seiner oft entlegenen, nur mit einigen Mühen zu erreichenden Naturschönheiten und einsamen Badebuchten, der Individualität der Griechen und ihrer Gastfreundschaft noch immer ein Hauptreiseziel des Rucksack- und sogenannten Alternativtourismus. Auf einigen Inseln wird wildes Campen offiziell geduldet; in Athen jedoch schließen auf staatlichen Druck hin immer mehr der preiswerten Guest-Houses.

Hauptreisezeit sind die Monate Juni bis September. In den Monaten Juli und August müssen die fünf bis sechs Feriengebiete, auf die sich der Tourismus konzentriert, jeweils ein Fünftel der Touristen des gesamten Jahres verkraften. Inseln wie Mykonos, Rhodos oder Korfu z.B. verdoppeln ihre Einwohnerzahlen in den Sommermonaten. Über 20% der Auslandsgäste kommt aus Großbritannien, 12% aus Deutschland, 11% aus Jugoslawien und jeweils 7% aus den USA und Frankreich. Die Hälfte aller Übernachtungen fällt auf die Hauptstadt Athen, 22% auf die bekanntesten Urlaubszentren wie Korfu, Kreta, Rhodos u.a. und 9% auf berühmte archäologische Stätten. Touristenarme Gebiete sind mit Ausnahme weniger Orte Thrakien, Thessalien, Makedonien, Epiros und einige Inseln. Die enorm starke Konzentration des Tourismus auf wenige Gebiete und einen kleinen Zeitraum hat in vielen Orten zu einer Überlastung der Infrastruktur und rapiden Verschlechterungen der Umwelt geführt. Auf den Inseln mangelt es in der Hauptreisezeit oft an Wasser, die Waren sind extrem überteuert, und häufig werden nur im Sommer Geschäfte wie Andenkenläden oder Boutiquen eröffnet, deren Preisniveau auf Touristen der höheren Einkommensklassen zugeschnitten ist und deren Besitzer den Winter über in Athen oder im Ausland leben. Die Bodenspekulation hat ungeahnte Ausmaße angenommen. Der Landkauf durch Ausländer und der Kulturschock über die fremden Denk- und Lebensweisen haben vielerortens bereits zu einer Fremdenfeindlichkeit geführt. Die zwangsläufige Betrachtung der Touristen als »Frau Deutschmark« und »Mister Dollar« hat zu einer Überlagerung der traditionellen Gastfreundschaft gegenüber dem »gutgläubigen« Ausländer geführt, die von generöser Hilfeleistung über Ausnutzen bis hin zum unverschämten Nepp gehen kann.

Werkzeuge aller Art

Außenhandel

Die bedeutsamsten Handelspartner sind die Länder der Europäischen Gemeinschaft. Sie sind die größten Abnehmer griechischer Exportgüter (46,3% Anteil am Gesamtexport), mit der Bundesrepublik Deutschland als wichtigstem Land (19% am Gesamtexport). 8,9% der Exporte gehen in die USA. Weitere wichtige Exportländer sind die Sowjetunion, Saudi-Arabien und Ägypten. Seit Griechenland EG-Mitglied ist, haben sich die Importe aus den Ländern der Europäischen Gemeinschaft, die nach wie vor auch Haupteinfuhrpartner Griechenlands sind, auf rund 46% des griechischen Gesamtimportvolumens erhöht, wobei sich die Importe aus der Sowjetunion um 30% verringert haben. Die Bundesrepublik Deutschland bleibt mit 17% Anteil am Gesamtimportvolumen wichtigstes Importland, gefolgt von Saudi-Arabien mit 12,3%. Die Haupteinfuhrgüter sind Erdöl, Erdölerzeugnisse, Mineralien, Maschinen, Kraft- und Wasserfahrzeuge sowie Nahrungsmittel.

Die Exporte reichen nicht aus, um die Importe auszugleichen. Die Deviseneinnahmen der Handelsmarine, der Tourismusbranche und aus den Überweisungen der Emigranten haben einen hohen Anteil am Ausgleich der Zahlungsbilanz. Um so härter trifft die griechische Wirtschaft die Krise der Schiffahrt, das Sinken der Kaufkraft in den Ländern, aus denen die Touristen stammen, und der Rückgang der Emigrantenüberweisungen.

Die Politik des »Wechsels«

Die PASOK

Am 3. September 1974 gab Andreas Papandreou auf einer Pressekonferenz zusammen mit Freunden aus der Widerstandsbewegung gegen die Miliärjunta die Gründung der PASOK, der Panhellenischen Sozialistischen Bewegung, bekannt. Seit dieser Zeit ist es der PASOK gelungen, eine landesweite und straffe Parteiorganisation aufzubauen. Der Parteitag stellt das höchste Parteiorgan dar und setzt sich aus Delegierten der Lokal- und Berufsorganisationen, dem Zentralkomitee, dem Disziplinarausschuß, der Fraktion und dem Vorsitzenden zusammen. Das aus 80 Mitgliedern bestehende Zentralkomitee (ZK) ist das höchste Organ zwischen den Parteitagen. Es bestellt das Exekutivbüro (EB) als höchstes ausführendes Organ. Dem EB gehört auch der Parteivorsitzende an.

Bereits 1977 gelang es der PASOK, 25% der Wählerstimmen zu erhalten, und damit zur zweitstärksten Partei im Parlament zu werden. Sie konnte ihre Wählerbasis vor allen Dingen in den Agrargebieten auf Kosten der ND ausweiten.

In den ersten Jahren der Formierung der PASOK zur Partei kam es aufgrund mangelnder innerparteilicher Demokratie zu heftigen Auseinandersetzungen, die Parteiausschlüsse und umfangreiche Austritte, insbesondere von ehemaligen Widerstandskämpfern, nach sich zogen. Heute geht man in den Kreisen der PASOK-Mitgliedschaft (fundierte, offizielle Erhebungen fehlen) von hauptsächlich vier Tendenzen und Gruppen, keinen Fraktionen, aus:

- die Sozialdemokraten, die über die Mehrheit der Parlamentsfraktion verfügen;
- die Marxisten oder Leninisten;
- die Dritte-Welt-Gruppen und
- die Gruppe der ideologisch Indifferenten.

Als Gruppen haben diese verschiedenen Tendenzen keinen großen Einfluß auf parteipolitische Entscheidungen, obgleich der Parteivorsitzende sie, wie die vielen Umbildungen der Kabinette zeigen, berücksichtigen muß. Man bemüht sich, durch gute Beziehungen zu Papandreou mittelbar auf die Partei einzuwirken. Alles zentriert sich auf den Parteivorsitzenden, und so unterschiedlich die Charakterisierungen der PASOK im einzelnen auch ausfallen, über die dominierende Stellung des Parteivorsitzenden sind sich alle einig. Zum einen ist dies auf die starke, charismatische Person Papandreous zurückzuführen, der keine Gelegenheit verstreichen läßt, seinen Personenkult zu festigen, zum anderen aber auch auf seine besondere Stellung als Parteivorsitzender, der gleichzeitig an der Spitze des ZK und des EB steht.

Daneben ist zu berücksichtigen, daß traditionelle Elemente der griechischen politischen Kultur Personalismus und charismatische Führerschaft begünstigen, unter denen es allein möglich wird, eine Kontrolle der PASOK von oben nach unten auszuüben. Wer die frenetischen Jubelrufe der Massen bei Wahlveranstaltungen der PASOK nach »ihrem Andreas« einmal miterlebt hat, dem wird die überragende Person des Parteivorsitzenden mehr als deutlich, und die Frage keimt auf, ob die PASOK auch ohne ihren ungekrönten König Papandreou einmal solch enormen Wahlsieg erreichen wird.

Nach den Angaben der PASOK (Ende 1982 — offizielle Statistiken fehlen auch hier) hat die Partei 150.000 Mitglieder. Davon sind ca. 80% zahlende, d.h. aktive Mitglieder. Grob geschätzt sieht die Sozialstruktur der PASOK folgendermaßen aus: 30% sind Arbeiter und Angestellte; 20% Personen mit Hochschulabschluß; 35% Bauern und 15% Studenten und Jugendliche.

Anders als die KKE, die hohe Wahlanteile vor allem in den Industriegebieten zu verzeichnen hat, ist die PASOK eher eine Partei des Kleinbürgertums und der um ihre wirtschaftliche Existenz bangenden kleinen Unternehmern. Gleichzeitig findet sie aber auch starke Resonanz bei den Bauern, mittleren Beamten, Angestellten und Teilen der Arbeiter. Die PASOK-Programmatik spricht insbesondere die vielen kleinen Selbständigen an, die die ökonomische Konkurrenz der Großunternehmen fürchten. Auf dem Lande ist ihr Erfolg der intensiven Hinwendung zu den gravierenden Problemen der Kleinbauern zuzuschreiben, die im Zuge der Kapitalisierung der Landwirtschaft in die Abhängigkeit von Geldverleihern und Großabnehmern geraten sind. Die Enteignung kirchlichen Landbesitzes und seine Verteilung an Pächter hat der PASOK viele Sympathien seitens der Bauern eingebracht.

Andreas Papandreou hat die Programmatik der PASOK wesentlich beeinflußt und zum größten Teil selbst formuliert. Stellte sich die Partei anfangs noch als eine Art nationaler Befreiungsbewegung dar, die sich an Emanzipations-Modellen der Dritten Welt orientiert, so dauerte es nur wenige Jahre, bis die PASOK Forderungen wie andere sozialistische Parteien in Europa entwickelte. Sie hat also einen erstaunlichen Wandel in der kurzen Zeit ihres Bestehens durchgemacht, der heute keineswegs abgeschlossen ist.

Bis jetzt hat die PASOK noch kein Grundsatzprogramm vorgelegt, das von einem Parteitag verabschiedet worden wäre. An dessen Stelle treten Wahl- und Regierungsprogramme der PASOK-Führung sowie Reden und Erklärungen des Parteivorsitzenden Andreas Papandreou.

Anfangs stehen innenpolitisch die Forderungen nach der Demokratisierung der Gesellschaft, d.h. Bestrafung der an der siebenjährigen Diktatur maßgeblich Beteiligten und deren Entfernung aus dem Staatsapparat sowie Wiedergutmachung für die Opfer der Diktatur im Vordergrund. Den politischen Flüchtlingen soll freie Rückkehr garantiert werden und Armee und Sicherheitskräfte demokratisch kontrolliert werden. Für das Entstehen der Diktatur werden dabei vorrangig nicht innenpolitische Ursachen verantwortlich gemacht, sondern sie wird als Ausdruck der griechischen Abhängigkeit vom imperialistischen Establishment der USA und der NATO begriffen.

Dabei soll Griechenland, also ein Staat, der gleichermaßen zu Europa, dem Balkan und dem Mittelmeerraum gehört, eine unabhängige Außenpolitik betreiben. Sämtliche Nuklearwaffen sollen aus dem Mittelmeerraum entfernt werden, und Griechenland soll nicht nur aus dem militärischen, sondern auch aus dem politischen Bündnis der NATO herausgelöst werden. Im Hinblick auf den EG-Beitritt Griechenlands bleibt die PASOK von Anfang an indifferent. Aufgrund der engen Beziehungen zur EG, den Emigranten und gemeinsamen kulturellen Eigenschaften, sieht sie den sofortigen Bruch mit Westeuropa als nicht zweckmäßig an. Aufgrund der spezifischen Strukturschwäche Griechenlands sei ein baldiger EG-Beitritt allerdings problematisch und mit wirtschaftlichen Nachteilen für den Binnenmarkt verbunden.

Zu den Eigenarten der PASOK-Programmatik gehört die auffallende Betonung äußerer Faktoren, d.h., die außenwirtschaftliche und die außenpolitische Abhängigkeit Griechenlands wird als Grund für innenpolitische und wirtschaftliche Probleme angesehen — nicht ohne Grund, war doch Griechenland aufgrund seine geopolitischen Lage und Unentwickeltheit bürgerlicher Lebensverhältnisse in besonderem Ausmaß Spielball fremder Interessen. Aber gerade die heutige Herausbildung einer nationalen Bourgeoisie und das Entstehen neuer sozialer Schichten macht den Mangel deutlich, daß es der PASOK an einer differenzierten Klassenanalyse der griechischen Gesellschaft fehlt. Brisante innenpolitische Probleme werden außenpolitischen Zwängen zugeschrieben, für deren Lösung »zwangsläufig« ein längerer Zeitraum benötigt wird. Damit werden die PASOK-Wähler bei der Stange gehalten und fehlende innenpolitische Maßnahmen gerechtfertigt.

Mit dem Postulat nach mehr nationaler Eigenständigkeit dehnt die PASOK den Kreis der für sie gewinnbaren Schichten aus. Doch je stärker sich die Wahlchancen der PASOK im Laufe der Jahre abzeichnen, desto unklarer werden ihre Aussagen zu zentralen Punkten der innenpolitischen Auseinandersetzung und um so häufiger weist Papandreou auf den fernen Zeitpunkt der zu ergreifenden Maßnahmen hin. Die Forderung nach sofortigem Austritt aus der NATO wird durch eine nationale Sicherheitspolitik ersetzt, die keine klaren Aussagen mehr zum westlichen Verteidigungsbündnis macht, und für das weitere Verbleiben der US-amerikanischen Militärbasen wird eine Übergangsperiode von mindestens fünf Jahren akzeptiert. Die ablehnende Haltung gegenüber dem EG-Beitritt Griechenlands ist zugunsten einer kritischen Mitgliedschaft gefallen. Griechenland ist seit 1981 EG-Mitglied.

Die Forderung nach Säuberung des Militärapparates von Reaktionären und Faschisten weicht der öffentlichen Betonung des demokratischen Charakters der Armee. Als positive innenpolitische Maßnahme kann jedoch die Abschaffung und die Vernichtung der sogenannten Gesinnungszeugnisse und die Rehabilitation der Widerstandskämpfer, d.h. die Anerkennung ihrer patriotischen Verdienste angesehen werden. Viele Griechen, die nach dem Bürgerkrieg in die sozialistischen Volksrepubliken geflohen sind, kehren heute, 40 Jahre später, wieder nach Griechenland zurück. Die PASOK sichert ihnen und ihren Familien die Duchsetzung von Rentenansprüchen zu.

Dem Versprechen nach kultureller Erneuerung des immer noch stark an reaktionären Bildungsinhalten orientierten Erziehungs- und Ausbildungswesens kommt die PASOK in nur äußerst kleinen Schritten nach. Zwar wurde bereits 1981 der Fernsehkanal, der dem Militär als Sprachrohr diente, in das staatliche zweite Fernsehprogramm umgewandelt, aber es fehlt bis heute an einer umfassenden Schul- und Hochschulreform, die es ermöglichen würde, Lehrinhalte und Lehrkörper an die Erfordernisse einer modernen Gesellschaft anzupassen. Auch die versprochenen Maßnahmen zur Lösung der dringenden Umweltprobleme, die das Leben in Athen zum Überleben in der tödlichen Wolke (dem nefos) machen, lassen auf sich warten. Nach wie vor verpesten die um Athen herumliegenden Fabriken die Luft, herrscht in der Hauptstadt permanentes Verkehrschaos und ist Smog-Alarm eine unbekannte Größe. Auch bei der Dezentralisierung, der Auslagerung von Ministerien, Ämtern, Behörden und Industrieunternehmen, um die aus allen Nähten platzende Hauptstadt zu entlasten und das Stadt-Land-Gefälle zu verringern, werden keine entscheidenden Fortschritte gemacht. Die PASOK scheitert an dem Widerstand der Unternehmer, der auswuchernden Bürokratie und dem chronischen Geldmangel.

Ein Vertrag mit der US-amerikanischen Regierung sichert das weitere Verbleiben der amerikanischen Militärbasen für zumindest fünf Jahre.

Innenpolitisch lassen zwar viele durchgreifende Veränderungen auf sich warten, doch die Einführung der Zivilehe, die Anerkennung des Widerstandes, die Neuordnung des Fernsehens, die soziale Sicherung der Landwirte, die Einschränkung der polizei- und geheimdienstlichen Überwachung sowie Verbesserungen in der Arbeits- und Familienrechtsgesetzgebung führen zu einer schrittweisen Liberalisierung der Gesellschaft.

Europäische Gemeinschaft und Wirtschaftspolitik

Die PASOK ist 1981 gewählt worden, weil viele Bürger/innen den unfähigen Konservativen die notwendige Modernisierung der sozialen und politischen Verhältnisse nicht mehr zutrauten. Extreme Einkommensunterschiede, die veralteten Strukturen in Industrie und Landwirtschaft, verdeckte Arbeitslosigkeit, Auswüchse wie Bürokratismus und Zentralismus, Korruption und Umweltverschmutzung, fehlende soziale Einrichtungen, ein überholtes Erziehungs- und Ausbildungswesen und Bedürfnisse nach kultureller Erneuerung, Entmachtung der Kirche und gleichen Rechten für die Frau sind die Gründe, die sich im Ruf nach dem »Wechsel« zusammenfaßten. Und über allem schwebte das Damoklesschwert politisch motivierter Brandstiftung rechter Kräfte und vertuschter Putschversuche von Teilen des Militärs. Vielen Bürgern, die immer noch unter dem Schock der Bürgerkriegs- und Diktaturerfahrung standen, war die Trennungslinie der PASOK zu den Kommuni-

Fischfang ist längst kein einträgliches Geschäft mehr. Im Sommer befördern die Fischkutter oft Touristen.

sten wichtig, um glauben zu können, mit ihrem Kreuz auf dem Stimmzettel nicht zugleich eine folgenreiche Zuspitzung der politischen Verhältnisse zu wählen.

Die neue Regierung stand nicht nur vor einem Berg wirtschaftlicher Probleme, die aus tradierten Strukturen erwuchsen oder sich unter jahrelanger Miß- und Günstlingswirtschaft der Konservativen angehäuft hatten, sondern handelte sich auch Probleme von enormer sozialer Sprengkraft dadurch ein, wie sie mit den Folgeproblemen der Anpassungsprozesse der unterentwickelten Wirtschaft an die hochentwickelte Wirtschaft der Europäischen Gemeinschaft umging.

Der 1962 geschlossene Assoziationsvertrag Griechenlands mit der EG sah einen Übergangszeitraum von 22 Jahren vor, innerhalb dessen die notwendigen Anpassungsprozesse der griechischen Wirtschaft und der Lebensverhältnisse ablaufen sollten. Zollschranken für industrielle Produkte wurden kontinuierlich abgebaut, für Griechenland wesentlich langsamer, um der Wirtschaft den Übergang zu erleichtern. Außerdem sollten Entwicklungshilfen und günstige Kredite den Anpassungsprozeß vereinfachen.

Am 1. Januar 1981 wurde Griechenland als zehntes Mitglied in die Europäische Gemeinschaft aufgenommen. Dabei sollte eine Übergangszeit von fünf Jahren für die reibungslose Eingliederung der griechischen Wirtschaft in den gemeinsamen Markt — ohne Abstriche an den Mitentscheidungsrechten — sorgen. Im Agrarbereich wurde für einige sogenannte »empfindliche« Produkte wie frisches Obst und Gemüse sowie Wein eine Übergangsfrist von sieben Jahren vorgesehen, da sich Italien und Südfrankreich von starker griechischer Konkurrenz bedroht fühlten. Für die Entwicklung Griechenlands veranschlagte man, jährlich etwa 200 Millionen DM aus dem EG-Haushalt aufzubringen. Ein Hauptteil dieser Gelder sollte dabei helfen, die Rückständigkeit der griechischen Landwirtschaft zu überwinden.

Ein Fünfjahresprogramm der PASOK für die Landwirtschaft sah verstärkte Investitionen bei Straßenbau und Bewässerung vor, die Einführung moderner Arbeitsmethoden und vor allem die Förderung von Genossenschaften im Bereich von Verarbeitung und Handel. Bisher bildete die Kreditbeschaffung den Hauptzweck der Genossenschaften, deren Mitgliederrechte äußerst eingeschränkt waren.

Mit einem Gesetz vom Juni 1982 schuf die PASOK die Voraussetzung für eine Demokratisierung der internen Strukturen der Agrargenossenschaften. Das Gesetz regelt die Mitgliedschaft, die Verwaltung, die Besetzung von Aufsichtsorganen und den Haushalt der Genossenschaften.

Mit Hilfe von Genossenschaften versprach sich die Regierung eine bessere Organisierung des Absatzes von Agrarprodukten und die Entwicklung einer Industrie zu ihrer Verarbeitung.

Die Wirtschaft sollte durch Steigerung der Nachfrage, indem die niedrigen Einkommen angehoben wurden, und eine Reform des Bankensystems, um Rahmenbedingungen für Investitionen setzen zu können, angekurbelt werden. 1981 — in demselben Jahr, in dem Griechenland Mitglied der Europäischen Gemeinschaft wurde, stiegen die Einkommen der Beschäftigten innerhalb eines Jahres bis zu 30%.

Doch kaum war der EG-Beitritt vollzogen, rollte eine massive Teuerungswelle über das Land. Ob Flugtickets, Lammkotelettes oder Tabak, der Jahreswechsel 1980/81 brachte bei einer Unzahl von Konsumgütern und Dienstleistungen Preissteigerungen von z.T. mehr als 20 Prozent. Denn die seinerzeit ausgehandelten Übergangsregelungen mildern jene Probleme, die sich aus dem niedrigen Entwicklungsniveau der griechischen Wirtschaft ergeben, tatsächlich nur oberflächlich. So macht die Zollunion der schwachen griechischen Industrie, deren Produktivität rund 50 Prozent unter dem Gemeinschaftsdurchschnitt liegt, schwer zu schaffen. Die Hoffnungen auf Innovationen und Exporterfolge erfüllten sich nicht. Und das Auslandskapital, das vor 1981 reichlich ins Land floß, investiert nicht mehr.

Stattdessen wuchsen die Importe sprunghaft an. Die höheren Löhne führten zu einem Konsumrausch und wegen der Inflation wurde alles gleich angelegt. Der Käse- und Milchverbrauch verdoppelte sich, die Fleischimporte — die Griechen lieben Rindfleisch — schnellten hoch auf ein Drittel der Summe, die für Maschinenimporte aufgewendet wurde. Ausländische Waren wurden überdies zum Prestige-Objekt.

Der griechische Binnenmarkt wird nahezu von Importprodukten überschwemmt, die Läden füllen sich mit ausländischen Erzeugnissen. Zum Frühstück im Hotel wird dänische Butter serviert, deutscher Billighonig ver-

Auf dem Heimweg vom Feld

drängt den berühmten griechischen Blüten- und Waldhonig und sogar der Feta, der für den griechischen Salat unentbehrliche Schafskäse, kommt inzwischen aus dem EG-Ausland, wo einfach effizienter und damit billiger produziert wird.

Auch die hellenischen Landwirte, die meist auf Mini-Parzellen ackern, haben trotz gestiegener Erzeugerpreise keinen Grund zur Freude. Ihre Ernten, vorzugsweise Südfrüchte und Gemüse, werden von der gemeinsamen Agrarpolitik gegenüber den »nordischen« Erzeugnissen wie Fleisch- und Milchprodukten deutlich benachteiligt.

Als Folge der Landflucht befindet sich 1/4 der Anbaufläche im Besitz von Bauern, die über 60 Jahre alt sind und für die EG als Rentner nicht mehr förderungswürdig sind. Die Organe der EG sind auch nicht bereit, die notwendige Umstellung von Produkten, bei denen es Absatzschwierigkeiten gibt, auf Produkte, die für Selbstversorgung und für Exporte ausgebaut werden sollten, wie Futtermittel, Baumwolle, Obst und Gemüse, zu finanzieren. Stattdessen kritisierte die EG die staatliche Lenkung der Agrarexporte mit Hilfe staatlicher Organisationen und der Banken.

In einem Memorandum an die EG-Kommission im November 1983 forderte der für EG-Fragen zuständige Staatssekretär Varfis deshalb Sonderbedingungen, die die Anpassungsfristen für die griechische Wirtschaft verlängern sollen — Importrestriktionen und Schutzzölle, mehr Möglichkeiten, an den Vorteilen der EG-Agrarpolitik teilzuhaben, und ein sogenanntes Mittelmeerprogramm, das durch die Aufstockung der Sozial- und Regionalfonds sowie eine gemeinsame Forschungs- und Industriepolitik auch den kleineren, wirtschaftlich weniger entwickelten Ländern ermöglicht, Anschluß an die ökonomische Kapazität der übrigen EG-Mitglieder zu finden.

Aus der Brüsseler Gemeinschaftskasse erhielt Athen 1983/84 etwa zwei Milliarden DM, vorwiegend durch die EG-Agrarpolitik. Nicht mitgerechnet sind die Kredite der EG-Investitionsbank, und in den nächsten Jahren kommen zusätzliche Hilfen von durchschnittlich mehr als 600 Millionen DM pro Jahr aus den sogenannten Mittelmeerprogrammen hinzu, die der ehemalige EG-Gegner Andreas Papandreou im März 1985 beim Brüsseler EG-Gipfel den anderen Regierungschefs geschickt abzwang: er hatte gedroht, den EG-Beitritt Spaniens und Portugals zu blockieren, falls seine Forderungen nicht erfüllt würden.

1987 überwies die Europäische Gemeinschaft die zweite Rate eines knapp 3,5 Milliarden DM umfassenden Sonderkredites an Griechenland. Seit dem Beitritt 1981 erhielt das Land 10,2 Milliarden DM mehr, als es an die Gemeinschaft abführte. Aus der griechischen Handelsbilanz sind die EG-Einnahmen inzwischen nicht mehr wegzudenken, und in den kommenden Jahren werden durch die Mittelmeerprogramme noch einmal 4,5 Milliarden DM hinzukommen.

Dennoch decken die EG-Finanzspritzen kaum mehr als die Hälfte des griechischen Handelsdefizites gegenüber den übrigen Gemeinschaftsländern. Und fast genauso groß ist das griechische Handelsdefizit zur übrigen Welt.

Der EG-Beitritt hat sich für das Land in vielen Bereichen als äußerst kostspielig erwiesen. Die gewaltige Importlawine führte zu einem großen Handelsbilanzdefizit.

Die Einfuhr und die Preis- und Steueranpassung an die EG heizte die Inflation im Lande an, die mit einem Jahresdurchschnitt von 20% seit Jahren das Dreifache des EG-Mittelwertes beträgt. Auch der griechischen Industrie gelang es nicht, ihre Exportschwäche zu überwinden. Mit Textilien, Obst und Gemüse erreichten die Hellenen zwar einige »Achtungserfolge« auf den europäischen Märkten, doch in fast allen anderen Gebieten ist die griechische Industrie nicht konkurrenzfähig — aus dem wirtschaftlichen David Griechenland wird eben so schnell kein EG-Goliath, und Griechenland wird wohl noch eine geraume Zeit benötigen, um die EG-Auswirkungen zu verdauen. Außerdem leben die Griechen »über ihre Verhältnisse«, d.h., die volkswirtschaftliche Produktivität stieg 1974 bis 1984 um 23 Prozent, aber die Reallöhne um 83 Prozent.

Die Inflation wird aber auch durch die Steigerung der öffentlichen Ausgaben angeheizt. Seit 1983 hat die Regierung 46 völlig überschuldete Industriebetriebe übernommen und versucht, die Arbeitsplätze zu erhalten. Sie geht jedoch davon aus, daß sie 19 Betriebe nicht wird halten können. 1984 nahm das Stillhalteabkommen der Gewerkschaften ein Ende. Eine Streikwelle durchzog das Land — es gab Warnstreiks von Bankern und Ärzten, Hafen-

und Bauarbeitern, Privatschullehrern und beim Staat angestellten Archäologen, Angestellten beim Wasserwerk und der Flugzeugindustrie und vielen anderen — sehr stark auch von Beschäftigten getragen, die über Staatsgelder finanziert werden. Als Resultat wurde das Knüpfen der Löhne an die Inflationsrate mit viermonatiger Anpassung durchgesetzt. Der immer noch durch das Klientelsystem aufgeblähte öffentliche Sektor, die verbesserte soziale Sicherung und die Übernahme bankrotter Firmen kosten viel Geld.

Die öffentlichen Ausgaben steigen unter den Sozialisten derart an, daß die Finanzdefizite des Staates und der öffentlichen Betriebe mittlerweile 19% des Bruttosozialproduktes ausmachen.

Durch vorgezogene Parlamentswahlen vom 2. Juni 1985 konnte die PASOK noch einmal die Zustimmung der Wähler erringen. Mit einem Stimmenanteil von knapp 46% verlor die PASOK gegenüber den Wahlen von 1981 zwar rund 2%, ihr Wahlergebnis reichte aber immer noch aus, die absolute Mehrheit im Parlament zu erlangen. Die Neue Demokratie, die 1981 auf 35% abgesunken war, konnte 1985 ihr Wahlergebnis um 5% verbessern. Doch reichte es bei weitem nicht aus, die PASOK von der Regierung abzulösen. Zudem sind im Parlament noch weitere linke Kräfte vertreten: die traditionell ausgerichtete Kommunistische Partei, die KKE, mit rund 10% und die Eurokommunisten, die KKE-Inland, mit 1,8% der Wählerstimmen.

Gleich nach der Wahl leitete die PASOK Mitte 1985 ein drastisches Sparprogramm in die Wege: Als erstes wurde die Drachme um 15% abgewertet. Der Währungsschnitt sollte den Export stimulieren und den Tourismus fördern, die Verteuerung der Importe zugleich die einheimischen Produkte wettbewerbsfähiger machen, was durch eine Kampagne »Griechen kauft griechische Produkte« unterstützt wurde. Außerdem mußten Importeure bei über 12.000 Importartikeln — vom Schweinespeck bis zum Fernseher — Bardepots bis zur Höhe von 80% des Einfuhrwertes hinterlegen, die zudem sechs Monate lang zinslos auf Sperrkonten verblieben. Die von den Sozialisten eingeführte Lohnindexierung, die eine automatische Anpassung von Löhnen und Gehältern an die Preissteigerungsrate ermöglicht, wurde stark beschnitten, d.h. die Realeinkommen der Arbeiter, Angestellten und Beamten bleiben bis zu 20% hinter der Inflationsrate zurück. Papandreous Sparprogramm trifft also vor allem die Kleinverdiener, denn durch den auf zwei Jahre (1985—1987) verhängten Lohnstop dürfen Arbeitgeber unter Strafandrohung die Löhne nicht erhöhen und die Taschen der Kleinverdiener leeren sich. Die Preise im Nahverkehr und für Strom wurden stark angehoben. Die Antwort der Gewerkschaften hieß Streik, denen Papandreou mit einer Politik der starken Hand entgegenwirkte. Er schränkte das Streikrecht drastisch ein und verursachte die Spaltung der Gewerkschaften. Daß sein Sparprogramm bei den Arbeitnehmern und dem Heer der Staatsbediensteten erhebliche Unzufriedenheit erregte, ist kein Wunder. Dies erfuhr Papandreou hautnah bei den letzten Kommunalwahlen im Oktober 1986. Die PASOK verlor im Landesdurchschnitt rund 10% ihrer Wählerstimmen, d.h. 1/5 ihrer Wählerschaft. Besonders tief brach sie in den Großstädten ein: Athen, Piräus und Thessaloniki werden nun von konservativen Politikern regiert. Glimpflicher kam Papandreou auf dem Lande davon, wo sich die Wirtschaftsmisere dank der EG-Agrarsubventionen bisher nicht so stark bemerkbar macht.

Zudem hat er den Bauern kirchliches und Staatsland für beschäftigungslose Landwirte versprochen, allerdings dabei, wie wir noch sehen werden, den Widerstand der Kirche unterschätzt.

Die Kommunalwahlen waren ein erstes großes Warnsignal, das zweite — der 24-stündige Generalstreik von zwei Millionen Beschäftigten im Januar 1987 — führte einen Monat später zur Regierungsumbildung, die Sozialisten wurden aus dem Kabinett in die Parteispitze abgeschoben. Einflußreiche Mitglieder des Kabinetts traten aber für eine Lockerung des Sparkurses ein. Im Oktober kehrte die sozialistische Strömung in den Regierungsapparat zurück. Ihr Programm für 1988 sieht statt einer Stabilitätspolitik eine Entwicklung des Währungs- und Kreditsektors vor. Weil eine Nettokreditaufnahme, Ausgabensteigerungen im öffentlichen Dienst und Sondersteuern auf Unternehmergewinne rückwirkend bis '86 vorgesehen sind, trat der an einem rigorosen Sparkurs festhaltende Wirtschaftsminister zurück.

Die politische wie ökonomische Anbindung an Europa ist vollzogen, und die PASOK wird wohl noch lange auf dem schmalen EG-Pfad zwischen der Durchsetzung der eigenen, nationalen Interessen und denen der anderen Mitglieder der Gemeinschaft wandeln müssen. Der EG-Beitritt hat einen enormen sozialen und wirtschaftlichen Umwälzungsprozeß in Gang gesetzt, der nicht mehr ohne weiteres aufzuhalten ist, und es wird darum gerungen, wer die Folge- und Anpassungskosten trägt.

Die Regierung muß aber nicht nur mit einem Staat, der mehr ausgibt als er einnimmt, einem Volk, das mehr konsumiert als es produziert, einem Kapital ohne Innovationskraft und einer unproduktiven Landwirtschaft umgehen — hinzu kommen noch Sonderfaktoren. 1985 vernichteten die schlimmsten Feuersbrünste der letzten 30 Jahre — in der Mehrzahl durch politisch motivierte Brandstiftung gelegt — über 100.000 ha Wald, Buschland und landwirtschaftliche Nutzfläche, so daß der nationale Notstand ausgerufen werden mußte. Noch sind die durch Erdbeben angerichteten Schäden nicht beseitigt, da ließ eine dreiwöchige Kältewelle im Januar 1987 mit anschließenden Überschwemmungen Treibhäuser einstürzen, vernichtete Gemüseernten, ließ Oliven- und Zitrushaine sterben — so daß selbst Kartoffeln eingeführt werden müssen. Die Schäden belaufen sich auf mindestens eine Milliarde DM.

Die Griechen und die Mehrwertsteuer

Eine der Bedingungen für den Beitritt des Landes zur EG war die Einführung der Mehrwertsteuer, aus der die Brüsseler EG-Kasse gespeist wird. Im Beitrittsvertrag wurde vereinbart, daß nach einer Übergangsperiode das neue Steuersystem 1984 in Kraft treten sollte. Die PASOK ließ sich jedoch Zeit. Die Sozialisten ersuchten die EG um einen zweijährigen Aufschub, »vertagten« danach erneut die Einführung der Mehrwertsteuer um ein weiteres Jahr. Die Begründung lautete in beiden Fällen, die Regierung hätte sich noch nicht genügend vorbereitet, die konjunkturelle Lage sei ungünstig, die griechische Wirtschaft zu schwach und die Finanzbehörde noch nicht ausreichend ausgestattet. Da die übrigen EG-Mitgliedsländer die Einführung der Mehrwertsteuer an die Gewährung eines neuen Kredites knüpften, willigte Griechenland schließlich ein. Das neue Steuersystem trat am 1. Januar 1987 in Kraft. Die Mehrwertsteuer soll das antiquierte griechische Steuerrecht vereinfachen. Sie löst vor allem einige indirekte Steuern wie z.B. die Umsatz- oder Stempelsteuer ab und ersetzt an die dreißig Verbrauchssteuern und Abgaben.

Die Regierung hofft mit dem neuen Steuersystem ein wirksames Mittel in der Hand zu haben, um Steuerflucht und Steuerhinterziehung zu bekämpfen. Der Finanzminister schätzt, daß seinem Ministerium durch die zahllosen Steuersünden der Griechen 1986 etwa sechs Milliarden DM verloren gingen. Steuerhinterziehung ist in Griechenland eine Art Volkssport und gilt als Kavaliersdelikt. Heute soll sie als kriminelle Handlung geahndet und jeder Steuerhinterzieher hart bestraft werden.

Für den Staat war dies bisher eine fast unlösbare Aufgabe. Alle Selbständigen — Handwerker, Händler, Kaufleute, Ärzte, Anwälte und Notare — führten keine ordentlichen Bücher. Ihr genaues Vermögen konnte vom Finanzamt nicht festgestellt werden. Erfinderisch umgingen die Griechen die Steuerabgaben. Quittungen wurden nur in den seltensten Fällen ausgestellt und Schwarzarbeit ist heute noch weit verbreitet. Ärzte z.B. machten es sich zur Regel, die Kosten für eine Behandlung oder Beratung von den Patienten, oftmals schon vor der Untersuchung, auf den Tisch blättern zu lassen und diese Summe dann unversteuert einzustreichen.

Zusätzlich erschwerend für die Steuerfahnder ist die Tatsache, daß in Griechenland der bargeldlose Zahlungsverkehr und das Kreditwesen kaum entwickelt sind. Rechnungen werden in bar beglichen, auch wenn sie zehn- oder hunderttausende Drachmenbeträge übersteigen. Große Geschäfte werden mit Banknoten abgewickelt, für die Beamten der Finanzbehörde bleiben keine belastenden Belege zurück.

Nach dem neuen Mehrwertsteuergesetz gelten drei verschiedene Steuersätze. Mit dem ermäßigten Steuersatz von 6% werden vor allem Grundnahrungsmittel sowie Industrierohstoffe belastet. Daneben gibt es den Normalsteuersatz von 18%, der für Textilien, Haushaltswaren, elektrische Haushaltsgeräte und Dienstleistungen gilt. Mit der Luxussteuer von stolzen 36% werden Kosmetika, Fernseh- und Videogeräte, Tabakwaren, Stereoanlagen, Schmuck und diverse Alkoholika belastet.

Das Steuersystem hat seine eigenen Spitzfindigkeiten. Der Ouzo im Kafenion unterliegt einem anderen Steuersatz als das Fläschchen Anisschnaps in der Taverna oder im Restaurant. Ein Glas einheimisches Bier, griechischer Kaffee oder Feta-Käse werden mit 6% belastet, der irische Whiskey, Filterkaffee und italienische Käse dagegen mit 18%. Kein Wunder, daß die Staatsbeamten bei der Aufstellung von Preislisten verzweifeln. Bei Betrieben, Kaufleuten, Händlern und Konsumenten herrschte zu Beginn des Jahres eine heillose Verwirrung, die sich immer noch nicht völlig gelegt hat. Um spekulative Preiserhöhungen zu vermeiden, hat die Regierung mit der Bekanntgabe der Mehrwertsteuersätze am 1. November 1986 einen dreimonatigen Preisstopp bis zum 31. Januar 1987 verhängt. Die Preise hatten schon vor der Einführung der Mehrwertsteuer zu steigen begonnen.

Über Rundfunk und Fernsehen klärten täglich Sondersendungen die Bevölkerung über die Mehrwertsteuer auf. Vom Staat verteilte Broschüren und Merkblätter sollten den Umgang mit dem neuen Berechnungssystem erleichtern. Das Chaos und die folgenden Preisverwirrungen konnten damit aber nicht verhindert werden. Für die Einzelhändler und Kleingewerbetreibenden ist die Umstellung auf die Mehrwertsteuer am schwierigsten. Sie verfügen oft nur über die einfachsten Buchführungsmethoden. Die meisten der griechischen Geschäfte haben nicht einmal eine Registrierkasse.

Die FPA (das griechische Kürzel für Mehrwertsteuer) hat den meisten Griechen mehr Angst und Schrecken als Erleichterung eingebracht. Sie sprechen mittlerweile von der neuen Steuer nur als der »fapa«, zu deutsch Ohrfeige. Zum Jahresende 1986 verfielen die Griechen in einen wahren Kaufrausch. Jeder wollte vor der Einführung der FPA und dem zu erwartenden Preisschub noch einmal einen guten Fang machen. In erster Linie wurden Videorecorder, Stereoanlagen, Kleidung, Kosmetika und ausländische Spirituosen gekauft. Die Supermärkte, Elektrofachgeschäfte, Parfümerien und Boutiquen, Warenlager und Schaufenster waren in Kürze leergefegt. Panikartig stürzten sich die Griechen insbesondere auf teure ausländische Produkte. Aufgrund der Nachfrage stiegen die Preise ins Unermeßliche. Die Regierung betrachtete dieses Verhalten mit äußerstem Mißfallen, denn Griechenland kann sich eine Importsteigerung bei einem Handelsbilanzdefizit in Milliardenhöhe nicht leisten.

Nachdem im Januar 1987 zum ersten Mal die Mehrwertsteuer wirksam wurde, wußten weder die Verkäufer, welchen Preis sie zu berechnen hatten, noch die Kunden, was sie zahlen mußten. Stündlich änderten sich in den Auslagen die Preise. Sie kletterten bis zu 25% in die Höhe, weil die Händler Preiswucher trieben oder falsche Berechnungen anstellten. Anstatt vom alten Preis die jetzt anfallenden Umsatzsteuern abzuziehen, wurde die Mehrwertsteuer einfach draufgeschlagen. In Restaurants hatte der Gast oft endlos auf seine Rechnung zu warten, da der Buchhalter für jedes Getränk und Gericht den neuen Preis austüfteln mußte. Einige Einzelhändler ließen für mehrere

Oft übernehmen die Männer das Einkaufen.

ΒΙΟΤΕΧΝΙΑ
ΚΟΛΛΑΡΩΝ ΥΠΟΚΑΜΙΣΩΝ
Κ.Ι. ΠΕΤΡΑΚΗΣ
ΓΥΝΑΙΚΕΙΑ
ΕΣΩΡΟΥΧΑ
ΙΩΑΝ ΚΑΡΑΓΙΑΝΝΗΣ
ΡΑΠΕΖΑ ΤΗΣ ΕΛΛΑΔΟΣ
ΧΑΡΤΙΚΑ

Tage lieber ihre Läden geschlossen, da sie sich in dem Zahlenchaos nicht mehr zurechtfanden.

Inzwischen haben sich die Griechen an die Mehrwertsteuer gewöhnt, und ihr erfinderischer Geist hat neue Mittel und Wege gefunden, das Finanzamt zu überlisten. Käufer bekommen in Geschäften, wenn sie auf eine Quittung verzichten, einen niedrigeren Preis angeboten. Oft werden auch zwei Rechnungen ausgestellt: Der höhere Preis der ersten Rechnung wird kassiert, die zweite mit dem niedrigeren Preis ist für das Finanzamt bestimmt.

Die Auseinandersetzung mit der Kirche

Die PASOK vertritt in bezug auf das Verhältnis von Kirche und Staat, zumindest theoretisch, äußerst radikale Ansichten. In die Praxis ist davon jedoch bis heute nur wenig umgesetzt worden. Die Partei muß auf so manche Forderungen der Kirche Rücksicht nehmen. Die sozialistische Regierung weiß, daß ein beträchtlicher Teil ihrer Wählerschaft hinsichtlich des Verhältnisses von Staat und Kirche eine Auffassung vertritt, die sich nicht mit der laizistischen Programmatik der PASOK deckt. Auf der anderen Seite kritisieren die Linken, die progressiven Frauenvereine wie auch die bürgerlich-liberalen Frauenverbände scharf die kirchenpolitische Inkonsequenz der Sozialisten.

Bereits mit der Gründung der PASOK hat Papandreou die Trennung von Staat und Kirche in Aussicht gestellt. Er kündigte wiederholt an, das Kirchenvermögen zu verstaatlichen. Damit wurde im Wahlkampf der PASOK 1981 kräftig die Wählertrommel geschlagen, doch bis heute sind jegliche Gesetzesentwürfe zu diesem Thema gescheitert. Im Gegenteil: seit dem Wahlsieg der PASOK im Oktober 1981 — und noch bis vor kurzer Zeit — herrschte zwischen dem Ministerpräsidenten und dem Oberhaupt der orthodoxen Kirche, Erzbischof Seraphim, ein beinah schon idyllisches Verhältnis. Der Sozialistenführer pflegte gute Beziehungen zum Erzbischof, und durch geschicktes Taktieren gelang es meist, Konflikte zu vermeiden oder bereits offene Brüche zu kaschieren. Weite Teile der Sozialisten und ihrer Anhängerschaft kritisieren das Einvernehmen zwischen Partei und Kirchenführung. Sie haben es noch nicht vergessen, daß es der Erzbischof trotz seiner guten Beziehungen zum ehemaligen griechischen Juntachef Joannidis geschafft hat, den Übergang von der Militärjunta zur Regierung Karamanlis bis hin zur PASOK-Regierung politisch zu überleben.

Bei der Bevölkerung, die zu 97% der Orthodoxie angehört, ist die oberste Kirchenleitung aufgrund ihrer Rückständigkeit und des provokativen Lebensstils einiger Metropoliten eher unbeliebt. Da sich ein Großteil des Klerus während der Militärdiktatur mit den Obristen arrangiert hat, ist das Vertrauen vieler Griechen in die Kirchenleitung zerstört. Trotzdem bleibt die Stellung der Kirche innerhalb der Gesellschaft relativ unangefochten. Dies hat vor allem historische Ursachen. Der griechische Befreiungskrieg, der Kampf um den Erhalt der griechischen Sprache, der kulturellen Identität und des christlichen Glaubens während der 400 Jahre dauernden osmanischen Fremdherrschaft, ist für viele Griechen bis heute untrennbar mit der griechisch-orthodoxen Kirche verbunden. Im Grunde sind selbst zahlreiche Griechen, die sich als Progressive oder Kommunisten bezeichnen, im religiös-kirchlichen Bereich konservativ. Eine Trennung von Kirche und Staat in näherer Zukunft scheint in Griechenland als schwieriges Unterfangen. Dies mußte auch die PASOK erfahren. In der Ehe- und Familienrechtsreform mußten die Sozialisten trotz aller Neuerungen auf die Kirche Rücksicht nehmen. Ursprünglich sollte die obligatorische kirchliche Trauung durch die Ziviltrauung ersetzt werden. Die Kirche protestierte entschieden, und heute werden beide Formen der Trauung als rechtlich gleichwertig anerkannt. In der Praxis heiratet jedoch kaum ein Paar »nur« standesamtlich.

Obwohl die griechische Verfassung von 1975 Religionsfreiheit zusichert, ist diese in Wirklichkeit kaum gegeben. Die orthodoxe Kirche verteidigt ihre Vorrechte erbittert, und ihr Einfluß reicht bis in den Obersten Gerichtshof hinein. Im Dezember 1984 wurden drei Missionare zu je dreieinhalb Jahren Gefängnis verurteilt, weil sie einem 16jährigen Griechen das Neue Testament in englischer Sprache geschenkt hatten. Die Richter sahen darin eine Abwerbung von der orthodoxen Staatskirche. Oft werden Gründungen neuer evangelischer oder katholischer Gemeinden und Kichen-Neubauten für nicht griechisch-orthodoxe Religionen verboten. In Kalamata wurden vor kurzem vier griechische Protestanten wegen des offenen Bekenntnisses zu ihrem Glauben zu hohen Haft- und Geldstrafen verurteilt.

Ein weiteres Beispiel: Im April 1987 wurde der Pope Georgios Katinas vom Dienst suspendiert. Pater Georgios hatte den Zorn des Athener Erzbischofs Seraphim erregt, weil er in einer beliebten griechischen Fernsehsendung Volkslieder gesungen und einen Sirtaki aufs Parkett gelegt hatte. Bei der Kirchenführung fiel der »sündige« Katinas deshalb in Ungnade. In der Bevölkerung wuchs jedoch seine Fan-Gemeinde, die gegen die Suspendierung des »tanzenden Popen« protestierte, immer mehr an.

Die orthodoxe Lehre hat sich nicht erneuert, hinkt ihrer Zeit weit hinterher und ist den Bedürfnissen des heutigen Lebens weitgehend verschlossen.

Lange Zeit war die Führung der Kirche, insbesondere hinsichtlich der Verwaltung des Kirchenvermögens, ineffizient und nicht gerade übermäßig von sozialen Einstellungen geleitet. Die griechisch-orthodoxe Kirche besitzt etwa 150.000 Hektar Land, von dem ein Großteil bis heute brach liegt. Sie ist nach dem Staat der zweitgrößte Landbesitzer und Gewerbetreibende. Der Besitz gliedert sich in Wälder, Inseln, Äcker (35.000 Hektar), Weideland sowie Büro- und Apartmenthäuser. Hinzu kommen Teilhaben an Banken und an verschiedenen Zweigen der Geschäftswelt. Der große Landbesitz des Klerus stammt in erster Linie aus der Zeit der osmanischen Besetzung vom 15. bis zum 19. Jahrhundert, als viele Kleinbauern und Großgrundbesitzer ihr Land der Kirche vermachten, um es dem Zugriff des Sultans zu entziehen. Schenkungen von türkischen Paschas, Ankäufe von verschuldetem Land und Erbschaften vergrößerten zusätzlich den Kirchenbesitz.

Seit Gründung des neugriechischen Staates ist der Landbesitz der Kirche durch Enteignungen oder Abtretungen mehrfach reduziert worden. Schon 1952 wurde ein Agrarreformgesetz verabschiedet, nach dem die Kirche zwei Drittel ihrer Ländereien an den Staat abtreten mußte. Sie erhielt dafür im Wert ständig steigende Stadtgrundstücke. In den sechziger Jahren wurde Akkerland gegen die Besoldung des Klerus getauscht. Seither kommt der Staat für die Gehälter und Pensionen der Geistlichen auf. Zusätzlich stellt er Geld für die religiöse Bildung und für Priesterseminare bereit. Die Schwierigkeiten, das Kirchenvermögen exakt zu schätzen, sind groß. Bis heute gibt es in Griechenland keine ordentlichen Grundbücher. Besitzverhältnisse sind noch nicht systematisch von staatlichen Stellen verzeichnet. Nach vorsichtigen Schätzungen ist der Landbesitz der Kirche etwa 400 Millionen DM wert.

Seit geraumer Zeit verfolgt der Klerus die Säkularisierungsbestrebungen der Sozialisten mit äußerstem Mißtrauen. Die Ängste und Vorurteile der orthodoxen Kirche gegenüber der PASOK sind massiv, doch so weltfremd ihre politischen Vorstellungen und Protestaktionen auch anmuten, so nachdrücklich demonstrieren sie auch ihre erbitterte Entschlossenheit, den kirchlichen Besitz, die Macht und gesellschaftliches Prestige zu verteidigen. Dies verdeutlichen am besten die folgenden Begebenheiten:

Die Angst vor den Sozialisten geht auch in der Mönchsrepublik um. Die Mönchsgemeinschaften auf dem Berg Athos sind eine der letzten Institutionen des 1453 untergegangenen Byzantinischen Reiches und eine der ältesten christlichen Gemeinden. Die Mönchsrepublik besteht aus 20 Klöstern — darunter auch ein bulgarisches, ein serbisches sowie ein russisches — und ist nach der griechischen Verfassung autonom. Die rund 1.400 heute auf Athos lebenden Mönche betrachten sich als Auserwählte Gottes. Sie bewachen ihr Land, das in ihrer Vorstellung das »Tor zum Himmel« ist und das keine Frau je betreten darf. Generell ist die Mehrheit der Mitglieder des Heiligen Rates von Athos bereit, mit der Athener Regierung partiell zusammenzuarbeiten. Eine fanatische Minderheit unter den Mönchen jedoch, die Zeloten (die blinden Eiferer), etwa 300 Einsiedler, verweigern jegliche Zusammenarbeit. Auf die Mauern ihres Klosters Esphigmenou haben sie »Orthodoxie oder Tod« geschrieben. Der Athos als Hort der Orthodoxie solle, so wollen es die Mönche, Bollwerk gegen die Verzerrungen der Zivilisation sein: eine nicht wankende Festung in der modernen Industriegesellschaft und der säkularisierten Welt.

Die Mönche sind »überzeugte Anti-Kommunisten« und protestieren sogar seit Jahren gegen die von Griechenland aufgenommenen diplomatischen Beziehungen zum Vatikan, denn der Katholizismus ist für sie ein Erzfeind. Seit die sozialistische Regierung anfing, Verstaatlichungspläne für große Teile der kirchlichen Ländereien zu entwickeln, fürchten die Mönche auch die

Zukunftserwartungen unterschiedlicher Art: Kirche und Lotterie

Überführung ihrer Schätze in Staatseigentum und die Verstaatlichung des Berges Athos. Den griechischen Behörden verweigerten sie Anfang Januar 1986 die Ausstellung ihrer Schätze und byzantinischen Kunstwerke. Sie hatten den Verdacht, daß die PASOK in Wirklichkeit plane, die Kunstschätze einfach zu behalten, sobald diese die Mönchsrepublik verlassen hätten und im weltlichen Thessaloniki gelandet wären.

Immer wieder greifen die Kirchenväter in die Innenpolitik des Landes ein. Insbesondere die sozialistische Erziehungspolitik ist ihnen ein Dorn im Auge. Mitte Februar 1985 demonstrierten etwa 5.000 Geistliche und Mitglieder der griechisch-orthodoxen Kirche in Athen gegen die Einführung eines neuen Schulbuches. In diesem Buch (die »Geschichte der menschlichen Rasse«), das 1984 von der PASOK an den staatlichen Oberschulen eingeführt worden ist, wird die Evolutionstheorie Charles Darwins erläutert. Ungeheuerlich sind nach Meinung der Kirche diejenigen Teile, die die Entwicklung aller Arten von Lebewesen auf einem Weg über natürliche Zuchtauswahl aus gemeinsamen Urformen darstellen. Daß die ersten Menschen nicht im Paradies gelebt haben und mit Affen verwandt sind — diese Vorstellungen sind für orthodoxe Gläubige ein Sakrileg.

Der Heiligen Synode, dem obersten Organ der griechisch-orthodoxen Kirche, aber auch vielen weltlichen Konservativen geht das Buch zu weit. Es setze angeblich die Leistungen des antiken Griechenland herab und leiste »linksgerichtetem« Gedankengut Vorschub. »Unantastbare nationale Größen« wie Aristoteles oder Alexander der Große würden nicht entsprechend gewürdigt. Die Demonstranten führten auf ihrem Zug durch die Athener Innen-

Auch durch prachtvolle Gewänder demonstriert der Klerus seinen Status

stadt Kerzen und Kruzifixe mit sich. Auf ihren Spruchbändern waren Parolen wie »Ins Feuer mit den gottlosen Schriften«, »Schluß mit dem Marxismus an den Schulen« oder »Fundament der Nation ist die Orthodoxie« zu lesen. Sprechchöre skandierten Slogans aus der Zeit der Militärjunta. Diese hatte als erstes Darwins Evolutionstheorie vom Lehrplan gestrichen.

Nachdem die Auseinandersetzungen zwischen Regierung und Kirche zunahmen, kündigte die PASOK im Oktober 1986 folgendes Vorhaben an: falls die Kirchenführung sich nicht zur Zusammenarbeit mit dem für Religionsangelegenheiten zuständigen Erziehungsminister Antonis Tritsis bereiterkläre, würde sie dem Athener Parlament einen Gesetzentwurf zur Enteignung des Kirchenvermögens vorlegen. Auf dieses Ultimatum reagierte die Heilige Synode umgehend. Mit 70 gegen vier Stimmen wurde auf der Bischofskonferenz beschlossen, den Vorschlag der Regierung anzunehmen und somit den Großteil des eigenen Grundbesitzes dem Staat zu überlassen.

Doch die PASOK sollte sich zu früh über ihren politischen Etappensieg im staatlich-kirchlichen Machtkampf freuen; er sollte sich in eine klägliche Niederlage verwandeln.

Die »Enteignungsverhandlungen« zwischen Regierung und Kirchenleitung führten zu keinem Ergebnis, so daß Erziehungsminister Tritsis beschloß, die Enteignung des kirchlichen Grundbesitzes auf gesetzgeberischem Wege durchzuführen. Der am 12. März 1987 eingereichte Gesetzesentwurf sah vor, daß die Kirche und die Klöster den größten Teil ihrer umfangreichen Ländereien zwecks rationeller und ökonomischer Verwertung an den Staat abgeben müssen. Der brachliegende kirchliche Grundbesitz sollte an besitzlose und bedürftige Bauern, an landwirtschaftliche Genossenschaften sowie andere öffentliche Träger übereignet werden. Die etwa 470 griechischen Klöster sollten soviel Nutzland behalten, um sich selbst versorgen zu können, und sollten darüber hinaus mit fünf Prozent der land- und forstwirtschaftlichen Erzeugnisse aus den abgetretenen Gebieten entschädigt werden. Auch leerstehende, nicht genutzte Gebäude wären nach dieser Gesetzesvorlage dem Staat zugefallen. Die Übereignung der Ländereien sowie die Kontrolle über den Immobilienbesitz sollte durch ein Gremium von drei Kirchen- und vier Staatsvertretern geregelt werden. Weiterhin sah die Gesetzesvorlage eine Änderung in der Zusammensetzung verschiedener administrativer Kirchengremien — einschließlich des obersten, für die Vermögensleitung zuständigen Organs (ODEP) — vor. Durch die neu geplante Sitzverteilung in den Gremien hätte die Synode von den staatlichen Vertretern überstimmt werden können.

Das von der PASOK vorgelegte Gesetz wurde im April 1987 vom griechischen Parlament verabschiedet. Für das Gesetz stimmten die sozialistischen und kommunistischen Abgeordneten, während die konservative Opposition unter Protest den Plenarsaal verließ.

Der entgültige Entwurf sah vor, daß 130.000 Hektar land- und forstwirtschaftliche Nutzfläche aus dem Besitz der Klöster an landwirtschaftliche Kooperativen übertragen werden sollten, 20.000 Hektar im Stadtbereich zwar im Eigentum der Kirche verbleiben sollten, aber durch Gremien verwaltet, in denen Laien die Mehrheit hätten.

Dieser Plan »Zur Unterjochung der Orthodoxie« stieß bei dem Klerus auf erbitterten Widerstand.

Bereits am 25. März 1987 — also noch vor der Verabschiedung des Gesetzesentwurfs durch das griechische Parlament — ging die Kirchenleitung zum Angriff über. An diesem Tag, einem der beiden Nationalfeiertage, weigerte sich Erzbischof Seraphin, den Festgottesdienst in Athen zu zelebrieren. Die politische Führung des Landes, die sich in der Athener Kathedrale zum Festakt eingefunden hatte, mußte sich mit einem einfachen Priester begnügen. Überall blieb die höhere Geistlichkeit den Festgottesdiensten aus Protest über die Enteignungspläne der Sozialisten fern. Sie veranstalteten in der Kirche des heiligen Panteleimon einen Gegengottesdienst. Der Andrang zu diesem »Protest-Gottesdienst« war gewaltig. Tausende versammelten sich im Inneren und auf dem Vorplatz der Kirche, um an der Messe teilzunehmen. Als staatliche Stellen die Polizei beauftragten, die Lautsprecher auszuschalten, über die die Liturgie übertragen wurde, scheiterte sie am Widerstand der Massen. Die Beamten wurden von der aufgebrachten Menge verprügelt und weggejagt.

Gleich nach der Verabschiedung des »umkämpften« Gesetzes durch das Athener Parlament rief die Heilige Synode das Verfassungsgericht an. Im August 1987 wurde der neue Erlaß außer Kraft gesetzt. Der Staatsrat, das oberste griechische Verfassungsgericht, hob am 19.8.87 die Vollzugsbestimmungen auf, da die Anwendung des Gesetzes zu einem »ernsten Bruch in den Beziehungen zwischen Staat und Kirche« führe. Die Kirche hatte gesiegt!

Der Beschluß zur Verstaatlichung des Kirchenvermögens ist bei der Mehrheit der Bevölkerung auf Billigung gestoßen. Viele der griechischen Bauern sind arm, sie besitzen nur sehr kleine Grundstücke, die nicht genügend Erträge erwirtschaften, um eine Familie zu ernähren, oder aber haben das bearbeitete Land nur gepachtet.

Auf der anderen Seite dagegen hat der Klerus seit Beginn der Auseinandersetzung um die Enteignung unerwartet starken Zulauf bekommen. Die Diskussion um den Landbesitz der Kirche ist stark emotionalisiert worden. Zwischenfälle in den Kirchen und andere Vorkommnisse zeigen, daß die Nation in dieser Frage tief gespalten ist.

Seit kurzem zeichnet sich die Möglichkeit eines Kompromisses ab: Der umstrittenste Passus, der die Kontrolle der Kirchenfinanzen einem mehrheitlich mit Regierungsvertretern besetzten Aufsichtsgremium übertrug, ist inzwischen von Erziehungsminister Tritsis zurückgezogen worden.

Es wird damit gerechnet, daß die Regierung der Kirchenführung mit weiteren Abänderungen des Gesetzes entgegenkommen wird oder nach Verlauf einer angemessenen »Schamfrist« ihren Verstaatlichungsplan ganz fallen läßt.

Ihren Kampf hat die Kirche jedoch längst nicht aufgegeben. Auf einer Sitzung der Heiligen Synode beschlossen die 78 Bischöfe vor kurzem, die sieben Staatsangestellten, die dem von der Regierung eingesetzten »Rat zur Verwaltung des kirchlichen Vermögens« (ODEP) angehören, für vorläufig zwei Jahre zu exkommunizieren. Die Betroffenen, die durch diese Maßnahme zur Reue bewegt werden sollen, sind zwei Theologieprofessoren, ein pensionierter Geistlicher, vier Beamte und ein Vorstandsmitglied der griechischen Staatsbank.

Die nördlichen Provinzen

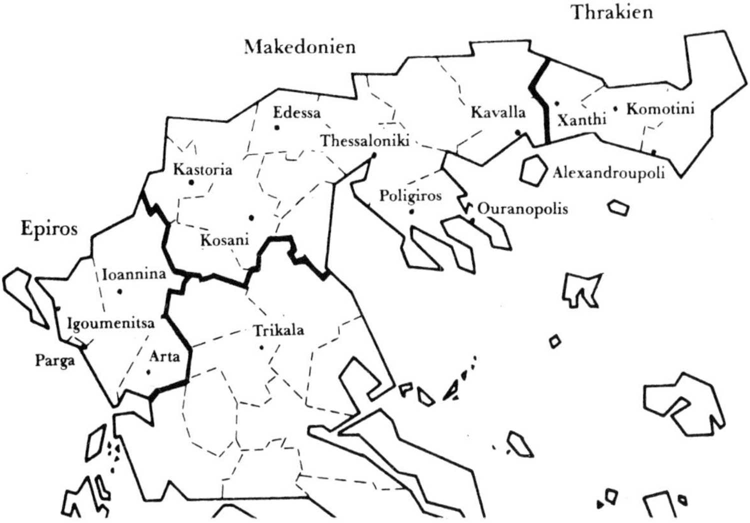

Der Norden Griechenlands wird wegen des natürlichen Reichtums, seiner landwirtschaftlichen Nutzung, der infrastrukturellen Verbesserungen der letzten Jahre und der landwirtschaftlichen Schönheit auch das »Kalifornien Europas« genannt. Aber nur die Provinzen Makedonien und Thessalien verdienen diese Kennzeichnung: sie sind wohlhabend, während der Nordosten und der Nordwesten Griechenlands zu den armen Regionen gehören, die die meisten Auswanderer stellen.

Thrakien

Ganz im Osten der nördlichen Provinzen liegt Thrakien, das erst sehr spät zu griechischem Staatsgebiet wurde, und zu den bevölkerungsschwächsten Provinzen gehört. Der Verfall des Osmanischen Reiches und die Aufteilung seines europäischen Teils machte dieses Grenzland zum Zankapfel unter den zahlreichen Erbanwärtern. Durch die Balkankriege konnte sich kurz vor Ausbruch des Ersten Weltkrieges Bulgarien mit der Eroberung Westthrakiens den Zugang zum Mittelmeer erkämpfen, während Ostthrakien mit dem Zugang zum Schwarzen Meer noch unter türkischer Herrschaft verblieb. Erst 1919/1920 erhielt Griechenland, das nach dem Ersten Weltkrieg auf Seiten der Siegermächte steht, das gesamte thrakische Gebiet zugesprochen, verlor aber bereits drei Jahre später Ostthrakien bis zum heutigen Grenzfluß Evros. In

Auf dem Markt von Xanthi

den Nordprovinzen siedelten ethniche Gruppen aus vielen angrenzenden Gebieten; Türken, Serben, Bulgaren, Slawen. Nach der kleinasiatischen Katastrophe waren es vor allem diese Gebiete, die vom Bevölkerungsaustausch betroffen wurden. Etwa 700.000 Kleinasienflüchtlinge fanden im Norden Griechenlands eine neue Heimat und bewirtschafteten die verlassenen oder enteigneten Ländereien; sie kultivierten braches Land und entwässerten Niederungen. Heute findet man neben den Altsiedlungen an den Berghängen schachbrettartig angelegte Großdörfer in der Ebene, die auf überschwemmungsfreien Hügeln gebaut wurden.

Xanthi/Komotini/Alexandroupoli.

Thrakien wird selten um seiner selbst willen besucht, sondern ist Durchgangsstation auf dem Weg zu der Insel Samothraki oder zur Türkei. Die Straße zur türkischen Grenze berührt wegen Steilabbrüchen und versumpften Gebieten selten die Küste und führt durch die Hauptstädte der drei Verwaltungsbezirke Thrakiens: *Xanthi, Komotini* und *Alexandroupoli.* Die türkische Prägung ihrer Stadtkerne fällt sofort ins Auge. Aus dem Häusermeer ragen Minarette hervor, und viele Häuser haben bei den Obergeschossen holzgestützte Erker nach orientalischer Art. Nach der griechischen Niederlage in Kleinasien wurden die Türken in Xanthi und Komotini (ebenso wie die Griechen in Konstantinopel) von dem großen Bevölkerungsaustausch ausgenommen. Heute leben in Griechenland auf den Dodekanesinseln Rhodos und Kos noch ein paar tausend Türken, aber in Xanthi und Komotini und Umgebung ist es eine beachtliche Minderheit von immerhin 150.000 Einwohnern. Sie besitzen die griechische Staatsangehörigkeit, haben das Wahlrecht und auch einen türkischen Abgeordneten im Parlament.

Die türkischen Einwohner von Xanthi, Komotini und Umgebung sind zum großen Teil Tabakarbeiter und Handwerker und leben sowohl in gemischten Dörfern oder Stadtteilen friedlich mit Griechen zusammen als auch in gesonderten türkischen Siedlungen. Wegen der langen Arbeitslosigkeit in der erntefreien Saison stehen die Tabakarbeiter trotz guter Stundenlöhne auf der niedrigsten Einkommensstufe der griechischen Arbeiter. Auch für die griechischen Arbeiter und Bauern dieser Gegend sind die Lebensverhältnisse von Armut und sozialer Unsicherheit geprägt; aber die türkische Minderheit steht noch vor zusätzlichen Problemen.

Die offizielle Politik war bisher darauf ausgerichtet, eine Assimilation dadurch zu erzwingen, daß alle türkischen Versuche, die kulturelle Eigenständigkeit zu pflegen, erschwert wurden, wie z.B. bei der Gründung eigener türkischsprachiger Schulen, der Pflege ihrer Religion, der Errichtung türkischer Moscheen etc. Andererseits hat die staatliche Politik nicht vermocht, den türkischen Kindern in den griechischen Einrichtungen die gleichen Bildungschancen zu geben, so daß sie in den Gymnasien — falls sie die überhaupt besuchen — selten einen Abschluß erreichen. Es gibt daher auch so gut wie keine Türken im Staatsdienst. Angebliche Sprachschwierigkeiten werden von den Behörden aber auch dann vorgeschoben, wenn sie türkische Bewerber, die ihre Ausbildung im Ausland erworben haben, vom Staatsdienst fernhalten wollen. Hier ist die Benachteiligung ebenso offensichtlich wie bei den erbärmlichen Wohnverhältnissen.

Frauen der türkischen Minderheit in Xanthi

Manche türkische Familien wohnen noch in Blechhütten. Das gilt zwar auch für Griechen, aber im Unterschied zu ihnen müssen türkische Familien jahrelang warten, um eine Baugenehmigung für ein anderes Grundstück zu erhalten. Die Griechen können sich besser beim rusfeti durchsetzen. Vor den Wahlen erhält auch die türkische Minderheit große Versprechungen, doch sie hat lernen müssen, daß sie sich darauf nicht verlassen kann. Die PASOK-Regierung hat angekündigt, daß sie alles versuchen wird, um die Diskriminierung von ethnischen und religiösen Minderheiten abzuschaffen.

In Xanthi leben etwa 30.000 Menschen, die vorwiegend in der Tabakindustrie, aber auch in der Lebensmittel-, Holz- und Papierindustrie arbeiten. In Komotini sind es ca. 40.000 Einwohner, die vor allem von der Textil- und metallverarbeitenden

Straße der Schuhverkäufer

Industrie leben. In der Nähe der Stadt werden Weizen und Zuckerrüben angebaut und Kirschbäume gezogen.

Seit einigen Jahren hat Thrakien eine Universität, die eine technische Hochschule und eine juristische Fakultät umfaßt. Sie ist dezentral auf die Städte Komotini und Xanthi aufgeteilt. Fast alle Studenten versuchen, auf die Universitäten in Athen und Saloniki zu gelangen, was nur denjenigen mit den besten Noten gelingt. Die übrigen Studenten aus Athen, Thessaloniki oder auch aus den kleineren Städten, die einen Studienplatz in Thrakien erhalten, bleiben oft in ihren Heimatstädten wohnen und füllen nur während der Prüfungszeiten, die auf wenige Monate konzentriert sind, die Universitätsstädte. Man merkt es am Freizeitangebot, besonders an den Kinoprogrammen, daß die beiden thrakischen Bezirkshauptstädte zeitweilig Universitätsstädte sind. In Komotini sind außerdem die Freizeiteinrichtungen auf den Geschmack von Soldaten ausgerichtet, ebenso wie in Alexandroupoli, der dritten Bezirkshauptstadt, in deren Nähe sich ebenfalls eine Kaserne befindet.

Alexandroupoli ist die letzte größere Stadt vor der türkischen Grenze und Bezirkshauptstadt von Evros, benannt nach dem Fluß, der die Grenze zwischen Griechenland und der Türkei bildet. Alexandroupoli ist eine moderne, schnell wachsende Stadt, nur die Platia am Hafen ist noch von alten Häusern umstanden. Evros, das heute wegen der größten Abwanderung von Arbeitskräften noch nicht einmal auf die Einwohnerzahl im Jahre 1940 kommt, ist zum Zentrum der regionalen Entwicklungspolitik auserwählt worden. Beträchtliche Investitionsanreize, die Entwässerung von Sümpfen und Flußregulierungen sollen in diesem

Thrakische Gebräuche

In Thrakien hat sich der Brauch des Schlachtopfers aus vorchristlicher Zeit verbunden mit dem Brauch des Feuertanzes, Anastenaria, erhalten. Der Feuertanz hat seinen Ursprung im Dionyssos-Kult, der in Thrakien sehr weit verbreitet war. Dieses Brauchtum wurde von den Flüchtlingen aus Ostthrakien bis nach Makedonien verbreitet. In den makedonischen Dörfern um *Drama, Serres* und *Werria* finden diese Feste, bei denen den Heiligen ein Tier geweiht wird, jedes Jahr statt. Es gab Perioden, in denen die Kirche diese Bräuche als heidnisch verbieten konnte, aber sie hat sich nicht auf Dauer durchsetzen können. Auch außerhalb der griechischen Grenze, in Bulgarien und der Türkei, kommen die Feste der Anastenariden, wie die Feuertänzer genannt werden, vor. (21. Mai)

Am Vortag des Heiligenfestes zieht ein kleiner Kreis von »Eingeweihten« auf die Wiesen, um die ausgesuchten Opfertiere — Stiere, deren Alter auf eine ungerade Jahreszahl endet — zur Kirche zu bringen. Es gilt als gutes Zeichen, wenn sich die Tiere nicht dagegen sträuben. Danach gehen sie in das Haus des Archianastenaris — des Vorstehers der »Eingeweihten« —, um die Ikonen des Heiligen Konstantinos und Eleni zu holen. Auf dem Dorfplatz wird ein großes Feuer angezündet, das die Dorfbewohner mit Tänzen umkreisen. Sobald das Feuerholz zu Kohle niedergebrannt ist, beginnen die »Eingeweihten« barfuß auf den glühenden Kohlen zu tanzen, bis das Feuer erlischt. Sie schreien dabei und halten die Ikonen in den Händen. Wissenschaftler befassen sich schon seit Jahren damit, wieso sich die »Eingeweihten« nicht auf den glühenden Kohlen die Füße verbrennen.

Am nächsten Tag findet die Messe statt und anschließend werden die Opfertiere mit einem Messer, das nur zu diesem Zweck aufbewahrt wird, geschlachtet, wobei das Blut nahe an der Kirchenmauer in die Erde fließen muß. Das rohe Fleisch wird an die Gläubigen verteilt.

Eine andere Sitte, die sowohl in Thrakien (Xanthi) als auch Makedonien (Kilkis, Serres) verbreitet ist, ist die »Weiberherrschaft« am 8. Januar. In den Dörfern werden die Rollen getauscht, die Frauen gehen ins Kafenion, auf das Feld oder in den Laden, während die Männer den Haushalt führen. Am Nachmittag versammeln sich die Frauen und teilen sich »das große Geheimnis« mit, das kein Mann jemals erfahren darf. In manchen Dörfern verkleiden sich die Frauen auch und suchen sich dazu einen ausgesprochenen Männerberuf aus, wie z.B. Polizist. Am Abend nehmen dann auch die Männer am Fest teil, die Frauen geben das Rollenspiel auf und schneiden die Vassilopita — den Neujahrskuchen mit der eingebackenen Münze — an.

Unter dem Einfluß des Tourismus hat sich dieser Brauch etwas verändert. So stellen sich in manchen Dörfern am Morgen des Festes zwei Frauen mit einer Geldbüchse am Ortseingang auf und kassieren von den Fremden Geld für die »Vorstellung«. Die Frauen tanzen dann abends auf dem zentralen Dorfplatz — nur die Verheirateten dürfen daran teilnehmen. Die Fremdenverkehrszentrale unterstützt die Erhaltung dieses Brauchtums, indem sie die Räume für das Treffen der Frauen anmietet oder sogar, wie in Serres, ein ganzes Haus für diesen Zweck bauen ließ.

Im Hafen von Thassos

äußersten Zipfel Griechenlands neue Arbeitsplätze schaffen. Die ersten Erfolge zeigen sich bereits, wohl auch aufgrund der angestiegenen Rückkehr von Auswanderern. Während bei der Volkszählung 1971 die Bevölkerungszahl in Thrakien um 7,6% gefallen ist, ist sie nach der letzten Zählung 1981 um 4,7% gestiegen.

Obwohl dieser Bezirk die drittgrößten zusammenhängenden fruchtbaren Ebenen Griechenlands hat, kann er die Bevölkerung nicht ernähren. Es fehlt an modernen Anbaumethoden, Produktionsmitteln und Geld. Auch die Bodenschätze des Landes werden kaum abgebaut. Von den sechs Gruben und Lignitminen funktioniert eigentlich nur eine, die von Kirki, die 50 bis 60 Arbeiter beschäftigt. Die Arbeitsbedingungen sind miserabel, und schon seit Jahren erhalten die Arbeiter ihren Lohn mit zwei- bis dreimonatiger Verspätung. Als hier vor ein paar Jahren der Vorsitzende der Körperschaft der Mine Kirki gegen die schlechten Arbeitsbedingungen mobilisierte, erlitt er einen »Arbeitsunfall«, der in der Presse aufgrund seiner obskuren und verdächtigen Umstände großes Aufsehen erregte. Den Fischreichtum dieser Gegend hält man für den bedeutendsten ganz Griechenlands, — auch er wird nicht genutzt. Das reichlich vorhandene Wasser wird nur zu 20% zur Bewässerung in die Landwirtschaft geleitet. Von einem Ausbau des Hafens versprechen sich die Bewohner Alexandroupolis sehr viel.

Die Bewohner träumen von einem Ausbau des fast stillgelegten Hafens und einer Verbindung zum Mittleren Osten und Asien. Doch noch fehlt es an Mitteln für die einfachsten Infrastrukturinvestitionen. Der Straßenbau wäre Voraussetzung, um eine milchverarbeitende Industrie aufzubauen. In der Landwirtschaft wurden die früher eingesetzten Büffel durch Rinder, die gutes Fleisch und Milch geben, ersetzt. Der Bezirk Evros stellt 10% der griechischen Fleischproduktion. Rund um Alexandroupoli sind riesige Schweinezuchtanlagen entstanden. Der Bau wurde von der Junta gefördert, ohne zugleich für eine Beseitigung der damit auftretenden Probleme zu sorgen. Die Abfälle der Schlachtereien fließen in den Fluß Maistros, der inzwischen total verseucht ist. Die Bevölkerung lebt mitten in Dreck und Gestank und ist besonders anfällig für Lebererkrankungen.

Makedonien

An die bevölkerungsarme Provinz Thrakien grenzt die bevölkerungsreichste, Makedonien, das Grenzland zu Jugoslawien und Bulgarien. Makedonien profitiert von der Abwanderungsbewegung aus den unwirtlichen Bergregionen in die fruchtbaren Ebenen, die bereits seit Gründung des griechischen Staates eingesetzt hat. Aufgrund des fruchtbaren Ackerbodens haben sich eine Reihe von Landstädten herausgebildet, die als Markt für ihre Umgebung dienen. Der Boden ermöglicht zum Teil drei Ernten im Jahr, die überwiegend in den Export gehen. Aus Makedonien wird zu einem Zeitpunkt Frischobst ausgeführt, zu dem andere Länder noch nicht liefern können. Obst, Gemüse und Schnittblumen werden in Trockeneis verpackt und per Flugzeug nach Mitteleuropa transportiert. Überall entstehen moderne Fabriken, die Obst und Gemüse, Oliven, Mandeln und Zitronen verarbeiten und konservieren. In einigen Landstrichen strukturiert sich der Anbau von Weizen und Mais auf Obst und Gemüse um. Aus dem Norden stammen alle exportierten Erdbeeren, Tomaten-, Paprika- und Gurkenkonserven, überwiegend die Pfirsiche, die Äpfel mehr als zur Hälfte und die Tomaten noch zu einem beachtlichen Teil. Die Bauern aus der Gegend von Naussa und Werria produzieren in manchen Jahren so viele Pfirsiche, daß sie ihnen keiner mehr zu einem kostendeckenden Preis abnimmt und sie die Früchte vergraben müssen.

Kosani

Aber der stetige Bevölkerungszuwachs von Makedonien liegt vor allem auch an seinen Bodenschätzen, um die sich Orte mit aufstrebender Industrialisierung gebildet haben, besonders in Braunkohlenrevieren wie Ptolemaida und Kosani. In der Umgebung von Kosani gibt es mehrere Lignit-Bergwerke, eine Düngermittel- und eine Asbestfabrik sowie Steinbrüche, aus denen Marmor gewonnen wird. In Kosani gibt es keinen Industriegürtel, sondern jeder baut seine Fabrik dorthin, wo er gerade ein Grundstück besitzt, schließt sie an die zentrale Stromleitung an und »sorgt« selber für die Abwässer. Dies alles geschieht ohne Koordinierung und Plan, ist kostspielig und hat für die Stadt, die ein Monstrum zu werden droht, sehr negative Folgen. Seit 1961 schießt die Stadt in die Hö-

Fischfang ist reine Männersache

he, am südlichen Stadtrand haben sich illegale und halblegale Wohnquartiere gebildet. Die Stadt, die ursprünglich für 25.000 Einwohner gedacht war, hat mittlerweile über 40.000 Einwohner. Das geht nur auf Kosten der Lebensqualität. Heute gibt es keinen Raum, um Parks, Plätze oder Kinderspielplätze zu bauen, sogar Straßen werden verengt, um größere Bauflächen zu gewinnen. Um allen individuellen Interessen und Bedürfnissen einflußreicher Gruppen nachzukommen, mußte der Städtebauplan 110mal (!) verändert werden, und jedesmal wurden dabei vorhandene oder geplante Plätze, Grünanlagen, Parks und Straßen geopfert.

Nur wenige Straßen in Kosani sind asphaltiert, ca. 40% davon sind an den Rändern aufgerissen für die geplante Wasserleitung, für die allerdings ebenso wie für den Straßenbau, die Abwässeranlagen und vieles mehr das Geld fehlt.

Wer nach Betrachtung der Landkarte vielleicht auf die Idee kommt, den Fluß Aliakmon mit seinem großen See zu besuchen, sollte wissen, daß dieser See als Auffangbecken für die ungeklärten Abwässer von Kosani, Grevena, Kastoria und anderen Städten benutzt wird. Der See ist eigentlich ein Schildbürgerstreich, er ist nämlich künstlich geschaffen worden. Aber heute weiß niemand mehr, für welche Zwecke der See aufgestaut worden ist, obwohl der Bau von Vertretern aller betroffenen Provinzen entschieden wurde. Bevor der eigentliche Zweck des Sees jedoch nicht amtlich feststeht, können — obwohl alle Städte ihn als Abwässeraufnahmebecken benutzen — keine notwendigen Einrichtungen für die biologische Reinigung des Sees geplant werden.

Thessaloniki

Die größte Industrieansiedlung in Makedonien hat jedoch Thessaloniki, das sich zunehmend als Umschlagplatz des Handels zwischen Balkan, Nahem und Mittlerem Osten und Vorderasien ausweitet. Thessaloniki hat nach Athen und Rhodos die höchsten Wachstumsraten, was den Zuzug an Bevölkerung betrifft, und seine Probleme sind sehr ähnlich wie die Probleme der Großstadt Athen. Auch in Thessaloniki gibt es den Gegensatz von reichen und armen Stadtvierteln, wie die eleganten Viertel um die Kennedy-Avenue im Süden und die Elendsviertel um die Esso-Pappas im Norden.

Panagia-Chalkeon-Kirche. Die Muttergottes der Kupferschmiede

Vom alten Thessaloniki steht nur noch ein malerisches Kleinbürgerviertel im Osten der Stadt und der östliche Eckturm der berühmten Mauern, die dem Ansturm der Slawen standhielten. Alle anderen Teile der Stadt sind 1917 bei einem verheerenden Brand vernichtet worden. 1978 haben Erdbeben Teile der Stadt zerstört, Industriebetriebe mußten zeitweilig geschlossen werden und die Bewohner begannen, aus den Erdbebengebieten abzuwandern. Die hohe Todeszahl beim Hauptbeben war auf den Einsturz eines unsachgemäß errichteten achtstöckigen Hauses zurückzuführen, und viele zweifeln daran, daß das Haus, in dem sie wohnen, besser konstruiert ist.

Kavalla

Griechenland fehlt es an Verkehrsoffenheit und Weiträumigkeit, und trotz seiner vielen Golfe und seiner reichgegliederten Küste ist es arm an guten Häfen. Es ist daher kein Wunder, daß sich auch Städte wie das zwischen dem Meer und den Bergen eingezwängte Kavalla trotz dieser ungünstigen Lage, aber wegen seines guten Hafens, zu einem bedeutenden Industrie- und Handelszentrum entwickelt hat. Hier werden die Erzeugnisse der Tabakindustrie, der Textil- und holzverarbeitenden Industrie und Weberzeugnisse verladen.

Die Tabakarbeiter von Kavalla sind straff gewerkschaftlich organisiert, sie haben den closed-shop durchgesetzt (d.h. arbeiten darf nur, wer in der Gewerkschaft ist) und achten darauf, daß nicht alle Arbeitsplätze mit Frauen, die zu niedrigen Löhnen arbeiten, besetzt werden. Die Tabakarbeiter spüren unmittelbar die Folgen jeder Veränderung des Weltmarkts. In Zeiten der Wirtschaftskrise gehen die Absatzquoten zurück und damit auch ihre Beschäftigungsmöglichkeiten, die ohnehin nur saisonweise bestehen.

Römischer Aquädukt in Kavalla

27 km hinter Kavalla liegt *Keramoti,* von wo aus Fähren die kurze Meerenge zur Insel Thasos überbrücken. Die Ölfunde in dieser Gegend haben den Plan hervorgerufen, in Kavalla eine petrochemische Fabrik zu errichten. Dieser Plan stößt auf heftigen Widerstand der Einwohner, die bereits genug Sorgen mit den lebensgefährlichen, teilweise veralteten Anlagen der nahen Phosphordüngerfabrik haben. Die Quote der Atemwegserkrankungen ist hier die höchste in ganz Griechenland. Aber nicht nur die giftigen Abgase sind gefährlich, der Phosphor- und Sulfatregen zerstört Flora und Fauna. Ins Meer getragen, vernichtet er das Leben auf dem Meeresgrund.

Außerhalb der Städte

Auch die Einwohner des angrenzenden Flachlandes von *Chrisoupolis* sehen durch die Fabrikanlagen ihr Einkommen aufs Spiel gesetzt. Noch haben sie das höchste landwirtschaftliche Pro-Kopf-Einkommen der Region, der Fischfang ist sehr ergiebig, und auch das Tourismus-Geschäft blüht. Jenseits aller Gesetze herrscht im Tourismus-Geschäft oft das Recht des Stärkeren. So hat sich z.B. ein Hotelunternehmer widerrechtlich 18.500 qm Strand von *Kalamitsa* (2 kam von Kavalla entfernt) angeeignet und hat den Strand mit billigem Material zuschütten lassen, um dadurch Boden für Tennisplätze und Schwimmhallen zu gewinnen, die nun sein Hotel ergänzen.

Auch auf *Sithonia,* einem der Ausläufer der Halbinsel Chalkidike, hat der Reeder *Karras* ein Gelände von 18.000 ha mit einem Hotel- und Bungalowkomplex, einem eigenen Hafen und Reitsportanlagen, mit Tennis- und Golfplätzen bebaut, wovon ein Teil während des Investitionsverbotes für Hotelbauten 1975 entstanden ist!

Zur Grenze gegen Bulgarien hin liegen am Gebirgshang noch altbesiedelte Gegenden Makedoniens. Hier tragen die Frauen noch schlichte Trachten, Zöpfe und weiße Kopftücher; ihre Kinder tragen sie in einem Beutel auf dem Rücken. Nicht nur im Gebirge, sondern auch auf dem flachen Land kann man noch Wanderhirten treffen, die günstige Weiden suchen. Ihre Kegelhütten errichten sie aus Stroh und die Pferche für die meist schwarzen, großgehörnten Ziegen aus Dornengestrüpp.

Auch in Westmakedonien haben sich ebenso wie im Osten mit seinen Stieropfern noch Reste alten Aberglaubens erhalten. So glauben die Dorfbewohner in der Nähe von Kosani, daß in den Bäumen Geister leben, die nicht gestört werden dürfen. An der Grenze des Dorfes stehen

Chalkidike, der Achlada-Strand (Birnbaumstrand) bei Sarti

Bäume, die das Böse außerhalb des Dorfes halten sollen. Es gibt sogar Bäume, die der Pope weiht. Die Stükke vom Baumstamm gelten als heilig und werden bei einem schwierigen Vorhaben bei sich getragen. Der Aberglaube soll auf eine Überlieferung zurückgehen, nach der ein Türke von einem Baum, den er gefällt hatte, eingeschlossen und erst wieder freigegeben wurde, als er dem Kirchenheiligen eine Kuh und ein Kalb versprochen hatte.

Reisetips Makedonien

Westmakedonien

Hier lockt vor allem *Kastoria* mit seiner berühmten Handwerk-Tradition, seiner schönen Lage am Kastoria-See und seinen malerischen, alten Herrenhäusern (Archontika) Besucher an. Das Volkskundemuseum zeigt eine typische Einrichtung dieser Häuser. Auch *Edessa* ist ein beliebtes Ziel mit seinen 70 m hohen Wasserfällen, den alten Platanen und einem viel besuchten Volkspark, in dem alljährlich das sommerliche Blumenfest stattfindet. Für Tier- und Pflanzenliebhaber empfiehlt sich der Nationalpark an den *Prespa-Seen.*

Thessaloniki

Treffpunkte der Stadt sind die Bars an der Plateia Aristotelous, die Hafenpromenade mit ihren luxuriösen Cafés, der kleine Park am weißen Turm (eine von den Venezianern erbaute Hafenbefestigung, später Gefängnis der

Janitscharen). Schöne alte Häuser stehen in der Leoforos Olgas. Vom alten Stadtviertel in der Oberstadt mit Zitadelle, Resten der byzantinischen Stadtmauer und vielen Türmen hat man eine sehr schöne Aussicht auf die Stadt.

Geschäfte und Boutiquen zentrieren sich um die Odos Egnatia, die Mitropoleos, Magalou Alexandrou, die Iktinou und die Aghias Sophias, um die Kirche Panagia Chalkeon (Madonna der Kupferschmiede) gibt es viele Geschäfte mit Kupfer und Messingsachen. Im Zentrum werden Märkte abgehalten: der Mondiano ist ein Lebensmittelmarkt, Kapani ein überdachter Markt, Stoa Bezesteni in einem Gebäude aus türkischer Zeit.

Byzantinische Kunst kann man in 21 byzantinischen Kirchen mit Mosaiken und Wandmalereien besichtigen, hier eine Auswahl (mittags geschlossen): Aghios Dimitriou, Aghia Sophia, Aghios Nikolaos Orphanus, Panagia Chalkeon. Im Archäologischen Museum sind bedeutende Ausgrabungsfunde wie die Grabbeigaben makedonischer Königsgräber und oft Sonderausstellungen zu besichtigen. Ruinen aus römischer Zeit sind: der erhaltene Westpfeiler des Triumphbogens des Galerius, die Rotonda (ursprünglich als Mausoleum für den römischen Kaiser errichtet, später in eine christliche Kirche umgewandelt, in türkischer Zeit als Moschee genutzt und hat daher das einzige erhaltene Minarett der Stadt, heute Museum für frühchristliche Kunst), Reste eines Palastes und eines Hippodroms an der Odos Egnatia.

In 42 km Entfernung von Thessaloniki liegt die alte makedonische Hauptstadt Pella, Geburtsort Alexander des Großen; zu besichtigen sind Ausgrabungen des alten Palastes mit Bodenmosaiken und ein Museum.

Chalkidike

Die von Thessaloniki in ein bis zwei Stunden erreichbare grüne und fruchtbare Halbinsel mit ihrem milderen Klima ist vor allem für Autourlauber geeignet. Zu den am nächsten zu Thessaloniki gelegenen Badeorten (ca. 25 km) bestehen Busverbindungen, und entsprechend sind sie am Wochenende überlaufen: Perea, Agias Trias, Nea Michaniona, Epanomi, Nea Kallikratia. Fahren Sie weiter auf die Landzungen Kassandra und Sithonia.

Kassandra

ist über gut ausgebaute Straßen zu erreichen und ist touristisch erschlossen. Hier finden Sie viele Hotels und Campingplätze. Landschaftlich ist die Halbinsel nicht so reizvoll wie die rechts davon gelegene Sithonia, bietet aber viele Wassersportmöglichkeiten und ist für Ferien mit Kindern ideal. Ferienzentren sind *Sani* (weiße Sandstrände, Robinson-Club, gut geführte Campingplätze), *Kallithea* (größerer Ferienort mit guten Hotels, im Süden befinden sich die größten und bekanntesten Hotelanlagen von Kassandra), *Chaniotis* (ein lebhafter Ort, der sich beständig vergrößert). Kleinere Ortschaften mit einfachen Unterkünften sind Siveri und Nea Skioni.

Sithonia
ist landschaftlich sehr reizvoll mit vielen kleinen Badebuchten und Sandstränden (die durchs wilde Campen aber häufig von Müll und Unrat übersät sind), bietet aber wenig Unterhaltungsmöglichkeiten. Große Hotelanlagen gibt es nur zwischen Kassandra und Sithonia (Gerakini Beach) und in Porto Carras (große luxuriöse Ferienanlage des Reeders Carras). Um Sithonia herum führt eine gut ausgebaute Straße. Malerische Orte sind *Toroni* mit Hafen und schönen Stränden, *Porto Koupho* mit guten Wassersportmöglichkeiten und *Vourvourou*, ein von Griechen bevorzugter lebhafter Ferienort. Beliebt ist auch *Sarti* mit seinen steil abfallenden Sandstränden und entsprechend hohen Wellen.

Athos
Die dritte Landzunge — die 1000jährige Mönchsrepublik Athos — ist für Touristen nicht zugänglich, für Frauen überhaupt nicht. Nur Männer, auch Ausländer, ab 21 Jahre, die ein theologisches oder wissenschaftliches Interesse glaubhaft machen können und ein Empfehlungsschreiben ihres Konsulats oder ihrer Botschaft vorweisen können, dieses beim Griechischen Außenministerium in Athen oder beim Ministerium für Nordgriechenland in Thessaloniki vorlegen und sich einen Passierschein bei der Fremdenpolizei besorgen, können von Ouranopolis, dem letzten zugänglichen Ort von Athos, nach Dafni, dem Haupthafenort auf Athos übersetzen, und von dort zum Hauptort gelangen, wo die Einreiseerlaubnis nochmal geprüft wird. Die landschaftlich sehr schöne Republik hat 20 wie Festungen ausgebaute Großklöster mit 2.000 Mönchen, 12 Mönchsdörfer und 700 kleinere Gemeinschaften und Eremiten, die nach strengen Verhaltensregeln leben. Selbst weibliche Haustiere sind untersagt. Die Mönchsrepublik ist ein Relikt aus dem Mittelalter — die Klöster verfallen mittlerweile, Felder bleiben unbebaut, die bedeutenden Kunstschätze sind gefährdet —, aber es ist heikel, mit diesem Problem politisch umzugehen.

Olymp
Im Grenzgebiet zu Thessalien liegt der mit fast 3.000 m höchste Berg Griechenlands, fast immer von Wolken verhüllt und in der Antike Sitz der Götter. Günstiger Ausgangsort für Bergwanderer und naturkundlich Interessierte ist Litochoron (5 km ab Autobahn). Dort gibt es ein Büro des griechischen Alpinen Clubs (E.O.S.), der Auskunft über Wege und Schutzhütten gibt. Von Litochoron führt ein zum Teil unbefestigter Fahrweg ca. 19 km bis zu einem Parkplatz, von dem aus Fußwege zum Aufstieg abzweigen (nur mit festem Schuhwerk und wärmerer Bekleidung zu empfehlen, in einigen Bereichen nur mit Berg-Ausrüstung).

Südlich des Olymps liegt der Badeort *Platamon* mit guten Bade- und Wassersportmöglichkeiten.

Epiros

Jenseits des Pindos-Gebirges, das den Westen und den Osten Griechenlands klimatisch und kulturell scheidet, liegt ganz im äußersten Nordwesten die ärmste Region Griechenlands. Sie ist am dünnsten besiedelt, zum größten Teil (72%) gebirgig, unfruchtbar und recht kühl.

Griechenland hat lange um den Epiros gerungen. 1912 wurde er griechisches Staatsgebiet, aber den angrenzenden Distrikt Argyrokastro (Silberburg) mit seiner überwiegend griechischen Bevölkerung sicherte sich der 1913 gegründete albanische Staat. Reaktionäre Offiziere träumen heute noch von der Rückeroberung des »Nordepiros« durch die griechische Armee.

In den Bergen des Epiros fanden die wichtigsten Abwehrschlachten gegen die Italiener statt, deren »Spaziergang nach Athen« in dem unwegsamen Gelände verhindert wurde. Die italienische Armee, die nach ihrem Überraschungsangriff im Oktober 1940 zunächst tief in den Epiros eindringen konnte, wurde durch den Einsatz der gesamten Bevölkerung bis zu 60 km hinter die albanische Grenze zurückgeworfen.

In Epiros haben auch die härtesten Auseinandersetzungen des Bürgerkrieges stattgefunden. Über diese Provinz lief in der ersten Zeit der Nachschub für die rote Armee und hier war der EDES ansässig, der durch die ELAS fast völlig aufgerieben wurde. In der Gegend von Metsovon und Samarina versuchte die italienische Besatzungsmacht die wlachische Minderheit gegen die Widerstandskämpfer zu organisieren und zu bewaffnen. Sie gaben die Wlachen als Nachkommen römischer Legionäre aus und versprachen ihnen die Gründung eines wlachischen Fürstentums. Dieser Versuch scheiterte jedoch, weil viele Wlachen in der Befreiungsfront EAM organisiert waren.

Die Wlachen

Die Gebirgsgegend im Länderdreieck Makedonien, Thessalien und Epiros war von jeher der Lebensraum von Hirtenvölkern. Im 7./8. Jahrhundert wanderten hier Slawen ein, später die romanisch sprechenden Wlachen, deren Herkunft und Geschichte sehr umstritten ist. Ob sie keltischen, rumänischen oder autochthonen Ursprungs sind, hat eine Rolle bei der »makedonischen Frage« gespielt, als die Aufteilung des europäischen Teils des Osmanischen Reiches anstand, und die Rumänen auf einer Abstammung der Wlachen von den Dakorumänen beharrten, um ihre Gebietsansprüche als nationales Anliegen auszugeben.

Ein Teil der Wlachen hat seine eigene Sprache schon vor langer Zeit aufgegeben, hat sich in den Städten angesiedelt und ist heute völlig assimiliert. Nur der Nachname vieler griechischer Familien »Wlachos« erinnert noch an diese Herkunft.

Dagegen haben die Koutsowlachen, die »unechten Wlachen«, ihre Sprache behalten. Sie sind bis zur Bucht von Amwrakikos in Epiros gewandert und leben in abgeschlossenen Siedlungen. Viele Forscher halten sie für autochthonen Ursprungs, für Teile griechischer Stämme aus Epiros, Thessalien und West-Makedonien. Die Koutsowlachen heiraten nur unter sich, ebenso wie eine weitere Wlachen-Gruppe, die *Arwanitowlachen*, die im 18. und 19. Jahrhundert aus Albanien zuzogen, die ihre eigene Sprache und kulturelle Eigenständigkeit am längsten bewahren konnten und erst in den letzten Jahren assimiliert werden. Bis vor 20 Jahren gab es Dörfer wie z.B. *Agia* im Epiros, wo die Bewohner nur albanisch sprachen. Die Wlachen leben heute überwiegend in West-Makedonien, Nord-Thessalien und Ost-Epiros, aber darüber hinaus auch in anderen Landstrichen dieser Provinzen. Im Norden Makedoniens leben sie im Kreis der Stadt Kosani in den Dörfern *Samarina, Awdella, Periwolia* u.a. Von West-Makedonien aus sind die Wlachen zu den Abhängen des Pindosgebirge gezogen, im Kreis der Stadt *Trikala* in den Dörfern *Liwadi, Almiros* u.a. sollen schätzungsweise 77.000 Wlachen leben. Ihre Siedlungen bilden im Gebirge eine fortlaufende Kette. Die Wlachen haben zwar ihre eigene Sprache, eigene Sitten und Gebräuche über Generationen hinweg bewahrt, aber sie haben keine typischen Minderheitenprobleme. Sie sprechen auch griechisch; in ihrer eigenen Sprache haben sie keine schriftlichen Überlieferungen und es ist auch keine besondere staatliche oder administrative Einrichtung für sie zuständig.

Die Mehrheit der Wlachen lebt von der Schafzucht. Im Sommer, wenn die Gräser im Flachland verdorren, ziehen sie mit ihren Herden auf die Almen. Im Oktober ziehen sie in die Winterweidegebiete, das fruchtbare Schwemmland zwischen den Pindosketten und an der Küste. Im Mai kehren sie zurück, ohne während dieser Zeit ihre Dörfer vollkommen aufzugeben. Sowohl während des Sommers als auch im Winter verbleibt ein kleiner Teil der Familien im Dorf und kümmert sich um die Landwirtschaft. Manche Wlachen suchen im Winter auch größere Dörfer oder kleine Städte auf und leben dann von Gelegenheitsarbeiten.

In den letzten Jahren wandeln sich die Lebensumstände der Wlachen. Die Einführung der Schulpflicht, die Verbesserung der Verkehrsbedingungen, die mit der geographischen Erschließung auch die kulturelle Abgeschlossenheit aufgehoben hat, die zunehmende Auswanderung junger Wlachen und die Ausweitung des heiratsfähigen Kreises sind alles Faktoren, die die Tendenz zur Seßhaftigkeit der Wlachen verstärken.

Metsovon

Metsovon liegt im epirotischen Hochland und ist eines der Dörfer, die in einer Kette liegen und sich zu der Sagorochoria, der »Dörfergemeinschaft in den Bergen«, zusammengeschlossen hat. Sie haben sich während der osmanischen Herrschaft ihre Selbständigkeit bewahren können, da sich kaum jemand in die wilde Berglandschaft traute. Die steilen Gassen dieser Dörfer sind gepflastert und die Steinhäuser zeugen von Wohlstand. Früher trieben die Männer Handel mit allen großen Balkanstaaten, heute besteht der Wohlstand im Besitz von Milchschafen, die im Sommer auf die Hochalmen mit ihren vielen Kräutern und kleinen Seen getrieben werden. Die Sagorochoria-Orte sind für ihre Webereien und sonstigen Heimgewerbe bekannt.

Metsovon

Über Metsovon und Trikala verläuft die einzige bedeutende Straße über den Pindos, die Ost und West miteinander verbindet. Im Winter ist sie oft wochenlang wegen Schneeverwehungen gesperrt. Erst die Erfahrungen des Bürgerkriegs waren dafür ausschlaggebend, entlang der albanischen Grenze eine strategische, gut ausgebaute Straße zu bauen, die den Epiros von Makedonien aus erschließt. Der Tourismus hat weiterhin mit der Fährverbindung von Italien nach Igoumenitsa dafür gesorgt, daß der Epiros auch im Süden mit dem westlichen Griechenland verkehrsmäßig verbunden ist.

Ioannina

Die Grenzstraße über Konitsa führt an der größten Schlucht Europas, der Vikos-Schlucht (die man allerdings am besten vom anderen Ende, von *Monodendri* aus überblicken kann) vorbei nach Ioannina, der Landeshauptstadt. Zu Beginn des 19. Jahrhunderts war Ioannina die Hauptstadt des Fürstentums (Paschalik) von Ali Tepelenli, das Epiros, Thessalien, Teile von Roumeli (Zentralgriechenland) und Peloponnes umfaßte. Unter seiner Herrschaft wurde die Willkür der kleinen Feudalherren gebrochen und eine zentrale Verwaltung geschaffen. Die willkürliche Besteuerung der Bauern wurde von einem einheitlichen Steuersystem abgelöst, Kunst und Literatur an seinem Hof gefördert. Hier wurden auch viele spätere Führer des Befreiungskrieges militärisch ausgebildet. Ali Pascha plante die Gründung eines unabhängigen albanisch-griechischen Staates und nahm aus diesem Grund Verbindungen zu Frankreich, Rußland, aber auch zur griechischen Befreiungsbewegung auf. 1820 wurde Ali Pascha vom Sultan zum Verräter erklärt, Ioannina von der türkischen Armee erobert und der Pascha enthauptet.

Wenn man im Süden des Epiros

Antikes Theater von Dodoni. Im Sommer finden hier fast täglich Aufführungen statt.

zum Suligebiet fährt und beim Dorf *Kamarina* zum Salongo-Berg hinaufsteigt, sieht man ein Mahnmal für die Frauen von Suli. Eine Gruppe von Frauen soll sich hier mit ihren Kindern in einem Reigen der Reihe nach in den Tod gestürzt haben, um den Soldaten des Ali Pascha von Ioannina zu entkommen. Ioannina wurde während des griechischen Befreiungskampfes erbittert von den Türken verteidigt und ihre Bezwingung gilt als die überragendste Tat des Befreiungskampfes.

Es gibt in Ioannina keine Schwerindustrie, es werden Nahrungsmittel, Textilien, Holz, Möbel und Leder hergestellt.

Die Armut der Bevölkerung hat viele zur Auswanderung getrieben. 1971 fiel die Bevölkerungszahl um 12%. Nach der neuesten Zählung ist die Bevölkerungszahl nun um 4,6% gestiegen. Dahinter kann sich tatsächlich eine Rückkehr von Auswanderern verbergen, aber auch die Aktivität von Heimatvereinen und Lokalbehörden, die in die Städte abgewanderte Dorfbewohner dazu aufrufen, sich in ihren Heimatgemeinden wenigstens registrieren zu lassen, um mehr staatliche Hilfen zu bekommen.

Die mangelnden Möglichkeiten der Bevölkerung, sich als Bauern zu ernähren, zwangen sie in die Hand-

Ein Beispiel epirotischer Baukunst

werksberufe. Als Böttcher, Schneider oder Bauarbeiter bereisten sie den ganzen Balkan und Kleinasien. Viele Epiroten wurden wegen ihrer Baukunst gerühmt. Heute kann man nur noch Überreste der epirotischen Volksarchitektur in einigen Dörfern sehen. Wandmalereien zeigen, daß die Künstler viele Länder bereisten und sich davon in ihrem Stil beeinflussen ließen.

Heute besteht für die Epiroten fast als einzige Möglichkeit, der Armut der Dörfer zu entkommen, sich an der Universität oder Pädagogischen Akademie von Ioannina zum Lehrer ausbilden zu lassen.

Die Emigranten gründen in den Großstädten »Vereine der Epiroten«, in denen sie ihre Tradition pflegen und ihre Kultur zu erhalten versuchen. Sie setzen sich auch für ihre Heimatdörfer ein und finanzieren dort Kulturveranstaltungen (Theater, Musik) mit Künstlern aus den Großstädten.

Parga

Arta

Arta liegt im Süden des Epiros und hat ca. 20.000 Einwohner. Ein Drittel der arbeitsfähigen Bauernbevölkerung sind Orangenproduzenten. Sie bebauen 20% des kultivierten Bodens, und 40% der Wirtschaft des Verwaltungsbezirkes von Arta ist von ihnen abhängig. Jeden Winter schließen sich die Orangenbauern zusammen, um von der Regierung Entschädigung für die vom Wetter zerstörte Ernte zu erhalten. Meistens bekommen sie für 20–30% der zerstörten Ernte eine Entschädigung. Trotzdem bleibt meist bis zu 40% der Ernte unverkäuflich und die Bauern sind oft gezwungen, den Händlern und Exporteuren die Ware zum halben Preis zu verkaufen. Um von den Zwischenhändlern unabhängig zu werden, wollen die Orangenbauern einen einheitlichen Träger für Handel und Export gründen und mit Unterstützung der Regierung die Produktionsgenossenschaften reorganisieren und fördern. Arta produziert etwa 80% aller Orangen Griechenlands, die für die Herstellung von Orangensaft bestimmt sind. Da es aber nur eine einzige Fabrik gibt, die nur 200 Tonnen pro Tag verarbeiten kann, müssen die Bauern oft tagelang mit ihrer Ware vor der Fabriktür warten. Wenn sie Pech haben, wird ihnen während dieser Zeit die überreife Ernte faul.

Auf dem ganzen Balkan ist die Sage verbreitet, daß ein stabiles Gebäude ein Menschenopfer braucht. Volkskundler glauben, daß das ein primitiver Aberglauben ist, der unter vielen Völkern verbreitet war. Die berühmte »Alte Brücke« von Arta, die in vielen Volksliedern besungen wird, brach während der byzantinischen Zeit mehrmals zusammen. Zu Beginn der Türkenherrschaft wurde sie in ihrer heutigen Form gebaut, und man soll die Frau des Meisters eingemauert haben, damit die Brükke endlich hält.

Reisetips Epiros

Ioannina

ist die reichste Stadt in Epiros und hat heute etwa 40.000 Einwohner. Die Stadt liegt an einem See, in dessen Mitte eine kleine Insel mit einem hübschen Fischerdorf und einigen Klöstern. Auf einer in den See ragenden Halbinsel steht eine Festung mit der 1619 erbauten Aslan-Moschee, die heute zu einem Volkskundemuseum umgewandelt ist; im Festungsviertel finden Sie auch türkische Häuser, Badehäuser und Harems. Vor den Mauern der Festung liegt der Marktplatz inmitten des Altstadt- und Basarviertels, in den Gassen die Werkstätten, wo der berühmte Silberschmuck hergestellt wird.

In *Perama*, 4 km von Ioannina, ist eine der schönsten Tropfsteinhöhlen Griechenlands.

18 km von Ioannina entfernt liegt die älteste griechische Orakelstätte, ein Heiligtum, das einem Erdgott und Beschützer der Bauern geweiht war, *Dodoni*. Später wurde an dieser Stelle ein Theater errichtet, das restauriert wurde und in dem heute wieder Sommerfestspiele zu sehen sind.

Im Norden von Ioannina liegen die *Zagoria*-Dörfer in einer fast unberührten Landschaft mit riesigen Laubbäumen. Sie sind über von der Hauptstraße abzweigende, schlechte Straßen zu erreichen und werden wegen ihrer schönen Herrenhäuser und Dorfplätze besucht. Meist wird hier Monodendrion bevorzugt, ein traditionsreiches Dorf, von dem aus die Vikos-Schlucht (Aussicht vom Vikos-Balkon) erreichbar ist. Das Gebiet ist zum Nationalpark erklärt worden, um die seltenen Planzen und das Wild (u.a. auch Bären und Wölfe) zu schützen.

Parga

Die 50 km Küstenstraße zwischen Igoumenitsa (Fährschiffhafen nach Korfu und Verbindungsstation zwischen Jugoslawien, Italien und Patras) und Parga mit vielen schönen Kiesbuchten und klarem Wasser ist empfehlenswert. Das 25 km südlich von Igoumenitsa gelegene *Sivotta* (schöne Strände und Buchten mit kleinen Inseln) steht wegen seines landestypischen Aussehens unter Denkmalschutz. Die kleine Stadt Parga, die etwas abseits von der Hauptstadt liegt, ist von Olivenhainen und Obstplantagen umgeben. Sie ist sehr malerisch mit ihrer von Felsen eingerahmten Bucht mit kleinen Inseln, grünen Landzungen und am Hang hinauf gebauten Häusern. Parga hat einen 200 m langen, feinen Kiesstrand. Täglich verkehren Kaikis zu den vorgelagerten Inseln Paxi und Antipaxi. Viel Rummel im Sommer und überfüllt.

Arta
ist die zweitgrößte Stadt in Epiros und ist bekannt für ihre byzantinische Brücke und die Hauptkirche des ehemaligen Despotats von Epiros, heute ein Museum. Weitere Sehenswürdigkeiten sind die Zitadelle und das Viertel mit alten türkischen Häusern.

Thessalien

Thessalien wird von vielen Touristen besucht, um im Nordwesten des Landes die bei der kleinen Stadt *Kalambaka* stehenden Felssäulen Meteora zu besichtigen. Meteora heißt auf griechisch »schwebend« und drückt die Absonderung von der Erde und die Nähe des Himmels aus, die die Mönche, die hier seit dem 9. Jahrhundert hoch über dem Tal des Pinios-Flusses leben, empfinden. Erst seit einigen Jahren führen Straßen in diese phantastische Felslandschaft hinauf, die früher nur mit Strickleitern oder Seilwinden zu erreichen war.

Die hohen, steil abfallenden Felsentürme haben ihre bizarre Gestalt erhalten, als Thessalien noch ein großes Binnenmeer war. Erst als zwischen Olymp und Ossa das Tempe-Tal entstand, floß das Wasser ab. Manche behaupten, ein Erdbeben habe die Schlucht aufgerissen, andere sagen, das Wasser habe sich den Weg durch die Felsen gebahnt und übrig sei der Pinios geblieben, der auf dem Weg zum Tempe-Tal alle Gebirgsbäche aufnimmt.

In dem freigelegten, fruchtbaren Land wurden die ersten Bauern Europas seßhaft. Jahrtausendelang mußten sie für fremde Herren arbeiten. Als in Thessalien 1881 die türkischen Herren aus dem Lande gedrängt wurden, begannen große, blutige Auseinandersetzungen um das Land.

42 Jahre mußten die Bauern auf die Enteignung des Großgrundbesitzes warten. Erst die Flüchtlingsströme aus Kleinasien machten sie zur absoluten Notwendigkeit. Aber die zugeteilten Grundstücke sind zu klein, um eine Familie zu ernähren; sie liegen so weit auseinander, daß für die An- und Abfahrt mehr Zeit als für die Arbeit auf dem Feld aufgebracht werden muß.

Jedes Jahr jagen Feuersbrünste über das Land. 1981 verbrannten im gesamten Land 1 Million Olivenbäume, 70.000 Obstbäume, Wald, Ackerland, Weinstöcke, Schafe, Kühe, Pferde, Ställe und Bauernhäuser im Wert von 83 Millionen DM, davon ein großer Teil in Thessalien.

Seit den 50er Jahren wird die Landwirtschaft zügig mechanisiert, vor allem im Westen Thessaliens.

Die Bauernaufstände

Für die thessalischen Bauern, die jahrhundertelang Leibeigene byzantinischer, fränkischer oder türkischer Großgrundbesitzer waren, bedeutete die »Befreiung« Thessaliens 1881 eine erneute, verdecktere Form der Sklaverei. Sie arbeiteten nun als Pächter oder besitzlose Landarbeiter bei Griechen, die das türkische Landgut billig gekauft oder einfach übernommen hatten. Ihre Arbeitsbedingungen, die bisher durch ungeschriebene Gesetze geregelt waren, wurden willkürlich von den griechischen Großgrundbesitzern bestimmt. Die Pächter konnten jeder Zeit gekündigt und aus ihren Häusern vertrieben werden. Stets hochverschuldet, lebten sie in der beständigen Angst, ihre elende Lehmhütte und den Boden, von dem sie lebten, bei einer schlechten Ernte zu verlieren. Aufsässige Pächter wurden eingesperrt oder ermordet. Der Staat stand stets auf der Seite der Großgrundbesitzer.

Die Bauern fingen an, sich zu organisieren. Zentren ihres Kampfes waren Volos und Larissa in Ost-Thessalien und Karditsa und Trikala im Westen. Das geistige Zentrum war Volos, wo Rechtsanwälte regionale Zeitungen herausgaben und sich darin mit den Problemen der Bauern auseinandersetzten.

1910 kam es zu heftigen Auseinandersetzungen. Bewaffnete Bauern aus ganz Thessalien zogen nach Larissa. Jedes Dorf stellte Komitees, die eine große Kundgebung organisierten. Der Aufstand wurde durch Armeeinsatz niedergeschlagen, führte jedoch dazu, daß die Möglichkeit der Enteignung von Großgrundbesitz in die griechische Verfassung aufgenommen wurde. Bereits drei Jahre zuvor wurde der 1907 ermordete *Marinos Antypas*, ein sozialistischer Bauernführer, zum Märtyrer des Bauernaufstandes in Thessalien.

Der erste Zusammenstoß zwischen bewaffneten Bauern und der Armee fand am 6.März 1910 im kleinen Dorf *Kileler*, das zwischen Larissa und Volos liegt, statt. Bis heute gilt das Dorf als symbolischer Ort des Bauernaufstandes in Thessalien. In Kileler wurde ein Denkmal für die Gefallenen eingerichtet, vor dem in jedem Jahr Gedenkfeiern veranstaltet werden. Zum ersten Mal war bei der Gedenkfeier 1982 die griechische Regierung durch Ministerpräsident Papandreou vertreten. 1982 fand auch zum ersten Mal am Jahrestag der Ermordung von Marinos Antypas eine Gedenkfeier in dem Dorf Pyrgetos statt.

Der Verwaltungsbezirk Larissa hat die meisten landwirtschaftlichen Maschinen in Griechenland und die meisten Traktoren Europas im Verhältnis zur Nutzfläche. Diese Mechanisierung ist problematisch, denn sie drückt nur aus, daß die kleinen Betriebe die durch Kredite der Landwirtschaftsbank gekauften Landmaschinen nicht optimal nutzen. Die

Maschinen werden nur drei Wochen im Jahr gebraucht und stehen dann herum.

Larissa und Volos

Die durch die Mechanisierung der Landwirtschaft frei werdenden Arbeitskräfte wandern in die Städte ab, früher nach Thessaloniki und Athen, heute nach Larissa und Volos. Bereits während der Junta-Diktatur wurde geplant, Larissa und Volos in Industriegebiete zu verwandeln und die Dörfer der Bergregion aussterben zu lassen. Heute sind in den beiden Städten 80% der Industrie und 50% der nicht-landwirtschaftlichen Arbeitsplätze konzentriert. Die Industrialisierung hat sich auch des traditionellen Handwerks bemächtigt. In Larissa gibt es zwar heute Lehrbetriebe, in denen Jugendliche Weben

Die Genossenschaft von Ambelakia

Ambelakia liegt hoch über dem Flußufer des Pinios im Tempe-Tal und ist heute ein verschlafenes Dorf am Hang des Ossa-Gebirges. Im 18. Jahrhundertt war hier der Sitz der Gesellschaft von Ambelakia, einer der ersten Genossenschaften der Welt. Sie umfaßte über 20 Manufakturen mit ca. 3.000 Handwerkern, die jährlich 100 bis 200 Tonnen gefärbtes Baumwollgarn nach Europa exportierten. Die Kapitalanlagen der Gesellschaft stiegen zu Anfang des 19. Jahrhunderts von 60.000 auf 20 Millionen türkische Groschen. Die Gesellschaft unterhielt 16 Kontore in allen europäischen Großstädten. Die Besitzer von Kapital brachten Gelder in die Gesellschaft ein, die übrigen Genossenschaftler ihre Arbeitsleistung. Vom Gewinn zahlte die Gesellschaft 15% Dividende an die Kapitalbesitzer und verteilte den Rest an die Bauern (die Baumwolle und Krapp, aus dem der Farbstoff gewonnen wurde, anbauten) und an die Manufakturarbeiter. Ein Teil der Gelder wurde vorab abgezweigt für Steuern, öffentliche Einrichtungen und den Unterhalt von Arbeitsunfähigen.

Die gleichbleibende Qualität und die Farbbeständigkeit des roten Garns machten den Erfolg der Gesellschaft aus; es gingen uralte Geheimverfahren in die Herstellung ein. Im 19. Jahrhundert führten die napoleonischen Kriege, der Zusammenbruch der Wiener Banken, wo die Guthaben der Gesellschaft deponiert waren, die türkischen Handelsrestriktionen unter dem neuen Herrn des Landes, Ali Pascha, und die englische Konkurrenz zum Bankrott der Gesellschaft. 1812 starben viele Dorfbewohner an der Pest und mit ihnen ging jahrzehntealte, genossenschaftliche Erfahrung verloren. Heute ist Ambelakia ein unbedeutendes Dorf, das vom Zuckerrübenanbau lebt. Vom einstigen Reichtum sind nur einige Patrizierhäuser übriggeblieben, am eindrucksvollsten das Haus des Leiters der Wiener Niederlassung und Verwaltungsleiters der Gesellschaft, Schwarz, der seinen Namen *Mavros* eingedeutscht hatte.

Griechenland hat die meisten Ziegen ganz Europas

und Färben lernen, aber die Flokatis und gewebten Wolldecken aus Schafswolle mit langem Flor werden heute industriell hergestellt und zu 80% ausgeführt.

Während die übrigen Städte Thessaliens nur Landstädte für den lokalen Markt sind, sind Larissa und Volos zu Umschlagplätzen für den internationalen Warenhandel geworden. In Larissa kreuzen sich sechs Überlandstraßen, die alle mit der Autobahn Athen—Mitteleuropa verbunden sind. Der innergriechische Verkehr wird nicht mehr über das Meer abgewickelt, sondern läuft über Larissa.

Zusammen mit Larissa ist Volos als Zentrum der regionalen Entwicklung Griechenlands ausgewählt worden. Durch seinen Hafen am Pagasitischen Golf hat Volos Verbindung mit dem Mittleren Osten und mit Nordafrika. Der Hafen ist der größte Arbeitgeber, darüber hinaus besitzt Volos noch Lebensmittel-, Textilien- und Papierindustrie und chemische sowie metallverarbeitende Betriebe. Auch in Volos haben sich kleinasiatische Flüchtlinge angesiedelt.

Volos hat eine lange gewerkschaftliche Tradition; hier wurde das erste Arbeiterzentrum Griechenlands gegründet.

Am meisten macht der Stadt die Zementindustrie zu schaffen, die sich in der Nähe von Wohngebieten befindet. Seit Jahren gibt es Auseinandersetzungen mit der Stadtverwaltung über die Zementfabrik, die das Meer verseucht, zur schnellen Abnutzung der Straßen durch die vielen Zementfahrzeuge beiträgt und die Bevölkerung den Zementstaub einatmen läßt. Um die Entfernung der Fabrik zu erreichen, hat sich eigens eine Bürgerinitiative gebildet.

Die Freizeitgestaltung in Volos ist

Volos

vom Hafen und der nahen Kaserne mit ihren 5.000 Soldaten geprägt. So gibt es neben den üblichen Kafenia, Tavernen, Discos, Pubs, Kinos auch »Vergnügungszentren«, Spielhallen etc. Für die Jugendlichen hat die Stadtverwaltung ein Freizeitzentrum eingerichtet, das teilweise unter den Einfluß der Kirche geraten ist. Die Stadt hat eigene Theatergruppen, im Sommer kommen auch Ensembles aus Athen und Thessaloniki nach Volos und führen im antiken Theater der in der Nähe liegenden antiken Stadt *Demetrias* Theaterstücke auf. In der Nähe von Volos liegt auch die antike Argonautenstadt *Iolkos*, von der aus Jason und die Argonauten zu ihrem berühmten Zug nach Kolchis am Schwarzen Meer aufbrachen, um das Goldene Vlies zu holen. Dieser Feldzug der Argonauten wird in Volos während der Marine-Woche im Juni als Schauspiel aufgeführt.

Der Pilion

Nördlich von Volos liegt der vielbesuchte Pilion, ein schön bewaldetes Mittelgebirge, das mit Buchen, Kastanien und Platanen, aber auch mit Obst- und Ölbäumen bewachsen ist. In diesem Obstgarten liegt verstreut eine Reihe schöner Dörfer. Ein Rundweg führt mitten durch das Gebirge und wieder zurück nach Volos. In den griechischen Mythen ist der Pilion die Heimat der Kentauren, der Pferdemenschen, die die Volksphantasie beim Anblick der ersten Reitervölker schuf. Thessalien wurde von den Griechen als Heimatland der Pferde betrachtet, und auch der berühmte Hengst Alexander des Großen stammte aus thessalischer Zucht. Der Pilion war zu Anfang des 18. Jahrhunderts Zentrum der Seideherstellung, und die Kaufleute und Handwerker waren wohlhabend. Sie holten sich für ihre repräsentativen

Makrinitsa

Die Felsen von Meteora

Bürgerhäuser epirotische Handwerker, die ihnen dreistöckige Steinhäuser bauten. Die Wohnräume hatten holzgeschnitzte Decken und Türen, der zentrale Gesellschaftsraum einen gemalten Fries unter der Decke, und die meisten Wohnräume erhielten Wandmalereien im Stil byzantinischer Kirchenmalerei mit westeuropäischen Einflüssen. Ein großer Teil dieser Häuser steht heute nicht mehr, sie sind abgerissen oder durch das Erdbeben von 1955 vernichtet worden. Heute leben hier vorwiegend Obstbauern, besonders die Äpfel dieses Gebietes sind berühmt.

Reisetips Thessalien

Meteora

Zu den Meteora-Klöstern gelangt man vom nächst größeren Ort *Kalambaka* aus, der auch von Bussen angefahren wird. Die Fahrt quer durch Thessalien nach Kalambaka ist eintönig und sollte möglichst nicht während der Mittagszeit unternommen werden. Die steilen Felsnadeln sind heute mit dem Auto befahrbar; von einem Parkplatz aus gelangt man über Treppen bzw. in die Felswände gehauene Stufen zu den kaum noch bewohnten Klöstern. Das am leichtesten erreichbare Kloster ist Aghios Stephanos, in dem heute Nonnen leben. Auf dem ersten Felsen von Kalambaka aus befindet sich das Kloster Aghios Nikolaos Anapavsas, bekannt wegen der Wandmalereien der Klosterkirche. Das höchstgelegene und größte Kloster, Megala Meteora, verfügt über eine Bibliothek, byzantinische Ikonen und

Wandmalereien der kretischen Malerschule. Weitere Klöster sind Varlaam, das in den Felsen gebaute Roussanou und das Kloster Aghia Triada.

Die Klöster können zu bestimmten Zeiten bei »angemessener« Kleidung besichtigt werden (keine offenen langen Haare bei Männern, keine Shorts oder zu offenherzige Ausschnitte bei Frauen). Trotz der heutigen Zufahrtsmöglichkeiten empfiehlt sich Schwindelfreiheit.

Pilion

Von Volos aus kann man eine Rundfahrt durch die — zum Teil noch aus dem 13./14. Jh. stammenden — Dörfer des Pilion-Gebirges auf der Halbinsel Magnesi unternehmen — ein traditionelles Feriengebiet für Griechen, das auch der Schwarzwald Griechenlands genannt wird. In der Hauptsaison gibt es Engpässe bei den Übernachtungen, in der Nebensaison wenig Fremdenverkehr. Die Rundfahrt umfaßt ca. 110 km, bei Abstechern zu den Dörfern muß man nochmals 100 km dazu rechnen. Die Straße ist zwar asphaltiert, aber sehr kurvenreich mit vielen Steigungen (Zagora liegt z.B. in 1.200 m Höhe) und Gefälle, so daß man mindestens einen ganzen Tag einplanen sollte. Es fahren auch Linienbusse zu den Dörfern. Nicht nur wohlhabende Athener lassen sich die schönen Herrenhäuser in Portaria, Makrinitsa, Visitsa, Zagora, Tsangarada und Milies restaurieren, auch der griechische Fremdenverkehrsverband richtet Häuser zur Vermietung her.

Empfehlenswerte Dörfer sind *Portaria* (13 km), kaum Fremdenverkehr, aber gute Wandermöglichkeiten, im August findet die traditionelle Pilion-Hochzeit in Trachten statt; *Makrinitsa* (17 km), das schönste Dorf des Pilion, das insgesamt unter Denkmalschutz steht, die Häuser sind wie ein Amphitheater um den Berg angeordnet, schöner Blick auf den Golf von Volos; *Chania* (27 km) ist das größte Wintersportgebiet Griechenlands mit Ski-Liften, im Sommer Wanderwege; *Zagora* (48 km), das größte Dorf, bekannt für das milde Klima und Heimatdorf des Freiheitskämpfers *Rigas Ferreio*, von hier aus beginnt die Fahrt entlang der wilden, zerklüfteten Küste der Ägäis.

Von Zagora führt eine Serpentinenstraße zum Badeort *Choretto* mit schönem Strand. Das weiter südlich, schön gelegene *Agios Ioannis* ist ganz auf Fremdenverkehr eingestellt. Ein beliebter Erholungsort ist *Tsangarada* (55 km) mit seinem 8 km entfernten Strandort *Milopotamos.* Hinter Tsangarada führt die Straße über *Milies* und *Visitsa* in einer Kehre wieder zurück an den Golf von Volos nach *Kala Nera.* Von hier aus führt die Straße am Meer entlang durch viele Dörfer mit Strandtavernen, durch Obstgärten und Olivenhaine zurück nach Volos. Wer den Süden der Halbinsel besuchen möchte, kann hinter Tsangarada die Abzweigung über *Argalasti* nehmen. Die Straße führt zu dem Fischer- und Badeort *Milina* an der Westküste und endet in *Platania* an der Ostküste.

Delphi
Wer durch Thessalien Richtung Athen fährt, sollte in Delphi Station machen, wegen der weitgehend erhaltenen antiken Heiligtümer und dem grandiosen Blick auf das Tal. Delphi war in der Antike Mittelpunkt der Erde und religiöses Zentrum. Hier holten die Politiker die mehrdeutigen Orakelsprüche ein, die ihnen die Pythia im Trancezustand weissagte. Auf dem sehr weitläufigen Ausgrabungsgelände sind zu besichtigen: das Heiligtum der Athena (Schatzhäuser und Tempel), das Gymnasion (Stadion der Athleten), Kastalia-Quelle (sehr reines Wasser, das viele Besucher in Gefäßen mitnehmen), das Heiligtum des Apollon Pythios, der Apollon-Tempel und das Museum (Dienstags geschlossen).

Der Peloponnes

Der Peloponnes ist der Landesteil, in dem die geschichtlich bedeutendsten Ereignisse stattfanden und die meisten klassischen Altertümer zu besichtigen sind. Die Einteilung in Verwaltungsbezirke richtet sich weitgehend nach den historischen Landstrichen Achaia (um Patras), Argolis (um Navplion), Arkadien (um Tripolis), Ilia (um Pyrgos), Korinthia (um Korinth), Lakonien (um Sparta) und Messinien (um Kalamata).

Korinthia

Die Wirtschaftskraft des Landes konzentriert sich auf den Norden mit den großen Städten Patras und Korinth.

Das moderne Stadtbild Korinths, das ihm keine touristischen Besucher zuführt, entstand nach mehreren Erdbeben. 1858 wurde die Stadt völlig vernichtet und mußte an eine andere Stelle verlegt werden. 70 Jahre später wurde die Stadt erneut zerstört. Das letzte Erdbeben 1981 verursachte erneute Schäden. Die Expansion des Dienstleistungssektors und die Entwicklung der Industrie haben Arbeiter und Angestellte angelockt, die aus anderen Regionen Griechenlands wie Kreta, Epiros, Makedonien hierher strömten und einen Bauboom auslösten.

Argolis

Das angrenzende, fruchtbare Flachland von Argolis mit seinem Obst- und Gemüseanbau reicht im Unterschied zu den wohlhabenden Korinthern mit ihren Trauben und Zitronen nicht aus, den Lebensunterhalt für die gesamte bäuerliche Bevölkerung zu gewährleisten. Viele Bauern dieser Gegend bestellen weiterhin ihre Felder, suchen sich aber zugleich Arbeit in den kleineren oder größe-

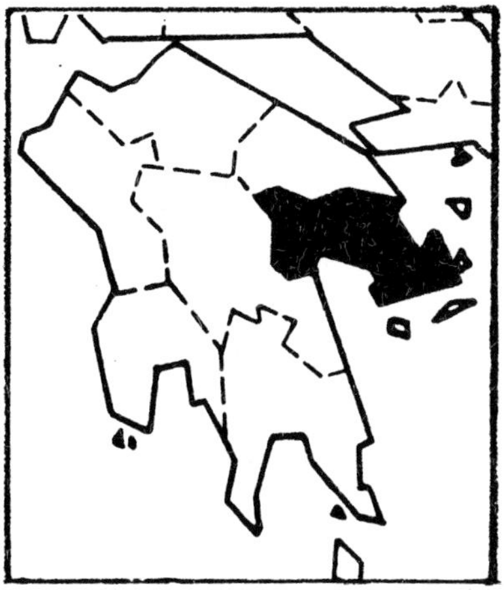

Badeorte des argolischen Golfes anschließen, wird von den Abwässern der Schweinezuchtanstalt und von anderer Industrie bedroht.

Die Burg Palamidi bei Navplion

ren Städten, in Isthmia, Korinth oder auch in der Nähe von Argos. Sie finden ihren Arbeitsplatz in der Genuß- und Nahrungsmittel-, Textilien-, Gummi- und Pharmaindustrie.

Die Nähe zu Athen und die für Touristen interessanten Ausgrabungsstätten sowie Badeorte im Süden dieses Landstrichs haben infrastrukturelle Verbesserungen nach sich gezogen. Andererseits sind mit dem relativen Wohlstand auch die damit verbundenen Folgeprobleme aufgetaucht und die Bewohner haben bisher aufgrund der mangelnden Rechte der Selbstverwaltung keine Möglichkeit, die Entwicklung ihrer Region mitzugestalten. Ihnen bleibt nur der Protest. So haben die Bewohner der kleinen Stadt *Nea Kios* mehrmals Demonstrationsmärsche gegen die Schweinezucht organisiert, die hier von der Junta nicht einmal 500 m entfernt vom Wohngebiet und vom Meer errichtet wurde und die unter der Regierung der Nea Demokratia ausgeweitet wurde. Die 3,5 km lange Küste von Kios, an die sich die

Das Löwentor von Mykene

Epidaurus-Theater

Die wichtigste Stadt neben dem unattraktiven *Argos* ist *Navplion.* Navplion war der Ort, an dem die Führer der Revolution eingekerkert wurden, und der Ort, der sich als Zentrum der antimonarchistischen Bewegung herauskristallisierte. Seine drei berüchtigten Festungen sind in die Geschichte als Orte des Schreckens eingegangen. Die der Stadt vorgelagerte Insel Bourtzi war unter dem ersten König Otto Hinrichtungsort und Sitz des Henkers. Die venezianische Burg Palamidi hoch über der Stadt, die über eine Treppe mit 1.000 Stufen zu erreichen ist, diente als Gefängnis, in dem die Führer der Revolution wie Kolokotronis von Otto gefangen gehalten wurden. In der Burg Akronauplia saßen während der Metaxas-Diktatur führende Mitglieder der KKE gefangen.

In der Argolis liegen so bedeutende Ausgrabungsstätten wie Mykene, Tiryns, Epidaurus, die Ruinen des antiken Argos.

Die malerischen Fischerdörfer, die sich am Fuße der nördlichen Gebirge aneinanderreihen, verdanken ihr Fortbestehen hauptsächlich dem Tourismus, der spürbar abnimmt, je näher man sich den östlichen Fabrikvierteln von Patras nähert. Auch im vorgelagerten Achaia hat die Genuß- und Nahrungsmittelindustrie, die Holz-, Möbel- und Pharmaindustrie ihre Fabriken errichtet. Ein großer Arbeitgeber sind die Gummiwerke von Pirelli.

Achaia

Nur der schmale landwirtschaftlich intensiv genutzte Küstenstreifen von Achaia ist dicht besiedelt, der Rest ist unzugängliches Bergland. Alles konzentriert sich auf die Hauptstadt Patras.

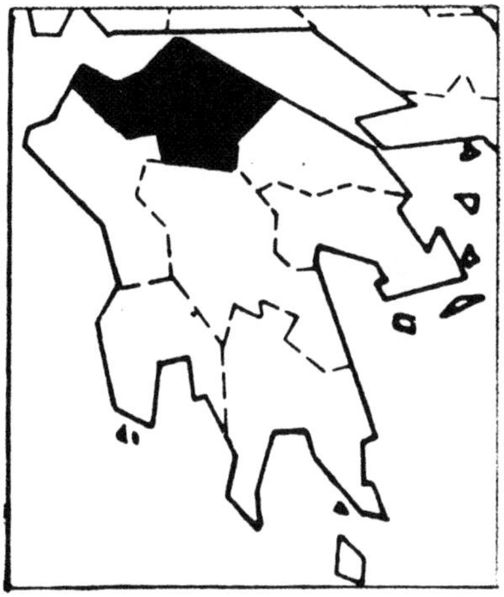

Patras

Der Hafen von Patras — einst das Tor zum Westen, von wo aus die Produkte des reichen Hinterlandes Achaia und Ilia, Weine, Obst, Gemüse und im Mittelalter vor allem Seide, exportiert wurden — hat mit dem Bau des Kanals von Korinth an Bedeutung verloren. Heute legen hier die Fähren von Italien an, und für viele Touristen ist es die erste griechische Stadt, die sie betreten.

Wie in Korinth wurde auch hier das mittelalterliche Stadtbild zerstört, allerdings nicht durch eine Naturkatastrophe, sondern durch den Rachefeldzug des Paschas von Messolongi. Er ließ die Stadt niederbrennen, weil hier bei Ausbruch der grie-

Straßenschlucht in Patras

chischen Revolution die Bürger Patras' als erste aufstanden, an der Spitze Handwerker und Händler, die die Stadt zwei Wochen lang halten konnten. 1828 wurde Patras als erste Stadt des neuen Griechenlands neu errichtet. Die Bodenspekulation ist — wie in Athen — sehr verbreitet, und es ist eher ein Wunder, daß noch so viele klassizistische Bauten erhalten sind; darunter auch das Theater, an dem die »Kulturwerkstatt« der Stadtverwaltung eine eigene Theatergruppe unterhält. Auch Ensembles aus anderen Großstädten führen hier ihre Stücke vor. Im Sommer finden im römischen Odeon Vorführungen antiker Theaterstücke statt, aber auch Musikveranstaltungen. Der »Filmclub« sorgt dafür, daß anspruchsvolle griechische und ausländische Filme in Patras gezeigt und diskutiert werden. Das vielfältige kulturelle Leben der Stadt ist nicht zuletzt Ausdruck davon, daß Patras seit den 60er Jahren eine Universitätsstadt ist. In

Patras veranstalten die politischen Partei- und Jugendzeitschriften große Feste mit einem analogen politischen und kulturellen Programm wie bei den Festen in Athen.

Die Angestellten und Arbeiter Patras' arbeiten hauptsächlich in den Fabriken von Piraiki-Patraiki, der größten Textilindustrie Griechenlands, in der Papierfabrik Lodopoulos und in den Gummiwerken von Pirelli.

»Unternehmen Kalavrita« — Der vergessene Massenmord

Auf den ersten Blick ist Kalavrita ein gastlicher und lebendiger kleiner Ort wie viele andere griechische Kleinstädte auch. Er hat rund 2.000 Einwohner und liegt auf dem nördlichen Peloponnes.

Touristen bleiben gerne in Kalavrita; seine malerische Umgebung und sein auch im Hochsommer angenehm frisches Bergklima laden zum Verweilen ein.

Über die Naturschönheiten, die antiken und mittelalterlichen Überreste in und um Kalavrita, davon berichten auch die gängigen Reiseführer. Über die jüngste Geschichte des Dorfes, über die stehengebliebene Kirchturmuhr, die immer dieselbe Stunde anzeigt, und das riesige Kreuz auf dem nahegelegenen Hügel, darüber berichten sie jedoch nichts. Davon wissen auch die meisten Touristen nichts und niemand fragt, warum fast alle Kreuze auf dem Friedhof die gleiche Inschrift tragen: 13. Dezember 1943 — Ermordet von den Deutschen.

Sommer 1943. Griechenland ist von deutschen, italienischen und bulgarischen Truppen besetzt. Die Résistance hat zu dieser Zeit über eine Million Mitglieder, die Zahl der militärischen Kämpfer umfaßt mehrere Zehntausende. Die Aufgabe der deutschen Truppen ist es, den Widerstand zu unterdrücken, auch im Raum Peloponnes.

Gemäß dem berüchtigten Keitel-Befehl:

»Für jeden von Partisanen getöteten deutschen Soldaten sind 100 Geiseln aus der Zivilbevölkerung zu erschießen«,

rücken am 9. Dezember 1943 deutsche Einheiten nach Kalavrita vor. Am 13. Dezember wird der Ort abgeriegelt und den ahnungslosen Dorfbewohnern befohlen, sich in der Schule zu versammeln; Männer und Frauen mit Kindern getrennt. Alle Jungen ab dem 13. Lebensjahr und alle Männer werden auf den nahegelegenen Hügel getrieben. Dann plötzlich rattern die Maschinengewehre und die Wehrlosen werden von den deutschen Soldaten niedergemetzelt. Wer noch ein Lebenszeichen von sich gibt, dem wird mit der Pistole der Gnadenschuß verabreicht. Das Dorf wird ausgeplündert, die Häuser angezündet und alles dem Erdboden gleichgemacht.

Die Frauen und die Kinder unter 14 Jahren werden in die Dorfschule gesperrt, die kurz darauf in Brand gesetzt wird. Sie werden nur gerettet, weil ein deutscher Soldat die Hintertür der Schule zertrümmert: er wird dafür erschossen. Die Dorfbewohner haben ihm ein Denkmal gesetzt.

Es dauert Tage, bis die Frauen die Leichen ihrer Ehemänner, Väter, Brüder notdürftig beerdigt haben; mit bloßen Händen graben die Frauen die hart gefrorene Erde auf.

An das Massaker erinnert heute noch die Uhr am Glockenturm der Kirche, die auf 2.34 Uhr steht, dem genauen Zeitpunkt des Massakers, und ein 8 m hohes Kreuz. Die Namen der Opfer, die bekannt waren, wurden in den Stein der Gedenkstätte gemeißelt.

Die blutige Bilanz des Massakers — nur 13 von rund 1.200 Männern überlebten — wird bis heute von den deutschen Behörden bestritten. Man spricht von »lediglich« 696 Toten. Auch von einer Wiedergutmachung kann keine Rede sein. 1956 wurden zwar 30 Waisenkinder von Kalavrita nach Deutschland geschickt und in Handwerksberufen ausgebildet, doch keiner kehrte ins Dorf zurück, da es dort keine Arbeitsplätze gibt. Wirtschaftlich hat sich Kalavrita bis heute nicht von der Katastrophe erholt. Es ist ein Dorf der Frauen und Witwen geblieben.

Zur »juristischen Bewältigung« des Massakers von Kalavrita in der Bundesrepublik ist folgender Schriftsatz erwähnenswert, der die Einstellung eines Ermittlungsverfahrens gegen einen der beteiligten deutschen Soldaten begründet:

Nicht rechtswidrig waren die von dem deutschen General angeordneten und durchgeführten Repressalien, nicht rechtswidrig war die Teilnahme an ihnen — in welcher Form auch immer. Die Maßnahmen von Kalavrita waren angemessen und notwendig, da das Gebiet partisanenverseucht war. Wohlgemerkt, das war im Jahre 1974!

Ilia — Land der Bauern

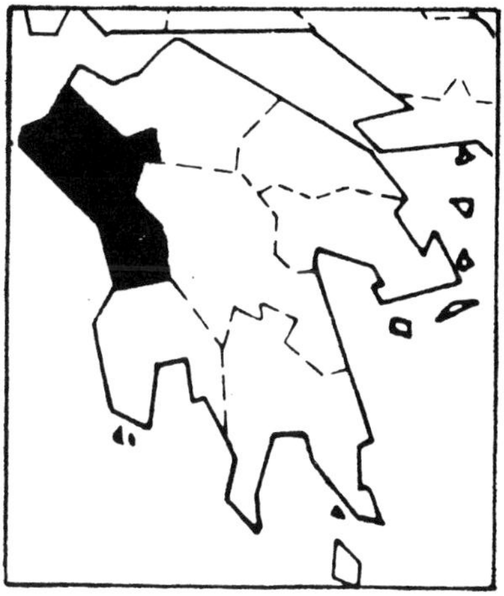

Ilia im Nordwesten gehört nicht zu den Provinzen, die von der Bevölkerungsabwanderung — wie der südliche Peloponnes — bedroht sind. Es kann seine landwirtschaftlichen Produkte, Tomaten, Kartoffeln, Oliven und Wassermelonen in die nahen Hauptstädte und zunehmend auch in fremde Länder exportieren. Eine Reihe kleiner Fabriken sind auf dem Lande entstanden, die Obst und Gemüse konservieren und die ihre Kon-

Beim Octopus-Fang

servendosen vorsorglich mit arabischer Schrift bedrucken, denn der Nahe Osten entwickelt sich zu einem großen Markt für diese Gegend. *Pyrgos* mit ca. 20.000 Einwohnern ist der Hauptmarkt für die landwirtschaftlichen Produkte.

Man sieht den umliegenden Dörfern dieser Gegend deutlich an, daß die Dorfstrukturen nicht mehr auf einem Kreislauf von bäuerlichen, handwerklichen und dienstleistenden Tätigkeiten beruhen, sondern daß von außen Geld einfließt, das auch ausgegeben werden kann. So ist die Anzahl der Autos enorm gestiegen, die Auslagen in den Läden verändern sich und die kafenia verwandeln sich in Cafés. Oft bestellen die Männer das Feld, während ihre Frauen in die nahen Tomatenfabriken zur Arbeit gehen. Diese Herauslösung der Frauen aus dem Haushalt hat die Selbstversorgungsstrukturen verändert. Der Garten kann nicht mehr in dem Umfang wie früher bestellt werden. Das heißt aber auch, daß die vielfältigen Kenntnisse, die die Bepflanzung erfordert (z.B. wie man wilde Orangenbäume veredelt), nach und nach verloren gehen. Auch andere vor wenigen Jahren noch selbstverständliche Kenntnisse verschwinden, z.B. was das Sammeln von wilden Früchten, wildem Gemüse und Heilkräutern betrifft.

In Ilia liegt das vielbesuchte und vielbeschriebene Olympia, in dem die Olympischen Spiele stattfanden, bis sie wegen Entartung durch Zurschaustellung von Berufssportlern verboten wurden.

Vorbereitungen

Messenien

Die Provinz Messenien im Süden des Peloponnes hat eine der fruchtbarsten Ebenen Griechenlands. Hier wachsen Tomaten, Gurken, Melonen, Mais und vor allem Oliven, die eine gewisse Berühmtheit erlangt haben. Hier rasten die europäischen Wandervögel auf ihrem Weg von und nach Afrika. Das in der messinischen Ebene angebaute Gemüse wird in *Messeni* gesammelt, einem Außenposten und Verladeort von *Kalamata,* der Hauptstadt der Provinz. Von Kalamata aus werden die Großstädte im Norden beliefert. Kalamata wurde 1985 durch ein verheerendes Erdbeben fast vollständig zerstört. Trotz internationaler Spenden und Hilfsgeldern in Höhe von etlichen Millionen, leben die Bewohner zum überwiegenden Teil noch immer in behelfsmäßig errichteten Zelten und Notunterkünften. Die Gelder sind im griechischen Bürokratie-Sumpf verschwunden, und niemand weiß bis heute, wessen Taschen sie gefüllt haben.

Die Provinz Messenien gehört immer noch mit zu den am dichtesten

besiedelten Gebieten Griechenlands. Dennoch wandern viele junge Leute ab, vor allem aus dem westlichen Messenien jenseits der Fruchtebene. Die Überalterung der landwirtschaftlichen Bevölkerung ist enorm, das durchschnittliche Alter liegt über 60 Jahre. Den Abwanderern mißfällt die niedrige Lebensqualität und sie schätzen die Entwicklungsmöglichkeiten des Landes nicht hoch ein.

Die Gegend um Pylos am westlichen Zipfel des Peloponnes ist exemplarisch für eine verfehlte Regionalpolitik. Die Abwanderung der Bevölkerung hat das Ministerium für Raumplanung veranlaßt, eine Gruppe von Wissenschaftlern mit einer Studie über die Entwicklung dieser Region zu beauftragen. Sie stellten fest, daß eine vielfältige Entwicklung dieses Landesteiles möglich wäre, wenn die natürlichen Reichtümer des Landes besser genutzt und industriell verarbeitet würden und zugleich durch sorgfältige Zucht- und Anbaumethoden der Reichtum nicht zerstört, sondern vermehrt würde. Sie befürchten z.B., daß die jetzigen Anbaumethoden mittels Treibhäusern und sehr hoher Beigabe von künstlichen Düngemitteln verheerende Folgen für den Boden haben könnten. Die lagunenartige Bucht von Navarino bietet enorm günstige Voraussetzungen für Fischzucht. Doch hier ist längst eine andere Richtung in der Regionalentwicklung eingeschlagen worden, die bereits von der Militärjunta eingeleitet wurde. Unter breiter Zustimmung der Bevölkerung, die vor allem die Einkommensmöglichkeiten sah, hat dort der Reeder Karagiorgis, der einen wesentlichen Teil des Fährbetriebs zwischen Patras und dem italienischen Ancona betreibt, Werften errichtet. Die Förderung der Werften steht im Gegensatz zur Förderung des Fischreichtums. Ins Meer geflossenes Öl hat bereits ökologische Prozesse ausgelöst, die den Fischreichtum in der Bucht von Navarino gefährden.

Die Schlacht von Navarino

Bei Pylos fand die Seeschlacht von Navarino statt, die heute von vielen als entscheidender Sieg für die Errichtung des griechischen Staates angesehen wird. In Wirklichkeit beschleunigte sie nur den Beginn des russisch-türkischen Krieges, und erst der Sieg Rußlands zwang die Türkei, Griechenland als selbständigen Staat anzuerkennen. Welche Ereignisse waren vorangegangen?

Der Peloponnes wurde 1821 zum Zentrum des durch die Geheimgesellschaften griechischer Patrioten vorbereiteten Aufstandes. Das Land hieß zu diesem Zeitpunkt noch Morea (nach den Maulbeerbäumen). In dem Namen klingt noch an, daß der Peloponnes Zentrum der byzantinischen Seidenindustrie war, als die fränkischen Kreuzritter das Land im 13. Jahrhun-

Im Sommer ist es in den weißgekalkten Häusern angenehm kühl

dert eroberten und mit Griechen, Venezianern und Türken darum stritten, bis er nach dem Fall von Konstantinopel in türkischen Besitz überging. Der Zeitpunkt des Aufstandes war gut gewählt, da der Pascha von Morea mit seiner Hauptstreitmacht in den Norden geeilt war, um Ali Pascha von Ioannina, der sich in offenem Krieg mit dem Sultan befand, zu bekämpfen. 1822 riefen die Aufständischen eine Nationalversammlung ein und verkündeten die Unabhängigkeit Griechenlands. Als erste Stadt erhob sich Patras am 21. März 1821, wurde aber zwei Wochen später von den Türken zurückerobert und niedergebrannt. Zwei Tage später erhob sich die Provinz Mani im Süden des Peloponnes. 2.000 Maniaten mit Kolokotronis und Papaflessas an der Spitze drangen nach Kalamata vor und belagerten schließlich die Hauptstadt des Landes, Tripolis. Dort metzelten sie 10.000 Türken nieder. Es bildeten sich drei Regime heraus. Der westliche und östliche Teil des Peloponnes geriet unter die Herrschaft der Fanarioten, die südliche Region wurde vom Landesführer von Mani beherrscht. Dem westlichen Teil unterstand die exekutive Körperschaft der sich neu bildenden Staatsorganisation, während die parlamentarische Körperschaft unter dem Einfluß der revolutionären Gesellschaft und der militärischen Führung stand. Zwischen dem radikaldemokratischen Flügel der Militärführer, Soldaten, Handwerker und Bauern auf der einen Seite und dem konservativen Flügel der Großgrundbesitzer, Reeder und Fanarioten auf der anderen Seite wurden heftige Fehden ausgetragen, die Kämpfe entwickelten sich 1824 zu einem offenen Bürgerkrieg.

Die westlichen Mächte standen dem griechischen Aufstand zunächst ablehnend gegenüber. England und Frankreich unterstützten halbherzig die Türken in ihrem Streit mit Rußland, das sich den Zugang zum Schwarzen Meer sichern wollte. Sie wollten den zunehmenden Einfluß Rußlands auf dem Balkan zurückdrängen, ohne den Sultan zu stärken. Der Sultan bat seinen ägyptischen Vasallen Mehmed Ali um Hilfe, um den griechischen Aufstand niederzuschlagen. 1825 fiel die türkisch-ägyptische Armee in Griechenland ein und ging unerhört grausam gegen die griechische Bevölkerung vor. Das löste starke Proteste der europäischen Bevölkerung aus und führte zur Londoner Konferenz, aus der Vertreter Englands, Rußlands und Frankreichs den Abzug aller Türken aus Griechenland forderten. Sie wollten den Kampf des Sultans mit den Aufständischen dazu nutzen, ihren Einfluß im Süden der Balkanhalbinsel zu festigen, und entsandten deswegen ihre vereinigte Flotte in die griechischen Gewässer. Bei Pylos wurde dann die ägyptisch-türkische Flotte vernichtend geschlagen. 1828 besetzte Frankreich die Halbinsel, um den Einfluß Rußlands auf dem Balkan zurückzudrängen. England und Frankreich versuchten den Konflikt auf diplomatischem Wege zu lösen, aber der Sultan blieb in der Frage der griechischen Unabhängigkeit unerbittlich. Erst der russische Feldzug von 1829 zwang die Türken zu Zugeständnissen und zum Abzug ihrer Truppen. 1828 wurde Navplion zur ersten Hauptstadt Griechenlands, in der der frühere russische Außenminister Kapodistrias als Gouverneur residierte.

Der Aufstand hatte auch soziale Beweggründe, aber die Bauern gingen leer aus. Die Westmächte mischten sich ein und verhinderten, daß Land an Besitzlose verteilt wurde, und die Gemeindevorsteher hatten das Interesse, ihre Privilegien zu erhalten. Die politischen Unruhen gipfelten in der Ermordung von Kapodistrias durch die Söhne des Petrobey von Mani.

Lakonien

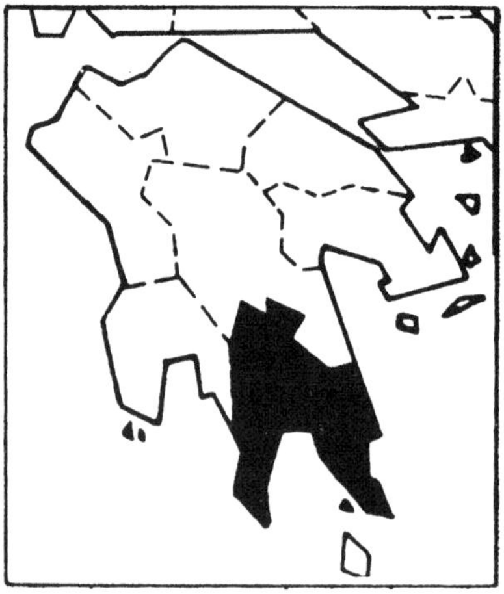

Auch Lakonien hat seine fruchtbare Ebene mit Feigenbäumen, Olivenhainen, Getreidefeldern und grünen Wiesen, aber auch seine Gebirgslandschaft mit kahlen Hochebenen, die ihre Bewohner nicht ernähren können. Das Gebirge überwiegt und hat heute — da die Konflikte der Völker nicht mehr mit klirrenden Schwertern ausgetragen werden — als Lebensraum wenig Bedeutung. Die Bergsiedlungen, die während

Mystra

der jahrhundertelangen Belagerungs- und Eroberungszeiten sinnvoll lagen, werden heute verlassen. Auch Hafenstädte wie *Monemvassia* haben ihre Funktion verloren, seit kein um den Peloponnes herumführender Handelsweg mehr gegen räuberische Rivalen abgesichert werden muß. Touristen suchen diese Orte gerne wegen ihres mittelalterlichen Charakters und der schönen Renaissancehäuser auf.

Im Hafen von Monemvassia

Mystra

Früher war Lakonien für das gesamte Land von wesentlich größerer Bedeutung. Im Mittelalter hatten die Byzantiner hier ihren Stützpunkt, von dem aus sie versuchten, den gesamten Peloponnes erneut zu erobern. In Mystra, auf einem Hügel über Sparta, eroberten sie eine Burg, die der fränkische Fürst von Morea bauen ließ. Die Bewohner der lakonischen Ebene suchten hier Schutz vor Franken und Piraten. Mystra wurde zur Hauptstadt des byzantinischen Fürstentums Morea, zum neuen geistigen Mittelpunkt des byzantinischen Reiches, und hier wurde der letzte byzantinische Kaiser gekrönt. Das Städtchen konnte seine griechische Lebensweise auch während der türkischen Herrschaft aufrechterhalten, wurde aber 1770 bei einem vergeblichen Aufstand der Peloponnesier von den Türken zerstört. 1834

Südspitze von Mani

wurde Sparta wieder aufgebaut und Mystra wurde wie so viele Städte nach der Befreiung verlassen. Die letzten Familien wurden 1952 umgesiedelt, die neuzeitlichen Bauten wurden abgerissen und die alten Kirchen wiederhergestellt. Heute ist Mystra eine tote Ruinenstadt. Goethe kannte die Stadt aus Reiseberichten und hat die Vermählungsszene von Faust mit Helena in den Palast von Mystra verlegt.

Mani

Aufgrund der eigentümlichen Sitten, Gebräuche und Lebensformen wird die mittlere der drei peloponnesischen Landzungen, Mani, häufig von Reisenden besucht.

Im »äußeren« bzw. »oberen« Mani, dem nördlichen Teil der Landzunge, entspringen noch Quellen, es gibt daher bewaldete Bergabhänge, Wiesen und Obstbäume und die Landschaft ist recht freundlich. Im Gegensatz dazu steht die wilde Berglandschaft des südlichen Teils, des »inneren Mani«. Die Berge von Mesa-Mani haben keine Quellen und keine Vegetation. Das Wasser sickert durch die Kalkböden und muß wie auf den Kykladen in Zysternen aufgefangen werden. Für die hier lebenden Menschen ist das ein schwerwiegender Mangel, der gleiche Umstand hat in *Dirou* jedoch für ein kleines Naturwunder gesorgt. Hier hat das Sickerwasser bizarre Tropfsteinhöhlen mit riesigen, unterirdischen Süßwasserseen geschaffen.

Auf den kargen Bergen wächst nicht viel — der genügsame Ölbaum, ein wenig Getreide. Die Ernte einer Familie reicht oft nicht mal für eine Maultierladung aus. Die Grundstücke werden oft von der stacheligen Feigenkaktee eingefaßt, hier als indische Feige bekannt, in Grie-

Monemvassia

chenland aber frankosykia, »fränkische Feige«, genannt. Ihre süßen Früchte sind eßbar, sie dürfen aber nicht mit der bloßen Hand gepflückt werden. Die Feige hat feine Härchen, die in die Haut eindringen und Entzündungen verursachen. Die Einheimischen schlagen sie mit Zweigen, um die Härchen abzustreifen.

In bewegten Zeiten boten die Ausläufer des Taygetos-Gebirges mehr Sicherheit, und so zogen sich im 6. Jahrhundert die Spartaner der lakonischen Ebene und später auch Bewohner aus Arkadien nach Mani zurück. Die Maniaten betrachten sich daher als Nachkommen der Spartaner. Ausschlaggebend für die eigentümliche Lebensweise waren aber wohl aus Arkadien geflohene Franken, die hier Zuflucht suchten und ihre feudalen Sitten mitbrachten. Familienclans bildeten die soziale Struktur der Dörfer, und jede Familie bewohnte ihre eigene »Burg«. Die Heirat war ein Mittel, die Ackergrenzen zu verändern. Abweichend von allen anderen Landesteilen wird die Braut mit keiner Mitgift ausgestattet, sondern die Familie der zukünftigen Braut wird beschenkt. Die Ehre der Frau, d.h. ihre Jungfräulichkeit, hatte wie überhaupt auf dem Peloponnes eine große Bedeutung. In manchen Dörfern sind die alten Sitten immer noch sehr ausgeprägt, aber den Beweis für die Jungfräulichkeit der Braut liefert der Bräutigam heute allenfalls seiner Mutter, aber nicht mehr den Hochzeitsgästen. Konnte der Beweis früher nicht erbracht werden, wurde das Fest unterbrochen und die »unwürdige« Frau bekam einen Beutel mit Weizen umgehängt, ein Symbol des Beitrags, den der Bräutigam zur Ernährung der unerwünschten Braut beizutragen gedachte. Der Schwiegervater mußte seine Tochter wieder mit nach Hause nehmen. Heute kann der Vater der Braut die »Schande« der Tochter durch Verdoppelung der Aussteuer ausgleichen.

Das Leben der Maniaten wurde von der Abwehr fremder Eindringlinge und den unerbittlichen Gesetzen des »gdikiomos«, der Blutrache, geprägt. Während der türkischen Herrschaft waren sie selbständig und nur dem Sultan tributpflichtig, aber kein Steuereintreiber traute sich in diese Gegend. Unter der Führung der Familie Mavromichalis beteiligten sich die Maniaten als eine der ersten am Befreiungskrieg. Auch nach der Befreiung unterwarfen sich die Maniaten nicht dem Willen des griechischen Staates. Auf die ersten Pressionsversuche antworteten sie 1830 mit der Ermordung des Staatspräsidenten Kapodistrias. Als König Otto 1834 ein bayerisches Expeditionskorps zur Unterwerfung der Mani sandte, wurde es in die unwegsamen Berge gelockt, gefangen genommen und dem König für 5 Drachmen pro Kopf verkauft.

Die Blutrache wurde meist durch Erbstreitereien ausgelöst, es ging dabei um die kargen Äcker und die wenigen Ölbäume. Sie wurde über mehrere Generationen ausgetragen und alle männlichen Familienmitglieder, auch Knaben, waren bedroht, so daß manche den Wohnturm auf Lebenszeit nicht verlassen konnten. Für die Zeit der Aussaat, der Ernte und der Familienfeiern, wie Hochzeit oder Taufe, herrschte Burgfrieden. Frauen wurden weitgehend geschont, denn sie mußten das Feld bestellen. Die Blutrache konnte erst abgeschafft werden, als die Behörden eingriffen und für gesetzliche Erbregelungen sorgten.

Die Häuser der Bewohner des »inneren Mani« bezeugen heute noch die tägliche Bedrohung, der sie ausgesetzt waren. Es sind Wohntürme, die wie Burgen gebaut wurden, als Einzelanwesen oder in kleinen Gruppen Dörfer bildend.

Gerolimin

Ein großer Teil der Wohntürme ist heute verfallen und unbewohnt. Die jungen Leute ziehen seit langem hier weg und suchen sich Arbeit in Sparta oder Kalamata. Polizist oder Gendarm ist seit Generationen ein typisch maniatischer Beruf, die Stellen werden von den Politikern des Ortes besorgt. Nach den Vorstellungen der griechischen Regierung und des Amtes für Touristik (EOT) soll die »innere Mani« zu einem touristischen Zentrum werden. Die EOT hat die Wohntürme des halbverlassenen Dorfes *Vathia* aufgekauft und stattet sie komfortabel aus, um daraus Urlaubsquartiere für reiche amerikanische und westeuropäische Touristen zu schaffen.

Aus der Zeit, als der Tod in Mani allgegenwärtig war, hat sich noch

Vathia

heute die Sitte der Todesklage erhalten. Der Tote wird in der Kammer auf den Fußboden gelegt, alle Fenster werden geschlossen, jeder Zimmerschmuck entfernt oder mit einem schwarzen Tuch verhängt. Boten benachrichtigen in den Nachbardörfern Verwandte und Freunde, während die Frauen das »Trostessen« zubereiten, Erbsensuppe mit gekochtem Fleisch, mit dem sich die vom langen Fußmarsch erschöpften Besucher stärken können. Für die Todesklage spielt es keine Rolle, ob der Tote ein Mann oder eine Frau ist, nah oder entfernt verwandt ist. Manchmal reicht auch einfach aus, daß der Tote den gleichen Familiennamen hat. Die Klageweiber, ältere Frauen aus dem Dorf, setzen sich um den Toten und beginnen bei Sonnenaufgang Klagelieder zu singen. Jede singt und weint bis zur völligen Erschöpfung und gibt dann ein geheimes Zeichen an die Nächste, den Gesang aufzunehmen. Am Allerseelentag zieht das ganze Dorf zum Friedhof und beklagt gemeinsam seine Toten.

Arkadien

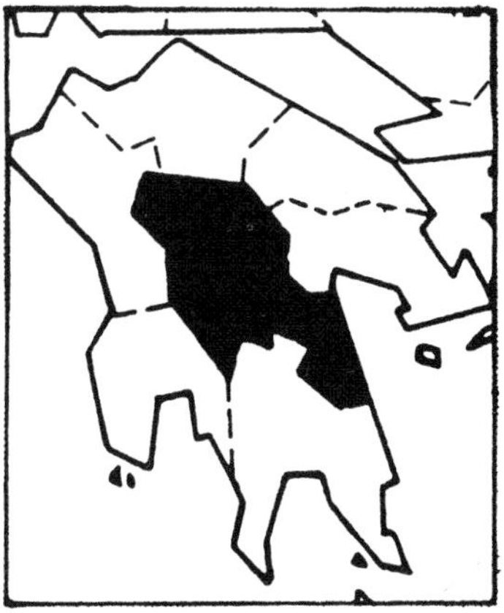

Eine »Pracht-Katzika«

Generationen von Dichtern, die Arkadien, das gebirgige Kernland des Peloponnes nie mit eigenen Augen gesehen haben, wirkten am Mythos vom idyllischen Land mit seiner heiteren Lebensweise mit. Vielleicht stellten sie sich das Land als sorglose Schäferidylle vor, weil es im Altertum als Herrschaftsbereich des Natur- und Hirtengottes Pan galt.

Aber von den romantischen Klängen der Hirtenflöte und dem Flechten von Blumenkränzen kann hier niemand leben. Das Leben der Hirten und Bauern ist hart, und viele fliehen aus der Einsamkeit ihrer Bergdörfer in die Städte. Wie die Epiroten erlernten die Arkadier früher handwerkliche Berufe — so waren die Maurer von Langadia in ganz Griechenland begehrte Häuserbauer. Heute werden sie Priester, Lehrer, Offiziere und Kaufleute.

Früher, als es noch recht gefährlich zuging, aufgrund ständiger Eroberungen und Räubereien, hatten diejenigen eine relativ sichere Zukunft, die Mönch wurden. Heute haben die Mönche Nachwuchssorgen, während die Zahl der Nonnen zunimmt, ein Ausdruck der steigenden Abwanderung der männlichen Bevölkerung. Die Felsen der arkadischen Berge hatten genügend geeignete Orte, die den orthodoxen Vorstellungen vom Mönchsein entsprachen, um hier fern von aller Welt viele Klöster zu gründen. Auf Felsspitzen oder in Spalten hinein, die entlang von Felswänden verlaufen, wurden seit Jahrhunderten Klöster gebaut. Hoch oben im Felsen, oft von dunklen Zypressen umrahmt, bilden sie einen unglaublichen Anblick. Die Decken der Klosterräume werden oft durch den Felsen gebildet. Im Lusios-Tal steht das Kloster von Johannes dem Täufer.

Im gleichen Tal liegt das Dorf *Dimitsana*, ein Ort der geheimen Schulen, in denen die griechische Kultur während der osmanischen Herrschaft bewahrt wurde. Die Schulen befanden sich in Kirchen oder Klöstern.

Im Zweiten Weltkrieg waren hier Partisanen der Befreiungsarmee stationiert, die gegen die deutschen Besatzungstruppen kämpften. Ein weiterer alter Schulort ist *Adritsaina* mit seinen riesigen Platanen. Einen Baum benutzen die Dorfbewohner sogar als Brunnen, durch dessen Stamm reines Quellwasser fließt.

In der Nähe der Hauptstadt *Tripolis* stehen noch Überreste fränkischer Burgen, wie *Maguliana* und *Karytaina*, Sitz von Baronen, die das höfische Leben des westeuropäischen Mittelalters nach Arkadien verpflanzten. Das Kastell von Karytaina benutzte der griechische Freiheitskämpfer Theodoros Kolokotronis als Bollwerk gegen die Türken. Er wurde der »Alte von Moreas« genannt.

1821 eroberten die Revolutionstruppen das alte Tripolis. Es wurde im 14. Jahrhundert gegründet und war seit 1770 die befestigte Hauptstadt des Peloponnes, Sitz des türkischen Paschas und des Rates der griechischen Gemeindevertreter. Bei der Eroberung der Stadt wurden alle türkischen Bewohner umgebracht. Vier Jahre später rächten sich die ägyptischen Truppen, die dem Sultan zur Hilfe geeilt waren, und brannten bei ihrem Abzug die Stadt nieder. 1834 wurde sie wieder aufgebaut, mit gut angelegten Plätzen. Tripolis liegt auf der Hochebene von Menalon in der Mitte des Landes und ist mit 20.000 Einwohnern die einzige größere Stadt in Arkadien.

Mit seinen weiten Wäldern auf den Berghöhen, Tannenwäldern und Edelkastanien, wird Arkadien oft mit den Tiroler oder Schweizer Bergen verglichen. Es hat auch entsprechende Kurorte, wie das inmitten von Tannen, in 1.000 m Höhe gelegene *Witina*, das vom Tourismus, der Jagd auf Hasen und Rebhühner und von traditioneller Holzschnitzerei lebt. Manche Dörfer sind so abgeschieden — wie auf dem Berg Parnon bis zum Golf von Argolis, daß sich hier noch ein archaischer Dialekt und Tänze aus der Antike erhalten haben.

Auf einem bewaldeten Hochplateau steht das kurz vor Beginn der Zeitrechnung gegründete *Megalopolis*, »die große Stadt«. Sie gehört zu den Städten Griechenlands, die aufgrund ihrer Industrieansiedlung kontinuierlich wächst.

In der Nähe von Megalopolis befinden sich eine Braunkohlengrube und ein staatliches Elektrizitätswerk. Die Braunkohle wird im Tagebau abgebaut. Auch Megalopolis hat seine »Wolke« wie Athen. Der Rauch, der beständig aus dem Werk strömt, enthält krebserregende Stoffe, deren Werte bereits mehrmals die Alarmgrenze überschritten haben. Die Abwässer fließen in den gleichen Fluß, dem auch das Trinkwasser entnommen wird, und es gilt als bakterienverseucht.

Reisetips Peloponnes

Korinthia

Seit Ende des 19. Jahrhunderts kann man sich streiten, ob der Peloponnes noch eine Insel ist, denn damals wurde die Landenge (Isthmos) von einem Kanal durchstochen. Der etwa 6 km lange *Kanal von Korinth* mit seinen bis zu 76 m hohen glatten Felswänden wird gerne von der Autobahnbrücke herab besichtigt. Wegen der Strömung werden die Schiffe von Lotsen durchgeschleppt und Ampeln regeln den einbahnigen Verkehr. Mit 21 m ist der Kanal heute zu schmal für die meisten Schiffe.

6 km nördlich von Korinth liegt das Bad *Loutraki* (den Zusatz loutra erhalten Bäder mit warmen Quellen). Mittlerweile hat es 8.000 Einwohner. Hunderte von Appartmenthäusern mit vielen Stockwerken und allen Einrichtungen, die einen mondänen Ferienort auszeichnen, geben ihm einen unspezifischen, internationalen Charakter. Der Strand ist miserabel.

5 km südlich von Korinth befindet sich auf steilem Felsen die Burganlage *Akrokorinth* mit gut erhaltener mittelalterlicher Festungsanlage und einer phantastischen Aussicht. Die 7 km südwestlich von Korinth gelegenen Ruinen des *antiken Korinth* stammen zum großen Teil aus römischer Zeit und sind nicht so spektakulär wie die Ausgrabungsstätten der Argolis.

Argolis

Argos gilt zwar als älteste Stadt Griechenlands, hat aber keine Ausstrahlung. Wer dort ist: lohnend ist der Ausblick von der Burg auf dem Larisa-Berg und das Ruinenfeld des antiken Argos unterhalb der Stadt. Wer die berühmten Ausgrabungsstätten der Argolis besichtigen will, quartiert sich meist in Navplion, Tolon oder Palea Epidauros ein.

Navplion, 10.000 Einwohner, einst stark befestigter Handelsstützpunkt von Venezianern und Türken und erste Hauptstadt des befreiten Griechenlands unter einem aus Bayern stammenden König, hat eine entsprechend malerische Altstadt mit einigen Gassen und eine schöne Seepromenade. Hier finden sich Unterkünfte aller Preisklassen, aber alles etwas teurer als anderswo. Vom Busbahnhof fahren häufig Busse zu den Ausgrabungsstätten. Wahrzeichen von Navplion sind die Insel Bourtzi, die Festung Akronauplia und die fast 1.000 Stufen hoch gelegene venezianische Burg Palamidi. Das archäologische Museum befindet sich am Syntagmos-Platz. Die Bademöglichkeiten im Süden sind nicht besonders gut, daher fahren viele weiter nach Tolon.

Tolon mit seinen schönen Stränden, guten Campingplätzen, dem tiefblauen Meer und vorgelagerten Inselchen ist wie die Gegend bis Irion fest in der Hand der Tourismus-Branche und entsprechend voll.

Archäologische Sehenswürdigkeiten der Argolis sind:

Tiryns, eine mykenische Burg mit gewaltigen Ausmaßen.

Mykene, die vor 3000 Jahren entstandene Burg der Atriden (das mit Fluch beladene Geschlecht des Atreus), nach der eine ganze Kultur benannt worden ist. Zwar wurde die Anlage von Eroberern geschleift, ist aber dennoch sehr eindrucksvoll mit ihren Ausgrabungen: der Palast mit dem weltberühmten Löwentor — Symbol von Größe und Macht —, das Grab der Klytämnestra, das Schatzhaus des Atreus und Viertel mit Wohn- und Lagerhäusern.

Epidauros, Kurort der Antike mit Badeanlagen und Tempeln des Asklepion. Zur Heilung der Kranken gehörten auch Theateraufführungen. Das 2800 Jahre alte antike Theater ist berühmt für seine Akustik (Flüsterprobe!) und faßt 14.000 Besucher. Die sind während der Festspielzeit im Juli/August auch ohne weiteres vorhanden. Als Übernachtungsorte haben sich die Fischerdörfer an der nahen Küste und das inmitten von Zitronenhainen gelegene Hafenstädtchen *Palea Epidauros* etabliert. Wenig Atmosphäre hat der ebenfalls Ferienanlagen bietende Ort *Portocheli.*

Achaia

Das Stadtbild *Patras'* ist durch breite, großzügige Straßen, quadratische Wohnblocks mit klassizistischen Häusern und eleganten Plätzen im italienischen Stil geprägt. Ein beliebter Treffpunkt sind die »psila alonia«, die »hochgelegenen Dreschplätze«, eine Mischung aus schönen Parkanlagen und der platia, wo die Griechen gerne sitzen, um ihren Kaffee zu trinken — hier fängt das Viertel der Wohlhabenden an. 7 km außerhalb von Patras befindet sich das Weingut *Achaia Clauss,* hier kann man die besten Weine probieren und kaufen.

Baden kann man in Achaia im (ziemlich belebten) Fährhafen *Rion* und in *Kato Achaia* (nahe an der Straße gelegene Sandstrände). Griechen suchen eher das nicht besonders attraktive, aber mit kilometerlangen Sandstränden und Pinienwäldern versehene *Xylokastron* auf. Von *Aegion* aus, einer typischen griechischen Kleinstadt, kann man mit der Zahnradbahn nach *Kalavrita* fahren.

Ilia

An der Westküste des Peloponnes ist es noch relativ ruhig und sauber in *Loutra Killini,* dem »Bad von Killini«, trotz des 1984 entstandenen riesigen Hotelkomplexes »Golden Beach« und eines Robinson-Clubs. Hier gibt es einen wunderschönen, kilometerlangen Dünensandstrand und gut ausgebaute Straßen, aber außer zwei luxuriösen Hotels und einem exklusiven Camping-Platz haben sich hier keine touristischen Dienstleistungsbetriebe angesiedelt, sieht man mal von dem Eiswagen und den Bauern ab, die ihr Obst anbieten. Wer hier Urlaub machen will, versucht am besten in dem Landstädtchen *Bartholomio* unterzukommen und fährt täglich 14 km mit dem Bus oder Auto zum Baden.

Weitere Badeorte in Ilia sind *Katakolon* (am Wochenende Ausflugsziel der Bewohner von Pirgos), und *Kaiafa*, ein Schwefelheilbad mit schönem Thermal-See.

Ab Pirgos fährt stündlich ein Bus nach *Olympia*, das Stadion, in dem sich die Athleten der Antike zu Ehren Zeus' im Lauf mit und ohne Waffen, im Ring-, Faust- oder Fünfkampf und in diversen Wagenrennen maßen. Im 1972 eröffneten Museum sind alle Fundstücke des Geländes ausgestellt. Weiter können Sie die Fundamente diverser Anlagen besichtigen: Altäre, Tempel und das Grabgelände des Königs Pelops, den Speisesaal für Siegerehrungen, Schatzhäuser für Weihgeschenke, das Stadion und Tribünen, die Werkstatt des Phidias, in der er die berühmte Zeus-Statue schuf, und Trainingshallen.

Messenien

Hier ist der Tourismus nicht sehr entwickelt. Badeferien macht man in *Kiparissia* — von Pirgos bis nach Kiparissia erstrecken sich kilometerlange Sandstrände — oder in den idyllischen Städtchen *Methoni* und *Koroni* mit gut erhaltenen Festungsanlagen, von denen aus einst Venedig die gesamte Küstenschiffahrt kontrollieren konnte und die »die Augen der Venezianer« genannt wurden. An der Grenze zu Lakonien liegt die »Äußere Mani« — Exo Mani. Hier empfiehlt sich — der im Sommer allerdings recht volle hübsche Ort — *Kardamili* (langer Kiesstrand).

Lakonien

Die fast nur aus Steintürmen bestehenden, abweisenden und nahezu menschenleeren Dörfer der *Mani* werden meist in Tagesausflügen besucht, zumal es kaum Hotels gibt. Als Ausgangspunkt hierfür wird *Aeropolis*, die »Stadt des Ares«, mit 800 Einwohnern der größte Ort der Mani, bevorzugt, zumal der Ort nur 11 km entfernt von der *Glifada*-Höhle bei *Pirgos Dirou* liegt, die — von zwei unterirdischen Flußläufen gebildet — als eine der schönsten Höhlen der Welt gilt. Die Flußläufe sind durch einen Durchbruch verbunden worden und können per Boot befahren werden. Die ca. 2 km lange Rundfahrt dauert etwa 50 Minuten, die Temperaturen dabei liegen unter 20° C. Von Mai bis September können die Höhlen bis 19.00 Uhr, in der übrigen Zeit bis 16.00 Uhr besichtigt werden. In der Nähe gibt es auch Badebuchten. Mani-Dörfer sind *Kita, Gerolimin, Alika* und *Vathi*. Die Wohntürme in Vathi sind von der griechischen Zentrale für Fremdenverkehr restauriert worden und können gemietet werden. An der schöneren Ostküste der Mani finden Sie in *Kotrona* schöne Strände.

Ein hübscher Hafenort mit malerisch am Berghang angeordneten Häusern ist das noch nicht überlaufene *Gythion*. Als besondere Attraktion gilt das Städtchen *Monemvassia* mit mittelalterlichem Flair. Es hat nicht viele

Einwohner, aber zunehmend Fremdenverkehr. Die Altstadt, in der kein Auto fährt, liegt auf einer aus dem Meer aufragenden Felsmasse, die durch einen schmalen Damm mit dem Festland verbunden ist. Die unzugängliche Oberstadt auf dem Hochplateau ist verlassen, die am Meer gelegene Unterstadt mit ihren reich verzierten Häusern wird heute immer mehr von Künstlern und Ausländern bewohnt. Bei der Altstadt gibt es nur Bademöglichkeiten auf Klippen und Felsen, in etwa 4 km Entfernung lange Sandstrände.

Sparta lohnt den Besuch allenfalls wegen der gebirgigen Landschaft des Taygetos. Es wird von Kunstinteressierten wegen der 8 km entfernten byzantinischen Ruinenstadt *Mystra* besucht. Die unbewohnte (Verpflegung mitnehmen!) ist berühmt wegen der Fresken in den zahlreichen Kirchen und Klöstern.

Athen

Athen, die einst vielgerühmte Hauptstadt des klassischen Griechenland, war in der Antike bekannt für ihre kristallklare Luft und ihr heilsames attisches Seeklima. Heute ist die Fünf-Millionen-Stadt zu einem aus allen Nähten platzenden Großstadtmoloch geworden. Athen heilt schon längst keine Kopfschmerzen mehr. Es bereitet sie höchstens und das nicht nur den griechischen Städteplanern, sondern auch den jährlich anwachsenden Touristenströmen, die auf ihrer Fahrt durch das Land der Hellenen zumindest ein paar Tage in der griechischen Metropole verweilen. Für die meisten löst sich dabei der »Mythos der ewig lebenden Antike« spätestens beim Anblick der auseinanderbröckelnden und abgasgeschwärzten Säulen der Akropolis in das Wohlgefallen schwärmerischer Reiseführer auf. Wer allerdings die Stadt im Winter, außerhalb der Hauptreisezeit besucht, der kann auch heute noch etwas von ihrer vergangenen Größe, Geschichte, der Lebensweise und der Mentalität ihrer Bewohner erschnuppern. Athen hat auch gute Seiten; man muß nur ein bißchen tiefer in die endlosen Häuserschluchten hineinschauen ...

Die Plaka

Die Altstadt liegt am Fuße der Akropolis. Man erreicht die Plaka vom Monasteraki Platz aus, wo sich auch der Flohmarkt befindet, oder vom Syntagma Platz über den Amalias Boulevard. Zwischenzeitlich zum Nepp-Dschungel devisenhungriger Touristenfänger heruntergekommen, sind in den letzten Jahren von der sozialistischen Regierung Maßnahmen zur »Bereinigung« der Alt-

IPIROU
MAKEDONIAS
AVEROF
LIOSION
MARNI
TRITIS SEPTEMVRIOU
PATISION
IRAKLIOU
KOUNTOURIOTOU
MUSEUM
STOURNARA
SOLOMOU
KAPODISTRIOU
CHALKOKONDILI
VERANZEROU
SATOVRIANDOU
28 OCTOVRIOU
CANIGOS
G. CONSTANTINOU
OMONIA
LYKOURGOU
EFPULIDOS
SOCRATOUS
KRATINOU
SOPHOKLEOUS
EVRIPIDOU
PIREOS
ATHINAS
EOLOU
PANEPISTIMIOU
AKADIMIAS
KORAI
STADIOU
C. LADA
PRAXITELOUS
CHARILAOU
TRIKOUPI
ZOODOCHOU PIGHIS
IPPOCRATOUS
ASCLIPIOU
SOLONOS
SKOUFA
LYKAVITOU
LYKA
DIMOKRITOU
PINDAROU
AMERIKIS
VOUKOURESTIOU
KANARI
VASILISSIS
KOLOKOTRONI
36
KR. SERVIAS
PERIKLEOUS
SYNTAGMA
OTHONOS
PARLIAMENT
NATIONAL GARDEN
ERMOU
MITROPOLEOS
PLOUTONOS NTEKA
PANDROSSOU
NIKODIMOU
KEKROPOS
FILELLINON
AMALIAS
LEOFOROS
ZAPPION
LEOFOROS OLGAS
ACROPOLIS
DIONYSIOU AREOPAGITOU
AREOPAGUS
APOSTOLOU PAVLOU
PNYX
DIAKOU

Ladenstraße in Monasteraki

stadt in die Wege geleitet worden. Die grellbunten Leuchtreklamen sind verschwunden, sämtliche Diskotheken, Rockclubs etc. mußten schließen (die meisten von ihnen findet man heute entlang der Syngrou Straße). Die alten klassizistischen Häuser des 19. Jahrhunderts werden nach und nach renoviert. Übriggeblieben sind die zahlreichen Tavernen, Cafés, Bouzouki-Clubs und die kleinen Läden, die vom Touristenkitsch bis zur Handwerkskunst alles mögliche verkaufen. Da die Plaka ein Anziehungspunkt für Touristen aus aller Welt ist, sind die Preise dementsprechend hoch. Man sollte deshalb gut hinschauen, vergleichen und auch versuchen zu handeln. Nach einem solchen, oft recht anstrengenden Einkaufsbummel schmeckt der griechische Kaffee an einem der kleinen, lauschigen Plätze in der Plaka doppelt so gut.

Beliebte Treffpunkte der Athener Jugend sind die in der Altstadt gelegenen boites. Das sind kleine Musikkneipen, meist im Keller eines Hauses, in denen alte und neue politische Lieder, Volksweisen oder Satiren vorgetragen werden. In der Regel spielen unbekanntere Künstler, Musikstudenten oder Hobby-Musiker. Für einige ist der Auftritt im boite der erste Schritt zur späteren Karriere. Am Wochenende herrscht oft dichtes Gedränge. Alle sitzen eng nebeneinander, singen mit oder geben ihre Kommentare ab. Während der Diktatur wurden die boites z.T. überwacht; Musik und Texte unterlagen der Zensur.

Der höchstgelegene Teil der Altstadt ist Anafiotika, ein im Stil der

1. Akropolis
2. Akropolis Museum
3. Theater des Dionysos
4. Odeon des Herodes Attikus
5. Pnyx-Hügel
6. Agora (Marktplatz der Antike)
7.Stoa des Attalos
8. Tempel des Olympischen Zeus
9. Hardransbogen
10. Parlament
11. Nationalpark
13. Akademie
14. Universität
15. National-Bibliothek
16. Polytechnikum
17. Archäologisches Nationalmuseum
19. Benaki Museum
20. Historisches Nationalmuseum
22. Nationaltheater
26. Nationalbank (Hauptstelle Eolou)
27. G.Z.F. Informationsbüro
29. Postamt
30. Telefonamt OTE
37. Flohmarkt

Altes Haus am Fuße der Akropolis

Kykladeninseln angelegtes Dorf mit winzigen, weißgekalkten Häusern, die früher an Hippies aus aller Welt vermietet wurden. Heute wohnen zumeist wieder Griechen in den restaurierten Gebäuden, gegen deren geplanten Abbruch sich eine Bürgerinitiative mit Erfolg gewehrt hat. Vorwiegend Intellektuelle, Architekten, Künstler, Musiker oder Maler, aber auch einige Alteingesessene und Handwerker, wohnen jetzt in der malerischen Altstadt mit ihren verwinkelten Gassen und Gässchen. Das Wohnen in der Plaka ist heute in Athen »in« und die Mieten steigen in ungeahnte Höhen.

Das Zentrum

Zentrum Athens ist der *Omonia*, der Platz der Einigkeit, der zusammen mit den jeweils einen Kilometer entfernten beiden Plätzen Syntagma und Monastiraki ein Dreieck bildet. Um den *Omonia*-Platz mit seinem großen Springbrunnen in der Mitte, der nachts angestrahlt wird, braust ununterbrochen der Verkehr. Darunter liegt der U-Bahnhof, von dem aus die Züge südlich nach Piräus und nördlich nach Kifissia fahren. In der Nähe vom Omonia befindet sich auch das größte Warenhaus Athens, Minion.

In Richtung Panepistimiou geht vom Omonia eine Passage ab, in der sich eine griechische Imbißbude an die andere reiht. Hier kann man über souvlaki und die Fleisch gefüllten pittes hinaus typisch griechische Kleinigkeiten probieren.

Ab und zu findet man im Zentrum auch die seltener werdenden patsatzidika, die wie kleine kafenia eingerichtet sind und wo man die patsas, eine aus den Innereien von Schaf und Lamm gekochte Suppe, bekommt. Es sind meist Liebhaber dieser Suppe, die hier einkehren, oder Nachtschwärmer. Die Suppe steht in dem Ruf, besonders gut nach Alkoholgenuß zu wirken.

Mit dem *Syntagma*-Platz ist der Omonia über die Straßen Stadiou und Panepistimiou verbunden. In den Seitenstraßen südlich der Universitätsgebäude zum Lykabettos hin werden Schmuck, Lederwaren und Bücher verkauft. Zum Norden hin verbinden die 3. Septemwriou-,

Ein Besuch auf dem Großmarkt von Athen lohnt sich (Athinas-Straße)

die Patission- und die Themistokleous-Straße die Wohngegenden Patissia, Ambelokipi und Exarchia mit dem Zentrum. Zur Bürogegend führen die Aghiou Konstantinou und die Pireos-Straße. Die Athinas- und Eolou-Straße führen zum zentralen Lebensmittelmarkt, hier liegt auch die Markthalle für Fisch und Fleisch. Eigentlich dürfen die stadteigenen Stände nur an Gemüsehändler vermietet werden. Es ist aber einer Reihe von Berufsfremden gelungen, durch rusfeti meist gleich an mehrere Stände heranzukommen, die sie zu Wucherpreisen an Gemüsehändler weitervermieten. Deswegen verkaufen einige Händler das Obst und Gemüse noch vom Kastenwagen, und ab und zu sieht man noch ein Dreirad. Meist gehen die Männer auf dem Rückweg von der Arbeit zum Markt. Sie prüfen eingehend die Qualität und vergleichen die Preise, bevor sie sich zum Kauf entschließen.

Die *Odos Athinas* mit ihrem teilweise altstädtischen Charakter sollte man vielleicht besser umtaufen, denn der Name der jungfräulichen Athene paßt nicht mehr so recht, seit die älteren Hotels in dieser Straße sich zunehmend in Stundenhotels verwandeln. Auf der gleichen Straße befindet sich der Rathausplatz von Athen.

Die Odos Athinas führt wie die Eoulu über den *Monastirakiplatz* zur Akropolis. Um den Monastirakiplatz und in den Gassen zwischen Eoulu und Ermou gibt es eine Unzahl kleiner Läden, bei denen die Ware wie Jeans, Schuhe, Korbwaren etc. offen zum Anschauen und Betasten vor dem Laden hängt. Es sieht aus wie auf einem türkischen Bazar und entsprechend wird gehandelt. In der Pandrosou werden Antiquitäten verkauft und in den Buden und Kellern wird Trödel jeder Art angeboten, aber auch Handwerker wie Schreiner und Kupferschmiede verkaufen ihre Erzeugnisse. Am Sonntagvormittag zieht der Flohmarkt in der Ifestu-Straße beim Monastirakiplatz die Einheimischen und Touristen an. Den Monastirakiplatz erkennt man schon von weitem an seiner alten, türkischen Moschee, die heute als Volkskundemuseum dient.

Im Zentrum zwischen Omonia und Monastiraki liegt das *Psiri*-Viertel mit kleinen kafenia und Läden. Um den zentralen Platz haben sich noch kleine Häuser aus dem 19.

Jahrhundert erhalten. Bis Anfang des 20. Jahrhunderts war hier das Viertel der »manges«, Mitglieder der Athener Unterwelt und Träger einer Subkultur.

Wer vom Omonia-Platz nach Norden die Patission entlang geht, findet am Nationalmuseum einen beliebten Treffpunkt der Athener, die gerne im Palmengarten ihren Kaffee trinken. Weiter oben beginnt ein großer Park, in dem man sich eine der bei den Athenern sehr beliebten Revuen — eine Mischung aus Kabaret, Artistik, Gesangsdarbietungen, Striptease — anschauen kann. Ein Teil des Parks ist abgeteilt, hier steht eine große Anzahl von Tischen und Stühlen wie in einem Café, die auf die Bühne ausgerichtet sind. In der Nähe gibt es eine Reihe weiterer Theater in festen Häusern, in denen meist Musicals auf schlichtem Niveau angeboten werden.

Vom Park geht der Leforos Alexandras ab, ein Boulevard, an dem sich weitere Theater befinden. Ein Stück weiter östlich beginnt um den Alexandras-Boulevard das *Gisi-Viertel,* das für seine Tavernen bekannt ist. Eine Reihe von Höfen ist durch eine Mauer von der Straße abgeschirmt und die Wirte haben hier ihre Tische im Schutz einer Pergola aufgebaut. Auch auf dem *Hügel von Strefi* gibt es einige sehr nette Tavernen, es sind alte Häuser mit großen Dachterrassen. Das nahe gelegene *Exarchia-Viertel* bietet auch eine Reihe guter Tavernen. Liebhaber von ouzo und mesedes treffen sich im *Kolonaki-Viertel* am Südosthang des Lykabettos, am Bexameni, dem alten Wasserreservoir von Athen, heute eine Terrasse mit Bäumen und Bänken, zwischen denen die Wirte Tische und Stühle aufgestellt haben.

An dem Leforos Alexandras liegt auch das Stadion, in dem eine der bekanntesten Fußballmannschaften Athens spielt, Panathinaikos. Am Omonia, wo wochentags über Politik diskutiert wird, treffen sich am Wochenende die Fußballfans, streiten sich darüber, wer die beste Mannschaft ist oder feiern einen großen Sieg.

Der Blumenmarkt

Das alte Athen

Noch zu Beginn des vorigen Jahrhunderts war Athen eine verschlafene, orientalische Kleinstadt, in der die Bevölkerung streng nach Gruppen aufgeteilt lebte. In der Plaka wohnten die Türken, jenseits der Agora die alteingesessenen Athener, im Wester Albaner und noch weiter draußen türkische Zigeuner. Die Reste der antiken Tempel auf der Akropolis wurden zu dieser Zeit vielfältig genutzt. Die Propyläen und der Parthenon wurden durch Explosionen der dort angelegten Pulvermagazine weitgehend zerstört. Zwischen den

Athener Häusermeer

antiken Trümmern stand eine Moschee, das Erechtheion wurde als Harem genutzt. Die alten Heiligtümer wurden von Feinden, aber auch von »Kunstfreunden« — vor allem von den Engländern — geplündert. Von der großen Vergangenheit der Stadt war nichts mehr zu spüren. Bereits während der byzantinischen Zeit war die einst große Bedeutung der Stadt längst auf die Polis, auf Konstantinopel, übergegangen. Dies ist die Situation, als nach dem Londoner Abkommen von 1830 der Sohn des bayrischen Königs in Navplion landet, um die Regentschaft über das neue Land zu übernehmen.

Sein Vater, Ludwig von Bayern, war ein begeisterter Philhellene, ein Anhänger der Ideale klassischer Bildung, gepaart mit romantischen Vorstellungen. Er traf sich darin mit den Fanarioten, der ehemaligen, byzantinischen Oberschicht, die die Kultur und Geschichte des Landes glorifizierten. Sie waren sich einig, Athen als Symbol für die alte Größe und erstrebte zukünftige Bedeutung des Landes zur Hauptstadt zu machen. Es war eine politische Entscheidung, die sich über den tatsächlichen Zustand Athens hinwegsetzte.

Als die Türken Athen verlassen hatten, wurden ihre Häuser abgerissen. Die Plaka wurde zum Quartier der sich neu bildenden Oberschicht. Die Stadtplanung für die neue Hauptstadt entsprach den ästhetischen Bedürfnissen des Großbürgertums nach Selbstdarstellung und Repräsentation. Großflächige Parkanlagen, sternförmige Plätze und geometrisch angelegte Ausfallstraßen ließen sich jedoch nur ansatzweise verwirklichen. Es fehlte vor allem an Geld.

Ludwig von Bayern, der den Bau des Königsschlosses finanzierte, sorgte dafür, daß es nicht — wie nach den Plänen des berühmten preußischen Architekten Schinkel — auf der Akropolis erbaut wurde, sondern in wesentlich einfacherer, schmuckloser Ausführung einen Kilometer davon entfernt. Auf dieses Schloß wurden die neuen Straßen ausgerichtet, wie die Odos Ermou (Hermesstraße), die Stadiou (Stadionstraße) und die Panepistimiou (Universitätsstraße), an der eine Reihe von klassizistischen Bauten stehen.

Die nach Athen ziehenden »Auslandsgriechen« ließen sich von deutschen und dänischen Architekten oder in München ausgebildeten Griechen repräsentative Häuser bauen und stifteten viele öffentliche Gebäude, wie das Nationalmuseum, das Nationaltheater und das Polytechnikum, das vor allem durch den Aufstand der Studenten gegen die Militärdiktatur im November 1973 weltweit bekannt wurde.

Auch die Nationalbibliothek, die Universität und Akademie sind Stiftungen reicher Auslandsgriechen. Einige Gebäude wie das erste Athener Krankenhaus oder das Haus, das sich Heinrich Schliemann erbaute, werden heute als Museen oder als öffentliche Gebäude genutzt. Aus der klassizistischen Zeit stammt auch die »große Metropolis«, die Kirche, in der alle großen Staatsgottesdienste stattfinden, in der die Heilige Synagoge tagt und aus der jeden Sonntag der Gottesdienst im Rundfunk übertragen wird.

Während Otto der I. sich mit der Kirche und den wohlhabenden Schichten über die Gestaltung des Athener Lebensraums verständigte, stieß er mit seinem europäischen Lebensstil und entsprechenden Bebauungsplänen auf heftigen Widerstand der übrigen Athener. Von überall her strömten die Menschen zur neuen Hauptstadt und jeder, der eine Bleibe fand, fürchtete, den Abbruchplänen des Königs zum Opfer zu fallen. Unbeliebt machte sich auch die Königin Amalia, die einen luxuriösen Schloßpark anlegen ließ, den heutigen Nationalpark, der nicht nur Unsummen aus der hoch verschuldeten Staatskasse verschlang, sondern auch viel kostbares Wasser verbrauchte — Wasser, das vor der Stauung des Marathon-Sees Mitte der 20er Jahre so knapp war, daß darum Schlägereien entstanden.

Evzonen-Wächter vor dem Parlamentsgebäude

Kurz vor der Jahrhundertwende hatte Athen 100.000 Einwohner. Es entstanden neue Prachtstraßen, die Boulevards der Königin Amalia und der Sofia mit eleganten Häusern. Heute haben sich dort die exklusiven, teuren und internationalen Läden niedergelassen.

Das alte Königsschloß wird heute als Parlamentsgebäude und Verteidigungsministerium genutzt. Vor diesem Gebäude und dem Grabmal des unbekannten Soldaten stehen heute noch die »Evzonen« Wache — die ehemalige, königliche Leibgarde, die immer noch die bunte Tracht der Freiheitskämpfer trägt. Diese Volkstracht hat sich aus Trachten von Inselgriechen und der auf dem südlichen Festland getragenen albanischen Tracht entwickelt. Die Evzonen tragen einen Fez mit langer Schnur und Quaste, eine kurze, bestickte Jacke mit geschlitzten Ärmeln über einem weißen, weiten Hemd, die Fustanella, schwarze Kniebänder und enganliegende Schnabelschuhe mit schwarzen Puscheln. Die Evzonen stehen auch vor dem neuen Schloß Wache gegenüber dem Nationalpark, das heute Sitz des Staatspräsidenten ist.

Der Platz vor dem alten Schloß war häufig Schauplatz politischer Ereignisse. Ursprünglich nach dem König benannt, erhielt er 1844 seinen Namen nach der Verfassung, die der Monarchie abgerungen wurde und die bayerischen Beamten aus den Staatsämtern vertrieb. Seitdem heißt er Syntagma-Platz, Platz der Verfassung.

Rings um den Syntagma-Platz sind die zwei- bis dreistöckigen, klassizistischen Patrizierhäuser und die um einen Innenhof angelegten, langgestreckten Häuser der Kleinbürger der Boden- und Bauspekulation zum Opfer gefallen. Hier sind Hochhäuser mit eleganten Modegeschäften, Luxushotels, Cafés, Banken, Reisebüros und Juwelierläden entstanden. Vom Syntagma-Platz gelangt man zu den Einkaufsstraßen Ermou, Nikis und Voulis. Die Ermou war früher eine der elegantesten Geschäftsstraßen, die teuren, »europäischen« Läden sind aber mittlerweile zu den Boulevards abgewandert, und in der Ermou kaufen heute Familien mit durchschnittlichem Einkommen ein.

Die Ermou wechselt ihr Gesicht, in der Nähe des Syntagmaplatzes sind die Läden und Boutiquen eleganter, hier findet man Hotels und Geschäftshäuser. Je näher man zum Monastiraki-Platz kommt, desto kleiner, bazarartiger werden die Läden. Hier wird mit Gemüse, mit Gewürzen, Kerzen und allerlei Trödel gehandelt. Daran schließen sich die Reparaturwerkstätten, kleine Handwerksbetriebe und Lager an.

Das antike Athen

Vor zweieinhalbtausend Jahren war die Akropolis Festung und Heiligtum sowie Denkmal der Herrschaft des alten Athen über die griechischen Stadtstaaten, die ihren Bau finanzieren mußten.

In der Antike war der Markt der Mittelpunkt des tägiichen Lebens,

Wie lange wird das Athener Wahrzeichen noch stehen?

der Politik, des Handels, des gesamten gesellschaftlichen und geselligen Lebens. Hier kauften die Athener ein, diskutierten und trafen sich zum Spiel. Hier befand sich das antike Standesamt, das Gebäude, in dem Schwerverbrecher abgeurteilt wurden, das antike Rathaus und der Versammlungsort der Delegierten der fünf Athener Stadtbezirke sowie der Zwölf-Götter-Altar, von dem aus in der Antike alle Entfernungen gemessen wurden.

Quer durch die Agora zog alle vier Jahre der Panathenäen-Festzug, vom antiken Friedhof »Kerameikos«, der ebenfalls ausgegraben wurde, ausgehend, über die Agora hinauf zur Akropolis. Es war das kultische Hauptfest, mit dem die Schutzgöttin geehrt wurde. Vom Marktplatz her zog die Prozession durch die Propyläen zum goldenen Riesenstandbild der Göttin.

Die Akropolis, wegen ihrer Quellen und der tafelförmigen, hohen Lage hervorragend als Fluchtburg geeignet, war erst Palastviertel, dann Tempelstadt und Zentrum des religiösen Lebens der alten Stadt. Die Tempel wurden auf der Höhe der Macht der Stadt innerhalb von vierzig Jahren errichtet. Die Eingangshalle bilden die Propyläen, ein asymmetrischer Bau, an den der Nike-Tempel angrenzt, in dem die Athleten der Athene zum Dank für ihren Sieg in den Wettkämpfen opferten. Durch diese Hallen erreicht man den Parthenon, den Tempel der Athene, und das Erechteion, das die Königsgräber der Urkönige Athens enthält und den Mythos der Entstehung Athens versinnbildlicht.

Das Parthenon gilt als Höhepunkt griechischer Baukunst, weil das Ausmaß seiner architektonischen Raffinessen ihm eine unübertroffene

Die Restauration der Akropolis — Eine moderne Sysiphos-Arbeit

Leichtigkeit verleiht. Im Parthenon — das Wort stammt von »Jungfrau« ab — wurde ein 12 Meter hohes, mit Elfenbein und Gold überzogenes Kultbild der Athena aufbewahrt, das im 5. Jahrhundert n. Chr. in Konstantinopel verschollen ist. Im Raum der Jungfrauen wurde der Staatsschatz aufbewahrt. Der innere Fries des Parthenon zeigt den kultischen Ablauf der Panathenäen-Prozession. Die antiken Tempel sind meist außen geschmückt, da sich die kultischen Handlungen außerhalb der Tempel abspielten. Die jetzt freien Flächen zwischen den Gebäuden füllten damals zahlreiche Statuen und Altäre aus.

Mit dem Mythos der Entstehung Athens hängen die verschiedenen Heiligtümer Dreizackspur, Salzwasserquelle, Ölbaum und Kekropsgrab zusammen, die das Erechteion unter seinem Dach vereinigt. Der Sage nach sollte der erste König von Athen Kekrops, halb Mensch, halb Schlange, entscheiden, welcher Gott für Athen und Attika zuständig werden sollte, Poseidon oder Athene. Kekrops urteilte nach der Nützlichkeit der Geschenke und wählte den Ölbaum der Athene. Poseidon, der ein Pferd angeboten hatte, schleuderte vor Wut seinen Dreizack gegen den Felsen, der zerbrach und eine salzige Quelle freigab. Das Erechteion, genannt nach dem Nachfolger des Kekrops, vereint alle Kultmale auf engstem Raum, den Abdruck, den Poseidons Dreizack hinterlassen hat, die Quelle, die er in den Boden schlug. Der Altar, der von Frauenstatuen getragen wird, schützt das mythische Grab des Kekrops, einst von heiligen Schlangen bewacht, und an der Westseite wird ein zu Beginn unseres Jahrhunderts neu gepflanzter Ölbaum gepflegt.

Im Sommer finden jeden Abend auf dem benachbarten Hügel Pnyx Ton- und Lichtaufführungen statt, bei denen die alte Geschichte Athens in deutscher, englischer und französischer Sprache erzählt wird. Auf dem Pnyx, »dem Ort des Gedränges«, bestimmten die freien Athener Bürger direkt das politische Geschehen. Hier fanden Vollversammlungen statt. Obwohl auf dem Hügel 18.000 Menschen Platz hatten, kamen meist nur 5.000 Bürger zusammen.

Auch der Aereopag-Felsen, auf dem Weg zur Akropolis zu erreichen, war Versammlungsstätte. Hier wurde über Gewaltverbrechen geurteilt und hier befanden sich Kultstätten für den Kriegsgott Ares und für die Erinnyen, die Rachegöttinnen. Im Jahre 52 predigte auf dem Areopag der Apostel Paulus. Der einzige Prominente, der nach seiner Rede den neuen Glauben annahm und zum Märtyrer wurde, wurde als Dionysios Areopagitis zum Schutzheiligen von Athen.

Neben dem ältesten Theater der Welt, den Ruinen des Dionysos-Theaters, sind noch unter römischer Herrschaft entstandene Bauten zu besichtigen, wie der Hadriansbogen, der die neue Stadt der Römer von der alten Stadt der Griechen trennte, die Hadriansbibliothek, das Odeon des Herodes Attikus am Südhang der Akropolis, in dem heute wieder Theatervorstellungen besucht werden können, und die römische Agora.

Alltag im Athener Großstadtdschungel

Wer vom Norden her den Flughafen Athens anfliegt und einen Blick aus dem Fenster wirft, der sieht, wie eine bräunliche Flut den Saronischen Golf dunkel färbt. Sie ergießt sich von der Mündung des Kifissos aus, des einzigen Athener »Flusses«, an dessen Ufern im vorigen Jahrhundert noch Olivenbäume und Oleanderbüsche blühten, bei Piräus in den Golf. Heute ist der Kifissos eine zumeist unterirdisch verlaufende Betonrinne, eine Kloake, in der Tausende von Ratten hausen. Täglich werden hier aus 200 Tanklastzügen die Fäkalien und Abwässer der rund zwei Millionen Athener Haushalte hineingepumpt, die nicht an die Kanalisation, sondern an Sickergruben angeschlossen sind — und dies auch noch ungeklärt!

Wer dann vom Flughafen aus die Küstenstraße entlang nach Piräus fährt, die von halbfertigen Betonklötzen und wild wuchernden, häßlichen Gebäudekomplexen umzingelt ist, sollte spätestens kurz vor Piräus nicht etwa die Augen, sondern die Autofenster schließen. Dort nämlich mündet die wohl schlimmste Kloake Europas ins Meer, und der süßlich-faulige Gestank ist schier unerträglich. Platz für eine Kläranlage wäre vorhanden gewesen, doch stattdessen entschloß man sich für den Bau einer riesigen Sporthalle. Brot und Spiele als Ablenkung von der katastrophalen Umweltsituation?

Die wenigen breiten Straßen, die von den Randbezirken in Richtung

Zentrum führen und täglich hunderttausende Menschen in Geschäfte oder Büros bringen, können den Autoverkehr längst nicht mehr bewältigen. In Athen herrscht ein permanentes Verkehrschaos, die Autos stauen sich kilometerweit, Busse und LKWs schleppen sich im Schrittempo dahin.

Der Omonia-Platz, einst ein malerisches Rondell mit Palmen und Gaslaternen, wird heute rund um die Uhr von brausendem Verkehrslärm umspült. Hupende Busse, Taxis, Lieferwagen und Privatautos quälen sich durch die verstopften Straßen. Auch am einen Kilometer entfernten Syntagma-Platz sieht es nicht viel anders aus. Brausender Verkehrslärm, Abgase und das beständige Hupkonzert erregter Autofahrer zerren an den Nerven aller und branden um die dort gelegenen Straßencafés. Welche giftigen Zusätze sich dabei in den Speisen und Getränken, die von zahlreichen Kellnern durch die Menschen- und Automengen auf riesigen Tabletts hindurchjongliert werden, ablagern, kann nur erahnt werden. Noch 1960 gab es in ganz Griechenland erst 60.000 Autos. Heute sind es allein in Athen über 500.000, die mit ihren Abgasen die Luft verpesten. Vom Februar 1988 an soll das »historische Zentrum« zwischen Omonia, Syntagmaplatz und Plaka für den Autoverkehr gesperrt werden. Es wird orakelt, daß die Zahl der Anwohner und Geschäfte Betreibenden, für die eine Ausnahme gilt, sprunghaft steigen wird.

Trotz alledem zeigten die Aufrufe an die Athener Autofahrer, auf die öffentlichen Verkehrsmittel umzusteigen, bis jetzt nur wenig Erfolg. Aus verständlichen Gründen: das öffentliche Verkehrsnetz ist völlig unzureichend. Auf der einzigen U-Bahn-Linie der Millionenstadt holpern teilweise noch immer die hölzernen Triebwagen aus den zwanziger Jahren, und die rund 2.000 Athener Busse sind zu fast allen Tageszeiten restlos vollgestopft. Um Sitzplätze wird erbittert gekämpft, und vor einigen Jahren wurde dabei ein älterer Fahrgast totgetrampelt.

Wie die U-Bahn, so sind auch die Trolley's, die elektrischen Straßenbahnen, vollkommen veraltet, z.T. sind es noch Vorkriegsmodelle. Nicht selten springen während der Fahrt die elektrischen Verbindungskabel funkensprühend aus ihren Halterungen. Dabei gerät der Wagen meist bedenklich ins Wanken. Das erschreckt jedoch nur ängstliche Touristen, die Athener haben sich an solche »Kleinigkeiten« schon längst gewöhnt — was bleibt ihnen auch anderes übrig!

Auch von einer Organisation des öffentlichen Verkehrssystems kann keine Rede sein. Bis heute gibt es z.B. keinen Busfahrplan, aus dem die Abfahrtszeiten, -orte oder die Fahrtrichtung der Busse ersichtlich werden. Da hilft nur eins, sich durchzufragen.

Eine Lösung der mehr als dringenden Verkehrsprobleme ist nicht in Sicht. Der geplante Ausbau der U-Bahn wurde auf Eis gelegt. Bei ersten Bohrungen stieß man auf antike Überbleibsel, die nicht beschädigt werden dürfen. Außerdem befürchtet man den Einsturz von Wohnhäu-

Viele Geschäfte schließen erst spät am Abend

sern und ganzen Gebäudekomplexen. Jedes dritte Athener Haus, so schätzt man, dürfte es eigentlich gar nicht geben. Es verstößt gegen die Bauvorschriften. Die in den 50er und 60er Jahren durch den unkontrollierten Bauboom entstandene Betonwüste würde beim Ausbau eines unterirdischen Verkehrsnetzes einfach absacken.

So werden sich voraussichtlich noch bis in eine ferne Zukunft hinein die Abgase in den endlosen Straßenschluchten stauen. Athen produziert jährlich rund 130.000 Tonnen Schwefeldioxid und 275.000 Tonnen Ruß, nicht gerechnet die Unmengen von Pestiziden sowie Schwermetallen wie Blei und Cadmium.

Am 6. Oktober 1979 tauchte zum ersten Mal die Wolke »TO NEPHOS« über Athen auf, und am 14. Januar 1980 schlug die Panhellenische Bewegung für ökologische Forschung, PAKOE, Alarm, da die Wolke die international gültigen Werte um das Vierfache überstieg! Bei Windstille legt sich der »Tödliche Dunst« wie eine Käseglocke über die Stadt, die in einem Kessel, umschlossen von Bergen liegt. Der Himmel nimmt dann eine gelbliche Färbung an, die Augen brennen, der Hals wird trocken und das Atmen wird zum asthmatischen Luftschnappen. Dementsprechend füllen sich die Kliniken mit älteren Menschen, Kreislaufkranken und Herzinfarktgefährdeten. Während der 14tägigen Hitzewelle Ende Juli 1987, als sich bei 50^0 C und akutem Wassermangel der NEPHOS über Athen legte, starben über 1.000 Menschen an Herz-Kreislauf-Versagen. Die wenigen Kliniken sind für solche Notstände nicht ausgerüstet und die Krankenwagen kommen aufgrund der verstopften Straßen oft zu spät ans Ziel.

Woher die Wolke kommt, weiß man. Weder die staatlichen noch die privaten Industriebetriebe, die rund um Athen angesiedelt sind, sind ausreichend mit Filtern oder sonstigen Umweltschutzeinrichtungen ausgerüstet. Auch müßten z.B. die Hälfte der Athener Busse aus dem Verkehr gezogen werden, da sie gegen die Abgasvorschriften verstoßen.

Bis jetzt haben keine Maßnahmen gefruchtet: weder das Teilzeitfahrverbot für private Pkws noch die Steuererleichterungen für Industrieunternehmen, die sich außerhalb der Ballungszentren niederlassen. Die griechische Bürokratie läßt zu viele Wege offen, um Maßnahmen zu unterlaufen. Auch eine halbherzige Umweltkampagne zeigt noch keine nennenswerten Erfolge. Zwar sieht man jetzt in den wenigen Grünanlagen Athens häufiger ein Schildchen mit der Aufschrift »Liebt die Natur«, doch daneben liegen immer noch zerbeulte Bierdosen, Plastiktüten, Papierfetzen und sonstiger Unrat. Wohin auch damit — denn öffentliche Papierkörbe sind Mangelware und das Umweltbewußtsein vieler Griechen ist — was angesichts der verschmutzten Städte und teilweise Strände verwundert — nur wenig ausgeprägt.

Eine längerfristige Maßnahme der griechischen Verkehrsplaner sollte man nicht vergessen zu erwähnen: die Benutzung der öffentlichen Verkehrsmittel ist von 5 Uhr bis 8 Uhr in der Frühe umsonst (ein Ticket kostet 30 Drachmen). Berufstätigen Pkw-Besitzern soll damit der Umstieg auf den Autobus schmackhaft gemacht werden. Für Einkommensschwache, die meist sowieso kein Auto besitzen, eine löbliche Einrichtung, die wohlhabenderen Pkw-Besitzer dagegen kaufen sich lieber ein Mofa oder Motorrad. Damit sind sie ihre Parkplatzsorgen los, die Abgase jedoch bleiben.

Piräus

Die Hafenstadt Piräus gehört zu dem Städtekomplex Groß-Athen, der heute vierzig Städte und zwanzig Gemeinden umfaßt.

Das Stadtbild des modernen Piräus wird von planmäßig angelegten Straßen und den Bürohäusern der Handels- und Verkehrsunternehmen, der Schiffahrts- und Ölgesellschaften bestimmt. Die Betonklötze haben die Seemannsfamilien aus ihren billigen und wohnlichen Stadtgebieten in die Außenbezirke gedrängt. Den Interessen von Banken und Grundstücksspekulanten mußte auch die Troumba, das Vergnügungsviertel und »St. Pauli« von Piräus, weichen, wie die zweistöckigen Häuser, die sich pensionierte Kapitäne erbaut hatten. Den Weg für die Kahlschlag-Sanierung hat der juntatreue Bürgermeister Aristidis Skylitsis während des Obristenregimes frei gemacht, und ist dabei auch nicht vor dem Abriß klassizistischer Bauten zurückgeschreckt. Dafür hat er sich auf dem Hügel von Kastella ein marmornes Freilichttheater als Denkmal gesetzt, das nach ihm Skylitsion benannt ist. Von hier aus hat man einen schönen Blick auf das Kastella-Viertel, das seine alten Villen und kleinen Häuser am Berghang erhalten hat, und auf den kleinen Yachthafen Mikrolimano (kleiner Hafen), der erst seit den Spannungen mit der Türkei so heißt und bekannter als Turkolimano (Türkenhafen) ist. Die Fischtavernen rund um das Ufer des Mikrolimano sind berühmt, elegant und teuer. Einfacher sind die Restaurants am Yachthafen Passalimani, dem daneben liegenden, modern ausgebauten antiken Hafen Zea.

Periptero in der Plaka.

Die Wohnviertel der Arbeiter

Die rasche Verstädterung durch den Zuzug von Tausenden von Flüchtlingen aus Kleinasien und vom Lande haben einen Gürtel von Baracken und Elendsquartieren um die Stadt entstehen lassen, deren infrastrukturelle Mängel — fehlende Kanalisation, Straßen, Wasser und Strom — das Bild der Stadt prägen. Vom Nordwesten her ziehen sich die Quartiere der ärmeren Bevölkerung rund um die Stadt und füllen den ganzen Süden aus bis zum Hymettos. Der Charakter der Stadtviertel ist unterschiedlich. Manche grenzen an die Stadtteile der Bessergestellten und profitieren davon bei den infrastrukturellen Einrichtungen, in anderen Vierteln hat die organisierte Arbeiterbewegung unabhängig für Straßen, Kanalisation und Wasser gesorgt. Aber selbst in diesen »privilegierten« Stadtteilen finden sich Reste alter Barackenviertel, unasphaltierte Straßen, die die Bewohner im Sommer Staub schlucken und im Winter durch Schlamm waten lassen. Neben einfachen, primitiven Einfamilienhäusern, in denen die Bevölkerung noch ihr Kleinvieh hält, wachsen mehrstöckige Häuser in die Höhe, zu deren Bau sich mehrere verwandte Familien mit viel Eigenanteil am Bau zusammen tun, — die griechische Form des »sozialen Wohnungsbaus«.

Vor viel größeren Problemen stehen jedoch die westlichen Außenbezirke, die in den 20er Jahren von den Flüchtlingen auf wasserlosem Felsboden errichtet wurden. Die Wasserversorgung und die fehlenden Abwässeranlagen stehen im Zentrum der Probleme, z.B. in *Kokkinia*, z.T. noch Barackensiedlung mit 100.000 Einwohnern.

Wie Kokkinia ist an der äußersten Peripherie von Athen *Perama* als Flüchtlingssiedlung entstanden. Seit 1924 von einigen Fischern und wenigen Flüchtlingen bewohnt, ist es drei Jahre später bereits auf 3.000 Einwohner angewachsen und zur eigenständigen Gemeinde geworden. Nach der Befreiung von den fremden Besatzungsmächten kamen Griechen aus allen Landesteilen nach Perama, und heute ist aus der alten Gemeinde eine Stadt mit 50.000 Einwohnern geworden.

Die Bewohner Peramas arbeiten vorwiegend in Piräus, in den Werften von Skaramanga oder als Bauarbeiter.

Fast die Hälfte der Bewohner von Perama sind auf das Wasser von Tankwagen angewiesen, die unregelmäßig kommen und manchmal fünf Tage auf sich warten lassen. Wenn sich der Tankwagen verspätet, müssen viele Bewohner den Weg zur zentralen Wasserleitung mehrmals am Tag zurücklegen, und die liegt für manche zwei Kilometer entfernt von ihrer Wohnung. Ein Teil der Straßen ist von »Arbeitergruppen«, die die Einwohner selber organisiert haben, gebaut worden. Aber die Lebensqualität ist insgesamt noch so schlecht, daß sich hier kein einziger Arzt niedergelassen hat. In Perama machen die Ärzte nur tagsüber Dienst und bei nächtlichen Notfällen sind die Einwohner ohne Hilfe. Kirchen gibt es hier viele, aber der Schulunterricht muß in alten Lagerhäusern ohne Heizung und anderweitige Ausstattung abgehalten werden. Den einzigen Reichtum verkörpert das von der Junta erbaute, mit Marmor verkleidete Rathaus — neben den selbstgebauten Notquartieren mit ihren Wellblechdächern wirkt es wie eine Provokation.

Weiter im Norden liegt *Aegaleo* mit 80.000 Einwohnern. Der Müll stapelt sich hier in einer offenen Schlucht, die sich im Winter mit Wasser füllt und zu einem nicht überquerbaren Fluß wird. Die Schule, die die Kinder der Anwohner besuchen müssen, liegt jenseits dieser Schlucht.

Über Aegaleo liegt das Arbeiterviertel *Peristeri* mit 165.000 Einwohnern, das immer noch keine zentrale Wasserversorgung hat. Bis 1922 wuchsen hier Gerste und Hafer, und nur auf den umliegenden, kleinen Hügeln hatten Offiziere ihre Häuser gebaut. Auf den Feldern siedelten sich zunächst Flüchtlinge aus Kleinasien an, sie und ihre Nachkommen machen aber heute kaum mehr als 5% der Einwohner aus. Während des Bürgerkrieges flüchteten Tausende von Verfolgten aus den Dörfern des Peloponnes, aus Thessalien, Epiros und Kreta und erwarben in Peristeri billige Grundstücke. Etwa 70% der Einwohner sind Arbeiter, der Rest Selbständige, Kleinhändler etc. Auch Peristeri ist ein linker Stadtteil und die Probleme ähneln sich — offene Müllschluchten, Autowracks an jeder freien Stelle, fehlende Einrichtungen für Kinder und Jugendliche.

Noch weiter nördlich, bereits in die Villengegenden Chalandri, Psychiko, Filothei hineinragend, liegt *Nea Ionia*, das von seiner sozialen Zusammensetzung her überwiegend Flüchtlingsstadtteil geblieben ist.

Hier wurden den Flüchtlingen zunächst vom zuständigen Ministerium Grundstücke in der Größe zwischen 20 und 40 Quadratmetern zugewiesen, auf denen sie Häuser mit winzigen Zimmern erbauten. Dieses Land wurde ihnen vom Staat später wieder weggenommen. Die Bewohner erhielten 40.000 Drachmen zur Entschädigung, das sind keine 2.000 DM, um woanders neu zu bauen. Nea Ionia hat heute 80.000—90.000 Einwohner und ist selbständige Gemeinde. Es ist eine Stadt von Bau- und Industriearbeitern, Kleinhändlern und auch in geringerem Maße von Angestellten und Intellektuellen. Nea Ionia ist durch die U-Bahn mit dem Zentrum verbunden, in ca. zwanzig Minuten erreicht man den Omonia-Platz. Die Jugendlichen von Nea Ionia fahren jedoch kaum ins Zentrum, um ihre Freizeit dort zu verbringen, sondern in den angrenzenden Stadtteil Filadelfia.

Im Südosten der Stadt liegt der Vorort *Kässariani.* Auch hier haben erstmals Flüchtlinge aus Kleinasien ihre Häuser aus Lehmziegel erbaut. Heute hat Kässariani 30.000 Bewohner. Es war immer eine Hochburg der Linken, und während der Schlacht um Athen 1944 war hier einer der Hauptstützpunkte des ELAS, der auch am längsten gehalten werden konnte. Am Schießstand Skopevtirio wurden während der Besatzung über tausend Widerstandskämpfer und Geiseln von den Nazis hingerichtet. Hier finden alljährlich Gedenkfeiern zu Ehren der Gefallenen statt.

Die Vororte an der Küste

Alt-Faliron an der Küste von Saronikos mit ihren kühlen Seewinden war bis zu Beginn des Zweiten Weltkrieges Badeort der Athener. Hier wohnten auch zunächst die reichen Leute. Sie flüchteten bald vor der wachsenden Industrie, vor Wasser- und Umweltverschmutzung nach Süden. Ihnen folgten die Bewohner der Villen von *Ellinikon*, die durch den Bau des Flughafens vertrieben wurden. In unmittelbarer Nachbarschaft des südlich von Ellinikon gelegenen Villenvororts Glyfada hatten ärmere Leute landeinwärts, an beiden Seiten einer Schlucht, kleine, teils selbstgebaute Häuser errichtet. Nach dem Krieg wurden hier Einfamilienhäuser gebaut — die Grundstücke waren noch billig — und in den 60er Jahren entstanden hier mehrstöckige Wohnblocks. Auch in den Nachbarort *Voula* sind Arbeiterwohngegenden vorgerückt. In Voula lebten früher Fischer, hinzu kamen Flüchtlinge aus Kleinasien, denen hier Land zugeteilt wurde, und die sich hier als Bauern niederließen. Nach dem Krieg entstanden hier zunächst vorwiegend Ferienwohnungen. Immer mehr Athener haben heute hier ihre Hauptwohnung. Voula hat seinen dörflichen Charakter teilweise beibehalten. Es hat einen zentralen Platz wie ein griechisches Dorf, die platia, wo sich das kafenion befindet und die Kirche, auf deren Hof die Feste des Ortsheiligen gefeiert werden. Neben dem Milchladen und dem Gemüsehändler gibt es heute aber auch die neuen Cafés, die Kinos und den Su-

Im Golfclub von Glyfada treffen sich die Angehörigen der amerikanischen Streitkräfte und die Athener Oberschicht.

Vougliagmeni ist einer der beliebtesten Badestrände der Athener.

permarkt. Freizeitzentrum für die Jugendlichen ist *Glyfada,* das mit seinem gepflegten Golfplatz und seinen vornehmen Klubhäusern einen krassen Gegensatz zu ihrer normalen Wohnumgebung bildet. In Glyfada gibt es Cafés im Freien, Discos und Bars nach amerikanischem Vorbild, Spielhallen und Pubs. Das Angebot ist stark auf die Amerikaner zugeschnitten, die auf der amerikanischen Luftwaffenbasis und den Schiffen der 6. Flotte vor der Küste von Faliron stationiert sind.

Die Küstenstraße entlang durch die zu Piräus gehörenden Stadtteile Faliron, Glyfada und Voula gibt es lauter kleine Buchten, die zu kleinen Häfen für die Privatjachten ausgebaut wurden. Hinter Voula liegende Küstenorte wie *Vouliagmeni, Varkisa* usw. bis nach *Sounion* sind fast nur Ferienorte mit Villen und Bungalows. Dieser Teil der Küstenstraße wurde erst 1956 gebaut. Private Jachten, Wasserski-Schulen und vornehme Hotels bestimmen das Bild von Vouliagmeni, nur entlang der Küstenstraße trifft man noch einfache Tavernen, wo man im Freien direkt am Wasser sitzen kann. In Vororten nach Voula trifft man neben Reedern und reichen Ausländern auch Athener Kleinbürger, Rechtsanwälte, Ärzte, die hier ihre Ferienwohnung haben.

Die Abwässer in das Meer trüben jedoch die Freuden an dem Ferienhaus an der Küste. Die Strände sind verschmutzt, das Wasser teilweise schon so verseucht, daß das Baden an manchen Stellen lebensgefährlich ist. Je weiter man in Richtung Sounion fährt, desto größer sind die Chancen, in einigermaßen sauberen Gewässern zu schwimmen.

Elefsina

Den traurigen Rekord, was die Umweltverschmutzung betrifft, hält das zum Großraum Athen gehörende Elefsina, an dem die Autobahn nach Korinth vorbeiführt. Hier wurden

Dazwischen ein Stückchen »heile Welt«

zunächst die Industrieansiedlungen hin verlegt, um Athen vor ihren Ausdünstungen zu bewahren. In klassischer Zeit lag hier Eleusis, mit Athen durch die »heilige Straße« verbunden, und Mittelpunkt des Fruchtbarkeitskultes der Göttin Demeter. Zweimal im Jahr strömten die Pilger aus ganz Griechenland hierher, um an den Eleusinischen Mysterien teilzunehmen. Sie kamen in der Hoffnung auf ein besseres Los im Jenseits. Heute stehen die Bewohner von Eleusis viel eher vor dem Problem, die Hoffnung auf ein besseres Diesseits nicht aufzugeben. Die Sterblichkeitsrate ist bei den 25.000 Einwohnern um 50% höher als im benachbarten Athen. Fehlgeburten und mißgebildete Neugeborene sind sehr häufig. Die Kinder in Elefsina leiden siebenmal häufiger an Atemwegerkrankungen als die griechischen Kinder im Durchschnitt.

Wo einmal das antike Stadion von Eleusis war, steht heute eine Zementfabrik, die sich allmählich in das Ruinenfeld vorfrißt. In und um Elefsina gibt es zwei Hochöfen, zwei Raffinerien, zwei Stahlwerke, drei Zementfabriken, zwei Werften, zwei Alkoholfabriken, eine Asbestfabrik, hundert große und mittelgroße und siebenhundert kleinere Fabriken mit insgesamt 40.000 Beschäftigten. Damit ist Elefsina die Stadt mit der dichtesten Industrieansiedlung in Griechenland. Keine zweihundert Meter vor den Zementwerken stehen die Mietshäuser, deren Bewohner den weißen Staub täglich einatmen. Am westlichen Ende der Stadt stehen Dutzende von Lagertanks in unmittelbarer Nähe anderer Industriebetriebe und von Wohnsiedlungen. Jeder weiß um die tägliche Lebensgefahr, aber es geschieht nichts.

Die griechischen Inseln

Griechenland hat eine Fläche von 131.944 Quadratkilometern. Davon sind 24.909 Quadratkilometer Inseln. Die Festlandgrenzen haben eine Länge von 1.166,8 Kilometern, die Küstenlinie beträgt mehr als 15.000 Kilometer. Das sind beeindruckende Zahlen, dennoch spielen die griechischen Inseln für die Entwicklung ihres Landes keine Rolle mehr. Fast sämtliche ökonomischen, sozialen und kulturellen Erneuerungen gehen an der Inselwelt vorbei. Deren landwirtschaftliche Erträge ernähren oft ihre Einwohner nicht mehr. Aufgrund der geringen wirtschaftlichen Möglichkeiten auf den Inseln, dem Mangel an angemessenen Arbeits- und Ausbildungsplätzen ist die Bevölkerungsabwanderung sehr hoch. Sie wird aller Wahrscheinlichkeit nach in näherer Zukunft nicht aufzuhalten sein, wenn das Leben auf den Inseln nicht wieder attraktiv und aussichtsreich wird.

Lediglich der Ausbau eines organisierten Fremdenverkehrswesens hat bisher mehreren Inseln zu einigem Wohlstand verholfen; das große Geschäft konnten jedoch nur wenige machen. Der Urlauberandrang hat die Inseln vor neue Probleme gestellt. Verheerende Umweltschäden, Lärm und Kostenexplosion sind die Kehrseite der neuen Erwerbsquellen und infrastrukturellen Verbesserungen auf den Inseln. In zahllosen Gebieten, wo besonders leistungsfähige Brunnen für die Hotelerie geschaffen wurden, sind sinkende Grundwasserspiegel erste Alarmzeichen.

An die Stelle der traditionellen Berufe in Landwirtschaft, Fischerei und Schiffahrt treten andere mit dem Fremdenverkehr verbundene Berufe. Die jungen Leute werden Kellner oder Hotelangestellte. Die eigenen Häuser werden an Touristen vermietet und moderne Apartmentblocks hochgezogen. Der erhoffte große Reichtum bleibt jedoch aus. Das erste Geschäft machen die ausländischen Reiseunternehmen und cleveren Athener Geschäftsleute.

Der Alltag auf den Inseln ist weit weniger vom Meer bestimmt, als man beim Anblick der vielen Fischerboote und Küstenschoner in den Häfen annehmen möchte. In den vergangenen Jahrhunderten haben mehrere Inseln aufgrund ihrer geographischen Lage und eines geschützten Hafens für verschiedene Handelswege eine wichtige Rolle gespielt. Für eine kurze Zeit wurden sie zu Handelszentren, reich und angesehen. Mit der Entdeckung des Seewegs nach Indien verlagerte sich jedoch der Handel zum Atlantik hin. Die Handelsschiffahrt konzentriert sich heute auf wenige Inseln wie Chios, Andros, Kassos und Santorin, woher die großen Reeder stammen, die ihre Mannschaft hier rekrutieren.

Fischer wird nur, wer kein eigenes Land besitzt und sein Einkommen nicht anderweitig finden kann. Die Mühen des Fischfangs sind groß und bei ständiger Lebensgefahr ernährt ein Boot gerade eine Familie. Nachts werden die Netze ausgeworfen, und mit Karbidlampen, deren grelles Licht die Fische anlockt, wird gefischt. Reich kann ein griechischer Fischer nicht werden, denn das Mittelmeer ist relativ fischarm, aufgrund seiner Nährstoffarmut. Zusätzlich hat das Fischen mit dem Grundschleppnetz, vor allem aber mit Dynamit, das die Brut und das Kleingetier, von dem sich die größeren Fische ernähren, vernichtet, dem Fischbestand stark zugesetzt. Auch der Touristenansturm der letzten Jahre steuert zum Fangrückgang bei. —Fisch ist selten geworden in Griechenland und teurer als Fleisch. Zu etwa einem Fünftel muß er von außerhalb eingeführt werden. In den griechischen Gewässern werden heute hauptsächlich Sardinen, Sardellen und Thunfisch gefangen.

Die meisten Inselbewohner sind Bauern. Die Naturvoraussetzungen für die Landwirtschaft auf den Inseln sind denkbar verschieden. Je nachdem, wie Bodenbeschaffenheit, Niederschlag und Windverhältnisse zusammentreffen, haben sich sehr unterschiedliche Lebensverhältnisse für die Inselbewohner herausgebildet.

Die Inseln der Ägäis sind Reste einer einstigen Landmasse, die Europa mit Kleinasien verband und im späten Tertiär absank. Sie sind die Gipfel alter Berge und Gebirgsketten, die aus dem Meer herausragen. Die Kykladen sind Ausläufer der aus Urgestein bestehenden Gebirge Mittelgriechenlands und Euböas. Auch die anderen Inseln bilden die Fortsetzung der Hauptgebirgszüge des griechischen und türkischen Festlands. Vulkanische Tätigkeit und Seebeben zeigen an, daß das Gleichgewicht noch nicht wieder hergestellt ist und die griechische Erde sich in ständiger Bewegung befindet. Verheerende Folgen hatten die Erbebenkatastrophen in den fünfziger Jahren. 1953 zerstörte eine Serie von Erdstößen im Ionischen Meer fast alle Dörfer und Städte der Inseln Kefalonia und Ithaka. 1956 bebte die vulkanische Insel Santorin. Innerhalb einer halben Minute wurden große Teile ihrer Orte vernichtet.

Im Sommer wehen beständig aus dem Norden die trockenen und oft heftigen Passatwinde über die ägäischen Inseln hinweg. Die Kykladen mit ihrem spärlichen Boden sind am stärksten der Erosion durch die Nordwinde ausgesetzt. Die *meltemia* können bis zu einem Sturm auswachsen. Zwischen Andros und Tinos ballen sich die Winde so sehr, daß selbst große Schiffe kaum dagegen ankommen. Auf dem Dodekanes sind die meltemia schwächer. Am stärksten bläst der meltemi im August. Aber der Wind hat auch seine guten Seiten. Er kühlt während der lähmenden Mittagshitze, vertreibt die Feuchtigkeit der Luft, die auf den windstillen Ionischen Inseln drückend ist, und sorgt für die Klarheit des berühmten ägäischen Himmels.

Nach Schätzungen soll es in Griechenland etwa 2.000 Inseln geben. Alle Felseilande mitgezählt sollen es sogar über 4.000 sein. Bewohnt sind von diesen Inseln etwa 169. Jede ist unverwechselbar und völlig verschieden von den anderen Inseln in Landschaft und Lebensart. Die Inseln lassen sich nicht einfach unter eine Gruppe subsumieren. Daran hat auch der Massentourismus bisher im wesentlichen nichts ändern können. Ein Kapitel über die Inselwelt kann daher nur eine Auswahl der bekanntesten Inseln und eine erste Orientierung geben. Am besten ist es, selber auf die Reise zu gehen und die griechischen Inseln zu erkunden.

Mittlerweile werden mehr als 20 der Inseln mit dem Flugzeug angeflogen. Daraus folgt nicht immer, daß die betreffenden Inseln überfüllt sind. Zum Glück sind die Landepisten für die größeren Maschinen der Reisetouristikunternehmen zu kurz. Deswegen gibt es auf den Inseln und an deren Stränden noch nicht die bekannten Ansammlungen von Hotelburgen, die in vielen Zentren des Pauschaltourismus das Bild prägen.

In der näheren Umgebung Athens

Zu den beliebtesten Ausflugszielen nicht nur für arbeitsmüde Athener gehören die im Saronischen Golf gelegenen Inseln *Ägina*, *Poros* und *Hydra.* Zu dieser Gruppe gesellt sich *Spetses*, das heute mit dem Tragflügelboot in zwei Stunden von Piräus aus erreicht werden kann. Alle vier Inseln verfügen über ein florierendes Fremdenverkehrsgewerbe. Die vor der Küste liegende Insel *Salamis* bietet trotz ihres geschichtsträchtigen Namens wenig Anreize für einen Besuch. Mehrmals täglich bringen Schiffe oder die »Flying Dolphins« (die Tragflügelboote) Touristen von Piräus zu den Inseln und wieder zurück. Diese lassen sich bequem innerhalb eines oder zweier Tage besuchen. Besonders am Wochenende ist der Andrang groß.

In den Häfen der Inselhauptstädte ballen sich die Cafés, Tavernen und Touristenläden. Die Preise sind der Nachfrage entsprechend hoch. Besonders die Inseln Hydra und Spetses erleben einen großen Zulauf. Für ein vergnügliches Nachtleben ist hier gesorgt.

Aphaia-Tempel in Ägina

Nach *Ägina* verkehren im Sommer stündlich Fährboote. Von der Ruine des Aphaia-Tempels aus bieten sich eindrucksvolle Ausblicke auf den Saronischen Golf, Piräus und Athen. Zwei kurze Jahre (1826–1828) war Ägina Hauptstadt des neuen Griechenlands, und der Rat der Griechen unter Kapodistrias richtete hier die erste freie Regierung ein.

Vor einigen Jahrhunderten war *Hydra* noch grün und stark bewaldet.

Am Hafen von Hydra

Die Insel taucht in der Geschichte erstmals als Hydrea, die »Wohlbewässerte«, auf. Ihre Lage vor der Küste stellt sie genau in die Bahn der Regenwolken, die sich an den Bergen des Peloponnes brechen. Die Holzbestände der Insel wurden jedoch während des 17. und 18. Jahrhunderts hemmungslos geplündert. Heute ist Hydra kaum mehr als ein kahler Fels. Es gibt keine Süßwasserquellen mehr, und in schlechten Zeiten muß das Wasser vom Festland herübergebracht werden.

Im 18. bis zu Beginn des 19. Jahrhunderts war Hydra die vorherrschende Seemacht der Ägäis. Die Handelsschiffahrt wurde zur Haupteinnahmequelle der Einheimischen. Viele Flüchtlinge vom Festland, die vor den osmanischen Besetzern flohen, kamen hierher und wurden Seefahrer. Zur Zeit des griechischen Unabhängigkeitskrieges stellten die Kapitäne und Reeder von Hydra den Großteil der griechischen Kriegsflotte und trieben die Osmanen in die Ägäis zurück. Viele der Häuser der Kaufmanns- und Reederfamilien stehen noch. Heute sind sie kleine Museen. Übrigens verkehren weder auf Hydra noch auf Spetses Autos oder Busse. Dafür kann jeder, der will, eine Fahrt in einer der vielen wild einherfahrenden Pferdekutschen machen.

Nach Kreta ist *Euböa* die zweitgrößte Insel. Sie liegt dem Festland so nahe und ist ihm geologisch so ähnlich, daß es für viele Griechen im eigentlichen Sinne keine Insel ist. Die Hauptstadt Euböas, Chalkis, ist durch eine etwa 40 Meter lange Brükke mit dem Festland verbunden. Auch wirtschaftlich ist die Insel diesem angegliedert. Die wichtigsten Faktoren sind die Landwirtschaft, mittelständische Industrie und der Bergbau. Früher wurde hauptsächlich Erz gefördert, heute sind es Braunkohle und Magnesit.

Die Kykladen

Die Kykladen liegen im Zentrum der Ägäis. Sie bekamen ihren Namen, der abgeleitet ist von dem griechischen Wort für Kreis, kyklos, in der Antike. Es herrschte die Vorstellung, daß diese Inseln kreisförmig die damals heilige Insel Delos umschließen.

Im Altertum sollen die Kykladen grün und fruchtbar gewesen sein. Die bewaldeten Inseln wurden aber abgeholzt, und so setzte früh die Verkarstung ein. Früher wurden die Kykladen wegen ihres Reichtums »Perlen von Hellas« genannt; heute sind die Inseln eher kahle Felsen im Meer, wasserarm und in der Mehrzahl un-

Sifnos

fruchtbar. Die Vegetation der Kykladen besteht in erster Linie aus Buschwerk und Kräutern, die Berghänge der Inseln sind nahezu waldlos. Die üppigste Vegetation haben Naxos, Andros und Kea.

Die Kykladeninseln haben ihre eigene, in Griechenland einzigartige Architektur. Die Gassen und Dörfer sind eng, aufgrund ihrer verschachtelten Bauweise bricht sich in ihnen der Wind. Wie in allen Gebieten, die arm an Niederschlägen sind, hat das Kykladenhaus ein Flachdach, mit dem Wasser aufgefangen werden kann. Es neigt sich leicht nach einer der vier Ecken, und mit einem Rohr wird das Wasser in eine Zisterne geleitet. Aus zweckmäßigen Gründen haben die Häuser einen weißen Kalkanstrich. Er reflektiert die Sonnenstrahlen, hält also die Wände kühl. Kalkfarben sind billig; darüber hinaus haben sie eine desinfizierende Wirkung. Da die Häuser öfters gestrichen werden, wirken sie im starken Licht der Ägäis blendend weiß.

Landwirtschaft wird vor allem auf den Inseln Naxos, Andros, Paros und Santorin, deren vulkanische Erde besonders für den Anbau geeignet ist, betrieben. Auf der Insel Milos haben sich die Einheimischen eine einträgliche wirtschaftliche Basis durch den Bergbau geschaffen. Aufgrund abbauwürdiger Bodenschätze hat Milos seine Zukunft gesichert und ist nicht allein auf den Touristenstrom angewiesen. In der Regel jedoch sind die Kykladeninseln arm und unterentwickelt. Die meisten der Kykladenbewohner beziehen kein geregeltes Einkommen oder haben keinen sicheren Arbeitsplatz. Im Winter, wenn die Saison vorbei ist und die Tavernen, Cafés und Hotels geschlossen sind, bleiben auf den Inseln nur noch die Armen und die Alten.

Folegrandos

Die Kykladen umfassen heute rund 210 Inseln und Eilande. Von diesen sind lediglich 19 über zehn und nur acht über 100 Quadratkilometer groß. Die kleinsten Inseln sind unbewohnt, andere der wachsenden Entvölkerung ausgesetzt. Nicht wenige von ihnen sind ohne Elektrizität, ohne Telefonverbindung und ohne ausreichende medizinische Versorgung. Nur einmal in der Woche werden diese Inseln von einer Fähre angelaufen. Viele Griechenlandliebhaber suchen diese (exotische) griechische Einfachheit und bewundern die Erfindungsgabe und Improvisationskunst, mit der die Griechen ihr Leben meistern. Für die meisten Einheimischen jedoch ist es die bittere Realität, der sie nicht entfliehen können. Sie haben kein Rückfahrtticket in der Tasche.

Die Kykladen sind während der Haupturlaubszeit in der Regel überlaufen. Die geographische Nähe der einzelnen Inseln zueinander und die mittlerweile gut ausgebauten Fährverbindungen bieten eine gute Voraussetzung für das »Inselhüpfen«. Der Fremdenverkehr konzentriert sich auf die Inseln Mykonos, Tinos, Paros, Naxos, Sifnos, Ios und Santorin. Die westlichen Kykladen dagegen sind trotz ihrer Nähe zum attischen Festland am wenigsten besucht.

Mykonos ist eine der bekanntesten und die meistbesuchte Insel, das touristische Zentrum der Kykladen. Mehrmals täglich legen Fährschiffe aus Piräus an, Kreuzfahrtschiffe machen hier Station, und über den Flughafen kommen jeden Tag neue Scharen von Touristen auf die Insel. Im Juli und August, in der Hochsaison, ist der Andrang so groß, daß selbst der gut organisierte Fremdenverkehrsbetrieb zusammenbricht.

Die Zimmer reichen nicht aus, Touristen schlafen im Freien, Tavernen, Cafés und Bars sind ständig überfüllt, das Trinkwasser wird knapp.

Mittlerweile gibt es auch anderswo in Griechenland offiziell genehmigte Nacktbadestrände, aber Mykonos ist immer noch das Mekka der »Freigeister und Weltläufigen« geblieben. Es gibt ein geradezu mondänes Nachtleben und exklusive Boutiquen, die auf keiner anderen griechischen Insel zu finden sind. Die Einheimischen hat die Beliebtheit ihrer Insel aus der Armut gerettet. Mykonos braucht sich um seine Zukunft keine Sorgen zu machen. Es ist die einzige Kykladeninsel, deren Einwohnerzahl in den letzten Jahren gestiegen ist.

Jahr für Jahr entstehen neue Sommerhäuser und Pensionen, doch der Charakter von Mykonos hat sich nicht wesentlich verändert, und seinen Charme hat es noch nicht verloren. Mykonos ist die am meisten typische Kykladeninsel mit ihren schneeweißen Häuserwürfeln, den Windmühlen, von denen keine mehr im Betrieb ist, den Taubentürmen und den vielen Kirchen und Kapellen im Inselstil. Es soll insgesamt 365 davon auf der Insel geben, und ihre roten und blauen Kuppeln ragen über das Gassengewirr hinaus. Die schönste der Kirchen und Kapellen ist die Panagia Paraportiani, die aus dem 17. Jahrhundert stammt. Die nahe dem Rathaus gelegene Kirche besteht aus vier ineinander gebauten Kapellen unter einer gemeinsamen Kuppel, die hier ebenfalls weiß getüncht ist, und einem Glockenturm.

Paros während der Mittagsruhe

Tinos ist die heilige Insel der griechischen Orthodoxie und der bedeutendste Wallfahrtsort Griechenlands. Zweimal im Jahr, um den 25. März (Mariä Verkündung) und den 15. August (Mariä Himmelfahrt), pilgern die Gläubigen nach Tinos, um der Inselheiligen Tiniotissa, der Panagia Parthenon (Jungfrau Maria) zu huldigen. Die Hauptstadt gleicht dann einem Flüchtlingslager, Hotels und Pensionen sind schon Monate zuvor ausgebucht. Die ankommenden Fährschiffe sind gefährlich überladen mit zigtausenden von Pilgern — in manchen Jahren sind es um die 30.000 —, die einen der höchsten griechischen Feiertage begehen wollen.

Die Gläubigen bitten die Panagia um Linderung körperlicher Gebrechen, seelischen Beistand, aber auch um eine gute Note im Abschlußzeugnis oder die Rückkehr des untreuen Geliebten. Stundenlang stehen sie an, um die Marien-Ikone, die hier am 30. Januar 1822 von einer Nonne gefunden worden ist und Heilwunder bewirken soll, zu küssen und eine Kerze zu entzünden. Schauplatz der Wallfahrt ist die Kirche der Panagia Evangelistria, die 1823 an dem Ort, an dem die Nonne die Ikone fand, errichtet worden ist. Um der Tiniotissa ein Opfer zu bringen und sie günstig zu stimmen, bewältigen einige Gläubige den Weg, der bergauf zum Kloster und zu der Kirche führt, auf den Knien.

Das heiligste Wallfahrtsziel der griechisch-orthodoxen Kirche ist paradoxerweise zugleich eine katholische Insel. Über 500 Jahre venezianischer Herrschaft haben ihre Spuren dort hinterlassen. Bis heute ist rund ein Drittel der Bevölkerung katholisch und hat seinen eigenen Bischof, seine eigenen Kirchen, Klöster und Schulen.

Tinos verfügt über zahllose Betten in Hotels und Privatunterkünften. Restaurants, Cafés und Läden drängen sich in den Straßen. Dennoch ist der Touristenandrang noch nicht so groß wie auf anderen Inseln. Für Unentwegte gibt es viel zu tun: Rund 800 Kirchen und über 1.000 mittelalterliche kunstvoll verzierte Taubentürme sind zu besichtigen.

Syros ist der geographische Mittelpunkt der Kykladen. Hier ist der Knotenpunkt der zahlreichen Schiffslinien, die die übrigen Inseln mit Kreta oder Piräus verbinden, und das wirtschaftliche, politische sowie administrative Zentrum. Auf Syros liegt die Verwaltungshauptstadt der Kykladen. Die Insel ist zugleich die Hochburg der römisch-katholischen Kirche in Griechenland. Etwa die Hälfte der Einwohner der Inselhauptstadt und 90% der Landbevölkerung sind katholisch. 1207 fiel die Insel an die Venezianer, die italienischen Einwanderer brachten den Katholizismus mit sich. Nach der türkischen Eroberung 1566 stand die katholische Bevölkerung von Syros unter dem Schutz des Königs von Frankreich, der ihnen gesonderte Vorrechte einräumte. Während dieser Zeit trat ein Großteil der Einheimischen zum Katholizismus über.

Im griechischen Freiheitskampf verhielt sich Syros neutral. Aus diesem Grund strömten in den Jahren 1821 und 1824 eine Reihe von Flüchtlingen aus Chios, Psara und Kleinasien hierher. Sie gründeten auf dem Hügel Vrontando 1826 die Stadt Ermoupolis, die Stadt des Hermes, des Gottes des Handels und der Kaufleute. Auf dem Gipfel dieses Hügels liegt der Agios Nikolaos, die Kathedrale der Orthodoxen. Auf dem gegenüber liegenden zweiten Hügel trohnt heute die Kirche der Katholiken, die Katholische Kathedrale des heiligen Georg.

Nach der Beendigung des griechischen Befreiungskampfes begann die Blütezeit Syros'. Dank seiner geographischen Lage und seines sicheren Hafens wurde Ermoupolis zur bedeutendsten Handelsstadt Griechenlands. Die Stadt wurde zur wirtschaftlichen und kulturellen Metropole des Landes. Werften und Fabriken wurden gebaut, Handelsbeziehungen geknüpft, Schulen (auch ein Mädchengymnasium) gegründet. In Ermoupolis wurden 150 Zeitungen verlegt und 1862 das erste moderne Theater Griechenlands nach dem Vorbild der Mailänder Scala errichtet. Zu jener Zeit war die Stadt bedeutender als die Hauptstadt Athen.

Im Jahre 1893 fand der wirtschaftliche Aufschwung der Insel ein jähes Ende. Mit der Eröffnung des Kanals von Korinth veränderten sich die Schiffahrtsrouten, und das Zentrum des Seehandels verlagerte sich nach Piräus, das zum wichtigsten Hafen des Landes wurde. Heute hat der Hafen von Ermoupolis lediglich eine gewisse Bedeutung in der ägäischen Handels- und Fährschiffahrt. Es gibt einige Werften, die modernisiert werden und noch immer der Hauptarbeitgeber der Einheimischen sind.

Naxos ist die größte Insel der Kykladengruppe und — ebenso wie Andros — wasser- und vegetationsreich. In den ausgedehnten Küstenebenen der Inseln gedeihen Wein, Zitrusfrüchte, Gemüse, Getreide und Kartoffeln, von denen ein großer Teil exportiert wird. Die Mehrheit der Bevölkerung ist in der Landwirtschaft tätig. Ein weiterer wesentlicher Wirtschaftsfaktor ist hier der Tourismus.

Von der Inselhauptstadt Naxos aus, dem touristischen Zentrum, lassen sich viele Wanderungen unternehmen. Zu besichtigen sind einsame Bergdörfer und zahlreiche byzantinische Kirchen und Klöster. Viele Baudenkmäler tragen die Spu-

Naxos

Von großer Lieblichkeit ist diese Insel; voller Ruhe, die Gesichter der Menschen gütig; Melonen, Pfirsiche, Feigen in Riesenhaufen; das Meer friedlich. Ich schaute mir diese Menschen an — niemals waren sie von Erdbeben oder Türken erschreckt worden, und ihre Augen loderten nicht. Hier hatte die Freiheit die Sehnsucht nach Freiheit erlöschen lassen, und das Leben streckte sich glücklich aus wie schlafendes Wasser; und wenn es einmal bewegt wurde, kam es nicht bis zum Sturm. Sicherheit war das erste Geschenk der Insel; das empfand ich beim Umherstreifen auf Naxos; Sicherheit und, nach einigen Tagen, Langeweile. Wir hatten die Bekanntschaft eines reichen Naxosbewohners, des Herrn Lasaros, gemacht, der einen wunderbaren Garten in Engares, eine Stunde von der Stadt entfernt, besaß. Er lud uns ein, wir blieben dort zwei Wochen; welcher Überfluß, was für früchtebeladene Bäume, welcher Frieden. Kreta verwandelte sich in ein Märchen, es wurde eine ferne, gewitterschwere Wolke. Keine Schrecknisse, kein Blutvergießen, kein Kampf um die Freiheit; alles löste sich auf und verschwand in dieser schläfrigen Seligkeit von Naxos.

aus: Nikos Kazantzakis, Rechenschaft vor El Greco, Rowohlt 1986

Naxos

ren aus den Jahren der venezianischen Herrschaft. Im Jahre 1207 wurde Naxos von den Venezianern eingenommen und unter dem Eroberer Marco Sanudo zum Regierungssitz des von ihm etablierten Herzogtums Naxos gemacht. Obwohl die Insel 1537 von türkischen Piraten erobert wurde, blieb sie noch weitere 42 Jahre in venezianischen Händen.

Die Insel *Ios* lag jahrelang abseits der Touristenströme, kam aber in letzter Zeit vor allem bei »Rucksacktouristen« in Mode. Auch heute noch sind es in erster Linie junge Leute, die auf die Insel kommen. Es gibt nicht viele Hotels und Pensionen, und das Leben ist relativ billig.

Santorin, amtlich *Thira*, ist die südlichste Insel der Kykladen. Ihre heutige Gestalt verdankt die Insel, die einst ein aus der Ägäis aufsteigender Berg war, einem Vulkanausbruch um 1500 v. Chr., bei dem der zentrale Vulkankegel einstürzte. Infolge des gewaltigen Ausbruchs sank der Krater 390 Meter unter den Meeresspiegel ab, und das dadurch entstandene Becken zwischen den Kraterrändern, die Kaldera (spanisch für Kessel), wurde vom Meer überflutet. Die Inseln Santorin, Thirissia und Aspronisi blieben als Ringwall stehen, der sich bis zu 360 Metern steil aus dem Meer erhebt. Die Spitze des noch heute tätigen Vulkans ist die Lavainsel Nea Kameni. Die Auswirkungen der Naturkatastrophe reichten bis nach Kreta.

Bei Ausgrabungen in der untergegangenen Stadt Akrotiri auf Santorin wurden Reste einer Stadt aus spätminoischer Zeit entdeckt. Die Funde sorgten für eine archäologische Sensation. Das Gebiet ist heute ein riesiges Freilichtmuseum. Einige der schönsten Fresken der minoischen Epoche, die zeigen, wie hoch entwik-

Santorin

kelt vor rund 3.500 Jahren das Leben auf dieser Insel schon war, sind an den Wänden der Wohnräume der antiken Siedlung gefunden worden.

Santorin leidet extrem unter Wassermangel. Die Insel ist fast vollständig auf Tankschiffe, die von den Nachbarinseln Wasser heranfahren, zu ihrer Versorgung angewiesen. Thira, der Hauptort der Insel, ist das touristische Zentrum. Nur die Ostküste der Insel ist vom Meer aus zugänglich. Hier befinden sich die Badestrände und auch der neue Hafen, an dessen Mole die Schiffe direkt anlegen können. Bei Griechenlandreisenden ist die Insel sehr beliebt. Keine andere bietet so spektakuläre Aussichtspunkte und Sonnenuntergänge, die auf Santorin eine eigene Farbenpracht entwickeln. Die Ankunft in der hafenähnlichen Anlegestelle Skala — hier müssen Besucher ausgebootet werden — und der Blick auf die darüber am Rande eines Steilhanges angelegte Stadt Thira gehört zu einem der schönsten Panoramen der griechischen Inselwelt.

Die Sporaden

Die Sporaden sind die »verstreuten Inseln« der Ägäis. Sie gliedern sich in zwei Gruppen: Die nördlichen Sporaden, die nördlich von Euböa liegen, und die südlichen Sporaden, die dem Südwestufer Kleinasiens vorgelagert sind. Nach dem heute gängigen Verständnis gehören zu dieser Inselgruppe jedoch lediglich die Inseln im nordägäischen Meer: *Skiathos*, *Skopelos*, *Alonissos* und *Skiros*. Diese Inseln, außer Skiros, sind

Skopelos

Fischerhafen von Skiathos

fruchtbar und dicht bewaldet. Im Herbst, Winter und Frühjahr bekommen sie reichlich Regen ab, im Sommer werden die Inseln von den Meltemiwinden gekühlt. Das Meer ist hier meistens unruhig, und jeder Seefahrer muß mit starkem Seegang rechnen.

Skiathos hat einen der schönsten Häfen der ganzen Ägäis. Die Inselhauptstadt mit ihren weißen Häusern und deren roten Ziegeldächern ist auf zwei kleinen Anhöhen, die über dem Hafen gelegen sind, gebaut. Von den vier Inseln erlebt Skiathos den größten Touristenandrang. Es sind vor allem die unzähligen Sandstrände und Badebuchten der Insel, die den Urlauber anlocken. Die etwa 48 Quadratkilometer große Insel soll immerhin über 65 dieser (schneeweißen) Strände besitzen. Der berühmteste ist der in der Bucht von Koukounaries, einem dichten Pinienhain, der sich einen Kilometer lang an dem 30 Meter breiten Strand entlangzieht.

Der Schriftsteller Alexandros Papadiamantis, einer der Vorreiter der Volkssprachenprosa, wurde 1851 auf Skiathos geboren. Während des Zweiten Weltkrieges war die Insel eine Zeitlang eine der Hauptzwischenstationen für flüchtige alliierte Soldaten.

Im Gegensatz zu den anderen Inseln hat *Skopelos* auch etwas für den bildungshungrigen Touristen zu bieten. Es gibt hier eine Anzahl antiker Ruinen, und obwohl Skopelos eine

Auf Skopelos gibt es noch schöne Badebuchten

kleine Insel ist, besitzt es immerhin rund 360 alte Kirchen, Kapellen und Klöster. Anders als auf Skiathos sind die Häuser der Inselhauptstadt rot, blau oder rosa getüncht und mit grauem Schiefer gedeckt. Skopelos ist fruchtbarer als die anderen Inseln. Die landwirtschaftlichen Erträge haben der Insel eine gewisse wirtschaftliche Unabhängigkeit ermöglicht. Sie ist zwar gut besucht, hat aber längst nicht denselben Ansturm wie inzwischen Skiathos. In den Gassen von Skopelos findet man neben Läden mit Andenken, Schmuck, »Volkskunst« und anderen touristischen Preziosen noch einen Schuhmacher, Bäcker oder Krämer.

Skiros ist im Gegensatz zu den anderen Sporadeninseln felsig und karg. Die Architektur seiner Häuser folgt dem Muster der Kykladen mit weißgetünchten geometrischen Würfelhäusern sowie deren flachen Dächern.

Seit dem Mittelalter ist die Insel berühmt für ihre Erzeugnisse der Volkskunst. Die schnitzereiverzierten sogenannten Skiros-Möbel, insbesondere Truhen, Bänke und Stühle, findet man auch in speziellen Geschäften in der Athener Altstadt Plaka. Die Skiros-Fayencen, z.B. Schüsseln und Krüge mit geschwungenen kleeblattförmigen Mündungen, sind ebenfalls im Athener Kunsthandel sehr beliebt.

Die nordägäischen Inseln

Die Inseln der Nordägäis sind noch nicht für den organisierten Tourismus erschlossen worden, da nur wenige Reisende so weit in den Norden vordringen. Lediglich die Insel *Limnos* zieht in letzter Zeit verstärkt Besucher an. Es kommen unter anderen viele Familien vom makedonischen und thrakischen Festland, die keinen weiten Weg nach Limnos haben.

Thassos ist eine fruchtbare Insel, die Berge sind dicht mit Kiefern bewachsen. Es ist daneben reich an Funden aus antiker Zeit. In der klassischen Epoche wurden auf Thassos Gold und Silber abgebaut. Der Abbau brachte der Insel einen beträchtlichen Reichtum. Heute wird nicht weit von der Küste nach Erdöl gesucht. Die Experten sind vor rund 15 Jahren fündig geworden, und seit 1981 wird vor Thassos im Prinosfeld Öl gefördert. Noch sind es kaum 10% des griechischen Jahresbedarfs, die hier gewonnen werden, doch weitere

Thassos, ein kleines Paradies für Sonnen- und Badehungrige

Ölvorkommen werden in der Nordägäis vermutet. Das Ölgeschäft selbst hat für Thassos kaum irgendwelche Vorteile. Die Planung und Förderung wird von der auf dem Festland liegenden Stadt Kavala betrieben und hat lediglich dort für Betriebsamkeit gesorgt.

Vom Meer aus ist die Insel *Samothraki* fast unzugänglich, sie besitzt keinen Hafen. Für jeden Archäologen ist Samothraki eine Fundgrube. Hier wurde 1860 die Statue der Siegesgöttin Nike gefunden. Die »Nike von Samothraki« ist heute im Pariser Louvre zu bewundern.

Während der Obristen-Diktatur wurde auf Samothraki ein Gefangenenlager eingerichtet (näheres dazu im Abschnitt *Die Gefangeneninseln*).

Die Inseln der Ostägäis

Lesbos, Chios und *Samos* profitieren von der Nähe zum kleinasiatischen Festland. Dank reicher Niederschläge in den Wintermonaten sind sie grün und fruchtbar. Auf vielen Gebieten können die Inseln ihre Verbindung zu Kleinasien nicht verleugnen. Geologisch gehören sie zum Festland, sie sind Ausläufer der anatolischen Gebirge. Auch in der Inselarchitektur, der Volkskultur, in den Sitten und Gebräuchen lassen sich zahlreiche Einflüsse aus der kleinasiatischen Region entdecken. Im Handwerk werden orientalische Muster verwendet, in der Kunst fanden türkische und sogar persische Elemente Eingang.

Da die Inseln teilweise nur wenige Kilometer von der Türkei entfernt sind, haben griechische wie auch türkische Politiker schon immer ein besonderes Interesse für sie entwickelt. Im Jahre 1923 wurde im Vertrag von Lausanne festgeschrieben, daß diese drei Inseln demilitarisiert bleiben

Lesbos

müssen. Auch wenn die Türkei deswegen nicht eine Stationierung griechischer Streitkräfte direkt vor der eigenen Haustür befürchten muß, hat die unmittelbare Nähe von drei dichtbesiedelten griechischen »Brückenköpfen« türkischen Politikern immer einiges Kopfzerbrechen bereitet. Argwöhnisch wird beobachtet, ob die Griechen nicht doch klammheimlich versuchen, den Vertrag zu brechen. Die Griechen wiederum befinden sich in ständiger Sorge um ihre drei Außenposten in der Ostägäis. Mit der Rückkehr Griechenlands in den militärischen Verband der NATO hat sich das Verhältnis zwischen den beiden Ländern jedoch weitgehend entspannt. Alljährlich wiederholt sich dennoch dasselbe Sommertheater. Griechen und Türken beschuldigen sich gegenseitig, bestehendes Recht verletzt zu haben. Militäreinheiten werden mobilisiert, und die Bevölkerung wird in Angst und Schrecken versetzt. Die Aktionen verlaufen dann schließlich nach Ablauf einer angemessenen Schamfrist im Sande.

Zu den geo-politischen Problemen des ostägäischen Raumes tritt zunehmend ein wirtschaftlicher Druck. Steigende Bedeutung gewinnt der Tourismus.

Lesbos wird auch volkstümlich *Mitilini* genannt. Es ist nach Kreta und Euböa die drittgrößte Insel der Ägäis. Nach der kleinasiatischen Katastrophe verlor die Insel ihre einstige wirtschaftliche Bedeutung und ihren politischen Einfluß. Dank ihres klangvollen Namens kann sie einige Touristen anziehen, eine ausgesprochene Touristeninsel ist Lesbos aber nicht geworden. Ungebrochen bis heute ist die literarische Tradition auf der Insel, die im sechsten vorchristlichen Jahrhundert mit Sappho be-

Der orientalische Einfluß auf Chios ist unübersehbar

gann. Immer wieder werden wichtige Impulse gegeben. Bekanntester zeitgenössischer Vertreter von Lesbos ist der Lyriker Odysseas Elytis, der 1979 den Literatur-Nobelpreis erhielt.

Chios liegt nur acht Kilometer vor der kleinasiatischen Küste. Im griechischen Freiheitskampf gegen die osmanische Besetzung haben die Bewohner der Insel besonders gelitten. Über 25.000 Chioten wurden von den osmanischen Soldaten ermordet, 50.000 Frauen und Kinder verschleppt. Der französische Maler Delacroix hat das Massaker von Chios in seinem berühmten Gemälde, dessen Kopie heute im Museum von Chios hängt, festgehalten.

Chios ist eine Insel der Seefahrt. Die Schiffahrt hat sie reich und weitgehend wirtschaftlich unabhängig gemacht. Viele große Reederfamilien, deren Agenturen heute in New York, London oder Singapur sitzen, stammen von Chios. Nicht wenige Dörfer auf der Insel leben und finanzieren ihren Haushalt durch Zuwendungen, die ein millionenschwerer ehemaliger Chiote aus dem Ausland spendet. Interessant auf Chios sind vor allem die einzigartigen Mastix-Dörfer, die auf die Gewinnung und Verarbeitung des Harzes der Mastix-Sträucher spezialisiert sind.

Schon während der langen Besatzungszeit haben die Bewohner von *Samos* erfolgreichen Widerstand gegen die Osmanen geleistet. Im Gegensatz zu den meisten übrigen ägäischen Inseln, die erst 1912 von der osmanischen Herrschaft befreit wurden, erhielt die Insel schon 1832 von der Hohen Pforte völlige Autonomie zugesichert. Heute zeugt Samos mit seinen archäologischen Sehenswürdigkeiten vor allem von seiner glorreichen antiken Vergangenheit.

Der Dodekanes

Die Inseln des Dodekanes (Zwölfinseln) sind der Westküste der Türkei vorgelagert. Anders als der Name vermuten läßt umfaßt der Dodekanes, im Deutschen auch Südliche Sporaden genannt, etwa 50 größere und kleinere Inseln. Im Mittelalter wurde der Inselgruppe der Name als byzantinische Verwaltungsbezeichnung gegeben. Die weitgehend gebirgigen Inseln des Dodekanes haben in den vergangenen Jahrzehnten nur einen geringen Anteil am wirtschaftlichen Aufschwung Griechenlands gehabt. Sie sind daher von der Abwanderung besonders stark betroffen. Auf der Insel Kastelorizo z.B. — im vergangenen Jahrhundert ein bedeutendes und reiches Schiffahrtszentrum mit knapp 20.000 Einwohnern — leben heute nur noch 220 Menschen. Ein Großteil der Häuser in den Orten ist verfallen. Die sozialistische Regierung in Athen hat in letzter Zeit versucht, den unterentwickelten Dodekanes zu unterstützen und in dieser Region wirtschaftliche Anreize zu geben. So wurde bei der Einführung der Mehrwertsteuer der Dodekanes mit einer Sonderregelung bedacht. Die Mehrwertsteuersätze von 6, 18 und 36% wurden (mit Ausnahme von einigen Gütergruppen) für dieses Gebiet um 25% ermäßigt.

Der Dodekanes ist zwar wegen des nahen Kontinents reich an Winterregen, aber die Inseln sind humusarm und das Wasser versickert schnell. Ein großer Teil besitzt wasserdurchlässige trockene Kalkböden. Lediglich Rhodos und Kos bilden eine fruchtbare Ausnahme. Über nennenswerten Fremdenverkehr verfügen neben Rhodos nur die Inseln Patmos und Kos.

Im Jahre 1908 schlossen sich die Inseln des Dodekanes gegen die türkische Herrschaft zusammen. 1912 wurden sie im Ersten Balkankrieg befreit, und die Alliierten versprachen, den Dodekanes nach Ende des Ersten Weltkrieges an Griechenland zurückzugeben. Dieses Versprechen wurde zweckdienlich 1920 im Vertrag von Sèvres, der die Inseln Italien als Belohnung für seinen Anteil am alliierten Sieg zusprach, vergessen. Ab 1922 stand damit der Dodekanes auch unter faschistischer Herrschaft. 1947 wurde er befreit und 1948 mit Griechenland vereinigt.

Patmos, die nördlichste Insel des Dodekanes, ist heute ein bedeutendes Zentrum der Orthodoxie. Hier befindet sich eine Theologenschule, die die Tradition der 1669 gegründeten Klosterschule fortsetzt. Das Kloster trägt den Namen des Apostels Johannes, der der Überlieferung zufolge auf Patmos das Buch der Apokalypse niedergeschrieben hat. In der Klosterkirche, in der Kapelle und dem alten Speisesaal der Mönche finden sich zahlreiche schöne Fresken. Der reichhaltige Kirchenschatz kann im Museum bewundert werden. Im Besitz des Klosters befindet sich des weiteren eine umfangreiche Bibliothek, in der noch 240 alte Handschriften vorhanden sind.

Die Insel *Kalimnos* ist die traditionelle Heimat der Schwammfischer. Kalimnos war einst das beste Schwammgebiet in der Ägäis. Mitt-

Das genügsame »Verkehrsmittel« des Bauern

lerweile jedoch sind die ägäischen Schwammbetten weitgehend erschöpft, und die Taucher fahren heute in der Regel bis zur ägyptischen und tripolitanischen Küste oder nach Zypern. In der Ägäis sind nur noch vor Kreta und Astipaläa ergiebige Gewässer. Die Schwammtaucherei ist ein absterbendes Gewerbe. Mit der Erfindung des Gummis und der synthetischen Ersatzstoffe ist der Bedarf an echten Schwämmen stark zurückgegangen. Heute wird der Naturschwamm in den Straßen als Souvenir verkauft — zu hohen Preisen, die jedoch in keinem Verhältnis zu den Gefahren, die der Taucher beim Pflücken des Schwammes auf sich nimmt, stehen. Immer noch werden auf Kalimnos zweimal im Jahr die traditionellen Feste der Schwammtaucher gefeiert. Das erste im Frühjahr, wenn die Fischer ausfahren, und das andere im Herbst, nach ihrer Rückkehr.

Rhodos ist das wirtschaftliche Zentrum des Dodekanes. Es ist zugleich die bekannteste der Inseln, jedes Kreuzfahrtschiff in der Ägäis läuft hier ein. In alter Zeit war Rhodos führend in Seefahrt und Handel. 1309 bemächtigten sich die Johanniterritter der Insel mitsamt den Nachbarinseln Leros und Kos. Sie hielten Rhodos über 200 Jahre besetzt. Die Johanniter errichteten eine Burg und legten Verteidigungswerke, einen Hafen sowie eine Ritterstadt an. In dieser befindet sich die einzige erhaltene Wohnstraße rein gotischen Stils überhaupt. Im Januar 1523 wurden die Johanniterritter vom Sultan Suleiman I., Suleiman dem Prächtigen, vertrieben. Rhodos wurde Teil des Osmanischen Reiches. Von dieser Zeit zeugt noch das alte Türkenviertel mit seinen engen Gassen und den zu Moscheen umgebauten Kirchen aus der Ritterzeit. Während der osmanischen Besetzung erfreute sich Rhodos eines gewissen Wohlstandes. In der Inselhauptstadt stehen noch einige schöne Bürgerhäuser aus dem 17. und 18. Jahrhundert.

Die Italiener, die ab 1912 über den Dodekanes herrschten, haben dann zahlreiche Ruinen wieder aufgebaut und restauriert. Heute sind auf Rhodos Spuren einer dreieinhalbtausendjährigen Geschichte zu finden: Ruinen aus mykenischer Zeit, ein antikes Theater, byzantinische Mauern, venezianische Paläste und eine Moschee.

Reisetips Rhodos

Die Insel ist bekannt für ihr mildes, sonniges Klima und die Blütenpracht, der man überall begegnet. Auch Badefreunde kommen voll auf ihre Kosten, Strände gibt es in allen Teilen der Insel.

Der Tourismus verfügt über ein lange Tradition, selbst Spielcasino und Golf stehen den Besuchern zur Verfügung.

Neben großem Touristentrubel hat die Inselhauptstadt einen alten Stadtkern mit verwinkelten Gassen und alten Moscheen zu bieten. Übernachten und Essen ist in allen Preis- und Qualitätskategorien möglich. Auf den Spuren der Vergangenheit kann man im *Ritterviertel* wandern, dem nördlichsten Teil der Altstadt, die historischen Hausfassaden bewundern oder den *Großmeisterpalast* mit seinem Museum besichtigen. Auf orientalisches Ambiente stößt man im türkischen Viertel der Altstadt, ein Besuch der *Suleiman*-Moschee oder des Türkischen Bades bieten sich an.

An der Ostküste reihen sich viele kleinere Ortschaften aneinander, mit Privatzimmern, Tavernen und teilweise noch nicht überfüllten Stränden. Mehr los ist in *Lindos* mit seinen mittelalterlichen Häusern, von wo aus man zu Fuß hinauf zur Akropolis steigen kann, um den tollen Ausblick zu genießen.

Kleine Dörfer und schöne Strände auch im Süden bei *Hohlakas* und *Katavia.*

Überreste alter Kulturen sind auf der gesamten Insel zu finden. So z.B. *Kámiros,* die Überreste einer mehr als zweieinhalbtausend Jahre alten Stadt; oder *Kastellos,* eine wunderschön gelegene Ruine hoch über dem Meer; oder das Kastell von *Monolithos,* ganz im Westen der Insel gelegen.

Eines der beliebtesten Touristenziele ist das Schmetterlingstal (*Petalúdes*), wo von Juni bis September viele seltene Schmetterlingsarten zu finden sind.

In den meisten Orten kann Kunstgewerbe erstanden werden: Keramik, Leder- und Stickarbeiten. Daß bei soviel Sonnenschein guter Wein gedeiht, versteht sich fast von selbst.

Die Inselhauptstadt mit ihren 40.000 Einwohnern ist eine der größten Städte der griechischen Inselwelt. Allzuviel Inselatmosphäre und Beschaulichkeit darf der Besucher hier nicht erwarten. In Lindos mit nur 660 Einwohnern und gut 46 Kilometer von der Hauptstadt entfernt, dem zweiten Fremdenverkehrszentrum der Insel, geht es etwas ruhiger zu.

Im Sommer machte Rhodos wieder von sich hören. Wie ein Lauffeuer breitete sich die Nachricht aus, Taucher hätten im Hafenbecken der Inselhauptstadt eine Faust des legendären »Koloß' von Rhodos« gefunden. Das 35 Meter hohe Standbild des Helion, des Sonnengottes und Beschützers der Insel, wurde nach 305 v.Chr. geschaffen. Es stand lediglich 56 Jahre lang im Hafen der Hauptstadt. Ein Erdbeben im Jahr 224 v.Chr. brachte den Koloß zum Einsturz. Die riesige Bronzestatue zerbrach und wurde erst 656 geborgen, als Rhodos von den Sarazenen erobert wurde. Die Überreste wurden an einen Altmetallhändler verkauft, der 900 Kamele beladen mußte, um sie wegzuschaffen. Dem gewieften Kaufmann ist aber nichts, wie man nach dem spektakulären Fund vermuten könnte, verloren gegangen: Die vermeintliche Faust erwies sich als ein gewöhnlicher großer Gesteinsbrocken.

Die Ionischen Inseln

Die *Eptanissa* (Sieben-Inseln) sind der Westküste des Peloponnes und des Festlandes vorgelagert. Ionische Inseln wurmen sie von den Venezianern genannt, die sie gut 400 Jahre beherrscht haben. Die wichtigsten Inseln, die zu dieser Gruppe gehören, sind *Kerkira* (Korfu), *Paxi, Lefkada* (Leukas), *Kefalonia, Ithaka* und *Zakinthos* (Zante). Auch die Insel *Kithira*, der östlichen Südspitze des Peloponnes vorgelagert, wird den Eptanissa zugerechnet, hat aber nicht viel mit deren Tradition gemein. Sie blieb der venezianischen Seerepublik, nachdem alle Besitzungen in der Levante an die Osmanen verloren waren, als Stützpunkt des Seeweges nach Kreta und wurde deshalb den Ionischen Inseln zugezählt. Kithira ist noch nicht für den Tourismus erschlossen, bietet allerdings auch wenig inseltypische Reize.

Zakinthos

Bis zum 15. Jahrhundert waren die Inseln historisch noch unabhängig voneinander. 1386 ersuchte Kerkira — um sich vor nordafrikanischen Piraten und albanischen Korsaren zu retten — um den Schutz der venezianischen Flotte. Die Venezianer willigten ein, besetzten Kerkira und im Laufe des folgenden Jahrhunderts die übrigen Ionischen Inseln. Diese wurden vom 15. bis zum Ausgang des 18. Jahrhunderts von der Seerepublik beherrscht. Zu Anfang des 19. Jahrhunderts kamen die Inseln unter britisches Protektorat. Die Briten sorgten unter anderem für eine geordnete Verwaltung, legten Straßen an, regelten die Wirtschaft und führten die allgemeine Schulpflicht ein. Sie hinderten allerdings auch die Eptanissa, sich im griechischen Freiheitskampf zu engagieren.

Die Ionischen Inseln wurden schließlich 1864 von den Briten geräumt und dem Königreich Griechenland einverleibt. Sie bildeten dabei den fortschrittlichsten Teil des neuen Staates. Zu einer Zeit, in der das griechische Festland und die ägäischen Inseln unter osmanischer Herrschaft und abgeschnitten von geistigen und politischen Entwicklungen Europas waren, erlebten die Ionischen Inseln die griechische Renaissance. Die Verbindung mit dem Patriarchat in Konstantinopel war lose, die Aufklärung des 18. Jahrhunderts hat des weiteren die Eptanissa der klerikalen Orthodoxie entfremdet. Hier fand die neugriechische Literatur Anreize, wurde hier eigentlich erst geboren. Durch Kriege und Erdbeben haben die Ionischen Inseln leider viel von ihrem venezianischen Charakter verloren.

Korfu (Kerkira) ist grün und fruchtbar. Da die Insel den Bergen Nordgriechenlands und Albaniens direkt vorgelagert ist, regnet es hier öfter und stärker als auf anderen griechischen Inseln. Kerkira ist die niederschlagreichste Insel Griechenlands. Dank des Regens und der üppigen

Reisetips Korfu

Korfu ist eine grüne Insel mit hohen Bergen im Norden, die im Süden in eine sanfte Hügellandschaft übergehen. Da die Insel fast vollständig bewaldet ist, bieten sich viele Orte als Ausgangspunkt für Wanderungen und Spaziergänge an.

Vor allem im Westen liegen schöne Badebuchten, die mit öffentlichen Verkehrsmitteln nicht immer leicht zu erreichen sind. Die touristischen Zentren sind größtenteils im Osten zu finden. Die Insel verfügt über ein gut ausgebautes Straßennetz, wem also die ausgezeichneten Busverbindungen nicht genügen, kann sich Mofas, Fahrräder oder Autos mieten.

Es existiert ein reichhaltiges Angebot an Übernachtungsmöglichkeiten, auch Campingfreunde kommen auf ihre Kosten (ein gutes Dutzend Campingplätze).

In den Sommermonaten ist die Hauptstadt *Kerkira* fest in der Hand der Touristen. Der *Spionada-Platz* wird häufig als einer der schönsten Europas bezeichnet, beeindruckend ist er auf jeden Fall. Für Museumsfreunde: das *Archäologische Museum* (mit dem Gorgo-Giebel aus dem 6. Jh. v.Chr., eines der ältesten großen Reliefs Griechenlands) und das *asiatische Museum* mit japanischen und chinesischen Kunstgegenständen. Nördlich von Korfu (Stadt) liegen die Haupttouristenzentren wie *Dassia*, *Pirgi* oder *Kassiopi*.

Im Norden sind vor allem *Roda* und *Sidari* in der Gunst der Touristen gestiegen. Schöne Strände und das Fehlen klotziger Betonbauten kennzeichnen diese Gegend.

An der gesamten Westküste und im Süden hat man eine große Auswahl an Sand- und Kiesstränden mit klarem Wasser, zum Baden und Surfen sehr gut geeignet. Auch hier sind in der Hochsaison allerdings einige Orte ziemlich überlaufen. Wer ein paar Schritte zu Fuß nicht scheut, findet auch hier ruhigere Fleckchen.

Wiesen kann auf Korfu Viehzucht betrieben werden. Heute deckt die Insel einen großen Teil des Fleischbedarfs in Griechenland, und ihre Milchprodukte, so z.B. die Butter, werden überall im Land verkauft. Der zweite wichtige landwirtschaftliche Erwerbszweig ist die Olive. Viele der alten riesigen verwachsenen Olivenbäume wurden während der venezianischen Besatzungszeit angebaut, denn die Serenissima der Seerepublik war knapp an Öl.

Kerkira ist die »italienische« unter den Ionischen Inseln. Die Jahrhunderte venezianischer Herrschaft haben es geprägt, die Architektur orientiert sich an italienischen Baumustern. Kerkira hat leider — insbesondere die Altstadt der Inselhauptstadt — im Zweiten Weltkrieg unter dem Bombardement der deutschen Angreifer schwere Schäden erlitten, doch vereinzelt stößt man noch auf Bauten, die in ihrer Bauweise den fremden Einfluß verraten.

Die Insel ist heute fast ausschließlich Touristenhafen für Reisende aus Westeuropa. Der Fremdenverkehr ist zur Haupteinnahmequelle geworden. Traditionell ist die Insel ein Zufluchtsort für britische Urlauber, vor allem der jüngeren.

Auf der gößten Ionischen Insel *Kefalonia* finden sich kaum Spuren der venezianischen Vergangenheit. Das bisher letzte große Erdbeben im Jahre 1953 hat den gößten Teil der Insel zerstört. Rund neun Zehntel der Häuser stürzten ein. Die verwüstete Inselhauptstadt Argostoli besteht heute aus einer Ansammlung häßlicher moderner Standardbauten.

Kefalonia mit seinen vielen Bergen und Hügeln ist stark bewaldet und fruchtbar. Die vielen Kiefern, Pinien und Tannen geben der Luft der Insel einen scharfen und harzigen Duft. Ihren eigentlichen Wohlstand verdankt Kefalonia der Schiffahrt. Es ist die Reederinsel im Ionischen Meer und erhält sich damit seine ökonomische Unabhängigkeit.

Wer auf Kefalonia Urlaub machen möchte, sollte unbedingt mit dem Auto Ausflüge machen und die Insel erkunden. Zu besichtigen sind z.B. die Drongarati-Tropfsteinhöhle, die Melissani-Grotte, die Halbinsel Assos oder das kleine Fischerdorf Fiskardo. Die griechischen Fremdenverkehrsmanager haben Größeres mit der Insel vor. Anfang der achtziger Jahre wurde der Flughafen erweitert, und im Sommer landen jetzt regelmäßig Charterflüge aus dem europäischen Ausland. Der Besucherstrom ist jedoch noch so gering, daß die unangenehmen Begleiterscheinungen des Massentourismus nicht aufgetreten sind.

Ithaka ist jedem Kenner der griechischen Mythologie als Heimat des Odysseus bekannt. Der illustre Name hat jedoch — ähnlich wie bei der Insel Lefkada, von deren Steilfelsen sich Sappho gestürzt haben soll, um den Leiden einer unerwiderten Liebe zu entkommen — den Touristenstrom nicht auf die Insel gelockt.

Bekannter geworden ist Ithaka durch eine Gruppe von Aussteigern, die sich Anfang der achtziger Jahre hier niedergelassen haben. Männer, Frauen und Familien aus der Bundesrepublik wollten hier ein alternatives Leben jenseits unserer verschleißenden und von Sachzwängen geleiteten Leistungsgesellschaft führen. Sie kauften ein Stück Land, um ein Leben in Einfachheit, ohne Streß, »Ellbogenmentalität« und Karrierestreben auszuprobieren, was bei den meisten Griechen ein verständnisloses Staunen und ungläubiges Kopfschütteln hervorrief. Das Experiment ist inzwischen gescheitert.

Auf *Zakinthos* sind trotz der Erdbeben von 1953 noch viele Gebäude venezianischen Ursprungs erhalten geblieben. Die Insel war die Heimat mehrerer Schriftsteller und von ihr ging die neue Dichtung aus. Im Jahre 1798 wurde hier Dionysios Solomos, der erste Dichter des Neugriechischen, geboren. 1823 schrieb er seine »Ode auf die Freiheit«, die den Grundstein für die weitere literarische Entwicklung legte.

Kreta

Kreta, die größte griechische Insel und zugleich jene mit dem bedeutsamsten historischen Erbe, läßt sich nicht umstandslos unter eine der genannten Inselgruppen subsumieren. Es hat wegen seiner Größe binnenländischen Charakter und aufgrund seiner Lage als Knotenpunkt aller Handelswege zum Nahen Osten, nach Asien und Indien (zumindest vor Entdeckung des Seeweges) stets eine bedeutende und vorherrschende Rolle im Machtkampf der jeweiligen Großmächte gespielt.

Eine Bergkette, die nahezu ununterbrochen die gesamte Länge der Insel von 260 Kilometern durchläuft, bildet das Rückgrat Kretas. Die Städte und Hafenanlagen der Insel konzentrieren sich an der Nordküste, die Südküste ist gebirgig und stürzt steil ins Meer ab. Alle Bergwasser fließen nach Norden ab, schwämmen Boden an und bewässern die Äcker. Erst in dem, dem Gebirge vorgelagerten Hügelland gedeihen Olivenbäume und Weinstöcke. In den fruchtbaren Gegenden, wo genügend Humus und Wasser vorhanden sind, wächst dann unter der kretischen Sonne schlechthin alles im Übermaß. Diese Uferstreifen werden oft von Felsen durchbrochen. Der kalkhaltige Boden läßt das Wasser durchsickern, was dazu geführt hat, daß viele Höhlen entstanden sind, die als Rückzugsverstecke dienten und um die sich zahlreiche Mythen und Legenden gebildet haben. In den stark verkarsteten Bergen gibt es einige Hochebenen, die dank eines ausgeklügelten Bewässerungssystems landwirtschaftlich genutzt werden können.

Auf Kreta entstand vor rund fünftausend Jahren die erste Hochkultur auf europäischem Boden. In seiner darauf folgenden Geschichte hat es viele Eroberer erdulden müssen, die alle ihre Spuren hinterlassen haben.

Die minoischen Siedlungen in Meeresnähe mit den mehrgeschossigen, großflächigen Palästen der Götterkönige, den Villen der Reichen und den rechtwinkligen Einzimmerhäusern der Armen stammen aus einer Zeit, als Kreta über die griechische Inselwelt herrschte und seine Schiffe bis nach Spanien und England fuhren. Wasserleitungen und Kanalisation, Szenen aus dem Alltagsleben auf Wandmalereien, Ge-

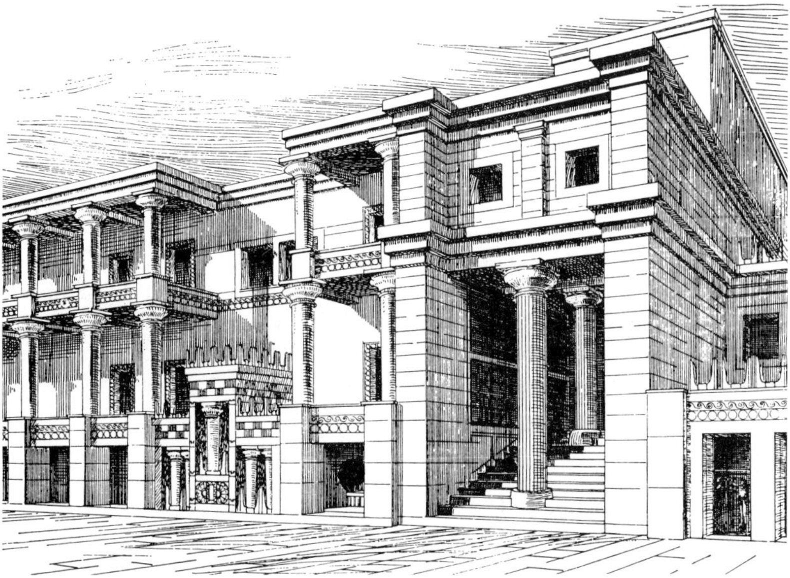

Der Palast von Knossos (Rekonstruktion)

brauchsschmuck und Kultgegenstände zeichnen das Bild einer reichen und entwickelten Gesellschaft, in der die Frau in der Produktion, bei Sport und bei den Kulthandlungen dem Mann als gleichgestellt auftritt.

Die griechischen Zerstörer des minoischen Reiches bauten ihre befestigten Städte später auf den sicheren Höhen. Es folgten die Römer sowie die Byzantiner, bis schließlich im neunten Jahrhundert die Sarazenen Kreta eroberten und zum Ausgangspunkt ihrer Piratenzüge ins Mittelmeer machten. Byzantiner eroberten Kreta zurück, verloren es an fränkische Raubritter, die es für 1.000 Silbermark an Venedig verkauften.

In den vier Jahrhunderten venezianischer Herrschaft erlebte Kreta einen großen Aufschwung. In Iraklion entstand eine Universität, aus der Maler wie Domenico Theotokopoulos, genannt El Greco, sowie Dichter und Kleriker wie Papst Alexander V. hervorgingen. Eine spezifische Literaturrichtung, die byzantinische und italienische Kunstelemente vereinigte, entstand in der Volkssprache. Als wirtschaftliches und geistiges Zentrum des Ostmittelmeeres erstarkt, versuchte Kreta sich wiederholt von Venedig zu lösen. An diesem Kampf nahmen auch Venezianer teil, die mit der einheimischen Bevölkerung verschmolzen waren und sich als Kreter fühlten. Heute noch gibt es Kreter mit den Namen berühmter venezianischer Geschlechter.

1645 eroberten die Osmanen Chania und Rethymnon und belagerten Iraklion, das erst im September 1669 niedergerungen wurde. Die neuen Herrscher verboten die orthodoxe Religionsausübung, und oft wurden

Agios Georgios Kawosiotis bei Kritsa

ganze Dörfer gezwungen, zum Islam überzutreten.

Vom Steuereintreiber und vom Druck, den Glauben zu wechseln, bedrängt, flohen viele Kreter in die Berge, von wo aus sie den bewaffneten Kampf aufnahmen. Zwischen 1770 und 1897 organisierten sie zehn Aufstände. Vor allem in Sfakia im gebirgigen Süden konnten die Osmanen sich nie behaupten. An der griechischen Erhebung von 1821 beteiligten sich auch die Kreter. Sie konnten jedoch erst nach 56 Jahren eine beschränkte Autonomie mit einer eigenen Volksvertretung erreichen. 1898 wurde Kreta »selbständig« unter der Protektion der Großmächte Rußland, Großbritannien, Frankreich und Italien, die die vier Provinzen unter sich aufteilten.

Der Ausgang des Ersten Balkankrieges ermöglichte 1913 den Anschluß Kretas an Griechenland, den der kretische Politiker Venizelos, der mit seinen Partisanen in die Berge ging und Georg zur Abdankung zwang, erreichte. Seit dieser Zeit gelten die Kreter als liberal, antimonarchistisch und antifaschistisch. Als am 20. Mai 1941 deutsche Fallschirmjäger auf Kreta landeten, nahm die ganze Bevölkerung bei der »Schlacht um Kreta« am Abwehrkampf teil. Die Insel wurde dennoch erobert, die Widerstandskämpfer mußten in die Berge fliehen. Eine Division der ELAS von ca. 2.000 Partisanen und andere kleinere Widerstandsgruppen führten von dort aus den bewaffneten Kampf gegen die 11.000 Mann starke Besatzungsmacht weiter.

Die deutschen Besetzer zogen nicht schon im Herbst 1944 von Kreta ab,

Alter Hafen in Iraklion

sondern ergaben sich erst nach der Kapitulation der Nationalsozialisten im Mai 1945. Die Widerstandsgruppen arbeiteten hier eng zusammen. Nach der Befreiung schlossen sie ein Abkommen, an dem sich alle Parteien beteiligten, und durch das Kreta bis 1947 vom Bürgerkrieg verschont blieb. In diesem Jahr landeten Regierungstruppen auf der Insel, die Partisanen zogen sich in die Berge zurück. Nach ersten Anfangserfolgen wurden sie in der Schlucht von Samaria geschlagen. Es folgten Verhaftungen, Hinrichtungen und Deportationen, denen fast sämtliche Widerstandskämpfer zum Opfer fielen.

1964 stimmten die Kreter für G.Papandreou, der ihnen ein großes Hilfsprogramm, Sozial- und Landwirtschaftsreformen versprach, und den sie noch heute als einen Politiker verehren, der sich nach Venizelos als erster für sie eingesetzt hat. 1974 entfiel der höchste Prozentsatz an Stimmen, die beim Referendum über die Monarchie gegen den König abgegeben wurden, auf Kreta. Mit dem Zerfall der Zentrumsparteien konnte die PASOK bei den Parlamentswahlen 1981 mit 50 bis zu 60% der Stimmen zur stärksten Partei werden.

Das heutige Kreta ist für die meisten der über 300.000 jährlich ankommenden Urlauber ein Tourismusparadies, in dem selbst im Winter noch milde Temperaturen herrschen und in dem sich eine vollklimatisierte Hotelburg an die andere entlang der Küstenstraße beiderseits Iraklion reiht. Verglichen zu dem, was andere Inseln zu bieten haben, ist die nähere Umgebung von Iraklion kaum für einen Badeurlaub geeignet. Wer Kreta kennenlernen möchte, der sollte vor allem die Re-

Fischerhafen von Chania

gionen und Dörfer in den Bergen sowie an der Südküste auskundschaften.

Mit 102.400 Einwohnern ist *Iraklion* die größte Stadt Kretas. Obwohl der Hafen, die Größe, Lage und Bedeutung der Stadt es zur Inselhauptstadt prädestinieren, muß es diese Aufgabe Chania überlassen. Über ein Drittel der Industrie Kretas befindet sich im Großraum Iraklion. Das Hinterland ist reich, und die Verarbeitung der landwirtschaftlichen Produkte findet fast ausschließlich hier statt. Messara, die Kornkammer Kretas südlich von Iraklion, ist das größte Anbaugebiet der Insel. Die Stadt selbst besitzt keine kretische Atmosphäre. Das 20. Jahrhundert ist mit Heftigkeit über Iraklion hereingebrochen. Neben fertigen und halbfertigen Neubauten stehen noch einsturzreife, bröckelnde Fassaden, neben den Bazarläden schon moderne Handelskontore.

Rethymnon mit seinen etwa 15.000 Einwohnern ist wirtschaftlich unbedeutend. Venezianische Herrenhäuser, Minarette und holzverkleidete Erker in den engen Gassen erinnern an die früheren Besetzer von Kreta, die Venezianer und die wohlhabenden Türken. Weiterer Stolz der Stadt ist eine alte venezianische Hafenmole, aber Sonnen- und Badehungrige werden sich eher für den kilometerlangen Sandstrand begeistern. Rethymnon ist das geistige und kulturelle Zentrum Kretas. Hier ist die philosophische Fakultät der Universität Kretas untergebracht und auch der Sitz der kretischen Theatergesellschaft.

Chania ist die Hauptstadt der Insel. Sie hat gut 50.000 Einwohner. Die Stadt war einst das arabische Al Chania (Gasthaus), später Sitz des venezianischen Provinzgouverneurs

Loutro

und auch Heimatort des Politikers Venizelos. Der Hafen von Chania verödet allmählich, seit sich der Schiffsverkehr zu der geschützten Bucht von Souda etwas weiter östlich verlagert. Über dem Hafen liegt die venezianisch-türkische Kernstadt Kastelli mit ihren mit Mauern umgebenen Palazzi der italienischen Adeligen und den 23 venezianischen Kirchen. Die Häuser der engen Gassen sind heute teilweise verlassen. In der Soudabucht ankern die Kriegsschiffe der NATO und der griechischen Marine, die nördlich der Bucht ihre Übungsschießen betreiben. Die Luftüberwachung geschieht von Iraklion aus.

Die Landflucht in Kreta hat viele Formen der Volkskultur zum Verschwinden gebracht. So wird die traditionelle Kleidung nur noch in wenigen Gebieten und dann nur von der älteren Bevölkerung getragen. Die Frauentrachten sind gänzlich verschwunden, die traditionelle Kleidung der Männer dagegen ist noch ab und zu anzutreffen: Die *wraka,* weite Pumphosen, die in Schaftstiefeln stecken, und das um den Kopf gewundene schwarze Fransentuch. Viele traditionelle Gebrauchsgegenstände werden nicht mehr gefertigt, andere werden von der Industrie produziert. Das Töpferhandwerk, einst weitverbreitet auf der Insel, ist heute nur noch selten anzutreffen. Lediglich in einigen Dörfern (Margarites und Thrapsano) werden noch wie vor viertausend Jahren die mannshohen Vorratsgefäße hergestellt. Auch die kretische Webkunst wird durch maschinelle Produktion abgelöst.

Zahlreiche Sitten und Gebräuche werden dennoch weitergeführt. Es haben sich bestimmte Hochzeitsriten erhalten, die in einigen Dörfern vorgeführt werden. Klagelieder sind

In den kretischen Bergen vor Chora Sfakion

noch heute Bestandteil des Trauerfestes. Kreta hat seine eigene Musik, spezifische Lieder und Tänze. Bekannt sind die *Matinades*, Zweizeiler, die spontan gedichtet und manchmal auch in Form eines Dialoges gesungen werden. Sie werden von der Lyra, einem Streichinstrument mit drei, manchmal auch vier Saiten, begleitet.

Andere Lieder wie die *risitika* besingen die Liebe, die Frau, die Heldentaten, aber auch den Tod. Sie haben ihren Ursprung in byzantinischen Melodien und werden auf einer Geige, die ebenfalls aus byzantinischer Zeit stammt, begleitet. Die kretischen Tänze haben manchmal symbolische Bedeutung und sind mit der Geschichte der Insel verbunden.

An den Feiertagen der Heiligen finden Volksfeste statt, die zu regelrechten Jahrmärkten auswuchern können. Auch Schlachtopferfeste sind auf Kreta üblich. In einem Dorf von Sfakia wird am Tag des Heiligen Nikitas, dem die Lämmer geopfert werden, nach der Kirchmesse an die Besucher rohes Lammfleisch und einheimischer Wein verteilt. Am 24. Juni, einem der vielen dem Heiligen Ioannis gewidmeten Feiertage, wird das Fest »Klidonas«, das heidnische Züge trägt, gefeiert. Dieses Fest ist ein Weissagungsspiel, dessen Ritual aus byzantinischer Zeit stammt und heute nur noch auf Karpathos, Lesbos und in einigen Dörfern Kretas gefeiert wird.

Über die Blutrache, die bis in die 50er Jahre üblich war, wollen die Einheimischen heute nicht mehr reden. Ebenso nicht über die größte Vendetta der jüngeren Geschichte, in der drei Familien verwickelt waren und die zwischen 1943 und 1952 63 Menschenleben gekostet hat.

Reisetips Kreta

Wer gerne wandert, wer an Hunderten von Blumen, Blüten, Kräutern und Düften seine Freude hat, dem sei diese Insel ans Herz gelegt.

Der Norden

An der gesamten Nordküste der Insel konzentriert sich der Pauschaltourismus mit all seinen bekannten (zwiespältigen) Erscheinungen: gute touristische Infrastruktur (Unterkünfte und Restaurants aller Klassen und in großer Zahl, Geschäfte, Bars etc.) und der unweigerlich damit verbundene Trubel. Neben Chania, Rethimnon und Iraklion sind vor allem Malia und Ag. Nikolaos Urlaubszentren. Aber auch die kleineren Küstenorte sind mittlerweile fast alle auf den Tourismus ausgerichtet.

Die meisten Hotels und Anlagen fügen sich ganz harmonisch in die Landschaft ein, riesige Hotelklötze sind eher die Ausnahme. Kleinere Badestrände (meist Sand) sind beinahe überall zu finden, kilometerlange Sandstrände in der Gegend von Rethimnon.

Einige lohnenswerte Ausflugsziele:

Für einen umfassenden Einblick in die frühen Kulturen der Insel empfielt sich das *Archäologische Museum in Iraklion* mit seinen 20 Sälen und der Kauf eines Führers, wenn man einige Zusammenhänge in der geschichtlichen Entwicklung verstehen möchte.

Einige Kilometer südlich von Iraklion, mit dem öffentlichen Bus bequem zu erreichen, liegt *Knossos,* der größte der auf der Insel ausgegrabenen minoischen Paläste. Er verfügte einst über mehr als 1.000 Zimmer. Die gut erhaltene bzw. rekonstruierte Anlage vermittelt einen sinnlichen Eindruck des Lebens in minoischer Zeit.

Kritsa liegt ein paar Kilometer hinter Ag. Nikolaos. Ein kleiner, am Hang gelegener Ort mit engen Gassen. Die am Ortseingang gelegene Kirche verfügt über sehr schöne byzantinische Fresken aus dem 13. Jahrhundert.

Der Osten

Östlich der Linie Ag. Nikolaos/Ierapetra geht es schon ein bißchen ruhiger zu. Außerhalb der Hauptreisemonate Juli/August kann man hier beschaulichere Plätzchen finden. So z.B. in und um *Palekastro* mit seinen schönen Stränden oder in *Kato Zakros* und Umgebung. Mehr los ist wieder in *Vai,* dem kleinen Palmenstrand im äußersten Osten der Insel, wo das klare Wasser unwiderstehlich zum Baden verführt, er ist allerdings oft überlaufen; oder im Kloster *Toplou,* wo die wenigen verbliebenen Mönche es manchmal schwer haben werden mit ihrer »inneren Ruhe«. Ein Bummel durch die ansteigenden Gassen *Sitias* ist empfehlenswert. In *Ierapetra* — im Zentrum unansehnliche Betonklötze — lohnt sich der Besuch des alten Hafens.

Der Süden

Hier liegen vornehmlich kleinere Orte, die in ihrer weiteren Ausdehnung oft durch die Berge begrenzt sind. In den Hauptreisemonaten übertrifft manchmal die Zahl der Touristen die der Bewohner. Der Süden stellt immer noch das »Mekka« der Alternativtouristen dar, vor allem junge Leute bevorzugen diese Gegend, wenngleich auch hier der Trend zum Pauschaltourismus unübersehbar ist.

Frühjahr und Herbst sind auch hier die empfehlenswertesten Reisezeiten, sonst kann es schon mal passieren, daß ein Ort komplett ausgebucht ist. Eine durchgehende Küstenstraße wie im Norden gibt es noch nicht. Will man mehrere Orte der Südküste besuchen, muß man entweder gut zu Fuß sein, die Fähren benutzen oder auf die täglich verkehrenden Busse, die in einer der großen Städte im Norden ihren Ausgangs- und Endpunkt haben, zurückgreifen.

Paleochora im Südwesten der Insel verfügt über eine sehr lange Tradition des »Alternativtourismus« und ist entsprechend reichhaltig mit Tavernen etc. ausgestattet. Die langen Strände sind auch für Kinder gut geeignet. *Agia Roumeli* ist Ausgangs- bzw. Endpunkt der Wanderung durch die *Samaria-Schlucht* (5–8 Stunden), die man nicht ohne festeres Schuhwerk unternehmen sollte, die aber lohnt.

Die Fähren spucken im Sommer allabendlich müde Wanderer in *Chora Sfakion* aus, von wo sie mit dem Bus in den Norden zurückeilen. Der Ort selber ist überschaubar und lädt zum Verweilen ein. Ganz in der Nähe liegt *Loutro*, nur mit der Fähre oder zu Fuß erreichbar, dadurch noch »intimer« als andere kleine Ortschaften. Das hat sich mittlerweile herumgesprochen: die vorwiegend jungen Leute kommen aus allen Ländern. Verlockende Badestrände findet man hier genauso wie in *Frangokastello* oder in *Plakias*. Die Gegend um *Matala* war in den 70er Jahren berühmt wegen der Hippies, die dort in Höhlen lebten. Diese Zeiten sind vorbei, der Tourismus bestimmt hier wie in *Ag. Galini* längst das Bild mit vielen Hotels und Tavernen. Eine Reihe von kleineren reizvollen Orten liegt westlich von Ierapetra, so z.B. *Myrtos*, ihren Ruf als »Geheimtip« haben aber auch sie in den letzten Jahren zu Recht verloren.

Die Gefangeneninsel

Ein düsteres Kapitel der griechischen Geschichte ist mit den Inseln *Makronissos, Jaros, Leros* und *Samothraki* verbunden. Hier wurden Gefängnisse eingerichtet, für die die Bezeichnung Konzentrationslager — wäre dieser Terminus nicht mit den sich jedem Vergleich entziehenden Vernichtungslagern der Nationalsozialisten verbunden — angemessen wäre. Während der verschiedenen Diktaturen, unter denen Griechenland in seiner jüngeren Geschichte gelitten hat, wurden politisch-unliebsame Gegner und kritisch-unbequeme Griechen und Griechinnen in diesen Verbannungsorten interniert und gefoltert. Massenverhaftungen und Deportationen waren keine Seltenheit. Neben politisch organisierten Oppositionellen wurden viele Schriftsteller und Künstler dort gefangengehalten.

Auf *Makronissos,* das dem Tempel von Sunion an der Spitze von Attika vorgelagert ist, war während des Ersten Weltkrieges ein Lager für türkische Gefangene eingerichtet, von denen die meisten an Cholera starben. Ab 1947 wurde die Insel als Kaserne für politisch verdächtige und als unzuverlässig geltende Rekruten genutzt, die hier ihren Wehrdienst ableisten mußten, indoktriniert und zu regierungstreuen Soldaten und Offizieren umerzogen wurden. Einige der gefürchtetsten antikommunistischen Kampfbataillone haben dieses Lager verlassen. Das Militärgefängnis Athens, worin zu diesem Zeitpunkt überwiegend ELAS-Offiziere inhaftiert waren, wurde auf diese abgeschiedene und gesicherte Insel verlegt. Von Kommunisten wurden »Loyalitätserklärungen« verlangt, die die »Gefangenenwärter« gegebenenfalls durch Folter erpreßten. Schätzungen besagen, daß mehr als 100.000 Gefangene auf Makronissos gefoltert worden sind. Über die Anzahl der Toten liegen keine genaueren Angaben vor. Später wurde auf der Insel ein Frauenlager errichtet.

Auf dem halben Seeweg nach Tinos oder Mykonos liegt die berüchtigte Haftinsel *Jaros.* Diese Insel ist unfruchtbar, öde, felsig, Wind und Wetter ausgeliefert. Sie ist von Ungeziefer und Ratten bevölkert, nicht mit Süßwasser versorgt und damit gänzlich von Tankschiffen abhängig. Auf Jaros waren während des Bürgerkrieges 15.000 Widerstandskämpfer interniert. Die ersten Gefangenen kampierten noch in Zelten. Sie wurden mißhandelt und gefoltert. In der Sommerhitze und auch bei heftigen Stürmen mußten sie Schwerstarbeit verrichten und ihr eigenes Gefängnis bauen. Als die Obristen am 21. April 1967 an die Macht kamen, wurden 6.100 politische Gefangene nach Jaros deportiert, anschließend brachten die Militärs weitere Gefangene in das Lager. Proteste aus aller Welt bewirkten die allmähliche Räumung der Insel. Nach der Niederschlagung des Studentenaufstandes im November 1973 wurden erneut Regimegegner auf die Verbannungsinsel gebracht.

Erst in jüngster Vergangenheit wurde auf der nordägäischen Insel *Samothraki* ein Deportationslager eingerichtet. Während der siebenjährigen Obristendiktatur wurden hier politische Gefangene inhaftiert und mißhandelt.

In der Ostägäis südlich von Samos liegt die Insel *Leros.* Dort unterhielt die Junta ein Frauenlager. Die Frauen durften ihre Kinder mit auf die Insel nehmen, die dann in den Internierungslagern aufwuchsen.

Die Halbinsel *Trikeri* nordöstlich von Euböa war während des Bürgerkrieges Gefängnis und Folterkammer für Frauen.

Praktische Informationen für die Reise

Allgemeine Informationen

Die griechische Zentrale für Fremdenverkehr (G.Z.F.), die Sie in Griechenland auch unter der Abkürzung E.O.T. finden, gibt eine Menge Informationsmaterial heraus, von Merkblättern mit allgemeinen Informationen, Übersichtskarten, Faltblättern über einzelne Regionen bis hin zu speziellen Prospekten mit Reit- und Wanderangeboten oder Übernachtungsmöglichkeiten in traditionellen, restaurierten Häusern. Es sind dort auch Verzeichnisse von Campingplätzen und von Reiseveranstaltern erhältlich. Anbieter von Ferienwohnungen legen dort ebenfalls ihre Prospekte aus. Das Material wird auch zugeschickt.

Die Adressen sind:

Griechische Zentrale für Fremdenverkehr: Abteistr. 33, 2000 Hamburg 13, Tel. 040/454498

Griechische Zentrale für Fremdenverkehr: Neue Mainzer Str. 22, 6000 Frankfurt 1, Tel. 069/236561–63

Griechische Zentrale für Fremdenverkehr: Parcellistr. 2, 8000 München 2, Tel. 089/222035–36

Griechische Zentrale für Fremdenverkehr: Kärtner Ring 5, A-1015 Wien, Tel. 0222/525317

Griechische Zentrale für Fremdenverkehr: Gottfried-Keller-Str. 7, CH-8001 Zürich, Tel. 01/2518487

Athen: Amerikis Str. 2 und in der Odos Karageorgis Servias (am Syntagma-Platz).

Innerhalb von Griechenland kann man sich für Auskünfte oder Zimmervermietungen an die Touristenpolizei wenden, die es in jedem Ort mit Fremdenverkehr gibt.

An- und Einreise

Flug: Die günstigsten Hin- und Rückflüge gehen zur Zeit ab (Ost)Berlin-Schönefeld und kosten (1987) zwischen 400,– und 600,– DM, je nach Reisezeit und -dauer. Ab Frankfurt, München oder Düsseldorf gibt es Angebote von 500,– DM aufwärts. Einen guten Überblick bieten die Stadtmagazine der Großstädte oder die Reisebeilagen größerer Zeitungen.

Bahn: Von Deutschland aus gibt es täglich drei Verbindungen über Jugoslawien nach Griechenland. Die Züge verlassen morgens, nachmittags und abends den Münchner Hauptbahnhof. Die Fahrt bis Athen dauert ca. 35 Stunden, meist jedoch sollte man eine Verspätung von 3 bis 5 Stunden einplanen. Die Preise schwanken von rund 200,– bis 800,– DM, je nachdem ob man Schüler, Student oder berufstätig ist, für Liegewagen oder Schlafwagen bucht.

Auto: Der Kraftfahrer kann zwischen dem Weg durch Italien und dem durch Jugoslawien wählen. Im ersten Fall kann er sein Fahrzeug auf die Autofähre in Ancona oder Brindisi nach Korfu-Igoumenitsa-Patras, oder in Venedig, Ancona nach Piräus verladen. Dies ist nicht ganz billig. Die Preise erstrecken sich von 200,– DM aufwärts je nach Übernachtungskategorie, Fahrzeugtyp und Bestimmungsort. In der Hauptreisezeit ist eine vorherige Reservierung zu empfehlen. Beim ADAC bekommt man eine Broschüre mit detaillierten Informationen über Fähren-Buchung.

Bei einer Fahrt durch Jugoslawien auf einer der gefährlichsten Straßen Europas muß man nicht nur starke Nerven, sondern auch Durchhaltevermögen an den Tag legen. Die Strecke Hamburg-Athen ist z.B. 3.550 km lang. Die Grenzübergangsstellen sind rund um die Uhr geöffnet.

Einreisebestimmungen

Bundesdeutsche benötigen für einen Aufenthalt bis zu drei Monaten einen Reisepaß oder Personalausweis, der noch mindestens bis zum geplanten Ausreisetermin gültig ist. Kraftfahrer müssen den nationalen Führerschein, ein Nationalitätenschild und die grüne (internationale) Versicherungskarte mit sich führen.

Bei geliehenen Autos benötigt man eine Vollmacht. Das Fahrzeug wird in den Paß desjenigen eingetragen, der es wieder ausführen soll. Um bei Totalschaden oder Diebstahl des Autos die hohen Zollgebühren zu vermeiden, sollte man sich einen Auslandsschutzbrief des ADAC besorgen.

Auch teure Konsumgüter wie Surfbretter, Motorräder, Tauchausrüstungen etc. werden in den Paß eingetragen und müssen wieder ausgeführt werden. Bei der Einreise muß immer noch eine gesonderte Identitätskarte ausgefüllt werden.

Zahlungsmittel

Die griechische Münzeinheit ist die Drachme. Eine Drachme hat 100 Lepta. Es gibt Scheine zu 5.000; 1.000; 500; 100 und 50 Drachmen. Münzen gibt es zu 50; 20; 10; 5; 2; 1; 1/2 Drachmen, selten sind die 50; 20 und 10 Leptamünzen (Ende 1987 entsprachen rund 72 Drachmen 10,— DM). Es dürfen nur 1.500 Drachmen ein- und ausgeführt werden.

Verkehrswesen

Selbstfahrer — Der griechische Straßenverkehr, insbesondere in Athen, gehorcht seinen eigenen Gesetzen, wobei oft noch das »Recht des Stärkeren« gilt. Dies nur im vorab.

Jährlich häufen sich — zumeist auf den Inseln — die Unfälle von Touristen mit Motorrad oder Mofa. Die Zweiräder sind oft in schlechtem Zustand, die Bremsen und Gänge ausgeleiert. Eine vorherige Überprüfung und eine Probefahrt ist deshalb ratsam. Viele Touristen — an die hiesigen Asphaltstraßen gewöhnt — unterschätzen auch die Gefährlichkeit der steinigen oder sandigen Inselpisten. Um ein Motorrad oder Mofa zu mieten, muß man über 16 Jahre alt sein und den Reisepaß oder Personalausweis vorlegen. Die Mietpreise bewegen sich von der Kategorie »preiswert« (600 Drachmen pro Tag) bis zum Wuchertarif.

Autofahrer, die die Autobahn benutzen wollen, müssen eine (nicht sehr hohe) Gebühr bezahlen. Die Tankstellen sind meist von 7.00—19.00 Uhr geöffnet, das kann aber von Ort zu Ort sehr variieren. Sie sollten wegen der Oktanzahl nur Super tanken, das ist ziemlich teuer (1988=1,65 DM). Kostenlose Pannenhilfe leistet der Automobilclub ELPA (Rufnummer in jeder Stadt 104).

Öffentliche Verkehrsmittel: Das griechische *Eisenbahnnetz* ist relativ schlecht ausgebaut, veraltet und wird weniger genutzt als die Überlandbusse. Die Fahrkarten sind billig, doch sollte man bei Bahnreisen viel, viel Zeit mitbringen, denn oft schleppen sich die Züge nur im Schneckentempo dahin. Die *Busverbindungen* dagegen sind sehr gut. In jedes noch so kleine Dorf oder seine nähere Umgebung fährt von den Zentren bzw. größeren Städten zumindest einmal am Tag ein Bus wie auch in der Regel umgekehrt. Die Busfahrten sind preiswert und recht angenehm. Bei einigen Überlandfahrten empfiehlt es sich, die Sitzplätze einen Tag vorher zu reservieren. Auskünfte darüber erhält man in jeder Touristen-Information.

In Athen erhält man Fahrkarten für Überlandfahrten in der Omirou (zweigt von der Panepistimiou in der Nähe der Universität ab). Busstationen (jeweils nach Richtung) sind Kifissou Str. 100 und Liossiu Str. 260. Die innerstädtischen Busfahrten kosten 30 Drachmen (1987), eine Monatskarte gibt es für 1.000 Drachmen (1987).

Auch die *Taxis* sind für unsere Verhältnisse recht billig. In Athen und den übrigen großen Städten gibt es eine Vielzahl von ihnen ... Um jedoch ein Taxi in den Mittags- und Abendstunden zu ergattern, dazu benötigt man viel Geduld und Durchsetzungskraft. Die Grundgebühr beträgt 25 Drachmen (1987) und man sollte unbedingt darauf achten, daß der Taxometer eingeschaltet ist. Zuschläge gibt es bei Nachtfahrten und Farten vom Flughafen oder Bahnhof, bei letzteren für Gepäckstücke. Danach sollte man sich vorher erkundigen; es gibt Preistafeln und auch die Taxifahrer sollten eine Liste mit den erlaubten Aufschlägen mit sich führen. Griechische Taxifahrer nehmen oft während der Tour andere Fahrgäste mit, die zufällig in die gleiche Richtung wollen. (Deshalb stehen viele Griechen wild gestikulierend und schreiend am Straßenrand. Sie suchen »ihre Richtung«). Jeder bezahlt dabei seinen Streckenanteil. Deshalb Achtung beim Zusteigen! Gleich einen Blick auf den Taxometer werfen und den dortigen Betrag (ohne Grundgebühr natürlich) vom eigenen Endpreis abziehen. Das Zusteigen von anderen Personen kann man ablehnen.

Schiffsverbindungen: Viele der Schiffe, die die Inseln mit dem Festland oder anderen Inseln verbinden, sind veraltet, unsicher und oft überbeladen. Tickets sind in unterschiedlichen Kategorien zu haben, von Luxus bis zur preiswerten Decksklasse. Sie sind in den Schiffsbüros in den jeweiligen Hafenstädten erhältlich. Informationen und Fahrpläne liegen in den Touristen-Informationen aus.

Bei den Fahrplänen ist zu beachten, daß z.B. 3 a.m. 15.00 Uhr bedeutet. Vormittags- und Nachmittagszeiten sind nur durch den Zusatz p.m. (vormittags) und a.m. (nachmittags) zu unterscheiden.

Für eilige Urlauber sind die Flying Dolphins, die Tragflügelboote, empfehlenswert.

Unterkunft

In Griechenland gibt es zahlreiche Hotels und Appartements in allen Preis- und Güteklassen, wobei die Einstufung in die Kategorien Luxus/A bis E oft sehr willkürlich ist. Die Preise für einfache DZ der D-Klasse (Hotelzimmer ohne Bad) betragen ca. 18,— bis 30,— DM , eine Kategorie höher mit Bad etwa 30,— bis 50,— DM, für höhere Klassen ab 70,— DM aufwärts (Stand 1988).

Günstig sind in den Städten vor allem die sogenannten Guest-Houses. Das sind eine Art von Pensionen ohne Stern, dafür aber mit »internationalem Rucksack-Flair«. Daneben gibt es einige Jugendherbergen, von denen die Athener nicht gerade empfehlenswert ist, — zu empfehlen sind in Athen allerdings die Unterkünfte des griechischen C.V.J.M.; X.A.N. für Männer, Omirou-Str. 28, X.E.N. für Frauen, Amerikis Str. 11 (auch Ein- und Doppelzimmer).

Auch Campingplätze sind genügend vorhanden, zumindest in den Tourismuszentren. Es gibt die staatlich organisierten, die diverse Freizeitmöglichkeiten wie Reiten, Tennis, Surfen etc. anbieten, und die privaten. Sie sind in der Regel einfacher — oft ist es der geerbte Olivenhain —, dafür aber idyllischer und weniger überfüllt. Wildes Campen ist verboten, wird aber auf einigen Inseln geduldet. In Stadt und Land vermieten auch immer mehr Privatpersonen Zimmer an Touristen. Damit verbessern sich besonders auf den Inseln viele Familien ihr sonst eher kümmerliches Einkommen. Aber, ... bei einer solchen Unterkunft unbedingt darauf achten, ob eine Preisliste, auf der die staatlich festgesetzten Preise der jeweiligen Zimmerkategorie stehen, ausgehängt ist. Viele vermieten nämlich schwarz, d.h. ohne ihre Zimmer bei der staatlichen Touristenorganisation anzumelden und damit die Steuern zu sparen, zu horrenden Wucherpreisen!

Wetter, Baden, Reisezeit

Sonne, Sonne und nochmals Sonne. Manchmal zum Leidwesen der griechischen Bauern, aber genau das richtige Wetter für unterkühlte Nordeuropäer. Die beste Reisezeit liegt außerhalb der Hochsaison, die von Juli bis August dauert, in den Monaten Juni/September. Dann ist Griechenland nicht ganz so überfüllt, und man findet unter den zahlreichen Sand-, Kiesel- oder Felsstränden noch einsame Badebuchten. Immer beliebter wird auch die Zeit von März bis Mai wegen der angenehmen Temperaturen, der geringen Zahl der Touristen und der Blütezeit. Um Ostern herum ist es jedoch sehr voll.

Ein Besuch Athens und längeres Schwelgen in alter und neuerer Geschichte der Stadt empfiehlt sich nur im Winter. Da sind die Griechen unter sich und Touristen sieht man nur wenige. Von Januar bis März kann es öfter regnen und empfindlich kalt werden.

Da hilft nur der Griff zur Ouzo-Flasche, um sich aufzuwärmen, denn die meisten Haushalte, Restaurants, Hotels etc. sind auf eine Temperatur von weniger als 10^0 C nicht eingestellt.

Feste und Feiern
Nationalfeiertag am 25. März. Er geht auf die Befreiung von den Osmanen zurück und wird mit Militärparaden, Reden, Gedenkfeiern etc. begangen.
Mariä Himmelfahrt am 15. August. An diesem Tag ist Athen wie ausgestorben, da die meisten aufs Land fahren, um mit Freunden und Verwandten bei reichlich Hammel am Spieß und Retsina zu feiern.
Athener Festspiele. Sie finden von Juli bis September statt. Die Vorstellungen erstrecken sich von antiken Dramen, Opern, Konzerten bis zu Ballett- sowie Gesangsdarbietungen in- und ausländischer Künstler, Gruppen, Ensembles.
Epidaurus-Festspiele. Sie finden von Juli bis Mitte August statt. Im antiken Theater Epidaurus werden altgriechische Tragödien und Komödien aufgeführt.
Festspiele von Philippi und Thassos. Sie finden im Juli und August statt. In den antiken Theatern der beiden Orte werden antike Dramen vorgeführt.
Weinfest in Daphni. Es geht vom 14. Juli bis zum 9. September und die griechischen Weine fließen reichlich und direkt vom Faß (Daphni liegt ca. 11 km vom Athener Zentrum entfernt).
Demetria Festspiele in Saloniki. In ihrem Rahmen werden im Oktober Opern, Theaterstücke, Konzerte, Volkstänze etc. von in- und ausländischen Gruppen aufgeführt.

Gesetzliche Feiertage sind darüber hinaus der 1. Januar (Neujahr), der 6. Januar (Dreikönigsfest), der 1. Mai (Tag der Arbeit), der 28. Oktober (Nationalfeiertag, Ochi-Tag), Ostern und Pfingsten nach orthodoxem Kalender und Weihnachten (siehe auch Kapitel »Feste gehören zum Alltag«).

Daneben gibt es zahlreiche Veranstaltungen und Festspiele auf lokaler Ebene. Informationen dazu sowie Festspielpläne sind bei der Griechischen Fremdenverkehrszentrale hierzulande oder vor Ort erhältlich. Auskünfte (und Karten) erteilt auch das Festivalbüro in Athen, Spirou Milou Passage 2, in der Nähe des Syntagma.

Frauenorganisationen
finden Sie unter folgenden Anschriften:
Bewegung Demokratischer Frauen (Kinissi Dimokratikon Gynaikon), Gennadiou Str. 5, Tel. 363 06 61
Verband der Frauen Griechenlands (Omospondia Gynaikon Elladas), Stadiou Str. 48, Tel. 32 36 651
Vereinigung der Frauen Griechenlands (Enossi Gynaikon Elladas), Panepistimiou Str. 34, Tel. 360 29 69
Verein für die Rechte der Frau (Syndesmos jia ta dikaiomata tis Gynaikas), Asklipiou Str. 26, Tel. 361 62 36
Verein der griechischen Wissenschaftlerinnen (Syndesmos Ellinidon Epistimonon), Voulis 44
Verein der griechischen Hausfrauen (Syndesmos Ellinidon Nikokyron), Fidiou 14

Es gibt auch Genossenschaften von Frauen, die Unterkünfte in renovierten Häusern z.T. mit gemeinsamen Essen oder Handarbeitskursen anbieten — z.Z. in Petra auf Lesbos, in Ambelakia und in Pirgi auf Chios.

Krankheit

Besorgen Sie sich bei ihrer Krankenkasse ein Anspruchsformular für ärztliche Behandlung in Griechenland. Bei Bedarf muß es bei den Stellen der I.K.A. vorgelegt werden. Dort erhalten Sie einen griechischen Krankenschein und eine Arztempfehlung. Medikamente, auch frei in Apotheken erhältliche, sind teilweise billiger als bei uns, die Gebrauchsanweisung allerdings nur in griechischer Sprache.

Öffnungszeiten

Die *Lebensmittelgeschäfte* sind von 8.00 bis 15.00 Uhr geöffnet, am Dienstag, Freitag und Samstag nur bis 14.00 Uhr, dafür dann aber auch nachmittags von 17.30 bis 20.30 Uhr. Die *übrigen Geschäfte* schließen mittags eine halbe Stunde früher. In Urlaubsorten sind sie auch länger geöffnet.

Banken haben nur vormittags geöffnet — von 8.00 bis 13.00 Uhr, in Ferienzentren allerdings auch am späten Nachmittag.

Ausgrabungsstätten und Museen haben Dienstags geschlossen (manche Museen stattdessen auch Montags). Die Öffnungszeiten sind zwar nicht einheitlich, aber in der Regel bei Ausgrabungsstätten von 9.00 bis 17.00 Uhr (in Athen schon ab 8.00 Uhr), Sonn- und Feiertags von 10.00 bis 17.00 Uhr. Museen haben eine Stunde länger auf, dafür aber auch mittags geschlossen.

Telefonieren

Telefonieren können sie *nicht* bei der Post, sondern nur bei der Telefongesellschaft O.T.E., die zahlreiche Büros, in den Dörfern z.T. auch in Geschäften und Kafenia unterhält. In den größeren Büros erhält man eine Kabine zugewiesen und bezahlt das Gespräch anschließend. Das O.T.E.-Büro am Omonia ist durchgehend geöffnet. Ferngespräche kann man auch von Telefonzellen aus führen (nur die orangefarbenen!), sie funktionieren aber oft nicht und nehmen auch nur 10- und 20-Drachmen-Stücke an. Auch an Kiosken kann man gegen einen Aufpreis telefonieren. Die Telefonapparate für Auslandsgespräche sind grau/schwarz. Folgende Vorwahl-Nummern gelten für den Selbstwählverkehr: nach Deutschland 0049, in die Schweiz 0041, nach Österreich 0043, danach die Vorwahl des Ortes unter Weglassen der ersten Null wählen. Griechenland hat die Vorwahl 0030.

Theater und Kinos

Karten für Theater- und Festspielveranstaltungen erhält man im Festivalbüro in Athen, Spirou Milou Passage 2. Fragen Sie nach Sonderbussen zu entfernten Theatern. Es fahren oft Busse von den Hotels an der Leoforos Amalias ab, die Sie auch zurückbringen. Im Festivalbüro erfahren Sie, wo Sie Fahrkarten kaufen können (z.B. an einer Kinokasse in der Nähe des Syntagma-Platzes). Ein Ereignis, das Sie nicht versäumen sollten, ist z.B. der Besuch einer Musikveranstaltung mit populären Sängern/innen im Lykabettos-Theater. Oder sehen Sie sich das Schattentheater in der Plaka, Platia Lysikrati, an.

Falls Sie in einem Urlaubsort in

der Nähe von Epidauros sind und keine Karten mehr für die Festspiele erhalten, fragen Sie in Ihrem Hotel nach. Oft gibt es noch über diverse Wege, z.B. die Busfahrer, Freikarten, die eigentlich für besondere Besucher reserviert sind, zum Eintrittspreis (gute Plätze!).

Die Kino-Vorstellungen in Athen beginnen meist um 14, 16, 18, 20 und 22 Uhr. Sie können aber jederzeit hineingehen und so lange bleiben, wie Sie möchten. In den Freilicht-Kinos beginnt die Vorstellung bei Dämmerung (ca. 21–22.00 Uhr).

Verständigung

Ich verstehe kein Griechisch! Dies sind die Worte, die mein schwarzgelockter Freund nach etlichen Griechenlandreisen nun schon (fast) fließend beherrscht. Aufgrund dieser Sprachgewandtheit und seines »mediterranen« Aussehens (er ist Palästinenser), sehen die Griechen in dieser Antwort meist keinen Grund, ihn nicht mit neugierigen Fragen in gewohnter sprachlicher Schnelligkeit zu überhäufen. Beim Luftholen des Gegenübers ist dann meine Zeit gekommen und ich antworte schnell. Danach herrscht erst einmal Verwirrung. Der vermeintliche Grieche ist keiner und die blonde »Xeni« (Fremde) spricht Neugriechisch. Danach ist das Eis gebrochen und wir reden in Griechisch (ich), Englisch (der Grieche, um zu zeigen, daß er auch eine Fremdsprache beherrscht), mit Händen und Füßen (mein Freund, um sich in diesem Sprachgewirr durchzusetzen). In jedem Fall aber tauen die Griechen merklich auf, wenn sie entdecken, daß Ausländer an ihrer Sprache interessiert sind, auch, wenn man nur wenige Worte beherrscht. Einen kleinen Sprachteil finden Sie in den kostenlos erhältlichen Informationen der griechischen Zentrale für Fremdenverkehr.

Darin sind auch Adressen angegeben, wo Sie in Griechenland *Sprachkurse* belegen können (meistens nicht gerade billig). Eine preiswerte Möglichkeit für Hochschulabsolventen sind die einmonatigen Intensiv-Sommer-Kurse der Universität Thessaloniki. Dafür müssen Sie sich mit Angabe von Gründen bis Ende April formlos bewerben und erhalten dann Bewerbungsunterlagen zugeschickt. Die Schule für moderne griechische Sprachen der Universität bietet auch längere Sprachprogramme im Winter von September bis Juni an. Die Adresse: Aristotle University of Thessaloniki, School of Modern Greek Language, (54006) Thessaloniki, Tel. 003031/991380/1.